四川省社会科学院重大项目

四川省社会科学院
学术文库

众神狂欢：

后现代美学语境中的大众文化

王小平 ◎ 著

中国社会科学出版社

图书在版编目（CIP）数据

众神狂欢：后现代美学语境中的大众文化／王小平著. —北京：
中国社会科学出版社，2018.10
（四川省社会科学院学术文库）
ISBN 978 – 7 – 5203 – 3465 – 5

Ⅰ.①众… Ⅱ.①王… Ⅲ.①群众文化—文化研究 Ⅳ.①G24

中国版本图书馆 CIP 数据核字（2018）第 249717 号

出 版 人 赵剑英
责任编辑 喻 苗
责任校对 胡新芳
责任印制 王 超

出　　　版　中国社会科学出版社
社　　　址　北京鼓楼西大街甲 158 号
邮　　　编　100720
网　　　址　http://www.csspw.cn
发 行 部　010 – 84083685
门 市 部　010 – 84029450
经　　　销　新华书店及其他书店

印刷装订　北京明恒达印务有限公司
版　　　次　2018 年 10 月第 1 版
印　　　次　2018 年 10 月第 1 次印刷

开　　　本　710 × 1000　1/16
印　　　张　23.75
插　　　页　2
字　　　数　378 千字
定　　　价　99.00 元

目　　录

导　论

大众文化与人的感性解放

英国的迈克尔·奥肖内西曾经说过："大众文化是指人们在紧张工作之余所进行的消遣娱乐活动。在消费者看来，这种活动能使他们得到快乐和满足。第二，'大众'这个词包含两层含义：'大众'文化的本意是指'平民'文化和民众及工薪阶层的文化追求，这种文化是由人民创造的，同时也是为人民服务的。'大众'文化的第二个含义是指那些通过大众传媒迅速简捷地传播的为广大民众所消费的文化形式。"① 当然，我们认为，消遣娱乐活动还不能完全等同于大众文化，只有部分通过创造和机械复制技术、工业化生产进行过"文本化"的形式，才称得上大众文化。

一　电影电视和电视娱乐节目与20世纪的狂欢文化

从19世纪末迄今，世界文化翻天覆地的巨变在于"影视文化"的出现以及"网络文化时代"的到来。电影1895年诞生在法国，按照法国电影理论家安德烈·巴赞的观点，电影是人类"永生"和"不朽"祈求的"木乃伊"情结，即希望将自己在大地上生活过的记忆保存下来，传之后世，实现"超越生命有限性"的愿望，即巴赞说的"电影是用形式的永恒去克服岁月流逝的原始需要"。真实地铭刻、完整地保存人的生命活动是所有"视觉文化"最原始的动机，人类这一心路历程经历了万年以上的努力才最终完成，从旧石器时代的洞穴壁画、岩画

---

① ［英］安德鲁·古德温、加里·惠内尔编著：《电视的真相》，魏礼庆、王丽丽译，中央编译出版社2001年版，第61页。

到后来新石器时代的彩陶艺术、象形文字、写实绘画、雕塑，到工业革命发明的照相机，再到 19 世纪末的电影产生，它们共同勾勒了电影孕育、诞生、发展的过程。通过视觉文化来记录过去、保存过去是整个"视觉文化"发展历史的共同特征，因此，视觉文化从一开始就带有"怀旧的情结"。最早的图像是对人类生活的"瞬间记录"，"碎片化"保存，而且主要是在朝着不断接近真实现实的方向努力。如洞穴壁画、岩画、绘画、雕塑、照片都是这一过程的记录。但它们尚不能完整地记录人类的动态的生活过程，只有到了电影产生后这一梦想才彻底实现了，那就是通过视觉和听觉结合的方式记录一段人类的生活历史。最早的电影遵循前现代的线性时间规律，以"流水账"式的"长镜头"方式拍摄、记录生活的画面，没有对拍摄的画面做"切割处理"，在那时，剪辑技术尚未诞生，也没有用蒙太奇的方法去改变时间和空间的企图，一切都还在孕育之中。当然电影一开始除了记录现实的特点以外，还有就是具备满足人类娱乐需要的特点，因此最早的电影本质之一就是"杂耍"，"杂耍"意味着电影带有"逗乐""搞笑"的喜剧特点，可以说，它综合了"马戏团"和"杂技团"的功能，如后来卓别林的喜剧电影其表演、逗乐的成分就非常明显。卓别林的表演甚至被当代的电影理论家视为"美国式幽默"的符号。"卓别林（Chaplin）的喜剧往往被认为有着'美国的那种天生的娱乐才能'所散发出来的'普世'魅力。"① 不可否认，早期电影带有不可避免的缺陷，如纯粹的"杂耍"性质就是其中之一。国外学者冈宁指出："许多早期电影的叙事（由于早期电影的技术所限）只是一种用来展示各种可能性的工具，展示那种游乐场里的'娱乐'（attractions），用来惊吓、刺激观众和引起他们的好奇心。这些电影和马戏或游乐场的娱乐节目并无二致——也许就像在街上展示商品一样。"② 不仅如此，逗乐、搞笑的刺激性也大大强于纪实性，这种刺激性的特征是后来"奇观化"电影的原始文化基因。当我们回望早期的电影，因为科技和化学工业的尚不发达所限，没有声音和色彩，在现

---

① ［英］吉尔·布兰斯顿：《电影与文化的现代性》，闻钧、韩金鹏译，北京大学出版社2012 年版，第 18 页。

② 同上书，第 31 页。

在看来显得单一、沉闷，但在当时已经是文化娱乐领域里一次最伟大的飞跃。"现存的早期电影都是黑白的默片，片长较短，磨损严重。不同欣赏趣味的人对它们有着不同的看法，有的人认为它们具有一种诡异的幽默感，也有人感觉它们具有一种神奇的、无需语言表达的、放之四海而皆准的魅力，是一种'视觉上的世界语'（visual Esperanto）或是通用语。"① 不管怎么说，早期电影既是工业革命带来的"现代性"的象征，也是后现代的预言者，它的不断发展，必将把"静态的""线性的""单一的"前现代和现代电影美学，带进"动感的""开放的""多元的"、震惊的后现代电影美学时代。声音和色彩的出现，剪辑技术的诞生和蒙太奇技术处理的成熟，是电影的第二次革命和第三次革命。它不但从审美的主要感官，即从视觉和听觉的层面满足了人类的多样化需求，"还原"一个五彩缤纷的自然和社会生活，而且也满足了人类超越时间和空间限制的梦想、怀旧的愿望，而这些特点构成了后现代电影美学的原始源泉。后现代电影美学就是在巨额资本、发达的工业技术、电脑数码技术的支撑下，通过制造"震撼的奇观""虚拟的世界"，不断从人性的需求出发，尽其所能地满足五官感觉的需要，让人沉浸在幻想、想象的"乌托邦"世界里，做着幸福的梦。在后现代，现实的真假，故事的叙述都已经不重要，重要的是娱乐、刺激、奇观的生产，如战争片、动作片、科幻片、黑帮片、惊悚片、僵尸片等电影的出现。借助这些"技术的魔杖"，晚期资本主义轻松地实现了"文化的工业化"和"商业化"。正如迈克尔·艾伦所说："自 1950 年代以来，电影技术的发展背后有着很复杂的驱动力，电影技术一方面更注重塑造一种更强、更逼真的'现实感'（realism），另一方面又要拍出更为动人心魄的场景……所有 50 年代以后发展起来的技术体系都是朝着一个目标发展的，那就是要削弱观众的'现实感'，并代之以一个逼真可信的人造世界。有的场景在现实生活中是不可能出现的，比如《终结者 2》中的机器人随意变形的特效。这个特技的影像必须非常成熟，要像'照相写实主义'（photo-realism）那样逼真，这样才可以让观众相信：在现实生活中，如果铺了地砖的地面慢慢

---

① ［英］吉尔·布兰斯顿：《电影与文化的现代性》，闻钧、韩金鹏译，北京大学出版社 2012 年版，第 17 页。

变成了一个人，那就是银幕上展现的那个样子。"① 后现代电影追求奇幻效果，主要体现在美国电影的风格中，科幻和3D数码特效已经将"娱乐至上"的大众文化推向了史无前例的"奇观化"巅峰。

电视和电影相比，它更是典型的后现代传媒，也是今天最重要的大众文化之一，催生了为人们提供精神享受、文化消费的电视剧。电视诞生于20世纪30年代，1936年英国开始电视信号传输，而美国则在1939年才开始。电视被称为20世纪的"奇观"，它的诞生也经历了漫长的孕育、孵化过程，技术的发展是电视的孵化器。"像大多数的发明一样，电视和早期技术的发展是密不可分的，它并不是'创造性天才'的产物。电视的历史可以追溯到收音机、电影、摄像、阴极射线和电子照相的发展。尽管电视技术的雏形已经出现了一段时间，但直到20世纪20年代中期，试验性的电视广播才得以实现，匈牙利、苏联、美国、德国几乎同时或多或少地进行了试验广播。"② 电视最后也不免像电影一样，其持久的生命力必须依赖于强大的娱乐功能。"在20世纪50年代，电视在欧洲和北美逐渐超过电影，成为最流行的娱乐媒介。这种现象伴随着工业化的进程和生活水平的提高，又迅速蔓延到整个世界。"③ 最后，电视在20世纪60年代成为取代电影主导地位的大众传媒。电视像电影一样，一诞生就处在了争议的漩涡之中，有的将其视为带来福祉的"天使"，有的则将其贬低为祸害众生的"恶魔"，他们形成了评价电视的"悲观主义"和"乐观主义"。④ "'悲观主义'同所谓的'大众文化理论'（mass culture theory）联系在一起，他们倾向于强调媒介产品的千篇一律，以及这种复制性在造成观众思想的被动、苍白上所负有的不可推卸的责任。根据这种观点，电视是一种大众的鸦片——马克思用这个词来描述宗教的作用。文化悲观主义者关注着美国及其跨国娱乐产业的强大的、具有侵蚀性的影响；关注着电视对社会群体模式化的描述方式；关注着电视的内容，特别是有关性和暴力的内容对观众的负面影响；关注着电视的商业化，

---

① ［英］吉尔·布兰斯顿：《电影与文化的现代性》，闻钧、韩金鹏译，北京大学出版社2012年版，第100页。

② ［英］大卫·麦克奎恩：《理解电视》，苗棣等译，华夏出版社2003年版，第2页。

③ 同上。

④ 同上书，第3页。

电视'公共服务'责任的缺乏，以及电视的意识形态化作用对我们看待世界的方式的控制。"①

最早的电视功能在于传播信息，但很快就转向为大众提供娱乐的方向。1936年，英国广播公司在伦敦北部的亚历山大宫第一次播送了电视节目。1939年，美国广播公司开始定时进行电视广播。1951年，杜鲁门总统借助电视在对日和约会议上发表演说。从20世纪30年代开始，美国的电视广播就有滑稽和综艺节目的出现，但那还是和早期电影一样，是一种带有"杂耍"性质的娱乐节目，不是严格意义上的艺术。而流行至今的"肥皂剧"（Soap Operas）在20世纪30年代的美国就已产生，"肥皂剧"一词用来指称20世纪30年代美国经济大萧条时期由皮洛科特（Proctor）、甘博（Gamble）等肥皂粉制造商赞助的广播剧栏目。"肥皂剧是一种连续式的戏剧类节目，一年里播出52周，通过连绵不断的故事情节来表现家庭主题、处理个人的或家庭的关系，在每一集里剧中人物不多。"② 肥皂剧起初遭到很多人的抵制，虽然从经济上说给媒体机构带来了可观的收入，有大批的受众，收视率很高，"很多人喜欢虚构的戏剧、模式化人物的幽默和情景喜剧式的情节，将其视为逃避主义者的娱乐"③。有的人认为，肥皂剧对观众来说就像吸毒一样具有成瘾性，并且带有麻醉人生的作用。因为肥皂剧的观众大多数是家庭妇女，所以肥皂剧被人们普遍认为其受害者首先是家庭妇女，她们沉溺其中，不能自拔。"肥皂剧通过实例教给妇女们放弃理想所带给她们的真实的、终极的满足而倾心于一系列不真实的、琐碎的快乐。那些琐碎的快乐，收买了观众，并使她们看起来心甘情愿地趋同于这个将她们置于次要地位的体系。这种观点认为妇女不论作为一个群体还是作为个体都被她们的快乐损害了。"④ 1955年，美国广播公司播出华纳影片公司制作的西部连续剧，受到观众的热烈欢迎。⑤ "四十年代哥伦比亚公司请来了甲壳虫乐队和猫王普里斯

① ［英］大卫·麦克奎恩：《理解电视》，苗棣等译，华夏出版社2003年版，第3页。
② 同上书，第28页。
③ 同上书，第33页。
④ 同上书，第37页。
⑤ 周星等：《影视艺术史》，广西师范大学出版社2005年版，第69页。

利，他们极受欢迎。"① 可见，电视击败电影，取代电影地位的武器，依然是电影赖以生存的"娱乐大众的功能"。电视作为后现代媒体的表征开始于20世纪50年代，那时第二次世界大战刚刚结束，世界进入冷战时代，意识形态的斗争逐渐降温，西方学者将其称为"后工业社会"。它以发达的技术和信息为特征，旧有的阶级不复存在，绝对正确的东西受到了质疑，电视这种新媒体的诞生彻底改变了传统的价值观念。这一时代征候特别体现在美国，正如杰姆逊在20世纪80年代所说："美国人在五六十年代发现了一种崭新的东西，那就是信息、媒介，如电视等；电视在五十年代初极快地发展起来，进入了每一个家庭，正如今天的录像机，几年以前还只是极有钱的人才能享受，而现在几乎是成千上万了。电视的出现和收音机有着截然不同的意义；收音机几乎是二三十年代统治者的惟一媒介，其代表人物是希特勒及美国的罗斯福（Theodoe Roosevelt）。电视出现后，代替收音机成了最基本的媒介，而且随着电视的出现，广告得到了爆炸性的发展。广告及广告形象这一问题就成了我们所称的后现代主义的中心问题，因为电视广告以其速度之快和效果之好完全突破了旧有的广告形式。"② 当然，广告的兴盛更主要地也与西方发达国家的经济从生产型进入消费型相关，产品必须借助广告刺激消费者的欲望才能成为被消费的商品，资本主义的经济方能继续下去，它推动了西方后现代的消费主义到来。而电视真正的兴盛是在20世纪60年代，那是一个在资本主义大工业推动下大众文化流行的时代，也是现代主义向后现代主义急剧转型的时代，电视呼应后现代"告别理性文化"，张扬人的感性欲望的潮流，由提供新闻信息、产品信息和服务信息迅速转向满足人的精神、娱乐需求，像所有大众文化一样，在后现代，提供娱乐是电视吸引观众眼球的秘密武器，在西方，带有娱乐性质的游戏类节目出现在20世纪50年代，直到80年代依然是广受欢迎的电视节目，这主要得益于它所具有的广泛的、平等的参与性和令人愉快的娱乐性。约翰·菲斯克认为游戏类节目具有教堂礼拜仪式一样的神圣性和广泛参与的快感。他将

---

① 周星等：《影视艺术史》，广西师范大学出版社2005年版，第71页。

② ［美］杰姆逊：《后现代主义与文化理论》，唐小兵译，北京大学出版社1997年版，第159页。

电视的游戏节目的仪式性定义为："将不同年龄、背景和社会地位的人们聚合在一起，分享一种共同的体验，以创造共有的意义和统一的身份的活动。例如，教堂礼拜就是一种仪式，在其中所有的人都是平等的，并被平等地对待。仪式的因素在游戏节目的开头和结尾尤其明显，在那些时刻，参赛者享有相同的时间和演播室里同样有利的位置，并且与主人和'参与的'观众一起了解游戏的程式和规则。"① 而中国的电视虽然在1958 年就开始播送节目，但由于技术的限制，电视的影响范围还很窄，属于小众传播，电视生产在改革开放后才大规模进行，电视的普及直到20 世纪 80 年代才得以实现。与西方一致的是，最早的中国电视也是作为传播信息、宣传国家主流意识形态的工具出现的。1960 年春节，北京电视台（后改名为中央电视台）开始组织综合性的文艺晚会，从此增强了电视的娱乐文化的比重，于是文艺的"去政治化"，即淡化政治内容，以"健康的笑"为特征的舞蹈、戏剧、相声成为节目的内容，出现了三次"笑的晚会"。"第一次'笑的晚会'于 1961 年 8 月 31 日播出，节目内容是相声，受到人们欢迎。第二次'笑的晚会'以相声为主，增加了话剧片断、独角戏、洋相和笑话。1962 年国庆前夕，第三次'笑的晚会'开场了，这次晚会特邀北京电影制片厂的导演谢添和著名相声演员侯宝林担任艺术指导，特邀的导演是青年艺术剧院的杜澎，电视导演是王扶林。他们着重表演，减少说唱，加强形象性，晚会以表演小品为主，在当时引起争议。'笑的晚会'影响是深远的，20 年后以相声、小品为主的春节联欢晚会从内容到形式都受到'笑的晚会'启发。"② 随后的"文化大革命"时代，广播电视业成为"极左路线"进行阶级斗争、政治斗争的工具，电视文艺也只剩下"一枝独秀"的样板戏，从此"笑的晚会"在电视上销声匿迹。"文化大革命"结束后，"中国大陆电视艺术重新焕发生机。诗歌朗诵会、革命历史歌曲、'文革'以前的电影、外国影视片等如雨后春笋般出现"③。1983 年，中央电视台的春节联欢晚会掀起了新时期电视娱乐文化的第一个高潮，"造就了几千年以来传统年节中没有过的春节新民俗"。

---

① ［英］大卫·麦克奎恩：《理解电视》，苗棣等译，华夏出版社 2003 年版，第 67 页。
② 周星等：《影视艺术史》，广西师范大学出版社 2005 年版，第 213 页。
③ 同上。

当然，电视除了它的强大的娱乐功能外，还有更深广的文化因素使它成为后来者居上的传媒翘楚。电视是对电影艺术这种相对封闭、精英化、高雅化、严肃化、艺术化的"文本范式"的"改写"和颠覆，它的"参与性""互动性""可控性"（遥控板将观众变成了主人，观众可以选择看或者不看）决定了它比电影更加"民主""开放"和"分享"的性质。电视的"可控性"满足了受众在文化消费上"自由选择"的民主想象，它的"参与性"和"互动性"，一方面实现了观众亮相银屏、"像明星那样生活"的梦想；另一方面，在电影中只能被动接受的观众还有可能成为电视录像现场上被邀请的"主人"，和电视节目主持人、嘉宾一道参与"造梦"的过程。电视像一个人人都有可能加入的"公共空间"，其节目的制作不像电影那样把普通的观众挡在门外，以维护它的神秘性，因此，电视的制作较之电影更具有"开放性"和"透明性"。它的纪实性风格，对现实的"仿真"模仿，瓦解了长期以来"艺术高于生活"的观念，消解了艺术与生活之间的距离，相比电影来说，具有显著的"真实感"和"现场感"，并使之更加贴近民众的生活和情感，这也是后现代文化的典型特征之一。

娱乐是所有艺术传达意义的载体、工具，也是艺术存在的主要价值所在。其实，从艺术发展的历史角度看，艺术从一开始就包含了娱乐的目的，它经历了从"娱神"到"娱人"的转变，这在中国文字由"美"（带着羊的面具跳舞祭祀图腾祖先）、"巫"到"舞"的演化过程就可看出。古代巫师的"跳神"是"娱神"的宗教活动，具有连接神和人的作用，在"娱神"的同时传达"神"的旨意，帮助人实现愿望，即向祖先的神灵祈福，要求保护（即"巫"具有"绝地天通"的功能）。原始宗教色彩淡出后，神的世界变成了人的世界，"舞蹈"也由"娱神"变成了"娱人"的审美游戏活动，体现的是生命的激情和愉悦。只是在后来，艺术的教育、驯化功能被统治阶级所利用，压制了艺术本来就有的娱乐功能。娱乐同时又是与人热爱游戏、喜欢自由的天性相关，人与动物一样，在温饱问题和安全问题得到保障后就会有"游戏"、娱乐的需要。游戏是与人的审美自由冲动相似的活动，正如德国哲学家席勒所说，只有自由的人才游戏，只有游戏的人才自由。这里的自由指的是物质生活满足后的精神需要、情感需要、娱乐需要。自由在现代社会也表现为剩余劳动时间的出现，即闲暇时间的增多。有了剩余的闲暇时间，人们就会将生活和工作中被压抑、积郁的情感宣泄出来。因此，在英国的科林伍德看来，"娱乐是以不干预实际生活的方式释放情感的一种方法"①。他把人的情感过程分为负荷阶段（兴奋阶段）和释放阶段，情感一旦兴奋，就必须释放。艺术给人们提供了这样一个"放纵自我"的自由空间。"人在娱乐艺术中所产生的情感就在娱乐艺术所创造的虚拟情境中得到了释放。"② 艺术发展到后现代，更加强调情感消费，即娱乐大众的功能。这是资本主义发展到晚期，利用欲望实现资本增值的必然结果，也是资本主义从禁欲的"清教时代"发展到后现代纵欲的"消费主义时代"的必然结果。"在现代社会，资本在利益的驱动下，对人的娱乐需要展开了不遗余力的开掘"，"娱乐艺术的发展承受着来自两个方面的压力，一个方面来自于资本，一个方面来自于大众。资本喊着要获得利润，大众喊着要获得快感。资本利润是一个不见底的深渊，大众的快感更是个无底洞。一种激起快感的方式，过不了多久就会失效，开发一种新的方式就落在这些聪明的'艺术家''企划家'身上。所以，有人说，现代社会是生产快感的社会"。最后的结果是资本家和艺术家的合作共谋推动大众文化的娱乐化和商业化。这一现象在美国的电影产业中尤为突出："美国电影工业有着一贯的目标，它是要通过大规模的制作、发行，宣传、放映电影，向付费的观众讲述娱乐性的故事，从而挣钱获利。"③ 关于电视等大众文化与娱乐的关系，英国的迈克尔·奥肖内西认为，作为后现代典型的文本形式，电视逐渐远离了严肃的意识形态关怀，更加契合民众享乐的要求，电视的功能主要不再是传播思想，履行它的认识功能和教育功能，而是制造快乐。这也是电视迅速抢占了娱乐消费市场，压倒电影的根本原因之一。娱乐取代意识形态从而取得统治地位与整个 20 世纪文化由"现代主义范式"向"后现代主义范式"的转型密切相关。现代主义是理性的文化，重视理性、思想，后现代主义是以反叛理性压制、要求感性解放的文化。感性解放的一个重要维度和标志就是人们对快乐的要求越来越强烈。"20 世纪 70 年代对电视的批评集中于揭示它在意识形态方面的作用，而忽

---

① ［英］罗宾·乔治·科林伍德：《艺术原理》，王至元等译，中国社会科学出版社 1985 年版，第 98 页。

② 于茀：《文学与娱乐》，《文艺评论》2007 年第 5 期。

③ ［英］吉尔·布兰斯顿：《电影与文化的现代性》，闻钧、韩金鹏译，北京大学出版社 2012 年版，第 13 页。

视了它在娱乐方面的作用，这在吸引观众方面是最重要的。毫无疑问，现在的电视广播公司在财力、装备以及专业技术人员方面处于绝对优势，制作出大量的娱乐性节目，因此，对观众来说（包括我在内），娱乐性会比思想性更为重要。持激进态度的电视广播公司，如果它能给观众提供娱乐，它肯定能成功。"①

中国于20世纪80年代以后，无论是文学还是影视艺术，都表现出"娱乐性"比"思想性"更重要的倾向，它反映了后现代主义时代人们在文化上的价值取向，对艺术深度模式的放弃，对道德、理性、绝对真理观念的叛逆。同时也是随着都市化、商业化、世俗化时代的到来，对中国传统的文艺观念的一次重大的突破，中国古代的文学艺术强调政治、道德教化作用，而艺术的娱乐功能是处于次要地位的。在这一点上，西方文化与中国文化具有相通性，希腊哲学的基础，甚至可以说西方文化的基础，都是苏格拉底奠定的，他强调"知识"和"德性"对于人生的重要性，人如果要过正常的生活，离开了"知识"和"德性"二者的无论哪一方面，都是毫无崇高性可言的。在当时，"他清楚地看出，流行的伦理的和政治的谬论产生于对真理意义的全盘误解，全部情况的关键在于知识问题。怀有这种信念，对人类理性有解决那时代实际困难的能力抱有乐观的信心，他肩负起他的任务。他心目中目标不是建立一个哲学体系，而是激发人们爱真理和德性，帮助他们做正确的思维，以便他们过正当的生活"②。所谓"正当的生活"就是追求知识和德性的生活，苏格拉底认为"善是世间万物永恒的本质"，知识就是至善，它们与人的幸福和快乐直接相关。他告诫人们"钱不能给人德性"，因此金钱并不一定能给人带来幸福，美德却会给人带来快乐和幸福，他说："一切诚实和有用的行动和趋向使生活无痛苦而快乐。因此，诚实的工作是有用和好的，美德和真正的幸福是一致的。"③ 苏格拉底的伦理和哲学思想主导了西方两千多年，并且直接影响了他的弟子柏拉图，他们师徒俩开启了西方漫长的理性哲学之路，其主要特征就是排

---

① ［英］安德鲁·古德温、加里·惠内尔编著：《电视的真相》，魏礼庆、王丽丽译，中央编译出版社2003年版，第12页。

② ［美］梯利：《西方哲学史》（增补修订版），伍德增补，葛力译，商务印书馆1995年版，第51页。

③ 同上书，第58页。

斥人的快乐和欲望。在柏拉图的观念里，"宇宙是一个有理性的宇宙、一个精神体系。感官对象即我们周围的物质现象，不过是永恒不变的理念的流动的影子；它们不能持久，没有价值。只有持久的东西才是真实的和有价值的；只有理性具有绝对的价值，是至善。因此人类有理性的部分是真正的部分，他的理想是要培育理性、灵魂不死的一面。肉体和感官不是真正的部分。肉体确实是灵魂的监狱、桎梏，从中解放出来是精神的最终目的。'因此，我们要尽快地飞离尘世，飞离就是变得和神一样。'灵魂脱离肉体，沉思美好的理念世界，乃是人生的终极目的"①。正是柏拉图继续强调了理性的重要性、感性经验的空幻性，因此轻视肉体的需求就成了西方文化的一贯传统，这导致了在西方哲学史里，欲望和快乐在人生中无足轻重，感性和欲望一直受到压抑，而且都与幸福无关的观念占了主流思想地位，直到 17 世纪依然没有大的改观。尽管有文艺复兴时期解放人的感性欲望的运动，但总的来说，感性欲望在历史的天空中依然是昙花一现。因为从柏拉图开始，西方哲学就是灵肉二元对立的思维，灵魂是高级的、纯洁的，可以接近上帝，而肉体是低等的、肮脏的，妨碍灵魂接近上帝。柏拉图说，"我们要接近知识只有一个办法，我们除非万不得已，得尽量不和肉体交往，不沾染肉体的情欲，保持自身的纯洁"②。这一仇视人的肉体的传统从古希腊到中世纪一直延续到 17 世纪，无不与柏拉图有关。例如，17 世纪理性哲学的代表笛卡尔依然本能地拒斥肉体，"笛卡尔憎恨肉体，想把那产生思想的、神用来造人的黏土隐藏起来。它是彻头彻尾的传统哲学家，已到了对肉体毫不信任乃至深恶痛绝的程度。然而思想确实是肉体的产物，这个肉体忍受和记录着存在的最小的颤动；思想是从一种与力量的和解中产生出来的，这些力量为避免人体组织断裂、损伤、疯狂、失衡而赋之以动力"③。正如国内学者汪民安先生所指出的："意识哲学的发源地在笛卡尔那里。但是，它的隐秘而曲折的起源悄悄地驻扎在柏拉图的哲学中。笛卡

---

①　［美］梯利：《西方哲学史》（增补修订版），伍德增补，葛力译，商务印书馆 1995 年版，第 72 页。

②　［古希腊］柏拉图：《斐多》，杨绛译，辽宁人民出版社 2000 年版，第 17 页。

③　［法］米歇尔·昂弗莱：《享乐的艺术：论享乐唯物主义》，刘汉全译，生活·读书·新知三联书店 2003 年版，第 44 页。

尔将意识和身体对立起来，但是，在柏拉图那里，灵魂和身体早就是对立的。"① 而另一位曾经深入思考过人生价值的 17 世纪哲学家帕斯卡尔灵魂深处都飘荡着柏拉图观念的幽灵，表现出对身体的极端厌恶："帕斯卡尔希望惩罚肉体，因为肉体对抗精神，阻挠一切与上帝的真正对话。能使人依恋这个世界的一切都遭到蔑视、鄙夷、嘲笑。……他惟一允许自己享受的快乐就是瞻仰教堂里圣骨盒。"这简直就是理性对肉体的专制，虽然这是崇尚理性的人的一种自觉的自虐行为，但我们依然感受到 17 世纪理性的高傲、冷酷、睥睨天下的姿态。对理性的偏执迷恋，对欲望的厌恶、嫌弃，是西方"形而上学"的传统，也构成西方文化森严的等级观念。古希腊很多的思想家都在对人们植入这样的观念："身体是短暂的，灵魂是不朽的；身体是贪欲的，灵魂是纯洁的；身体是低级的，灵魂是高级的；身体是错误的，灵魂是真实的，身体导致恶，灵魂通达善；身体是可见的，灵魂是不可见的；大体上来说，灵魂虽然复杂，但它同知识、智慧、精神、理性真理站在一起，并享有一种对身体的巨大优越感。"② 因此，与身体和欲望直接联系起来的"快乐"，就被理性哲学家嗤之以鼻。

"快乐"真正成为人类生活的最高目的是从 19 世纪的尼采开始的。尼采曾经说过："哲学就是表述一个肉体要求什么的企图。"当然，在尼采那里，更直截了当的说法是："哲学首先是肉体的告白。"他同时强调，"肉体产生了激情，让我们把灵魂置于这一切之外吧"。"灵魂"这个在西方文化中曾被奉为至高无上的东西，在尼采那里像垃圾一样被弃置一旁，受到了冷落。尼采一生中最推崇的是"酒神精神"，即狄奥尼索斯精神，简单来说就是生命激情迸发出的狂喜精神。据此，我们可以断言，肉体要求什么，哲学是什么，在尼采这里已经一目了然，肉体要求的是快乐，哲学无疑是阐释快乐的科学。正如法国昂弗莱对尼采的评价中所说："也许从来没有哪一个哲学家像尼采那样相信狄奥尼索斯。从他那最初被列为与阿波罗为伴的著作，到他最后的著作，在他的全部作品中，甚至在他信里所写的那些神志清醒的遗言中，他都毫不隐讳他对抒情的好感，

---

① 汪民安：《尼采与身体》，北京大学出版社 2008 年版，第 253 页，见附录："身体转向"。

② 同上。

并坦言自己认为惟醉神可以替代禁欲理想之神。"① 在尼采眼里，传统哲学忘记了身体唯物主义，精神不过是依附于肉体之上的身体的机能，只有身体才是把自我与他者区分开来的依据。当然，这是对传统西方哲学重视精神、灵魂、理性，忽视人的肉体、欲望和感性的矫枉过正，具有显然的缺陷。"人和人之间的差异不再从'思想''意识''精神'的角度做出测定，甚至不再从观念、教养和文化的角度做出测定。也就是说，人的根本差异铭写在身体之上。我们要说的是，身体，从尼采开始，成为个人的决定性基础。"② 尼采的哲学实际上为20世纪身体的"解放叙事"铺平了道路，将人性被压抑的快乐本能从理性的束缚中解放出来，既是20世纪哲学的任务，也是20世纪的艺术和大众文化肩负的重任。艺术娱乐功能的彰显和强调，反映了现代社会发展伴随而来的人性解放的要求。"俗"，这个代表人的感性要求的东西终于从遭受鄙视的低贱地位获得文化上的正当名分，与"雅"一道平分秋色，甚至取代了"雅"长期占据的主导地位。"古代社会中'教'重于'乐'，'乐'从属于'教'，在所谓'寓教于乐'或'文以载道'的提法中，'乐'本身是没有合法性的，它从对于'道'或'教'的依附中分得一些合法性；而在现代社会中，世俗化的趋势使得'乐'从对于'教'的依附中解脱出来，有了独立的地位与意义。"③ 20世纪90年代的中国大陆，延续了80年代"新启蒙"运动的精神，呈现出思想解放的局面，文化领域里西方后现代思潮的引介，市场经济的建立，消费主义的蔓延扩张，文化意识形态的多元局面的出现，将文艺理论与创作带入了众声喧哗的时代。阐释美学、接受美学、读者批评理论和后结构主义宣告了前现代和现代作者的"意义垄断""意义专制""独白话语"及"作者中心"的结束，接踵而来的是"文本中心""读者中心""受众至上"的时代，它的意义在于摧毁了"真理的绝对性""文艺的精英性"，承认了"文本的开放性""意义的多重性"和"阅读阐释的创造性"，特别是法国的罗兰·巴特对"文本的欢

① ［法］米歇尔·昂弗莱：《享乐的艺术：论享乐唯物主义》，刘汉全译，生活·读书·新知三联书店2003年版，第69页。

② 汪民安：《尼采与身体》，北京大学出版社2008年版，第253页，见附录："身体转向"。

③ 陶东风：《世俗化时代文艺的消遣娱乐性》，转引自孟繁华《众神狂欢——世纪之交的中国文化现象》，中央编译出版社2001年版，第76页。

悦”的强调，俄国的巴赫金狂欢化诗学对“俄罗斯民间诙谐文化”价值的发掘，以及对历史上西方文化里的“滑稽模仿”“梅尼普讽刺”“戏仿”手段的重视，更是将后现代艺术引向了喜剧的时代。在我们看来，“文本的欢悦性”“狂欢化”有两个层面的意义：一是艺术内容的日益世俗化、欲望化；二是艺术语言、形式的喜剧化、狂欢化。金元浦在描述中国内地20世纪90年代的“文化图景”时认为，那是一个理想主义“乌托邦”的破灭，人生信仰逐步丧失或改变，启蒙主义热情消退，和利他主义崇高感的消解，“在道德准则上，一批人实际上已经由传统的集体主义向个人主义、后个人主义的转化，由崇尚精神完善到崇尚物质实惠的转化。人们物质消费的欲望日益高涨，享乐型的生活期望日益膨胀；人们往往不再关注政治历史的伟大推动者和伟大主题，而只关心生活和身边的‘小型叙事’；人们不再关注哲学文化的形而上终极探寻和未来世界的‘辉煌远景’，转而关注自己，关注当下，关注所谓的‘生存质量’。这一转变带来了中国百年来审美风尚的一次根本性的变化，由以崇高为形态的审美道德教化文化向审丑的、享乐的消费文化转化。长期以来居于文化正堂的史诗、颂歌、悲剧、交响诗悄然遁形，通俗歌曲、小品、流行音像制品、通俗小说赫然居于文化正堂。在我国当代审美风尚中一直隐身幕侧的滑稽、调侃、谐谑、反讽、戏仿、畸趣成为审美文化的主形态或主范畴。这一切只要翻开1993年以前的任何一场大型文艺晚会的节目单便可一目了然。这是一个没有史诗的世纪末，侃爷、丑角和明星占据着文化舞台的中央，夸张、做作、神侃、混聊、故作轻松、充满噱头或浅薄轻佻、卖弄风情的各路‘明星’充斥电视、电影、广告等传播媒介。这是一个小品的时代、侃爷的时代、明星的时代，百年来审美风尚在此明显地‘转了个弯儿’。它世俗化了，生活化了，享乐化了。大众消费的世俗趣味第一次成为审美文化的主导趣味”①。金元浦在这里明显地表达了他对大众文化的焦虑和否定的态度，对过去那种正统、严肃的文化的怀念，以及对文化的喜剧化、世俗化的不适应。而陶东风先生也同时从大众文化对人文精神的摧毁的角度表达了他的忧虑。他说：“目前

① 金元浦、陶东风：《阐释中国的焦虑——转型时代的文化解读》，中国国际广播出版社1999年版，第17页。

许多通俗电视剧、畅销书、明星演唱会，都是文化与商业的双重变奏，结果，从量上看，高雅、精致文化萎缩得不成比例；从质上看，审美文化在突出消费性、商业性的同时失落了有深度的人文关怀，使人的精神结构发生深刻的变化。这就是大众文化的两面性：走向消费的当代大众文化在消解原先的泛政治化的同时，也消解了人文精神。当审美文化依附于政治时，它固然不可能有独立的人文品格，而当它转而完全投靠市场时，同样不可能有独立的人文品格。独立的人文品格是文化所以能独立于政治经济的标志。人文品格的丧失不仅仅是政治信念的丧失，而是整个价值世界的迷乱和精神支柱的崩溃，是人本身的崩溃。丧失了独立性，审美文化剩下的只能是媚俗。反观西方近代的文艺复兴、宗教改革，都是有独立人文品格的文化运动，反而成为建立现代政治秩序的强大支援意识，同样，文化在价值取向上完全依附于市场，并形成新的一元化的霸权，结果同样是灾难性的。"① 陶东风是从大众文化受市场支配、控制，导致人文精神消解的层面来批评大众文化的。大众文化是市场经济的产物，消费是市场经济正常运行的关键环节，市场由消费者群体，即读者、观众、听众构成，后现代一切都不可避免地被商品化，脱离商品化的过程，文化也不能实现自己的传播价值和经济价值，因此在后现代，组成市场的消费者或者说受众就成当然的"上帝"，传统的经济是以生产为中心的，劳动者生产什么，消费者就购买什么，消费者没有介入生产、质疑生产的权利，同样，传统的文学艺术也是以作者和作品为中心的，文学艺术家创作什么，作为受众的读者就阅读什么，观众就观看什么，而在市场经济中，所有的产品都是商品，文化艺术也是如此，其在市场上的价值要接受消费者或者说受众的检验。消费者从被动和被控制的地位变成经济生活中的"轴心"。市场经济条件下，人们的精神需要和审美需要从"单一的"需要不断扩大，变成多元的需要，文化产品必须以多种特点来满足受众不断增长、扩大的趣味。市场经济以竞争激烈为特点，生活的节奏日趋紧张，受众需要娱乐轻松的文化来缓解生活的压力。"大众需要在紧张的劳作之后休息、消遣、娱乐以及满足感官的享乐，而当

---

① 金元浦、陶东风：《阐释中国的焦虑——转型时代的文化解读》，中国国际广播出版社 1999 年版，第 22 页。

代大众文化的平民性无论在审美趣味还是在欣赏层次上都契合了这一需要。"① 20 世纪五六十年代西方接受美学的兴起也对大众文化的流行起到了推波助澜的作用，文学的作者、作品中心转变成以读者为中心，作品的生命和意义并不完全是作者和作品赋予的和固定不变的，而是作家、作品、读者共同建构的，艺术作品的生命在受众的接受、阐释中得到延续。当代德国的文艺理论家瑙曼说："读者通过接受活动，用自己的想象力对作品加以改造，通过释放作品中潜藏的潜能使这种为自身服务。但是，读者在改造作品的同时，也在改造他自己。当他将作品中潜藏的可能性现实化时，也在扩大自己作为主体的可能性，这就是作品在他身上产生的效果。接受活动是使这两种对立的规定性统一起来。"② 因此，艺术的接受不是被动的过程，而是主动的创造和双向建构过程，它既创造作品的意义，也建构了新的读者形象。"接受美学"和"读者反映批评理论"为大众文化的民主特点找到了理论根基，后现代的大众文化正因为契合了 20 世纪以来民主、平等、消解精英和权威的潮流而具有了强大的生命力。"文艺就其本质而言，必然走向读者走向观众，在接受者的接受活动中得到全面的实现。西方当代接受美学的兴起，其革命性、反叛性的一个重要方面就是对当代大众文化给予了严肃的理论上的肯定。"③ 另外，文艺作品在市场上的接受广度也与作品的娱乐性紧密相关，娱乐是作品传播有力的载体，娱乐性越强，受众越喜欢，其传播的速度和范围就越广，社会效应就越大，艺术价值就得到了充分的实现。所以，"接受美学家罗伯特·姚斯主张在文艺中'重新引进快乐'。他曾提醒说，大部分人与艺术的接触都是由娱乐引起的。任何文艺都只能同读者、观众的交流中产生意义。接受者越多，作品才越能展示其全部功能，没有接受者的作品不能称其为文艺"④。从接受美学的角度看，大众文化破除了传统文化的"一元化"垄断地位，也铲

---

① 金元浦、陶东风：《阐释中国的焦虑——转型时代的文化解读》，中国国际广播出版社 1999 年版，第 23 页。

② 张首映：《西方二十世纪文论史》，北京大学出版社 1999 年版，第 280 页。

③ 金元浦、陶东风：《阐释中国的焦虑——转型时代的文化解读》，中国国际广播出版社 1999 年版，第 24 页。

④ 同上。

除了由文化等级形成的滋生"霸权话语"的土壤，文化再也很难形成"中心文化"对"边缘文化"的压制。

20世纪90年代的中国内地也是全球化影响非常显著的时代，全球化是晚期资本主义经济、文化的表征之一。它是在跨国经济、发达的现代交通、通信工具以及网络高速公路基础上的产物，加拿大的麦克卢汉和美国的大卫·哈维都把全球化时代视为"地球村"形成的时代。在"地球村"里，人类再不是被高山、河流、湖海隔绝，"老死不相往来"的关系，而是形成了"你中有我，我中有你"的关系，不断去除一切疆界、隔阂、心理障碍，互相依赖、互通有无、互惠互利成为全球化的典型特征。全球化既带来了文化的同质性、统一性，也更强调文化的差异性、多元性、地方性。在文化多元化的语境之下，20世纪90年代内地的"方言叙事"以满足人们文艺消费"差异化"的追求和"地域性"的"集体想象"的要求应时而生，并迅速繁荣起来。但是，中国文化一直存在着明显的"话语权"的争夺，因此，话语独霸、"意义垄断"时代的终结并不意味着文化权力的博弈和斗争的结束。福柯认为，"任何时代的任何话语，都不是个人的创造和想象力的成果，也不是自然而然延续的结果，而是权力的产物。权力通过一系列复杂的程序和隐蔽的手段，来控制、选择、组织传播作为话语形式的知识"。特别是在中国这个封建时代延续了两千多年、"政治和文学一体化"的环境里，与政治的等级制、权力化相对应的是文化的等级制和权力化，意识形态的"独白性""中心性""一元性"造成了"文化生产场域"里的"专断性"，"中心文化"对"边缘文化"的挤压和排斥，以及对"多元"意识形态的拒绝。长期以来，中国文化高雅和通俗、庙堂和民间、精英文化和大众文化的二元对立模式，形成了前者为中心、后者为边缘，前者高尚、后者卑下的文化"潜规则"。正如胡适先生在他的《白话文学史》里将中国古代文学分为庙堂的、贵族的、精英的和民间的、平民的、大众的两大阵营一样，中国文学长期以来实际上存在着"文化领导权"的问题，常常表现为前者居统治地位，后者处于被压制的"从属地位"。这种文化的惯性甚至在20世纪90年代仍未消失，具体表现在文学领域里对人文精神单方面的过分强调，对文学的通俗化、世俗化、大众化的拒斥，片面地认为大众文化是诱人堕落、毫无价值、肮脏低级的东西。中国内地 20 世纪 90 年代的"人文精神"大讨论对世俗化的大众文化的批评，将大众文化贬称为"旷野上的废墟"，表现出坚持精英文化主义立场者对大众文化的厌恶和否定，他们渴望从日常生活的世俗性回到充满"乌托邦幻想"的宗教的神圣性。西方历史上对人文精神的提倡是希望从宗教的统治下获得世俗生活的正当性、感性解放的合理性，摆脱宗教所做的对彼岸世界幸福承诺的虚假性。正如国内学者陶东风所说："西方人文主义是针对神权而提出的，其核心是从天国走向人间，从神权走向人权，世俗化正是其最为核心的诉求；而中国1990 年代提出的'人文精神'则把矛头指向世俗化，其核心是从人间回到天国，以终极关怀、宗教精神拒斥世俗诉求，用道德理想主义与为艺术而艺术的审美主义拒斥文艺的市场化、实用化与商品化。"① 这实际上是与历史发展的轨迹背道而驰的倒退行为。在这种整体的文化语境下，作为为绝大多数底层民众服务的，具有鲜明地域特征和"民间诙谐文化"色彩的方言叙事、方言文艺始终处在文化的"边缘"，难登大雅之堂，不被主流文化所重视，也受到精英意识形态的排挤。在后现代解构思潮盛行的当今，"文化民主化"已成为主流，"文化民主化"宣告了一切中心、一切权威、一切正统及一元意识形态垄断的破产，而差异性、多元性、混杂性成为在全球化语境下，面临"同质化"威胁的文化生存繁荣的必要条件。也正是本土性中的"地方性"形成了全球性的"他者"，构成了与全球性相颉颃的力量，反抗了新的"文化霸权"的肆虐和"暴政"，杜绝了新的中心文化对边缘文化的排挤和压迫，维护了文化多样性、杂交性的良性生态。大众文化的出现彰显了后现代文化更加民主化的特征，在西方，"许多作家看来，后现代意味着转向民主和开放的文化的真正倾向，并最终结束精英主义的封闭性的现代性"②。国内学者周宪最早提出了大众文化，这意味着文化民主化的到来，推动这一进程的是快速发展的技术，它改变了传统的文化生产方

---

① 金元浦、陶东风：《阐释中国的焦虑——转型时代的文化解读》，中国国际广播出版社1999 年版，第 33 页。

② ［英］阿兰·斯威伍德：《文化理论与现代性问题》，黄世权、桂琳译，中国人民大学出版社 2013 年版，第 169 页。

式和传播方式，他对中国 20 世纪八九十年代的大众文化是持肯定态度
的："从卡拉 OK，到 MTV，再到卫星电视或 Hi-Fi 设备，或形形色色家
庭影院、录音录像播放设备、多媒体等，都是随着新技术在文化中使用
而得到推广。毫无疑问，新技术的使用极大地扩张了审美的范围，推进
了大众接近文化的民主化进程，但同时也在消解文化的许多固有的界线
和方式。这里，我们注意到大众文化的生产方式、传播方式和消费方式
的许多巨大的变化。大众文化的生产彻底摆脱了手工作坊式的生产，转
向大批量标准化的生产；实现了远距性的大范围的文化传播，无论是卫
星电视，或是流行音乐的巡回演出，或是通俗书刊或音像产品的流通，
都呈现出超越过去诸多限制和封闭的特征。天南海北，各色人等，可以
在同一时间的不同空间里观看同样的节目，这种吉登斯所断言的作为现
代性标志之一的'远距作用'，已经在中国成为现实。如果说中国当代
大众文化的发展有许多原因的话，可以说，技术是一个极其重要的动力
因素，它在相当程度上决定了大众文化的发展速度和规模。"[1] 周宪先
生的观点来自于法兰克福学派代表之一的本雅明，他是最早意识到技术
和媒介的进步给文化带来深刻影响的西方思想家。这主要体现在他关于
机械复制技术的观点，他既肯定了机械复制技术带来的文化推广、普及
作用，实现了后现代的文化民主化，也看到机械复制技术导致的"原
本"和"摹本"界限的消失及文本的独创性、权威性的瓦解的负面作
用，即艺术的膜拜价值被展示价值所代替，艺术的韵味荡然无存，被
"平面化"的肤浅性所取代。本雅明认为，"当代社会正处于一个重大
的历史转折时期，即由手工劳动向信息社会的转变，这个转变也使与先
前手工劳动社会相对应的以叙事艺术为主的古典艺术走向了终结。社会
的这个重大历史转变，具体表现在人的传播方式的变化上。在工业革命
以前的手工劳动社会中，人与人之间的主要传播方式是叙说，与之对应
的就是叙事性为主的古典艺术。心灵、眼睛和双手的那种古老关系……
则是我们所发现的手工劳动关系，叙事性艺术就驻足在这种关系中"[2]。

---

　　[1]　周宪：《中国当代审美文化研究》，北京大学出版社 1997 年版，第 71 页。
　　[2]　王才勇：《现代审美哲学新探——法兰克福学派美学述评》，中国人民大学出版社
1990 年版，第 6 页。

如果说前现代和现代文化传播是以文字语言去讲述完整的故事，那么由机械复制技术和电子媒体传播文化的方式则是以广告、电影、电视这些动态的视觉文化为特征的，电子媒介较之语言文字的书写文化更适应后现代文化的流动性和信息的碎片化、及时性、转瞬性特点。前现代社会是慢节奏的乡村文明、农业文明，人们可以悠然地俯仰宇宙，静观自然，精雕细刻工艺品，将自然的美景慢慢地"情感化""诗意化"，并通过文字语言把它传达出来，而工业文明打破了这一传统。本雅明说："从前，人们效仿（为了达到完满的成型面）耐心地对待自然的方式。精心制成的象牙雕刻上的装饰画、经过抛光和模压后显得完满的石块、使细微的透明层次展现出来的清漆加工或涂描活动——所有这些艰苦而经久的劳作早已不存在了。一切取决于时间的时代已一去不复返，现代人不再去致力于那些耗费时间的东西。"① 这一切的变化来自于后现代高科技的发展、电脑和网络的出现将文化转变成信息，文化不再可能是连续性、完整性、逻辑严密的东西，电子传媒将它们切割、粉碎、混合、拼装，以便及时传播到世界各地，世界进入"信息时代"。"信息时代"使一切都变得转瞬即逝，无法在时间中驻足停留，一切都将烟消云散，永恒的东西不复存在。因此，本雅明说："如果说叙事性艺术成了很少存在的东西，那么，导致这一现象的决定性原因便是信息的传播。"② 前现代和现代都具有怀旧的特点，试图把人类经历、创造的东西，无论是物质的还是精神的都凝固化并细心珍藏起来，后现代人类文明成了大家共享的成果，来自全世界的海量信息已经无法永久保留，技术和信息更新换代的速度与周期都不容人们把一切储藏起来，这也是后现代比现代性更具有"求新求变"的物质技术原因。"信息的长处在于瞬间性，在瞬间中，信息就显得是新的。信息唯独离不开这种瞬间性，它必须完全依附于这种瞬间性中，而且不能离开时间性，并在时间性中展现出来；叙说则相反，它不耗费什么力量，它把力量积聚在一起，保存下来，而且在展开的很长一段时间

① ［德］本雅明：《论文学》，转引自王才勇《现代审美哲学新探——法兰克福学派美学述评》，中国人民大学出版社1990年版，第7页。

② 同上。

后仍有效力。"① 电影、电视，特别是网络信息具体体现了后现代信息的丰富、芜杂、瞬间性、断裂性，可以说电子传媒文化催生了后现代思潮，也将大众文化推向了前所未有的高度。

二 消解崇高：悲剧时代的终结

后现代另一个反抗"话语权力"和"深度模式"的显著表征是悲剧统治地位的终结，喜剧地位的确立。这一"文化征候"在 20 世纪 90 年代的中国大陆也表现得非常突出，它的典型标志是王朔的痞子文学的出现。国内的著名作家王蒙把王朔的小说的精神特征归纳为"躲避崇高"，它的主要倾向是以反叛的姿态悖逆精英知识分子的严肃、正统的文学叙事模式和现代性对真理、道德、价值、国家、革命、启蒙等宏大话语的追求。众所周知，对启蒙话语的追求是中国"五四"以来文学的传统，"五四以来，我们的作家虽然屡有可怕的分歧与斗争，但在几个基本点上其实常常一致的。他们中有许多人有一种救国救民、教育读者的责任感，或启蒙，或疗救，或团结人民鼓舞人民打击敌人声讨敌人，或歌颂光明，或暴露黑暗，或呼唤英雄，或鞭挞丑类……它们实际上确认自己的知识、审美品质、道德力量、精神境界，更不要说政治的自觉了，是高于一般读者的。他们的任务他们的使命是把读者也拉到推到煽动到说服到同样高的境界中来"②。王朔调侃、反讽的叙事把中国文学和艺术推向了喜剧的时代、狂欢的时代。正如南京大学中文系周宪先生在总结 20 世纪 80 年代后期以来的艺术特征时指出的，改革开放带来的西方文化的影响是"世俗化"社会的形成，它终结了道德理想主义的时代。周宪把新的时代命名为"意义通货膨胀"的时代。其在艺术上的典型特征为悲剧和崇高两种艺术范式失去了昔日的至尊地位，即周宪所说的告别崇高和告别悲剧的两种现象。20 世纪 80 年代中期美国新马克思主义代表杰姆逊在北京大学的后现代主义演讲，90 年代后现代思潮在中国大陆的"旅行"，以及国内消费主义社会的渐露端倪，带来了文化的全面多元化、世俗化和平

---

① ［德］本雅明：《论文学》，转引自王才勇《现代审美哲学新探——法兰克福学派美学述评》，中国人民大学出版社 1990 年版，第 7 页。

② 王蒙：《躲避崇高》，《读者》1993 年第 1 期。

面化，人们不再对超越的理想感兴趣，而是沉溺于日常的世俗的快乐追求之中："超越性的文化形态，逐渐转化为现世的文化。崇高，这个曾经作为基本审美范畴的形态，逐渐缩小了自己的生存空间，不断为喜剧性特征的文化扩张所蚕食。因为受难式的奉献式的甚至禁欲式的文化，已经不再是唯一合法的。经济的巨大发展和长足进步，物质生活水平的不断提高，极大地焕发了长期以来一直处于压抑状态的欲望。过去那种享乐羞耻的罪恶感，已经随着政治的伦理的限制松动而消失，富裕光荣享乐无罪的逻辑在唤起传统社会的享乐文化的同时，又把西方社会的新消费观念带入生活。欲望的解放就是感官的解放和躯体的解放，快乐原则和市场化的交换原则与欲望心理学的结合，把新的消费主义和享乐主义当作正当的选择广泛传播开来。当精神上超越的激情衰退时，物质上的游戏乐趣就自然上升。以巨大的冲突和痛感为特征的崇高，以及以受难和献身为表征的悲剧性，显然难以作为主导的流行的审美范畴再占据中心。作为最切合这种文化形态的审美范畴，喜剧自然膨胀开来，逗乐和找乐成为流行时尚。各种形式的喜剧登上过去被崇高和悲剧性的光环笼罩的大雅之堂，并把后者排挤到边缘位置上去了。"① 我们说这种艺术范式的转变是社会文化转型促成的，悲剧和崇高是前现代和现代时期推崇的艺术，在那个时代，理性、道德、高雅掌握着文化话语权，喜剧艺术是后现代推崇的艺术，在后现代，感性、欲望、通俗占据了文化中心。从这个角度上说，喜剧取得"文化领导权"体现了艺术和人性由压抑到解放的民主进程。它颠覆了理性对感性、灵魂对肉体、道德对快乐压制的文化传统。

三 理性哲学与悲剧艺术的联系

悲剧的艺术形式产生于西方，在西方，自从古希腊亚里士多德将悲剧的功能定义为"同情和怜悯""宣泄和净化"以来，人们都将悲剧视为最能震撼人心的最高艺术形式，而喜剧不过是博得人们在劳作之余轻松一笑的"生活调料"。在文艺理论家和一般民众的潜意识里，悲剧是重要的，喜剧是次要的，亚里士多德认为悲剧是对"好人"的模仿，

---

① 周宪主编：《世纪之交的文化景观》，上海远东出版社1998年版，第89页。

"喜剧"是对坏人的模仿，这种善恶的截然划分，事实上也使崇尚道德的人们偏爱悲剧，而轻视喜剧。自古以来，西方文化就是以探索"现象世界"背后的本质为要务的"理性文化"，虽然喜剧早在古希腊悲剧诞生的同时就出现了，但它始终没有取得压倒悲剧的优势而跃上时代的前台。因为事实上，20世纪以前的西方文化整体上说还是一种"理性文化"占上风的文化，无论是古希腊罗马文化、中世纪的宗教文化、文艺复兴文化、17世纪的古典主义文化，还是启蒙运动文化，莫不如此。尽管希腊的雕刻，文艺复兴的绘画，把人的身体，特别是女性的身体作为赞颂和欣赏的对象，但脱胎于柏拉图"理念"思想的基督教在意识形态领域的主导地位，决定了西方文化的理性面貌。按照尼采的观点，悲剧"日神精神"的化身，表现为情感的克制、静观、沉思；喜剧是"酒神精神"的体现，其情感是放纵的、激荡的、狂欢的。因此，我们说，悲剧是坠入荒诞现实，遭受挫折磨难的人们情感的压抑、苦闷、宣泄和升华，喜剧是面对荒谬的现实，以旷达的胸怀蔑视荒诞，是生命力的张扬和喷发。从哲学意义上看，悲剧是对人生、社会、历史、宇宙的形而上的终极思考和追问；喜剧是人对悲剧现实的泰然处之，以"笑"的形式去瓦解荒谬人生的严肃性、荒诞性、苦涩性，以乐观的态度去直面和反抗悲剧的处境。依照弗洛伊德精神分析理论，可以说，悲剧是"超我"的表现，是精神意志对荒诞现实的反抗和胜利，它遵循理性和至善的原则，在灵魂的净化中体验伦理精神的崇高；喜剧是"本我"的表现，它要挣脱"超我"和"理性"的束缚，遵循感性和快乐原则，生命意志在对荒诞现实颠覆、解构、反讽和戏谑中获得满足和喜悦。悲剧在很大程度上表现为伦理的冲突，就像黑格尔认为的那样，它是两种既有合理性又有片面性的伦理冲突、矛盾、和解的结果。旧事物不愿离去，新事物需要诞生便会形成伦理的矛盾，但是宇宙的法则是运动和变化，吐故纳新是自然的铁律。悲剧和喜剧也有其共同之处，实质都在于对现实的超越，因为艺术表现形式的差异，其结果完全两样。悲剧是看破红尘后对身体和快乐的否定与放弃，喜剧是人的生命意志对荒谬现实的巨大优越感中实现身体的快乐和肯定身体的快乐。德国哲学家叔本华认为，"悲剧通过漫长的斗争和痛苦，使人最终意识到欲求的本质和人生的悲剧性，从而'永远放弃了他们所热烈追求的目的，永远放弃了人生的一切快乐'"①。当然，悲剧在更多的时候属于意志的胜利。当代西方美学家桑塔耶纳说过，我们在观赏悲剧后，应该意识到，既然灾难不可挽救，既然人生不能虚度，精神崇高的人就有一种意志，当陷入穷途之际，他高瞻远瞩，仿佛从另一个世界来静观事变。② 喜剧是对苦难现实大彻大悟后的超脱和对日常生活、身体快感的沉溺。正如国内学者所说，喜剧是"在对生存荒谬性彻悟的基础上，建立了旨在超越生存荒诞性、超越死亡命定性的存在哲理，不失大智大勇的气概"③。

悲剧和喜剧本没有高低、贵贱之分。人们对悲剧的热衷，对喜剧的鄙薄与希腊哲学的本质主义紧密相关，希腊哲学试图从"现象世界"去探索世界的本质，认为现象世界是短暂易逝的，本质世界是永恒的。现象世界是次要的，本质世界是重要的，人的最高使命就是追问"现象世界"的本质。因此，我们说悲剧和喜剧的划分是西方长期以来二元对立的逻各斯传统的产物。在西方文化中，悲剧意味着对理性、道德、秩序、真理、意义、崇高、超越以及终极价值的诉求，是人类理性思考"深度模式"的反映；与之相反，喜剧则是对悲剧现实的"悬搁""弃置"，对深度、"意义模式"的反叛，表现为对感性、欲望、快乐、碎片、混乱、"无深度意义"的平面化现实的诉求。如果说现代主义的悲剧观是对形而上深度意义的追问，那么后现代主义的悲剧观则变成了"含泪的喜剧"，那就是以戏谑的姿态对深度的放弃，对生命"形而下"的感性世界的沉溺，从而走向了悲剧的反面——对现实反讽的狂欢化、喜剧化。"后现代主义悲剧观对现代主义悲剧理论中的主体精神所包含的批判、反抗与超越等价值向度进行了彻底否定，把客观现实的现象存在视为唯一的真实存在，认为'深度'概念在其中并不存在，它只不过是几千年西方文化的幻想和杜撰，而既然此概念并不存在，那么真理和意义概念便毫无价值可言。因为对悲剧深度的挖掘和追求形而上的超越是悲剧的根本价值所在，所以后现代主义悲剧观判定现代主义悲剧从

---

① 尹鸿：《悲剧意识与悲剧艺术》，安徽教育出版社1992年版，第69页。

② 同上。

③ 夏忠宪：《巴赫金狂欢化诗学研究——俄国形式主义研究》，北京师范大学出版社2000年版，第91页。

批判、反抗走向超越的价值运动既无意义，也不可能实现。"① 正是由于识破了"真理"和对现象世界超越的不可能，以及真理构成的一系列宏大叙事的欺骗性（法国思想家让－弗朗索瓦·利奥塔将追求真理的哲学话语叫作元话语，在他看来，元话语是一种宏大叙事，包括精神辩证法、意义阐释学、理性或劳动主体的解放，或财富创造的理论。利奥塔还把追求真理的叙事叫作启蒙叙事，也叫作现代性叙事）的认识，才产生了后现代主义思潮。因此，利奥塔将后现代定义为对元叙事的怀疑，他认为这种不信任态度是科学进步的产物，而科学进步反过来预设了怀疑。② 后现代是在存在主义哲学直面人生的有限性、虚无性、荒诞性后进一步对人生意义的抛弃，我们在海德格尔的"向死而生"和"诗意的栖居"中仍然还可感受到人对死亡和虚无的反抗，对意义的执着追寻，而在后现代主义那里却难觅意义的踪影，剩下的只有以享乐去反抗荒诞的图景。人们对生命进行了"现象学还原"：生命是短暂的，超越和无限只是人的文化想象，与个体生命的"此在"无关，既然无法拯救生命的有限性、悲剧性，何不把徒劳无功的思考和追问"搁置"起来，让"此在"的生命充盈、快乐？这也是中国古代文学一直回荡着的类似生命哲学声音的原因，如"人生如白驹过隙""人生似幻化，终当归空无。被服纨与素，不如饮美酒""生年不满百，常怀千岁忧。昼短苦夜长，何不秉烛游"……在魏晋时期那个给人的有限生命不断制造黑暗和苦难的时代，这种沉重的喟叹无疑是在更高的层面上对"生命本真"的认识，它深刻地意识到生命是一个有限的、荒诞的悲剧性存在，一切反抗，包括人的超越性的追求，都无法挽回生命有限性的事实，它消解了同时代曹丕在《典论论文》中所倡扬的"不朽"观念。（曹丕说："盖文章，经国之大业，不朽之盛事。年寿有时而尽，荣乐止乎其身，二者必至而常期，未若文章之无穷。是以古之作者，寄身于翰墨，见意于篇籍，不假良史之辞，不托飞驰之势，而声名自传于后。""不朽"的概念在中国最早见于

---

① 郭玉生：《悲剧美学：历史考察与当代阐释》，社会科学文献出版社 2006 年版，第 21 页。

② 王岳川、尚水主编：《后现代主义文化与美学》，北京大学出版社 1992 年版，第 25—26 页。

《左传》，《左传·襄公二十年》谓："豹闻之，'太上有立德，其次有立功，其次有立言'，虽久不废，此之谓三不朽。"后来唐代的孔颖达对之做了更具体的解释："立德谓创制垂法，博施济众；立功谓拯厄除难，功济于时；立言谓言得其要，理足可传。"）不仅如此，封建的专制、权力的压迫、野蛮的社会，还在给人制造不断的苦难和悲剧。因此，人们意识到快乐尽管带有自我麻醉的色彩，但仍不啻为人忘掉一切烦恼和悲苦，驶向幸福彼岸的小舟。尽管人们可以指责和批判这种"有花堪折直须折，莫待无花空折枝"的生命哲学带有颓废消极的倾向，但谁能否认它是对生命真相的追问、思考，也是对悲剧处境的无奈反抗？以喜剧的形式对抗悲剧的现实，应该是人类自我解脱的一种大智慧，它的源泉出自庄子在妻子死后还"鼓盆而歌"的洒脱。从这个意义上说，魏晋古诗里的生命的哀叹就是一种"人的觉醒""生命的觉醒"，甚至是人追求自由和精神解放的表达。后现代主义的悲剧观与此相似，喜剧在这里成为人类反抗悲剧的武器，它不再依赖悲剧来净化人的灵魂，而是以"戏谑"的形式来解构现实的严肃、正经，折射现实的荒诞和滑稽。"那么后现代主义悲剧观为自己确立了怎样的价值选择呢？这就是对于现实平面的以价值的无深度化为基础的客观依附，其本质在于对真理及意义追寻的放弃。这样后现代主义悲剧观借依附的名义消解了悲剧理论中原有的终极价值、深沉意义、崇高、超越等概念，从而导致对现实之悲剧性的默认和顺从，悲剧戏剧化地转为喜剧。"① 它说明，悲剧和喜剧从根本上说不是毫不相关的艺术形式，悲剧的文本和喜剧的文本是具有"互文性"的，在一定的条件下可以相互转换、拼贴、"缝合"，以"文本杂糅"的形式出现，它取决于艺术家对现实生活的态度、立场。早在文艺复兴时期，意大利的戏剧家瓜尼尼就做了这种尝试，创造了"流泪的喜剧"。瓜尼尼的艺术实践说明，悲剧并不一定是排斥喜剧元素的，甚至戏谑、搞笑可以成为主导悲剧的因素。例如，2007 年中国大陆上演的电影《落叶归根》就是以喜剧的形式表现悲剧题材的比较成功的范例。

---

① 郭玉生：《悲剧美学：历史考察与当代阐释》，社会科学文献出版社 2006 年版，第 21 页。

四　尼采的反抗哲学与后现代的喜剧精神

喜剧成为文艺舞台的主角，标志着"快乐"成为 20 世纪日常生活、文艺作品、大众传媒的主题。人类对快乐的追求源于人与动物一样都有喜欢游戏的本能，但是这种本能后来在文明的进程中不断遭到"超我"（道德、理性）的压制。19 世纪，主张"快乐是生命的目的，快乐是悲剧的固有色彩"的是德国哲学家尼采，他为快乐在悲剧中争得了一席地位，反对亚里士多德以来一直认为的悲剧只是对"不该遭受厄运的好人"的同情和怜悯，并对人的情感起到净化和宣泄的作用的观点。他坚信悲剧的本质不是悲伤而是快乐，只有快乐才是生命的本质，因为快乐是肯定生命而不是否定生命，同时快乐也是人类抵抗命运悲剧的有力武器。快乐反映了人类在生命有限性、缺陷性面前的另一种"向死而生"（海德格尔语）的乐观精神。这是尼采赞颂"酒神精神"的根本原因。在他眼里，快乐是人的生命不可让渡的神圣权利。德勒兹在评价尼采的酒神精神时说过："狄奥尼索斯肯定一切存在的东西，'甚至包括最深重的苦难'，而且以各种被肯定的形象出现。多样与多元的肯定——这就是悲剧的本质。"① 应该说，这是尼采肯定生命的本质为快乐的哲学根源。因此，我们可以说，悲剧不是对苦难的咀嚼、沉溺和屈服，而是对苦难的蔑视、抗拒与超越，它在这种超越中实现对生命的肯定。这也是中国文学所具有的哲学智慧，我们从张若虚的《春江花月夜》的如下诗句便可感受到："江月何年初照人？江人何年初见月？人生代代无穷已，江月年年只相似。"前两句是对人生的有限、宇宙的无限的思考，流露出对生命悲剧处境的无可奈何的感伤情绪；后两句是生命意志对人生有限性的克服和超越，表现出超脱豪迈、不可战胜的乐观精神，在意识到生命优越于宇宙自然的同时体验到快乐和幸福。"悲剧既不存在于痛苦或厌恶之中，也不藏匿于对失去的统一的怀旧情绪中。悲剧只能在多样性和这种肯定的差异性中找到。悲剧的意义是由多样和多元的快乐界定的，这种快乐不是升华的结果，也不是净化、补偿、顺从或者和解的结果。尼采攻击一切

---

① ［法］吉尔·德勒兹：《尼采与哲学》，周颖、刘玉宇译，社会科学文献出版社 2001 年版，第 24—25 页。

没有认识到悲剧是一种美学现象的悲剧理论。悲剧是快乐的美学形式，而不是医学用语或用来解除痛苦、恐惧和表示怜悯的道德手段。快乐才是悲剧的精髓，而这意味着悲剧直接地引发欢乐的情绪，惟有对那些愚钝的、病态的、满脑子道德伦常、指望靠悲剧来保证道德升华和医学净化效果的听众，悲剧才会招致恐惧和怜悯。"① 当然，完全反对悲剧具有同情和怜悯、净化和宣泄的作用也是片面的。悲剧的表现形式不管怎样变换，即便是喜剧元素的"加盟"，也不能改变它是命运受到挫折，美好的东西遭受毁灭的本质，也不能改变悲剧是艺术家表达一种人道主义同情的实质。尼采的意义在于对雄霸西方一千多年的悲剧理论发起了挑战，并看到了悲剧积极的另一面。尼采对酒神精神的极力推崇，表现出他要坚决推翻西方理性文化压制的决心。

五　中西方理性哲学对人的感性压制

悲剧鼎盛时代的结束，喜剧的强势登场，标志东西方哲学文化由理性时代进入感性时代。无论是西方文化还是东方文化，20 世纪 60 年代以前都是理性统治的时代，理性文化最显著的特征就是对欲望的压制，对理性（知识、道德、精神、超验世界）的膜拜。在西方，理性文化的产生由来已久，从古希腊开始，哲人们就认为，对知识、道德、精神的追求是人之为人的标志，人的幸福也与这些理性的话语紧密相连。苏格拉底提出"善即知识"，他把知识和精神看得比身体重要，认为"肉体是灵魂的坟墓，是追求知识的障碍"。他提醒人们"认识你自己"，就是要人们意识到人的本质是理性，"人是理性的动物"一直是古希腊对人的普遍的看法。苏格拉底将人的欲望享受同人的奴役与自由联系起来，认为欲望往往使人沦落为被役使的工具，因而"他反对人的各种物质享受，提倡灵魂的不朽和安乐。他认为人要得到幸福，必须克服各种物质欲望。如有人有吃喝的欲望就成了吃喝的奴隶；有人有女色的欲望，因而成为女色的奴隶；有人爱好财富，结果成了财富的奴隶。'这些情欲冷酷地支配着每一个落入它们掌握之中的人。'这些人企图通过吃喝、女色、财

---

① ［法］吉尔·德勒兹：《尼采与哲学》，周颖、刘玉宇译，社会科学文献出版社 2001 年版，第 25 页。

富、权势等欲望的满足，从而得到幸福，结果是反被这些情欲所拖累、分心，弄得整天不得安宁，这'实在是掩蔽在一层薄薄外衣下面的痛苦'"①。中国的老子也认为，人的过度欲望追求是有害的，它既妨碍人的感觉的丰富性的展开，也妨碍人由平凡世界进入超越境界和精神自由的天地，"五色令人目盲，五音令人耳聋，五味令人口爽，驰骋田猎令人心发狂，难得之货令人行妨。是以圣人为腹不为目"（《老子·十二章》）。在老子的眼里，人的感性欲望使人难以接近神圣的世界，因此它主张"道法自然"，自然的最高境界是"无为而无不为"，只要人像自然那样，就能"无为而无不为"，实现自己追求的目的。所谓"无为"，首先是摆脱欲望的控制和刻意的功利追求，即庄子所说的"与物为春"，"物物而不物于物"。

在西方，拒斥欲望的思想来源于古希腊人的二元对立的世界观，他们把人分为身体和灵魂、欲望和精神、感性和理性，把世界分为现象世界和本质世界、经验世界和超验世界，而后者永远优越于前者，前者是虚幻的、有限的、短暂的，后者是真实的、无限的、永恒的。从道德上说，前者是堕落的，后者是高尚的；前者是卑下的，后者是崇高的。如安底斯泰就说："无欲是最神圣的。"埃皮克提特说："没有任何情欲，没有任何精神恐惧的人叫做幸福的人"，"最高的幸福是精神上的无动于衷"。"对于有理性的人来说，肉体毫无价值。"② 柏拉图将人的灵魂分为三部分，即理性、意志和情欲，理性代表智慧，意志代表勇敢，情欲代表节制，三者之间，理性的地位最高，其次是意志，地位最低的是情欲。"理性就像一个御者，意志像一匹驯马，情欲像一匹劣马。如果理性能控制好意志和情欲，灵魂就会升到善的不朽世界。如果理性控制不住情欲，就像御者驾驭不住劣马，灵魂就会堕落。"③ 出于对理性地位的维护，柏拉图极力反对在艺术中表现人的欲望，也否定现实生活中人的欲望，认为表现欲望的艺术伤风败俗，使人堕落，并妨碍敬神。从人的本性来说，趋乐避苦是人的最大愿望，快乐是人的幸福的主要标志。正因为主张理

---

① 冯俊科：《西方幸福论》，吉林人民出版社 1992 年版，第 44—45 页。

② 同上书，第 61 页。

③ 同上。

性天然优于感性，因此在古希腊，人们把快乐分为高级的快乐和低级的快乐，高级的快乐与精神相连，低级的快乐与欲望相连，许多思想家虽然坚持理性主义立场，但并不反对以精神追求为特征的高级快乐，而柏拉图却把一切快乐都视为洪水猛兽，认为应该一概拒绝。"任何快乐——不论是高级的还是低级的——都是没有必要的。"① 柏拉图还将道德与人的欲望联系起来编织禁欲的理论，认为"一个有道德的人，就是理性控制了情欲的人。人生的目的就是要把灵魂从肉体的情欲中解脱出来，摆脱情欲的诱惑，做一个有道德的人"②。这些思想的保守性是显而易见的，它与柏拉图出生在贵族家庭，要为生产力和物质都不发达的奴隶社会制造禁欲理论是紧密相关的。在当时，人的行为也被分为善的和恶的，善与理性、知识、道德相连，恶与感性、愚昧、欲望相连。善的东西是快乐的、幸福的，恶的东西是痛苦的、不幸的。而追求知识和善是人的本质所在。"在苏格拉底看来，驱善避恶是人的本性，没有人自愿去追求恶和他认为恶的东西，是行善还是作恶，关键取决于他的知识，因而每个人在他有知识的事情上是善的，在他无知识的事情上则是恶的。"③ 知识是理性的产物，感性、欲望、激情是非理性的东西，显然苏格拉底在崇尚知识的同时是贬低、鄙视欲望的。正如亚里士多德评论苏格拉底所说，"他在把德性看作知识时，取消了灵魂的非理性部分，因而也取消了激情和性格"④。事实上，苏格拉底的观点是赫拉克利特思想的延续，赫拉克利特反对人沉湎于动物性的快乐和物质享受之中，主张人的崇高使命是追求精神上的快乐，这种精神快乐就是为信仰、为理想、为国家而奋斗的荣誉感。"赫拉克利特反对把肉体感官的享乐看成是幸福，他鄙视那些追求肉体享乐的人，强调精神上的快乐，认为精神上的快乐高于肉体的快乐。他说：'猪在污泥中，而不是在洁净的水中取乐'；又说：'如果幸福在于肉体的快感，那么应当说：牛找到草料吃的时候是最快乐的。'"⑤ 当然，这种比附混淆了人和动物处在不同的智力和情感的等

---

① 冯俊科：《西方幸福论》，吉林人民出版社 1992 年版，第 17 页。
② 同上书，第 61 页。
③ 张志伟主编：《西方哲学史》，中国人民大学出版社 2002 年版，第 76 页。
④ 同上。
⑤ 冯俊科：《西方幸福论》，吉林人民出版社 1992 年版，第 37—38 页。

级上，二者根本不具有可比性。动物只按照自己的本能需要生活，而人却有超越本能的精神需求。动物只为生命的延续而活着，人却为精神的追求而活着。动物吃饱肚子是快乐的，而人的快乐却不局限生理的需求满足。从这个意义上说，牛找到草吃确实是最快乐的，因为它们没有需要层次的划分，除了生理需要还是生理需要。当然，我们看到，在理性和精神压倒一切的古希腊，还有昔兰尼学派和伊壁鸠鲁学派，他们主张世俗快乐的合理性，反对禁欲主义，"他们认为人有感觉，可以通过感觉获取各种知识，感觉是最真实的。但人们除了能够感觉到快乐和痛苦之外，再也没有什么可以感觉的东西了。如何逃避痛苦，追求快乐，就是人关于自己最重要的知识。因此，他们把追求快乐当成最大的幸福。他们说：'所有的生物都对快乐感到舒适，对痛苦表示厌恶'"。① 昔兰尼学派和伊壁鸠鲁学派的快乐理论对 17 世纪的洛克的思想产生了重要的影响。尽管如此，对快乐的追求始终是被大多数哲学家所不齿的，感性的快乐的东西在他们看来都是短暂的、速朽的、堕落的。比如，基督教哲学思想的奠基人奥古斯丁就认为，古代的那种追求物质的享乐和精神的安宁都不能得到幸福，真正的幸福在于对信仰的追求和对永恒的向往，那就是对基督和上帝的热爱，他明确指出："幸福生活绝对不能凭肉体的感觉。"② 随后的中世纪是宗教神学及其禁欲主义盛行的时代，其思想直接继承了柏拉图和奥古斯丁，"神"取代了"理念"、精神的至尊地位，被视为神圣的、严肃的、远离欲望的。中世纪经院哲学的代表托马斯·阿奎那反对欲望的两大理由：一是人的贪婪，欲壑难填；二是欲望妨碍人接近上帝。他认为如果人沉溺于现实的享受，就会放弃对来世和天国的信仰。因为肉体的快乐永远没有满足的时候，满足了一个欲望，又有新的欲望产生，人的贪欲会越来越强，假如一时不能满足，就会带来烦恼和痛苦。③（注：这种思想的影响甚至延续到 20 世纪德国哲学家叔本华那里，叔本华也认为人的痛苦的根源就是因为人有永远不能满足的欲望。旧的欲望满足了，又有新的欲望产生。人的得救在于戒除一切欲望，放

① 冯俊科：《西方幸福论》，吉林人民出版社 1992 年版，第 47 页。
② 同上书，第 114 页。
③ 同上书，第 121 页。

弃生命，进入涅槃境界。）在托马斯看来，只有人生的最高目的才会带来幸福，生理的欲望是低级的，与人生最高的目的相距遥远，因此人的幸福感受并不直接与快乐的体验相关。他说："吃是为了身体的存在，婚姻是为了生孩子，这些快乐都不是最后的目的，也不和最后的目的联系在一起，所以，幸福绝不在这些快乐上。"① 他像苏格拉底、柏拉图、奥古斯丁一样，给人预设了一个理想的世界，主张真正的幸福在于放弃肉体快乐，"追求一个最高的目的，最完善的境界或善的顶峰"。这个世界在他看来不在当下，而是在来世和上帝那里。人生的最高目标就是接近上帝那个完美纯洁的道德境界，因为"万事万物的最后目的就是上帝"，同时上帝也是善的化身、理性的化身。正因为如此，"上述快乐阻碍了人接近上帝，同时，上帝的世界也是理性统治的世界，接近上帝要通过深思熟虑，因此上述快乐对于这种接近是很大的阻碍。在把人拖到物质享受中这一点上，他比其他什么东西都厉害，所以，它使人脱离理性的事物，所以，人类的幸福不在身体的快乐上"②。他的结论是，那些追求肉体快乐的人都是目光短浅的，因为肉体的快乐都是短暂的。从赫拉克利特、苏格拉底、柏拉图到奥古斯丁、托马斯，无一例外都推崇灵魂的价值，贬低人的欲望。可以说，视理性灵魂为天使、身体欲望为魔鬼的观念，是基督教禁欲主义得以产生的思想根源。"基督教教会的传统将身体定义魔鬼的领地，认为身体威胁着灵魂的纯洁与自主，而且教会还将身体与灵魂之间的关系概念化为一种敌对的关系，这是以个人道德的名义，将阶级与社会的控制置换到身体之上"③。正因为如此，基督教的《圣经》把亚当和夏娃受蛇的引诱偷吃智慧之果后产生的欲望视为人的原罪。西方文化这种由来已久的视人的欲望为恶的观念，促成了古希腊艺术恬淡寡欲的特征，在那里，人的情感和欲望被理性所"规训"和净化，人们普遍认为，只有这样，艺术表现的情感才是高尚的、纯洁的、合理的、伟大的。正像文克尔曼所说："无论是就姿势还是就表情来说，希腊艺术

---

① 冯俊科：《西方幸福论》，吉林人民出版社 1992 年版，第 126 页。

② 同上书，第 127 页。

③ ［美］约翰·菲斯克：《理解大众文化》，王晓珏、宋伟杰译，中央编译出版社 2001 年版，第 110 页。

杰作的一般优点在于高贵的单纯和静穆的伟大", "希腊人的艺术形象表现出一个伟大的沉静的灵魂, 尽管这灵魂是处在激烈的情感里面; 正如海面上尽管是惊涛骇浪, 而海底的水还是寂静的一样"。① 显然, 在希腊人的心中乃至文克尔曼的观念里, 高贵和伟大意味着欲望的泯灭, 意味着不受情感干扰的灵魂沉静。基督教的禁欲主义思想统治西方世界长达一千年, 直到文艺复兴时期的到来才结束了这个禁锢人的感性欲望的时代。

　　文艺复兴时期, 提倡人性, 反对神性, 主张享受世俗的快乐和幸福。当时的文学家和思想家们都是为人的感性欲望伸张和呐喊的, 认为人是有七情六欲的凡俗的人, 纯洁到没有欲望的神是宗教编造的谎言, 神在世间并不存在。例如, 彼特拉克反对把人抬高到神的地位, 主张人是一个身体和灵魂都会消亡的平凡之物, 因而世俗的要求是合理的, 没有什么过错。他坦诚地承认, "我自己是凡人, 我只要求凡人的幸福", "凡人先要关怀凡间的事物"。② 在当时, 受柏拉图和中世纪思想的影响, 很多人依然相信人由身体和灵魂组成, 灵魂是不朽的。彭波那齐反对这种观点, 他认为"灵魂是肉体的机能, 离开了肉体, 灵魂就不能发生作用, 而且根本不能存在。人是有生有死的动物, 人的幸福就在今生今世, 用不着去追求什么死后的'不朽的幸福'"③。文艺复兴运动以人为本, 揭穿了来世和神的骗局, 认识到快乐是人的生活的组成部分, 也是人性的证明, 它结束了以感性欲望为耻辱的历史。其后期的思想家蒙台涅就明确指出, 人应该认识自己的真正需求, 人的最终目的就是为了使自己生活得快乐和幸福, 他说: "我们的最终目的, 即使在道德, 亦是快乐", "世界上的一切意见尽在此: 快乐是我们的目的, 虽然方法各有不同"。④ 蒙台涅大胆地对道德的神圣性提出了质疑, 他的观点无疑包含了只有使人快乐的东西才是善的思想。当然, 蒙台涅并不是一个片面的思想家, 在理智和情感之间, 他的选择是中庸的, 主张应该把二者结合起来, 使之平衡。人应当在今生今世的生活中尽情享受, 使理智和情感结合起来,

---

① 朱光潜:《西方美学史》(上册), 人民出版社 1979 年版, 第 302 页。
② 冯俊科:《西方幸福论》, 吉林人民出版社 1992 年版, 第 136 页。
③ 同上。
④ 同上书, 第 143 页。

从身心两个方面去得到正常的、充分的满足，认为"称心如意的生活"是"人的光荣的杰作"。他说："人生愈是短促，我们就必须过得愈充分，愈沉湎。"他主张人的生活应该是丰富的，而不应该是单调的、枯燥的。人应该读书、打猎、种田、跳舞、跑步、听音乐等，去干自己乐意干的一切，并且从中享受到快乐。他劝说人们不要听信教会的邪说，也不要用理性来压抑快乐，理性从本质上说是反生命的，压制人的情感的，对理性的服膺，必然会舍本逐末，牺牲人生的快乐，只能是作茧自缚，自寻烦恼，也是对生命极不负责任的表现。他动情地说："说真的，人真是最不幸的生物了。由于他的自然条件，他已经不能纯粹完全地享受快乐了，但他却还努力发明出学说和戒律来限制和裁减他所享有的微乎其微的快乐。……人类智慧错用了自己的才能，用它来减少和取消我们自然应该享受的快乐的数量和甜美。"① 因此，他坚定地主张，只要能享受到生活的快乐，其他的一切都无足轻重。这种反道德的人文主张只能在理性"祛魅"、失宠、思想自由的时代才可能产生。应该说，文艺复兴这些人本主义思想资源为 20 世纪后半期的"快乐至上""娱乐至死"的后现代主义产生做好了充分的理论铺垫。但是以理性和道德为主流的人类文化，从来就没停止过理性与感性的斗争，理性对感性的压制也一刻未曾放松。历史地看，理性事实上被人类尊奉为一种至高无上的权力，自觉地服从并加以顶礼膜拜。换句话说，人类的历史中，理性始终是一种支配性的统治力量，而感性的胜利在文化史上始终是短暂的，因为自从人类进入阶级社会以后，对秩序和规则的追求是政治的最高目的，甚至可以说是审美和艺术的最高目的。而一部文化史，无不是编织理性的神话、道德的规则来控制具有无序性、反抗性、破坏性的欲望的历史。正是这样，我们在文化发展的历史中，常常看到的是理性和感性"厮杀"的场面。例如，在 17 世纪，对快乐的看法也有截然不同的两种立场，英国经验主义看重人的感觉的真实性和可靠性，强调人的快乐的正当性。而大陆理性主义则坚持人的理性是获得快乐的源泉，认为感性是不可靠的东西。洛克的思想具有革命性的意义，他颠倒了古希腊的善恶观念，把人的快乐追求作为最高原则，视快乐为善的本质、痛苦为恶的本质，"所谓

---

① 冯俊科：《西方幸福论》，吉林人民出版社 1992 年版，第 144 页。

善就是能引起或增加人们的快乐减少人们痛苦的东西，所谓恶就是能产生或增加人们痛苦减少快乐的东西"①。在洛克那里，人的自然欲望、快乐、幸福被视为自然合理的要求，得到了"加冕"，获得了尊崇。洛克强调："人人都欲望幸福——人们如果再问，什么驱迫欲望，则我可以答复说，那就是幸福，而且也只有幸福。""什么是幸福——……极端的幸福就是我们所能享受的最大的快乐；极度的苦难就是我们所能遭受的痛苦。"在洛克眼里，幸福和快乐是合二而一的东西，幸福就是快乐，快乐支配着人们的欲望与追求。接着，洛克解释了为什么"人人都欲望幸福"？那就是由于外界事物作用于人的感官，引起了人的苦乐感。作为一个有自然需求的人来讲，它必然是去追求快乐的东西，逃避痛苦的东西。趋乐避苦是人的天性。他说："一切含灵之物，都有追求幸福的倾向。"②但这种快乐哲学很快就被 17 世纪的理性主义所湮没，理性成了评判一切价值的准绳，一切都要在理性的法庭上经过审判。在那个时代，符合理性标准的东西才是合理的。理性是人这个主体的最高本质。笛卡尔提出"我思故我在"的命题，在他那里，"思"代表怀疑和思想，"我"是一个心灵的实体，这个心灵实体的本质乃是"思想"，正如他自己所说，"严格来说我只是一个在思维的东西，也就是说，一个精神、一个理智或一个理性"③。笛卡尔奠定了理性哲学的基础，沿着这个思路，帕斯卡尔认为，人的本质规定是他的自觉的意识和思想，或者说人是一棵会思考的芦苇，虽然脆弱，容易被摧折，但思想却能使人以柔弱胜刚强，战胜宇宙的强悍，使人从有限进入无限，从短暂获得永恒。"人不过是一棵苇草，是自然界最脆弱的东西；但他是一根能思想的苇草。用不着整个宇宙都拿起武器来才能毁灭他；一口气、一滴水就足以致他死命了。然而，纵使宇宙毁灭了他，人却仍然要比致他于死命的东西高贵得多；因为他知道自己要死亡，以及宇宙对他所具有的优势，而宇宙对此却是一无所知。因而，我们全部的尊严就在于思想。思想形成人的伟大。"④ 帕斯卡

① 冯俊科：《西方幸福论》，吉林人民出版社 1992 年版，第 180 页。
② 同上书，第 183 页。
③ 张志伟主编：《西方哲学史》，中国人民大学出版社 2002 年版，第 368 页。
④ ［法］莫里亚克编：《帕斯卡尔》（文选），尘若、何怀宏译，生活·读书·新知三联书店 1991 年版，第 220 页。

尔以诗性的语言阐述了理性对人的重要性，这种崇高的纯洁的思想一直鼓舞着人类抛弃个人的欲望，牺牲本应享受的快乐，去追求精神价值。理性至上的思想在康德那里得到了进一步强调和完善。康德的思想从整体上说，仍然是对古希腊二元对立的自然哲学和柏拉图观点的阐发。康德看到了人的感性欲望的必然性，指出人作为一个自然界的生命物，具有感觉系统，人们追求物质利益，追求幸福快乐是人的自然要求。尽管如此，但他仍一直在致力于编织理性和道德的神话，目的是使理性和道德的规则成为人自觉践行的"绝对命令"，以维护人类社会的必要秩序。他看到，道德比权力机器更能有效地驯服人的欲望"野性"，因为道德不是以暴力的形式从外部去强制性地控制人的欲望，而是以理性反省的"罪感"去远离欲望。幸福是人生追求的最高目标，也是与欲望和快乐联系最紧密的观念。康德深知幸福的追求诱惑人偏离理性生活的巨大力量。为了达到控制欲望的目的，康德便开始改造幸福的观念。他首先把幸福和道德对立起来，对幸福观念进行"祛快乐化""祛功利化"的"道德化"处理。他断言，道德是非常高尚纯洁的东西，道德法则之所以具有普遍性、必然性，就是因为它摒弃了一切快乐、幸福和利益等因素。他说，"把个人幸福原理作为意志的动机，那是直接违反道德原理的"。他倡导所谓"善良意志""绝对命令"，目的都是为了使人们摆脱各种欲望和企图，自觉地服从先天规定的道德规律。[①] "康德把世界分为经验世界和理性世界两个部分，在经验世界中，人们追求快乐和幸福，受着自然本能的驱使；在理性世界中，人们追求高尚的道德，排除各种欲望和利益。人是一个跨越双重世界的存在物，他的一面是感性世界，另一面是理性世界。在人的身上，感性世界是人的恶的来源，它使人只讲享受，不讲道德；理性世界使人走向高尚和善。但是，由于这两个世界不能沟通，人永远摆脱不了邪恶而达到'圣洁'，也永远不会无视理性而沦为畜类。"[②] 可见，在康德的心中，是贬低感性欲望、颂扬理性道德的，感性欲望被宣判为恶的、肮脏的，理性和道德被视为善的、圣洁的。因此，他的美学理论并没有摆脱柏拉图轻视欲望的阴影，认为审美是不关乎欲

[①] 冯俊科：《西方幸福论》，吉林人民出版社 1992 年版，第 340 页。

[②] 同上。

望和功利的。在康德看来，不只是道德是远离欲望的，艺术和审美也是远离欲望的，因此是美的。他最著名的美学命题之一就是"美是道德的象征"，"审美是不涉及功利欲望的"，在他的心中，欲望是囚禁人灵魂的牢笼，剥夺人的自由的暴君，人的自由的境界与审美的世界是一致的，人的自由在于做一个道德的人，没有功利欲望的人。正如约翰·菲斯克指出的，"对康德来说，感官的快感是暴政式的；只有在审美的沉思之中，人才可能获得自由。一意孤行定要得到享乐的对象，其实威胁着对感官快感所进行的伦理学抵制，并否定了审美所需要的距离感。这种威胁在艺术与生活、再现与现实中，都是存在的：绘出的水果与真实的水果、裸女雕像与真正的裸女，具有等量齐观的威胁性，借用布尔迪厄的说法，这是'动物般对感觉的偏执'结果，享乐摧毁了'美'的纯粹性和普遍性，并奴役着人们：在直面这种对人类的自由与文化（反自然）所进行的双重挑战中，恶心是对厌憎与享乐之可怕诱惑的暧昧体验，它所上演的是向动物本能、肉体的存在，食与色的变形，换言之，是向普通与世俗的变形"①。的确如此，康德坚持在审美活动中反对感官欲望对人的"物化"和"异化"。在他看来，世俗的、欲望的东西是低级的，与人的本质是背道而驰的。在德国古典美学里，无论是黑格尔还是康德，都认为审美带有令人解放的性质，在他们看来，这种解放就是远离欲望，趋近道德。只有如此，人才是自由的，正如席勒认为的，只有游戏的人，才是审美的人和自由的人那样，因为游戏以快乐为目的，而不是以物质功利为目的。欲望的世界是现象界短暂的、转瞬即逝的东西，审美的世界是超验的理念世界、物自体，也是永恒不朽的，美是理念世界放射出的光辉，这是从柏拉图到黑格尔、康德那里一以贯之的观念。

康德的道德理想主义思想在 19 世纪的费尔巴哈那里遭到了抵制。费尔巴哈不像西方主流思想家那样，片面强调精神和道德在人生中的重要性，而完全否认、贬低人的感性欲望。他反对那种把道德、幸福、生命完全割裂开来，把人的幸福寄托于来世和天国的观念，坚持"生命本身就是幸福""生活的东西就是幸福"以及"道德的原则是幸福"的观点。

---

① ［美］约翰·菲斯克：《理解大众文化》，王晓珏、宋伟杰译，中央编译出版社 2001 年版，第 65 页。

费尔巴哈观点的革命性意义在于把以往注重道德精神、轻感性欲望的哲学来了一个大的颠倒，他强调幸福就在生命本身，能使生命幸福的都是道德的。生命的幸福与否成为评判道德与否的尺度，而不再是用道德来评判幸福的标准了。"在费尔巴哈那里，生命和幸福不仅是紧密联系的，而且可以看作是一个东西。失去了生命，也就失去了一切幸福。没有幸福，也就意味着失去了生命。因此，他号召人们要从宗教神学那种虚幻的精神境界中的幸福返回到活生生的现实人间幸福，要求人们从'神'和'神的幸福'转向'人'和'人的幸福'，转向注重生命的存在和维护生命存在的物质生活利益。"① 但遗憾的是，直到尼采出现以前，费尔巴哈的理论就一直被理性主义的洪流所吞没，没有受到世人应有的重视。因此，我们看到的只能是康德的理性美学、自由美学，它统治着20世纪中叶以前的审美艺术观念，身体的感性欲望和快乐要求都是被唾弃的对象。人们也默认了这样的规则：在审美中，远离欲望才是自由的和道德的。这也是整个现代主义时代艺术家遵循的共同原则。

20世纪60年代兴起的后现代主义颠覆了理性和道德占统治地位的现代主义传统。如果说"后现代是一个以理性主义和启蒙精神之崩溃为特征的'动乱时代'"（汤因比语），那么策动对理性叛乱的人就是尼采。汤因比认为，西方文化事实上从1875年开始就已经进入了他所谓的"后现代时期"，它开始了人类文化由理性、道德、秩序、稳定、一元化状态向感性、欲望、混乱、动荡、多元化状态的转型。"这是一个剧烈变动的时代，充满了战争、骚乱和社会革命，与现时代形成了断裂。汤因比把这个时代描述为一个无政府主义的、彻底相对主义的时代，而把此前的现代时代描述为以社会稳定、理性主义和以进步为特征的中产阶级的资产阶级时代——这是资产阶级的中产阶级对一个充满明显危机、战争和不断革命的时代的典型理解方式。"②

真正颠覆理性哲学的统治地位的是德国的尼采。尼采的哲学以反对理性和道德著称，理性主义兴起于17世纪，其奠基人为笛卡尔。理性在

---

① 冯俊科：《西方幸福论》，吉林人民出版社1992年版，第363页。

② ［美］道格拉斯·凯尔纳、斯蒂文·贝斯特：《后现代理论——批判性的质疑》，张志斌译，中央编译出版社2004年版，第8页。

哲学上表现为对总体性、统一性的强调，对差异性、多元性的排斥。理性思维是一种"树状思维"，由它建构的社会文化结构呈现出高级到低级、上级到下级、高贵与卑下的严密的系统的等级形式，前者永远高高在上，并宰制、规范着后者。"从某种角度上说，总体性等同于形而上学，它们压抑迫害一切异质性的东西，阻滞一切节外生枝的东西"，"总体性的内核是本质主义。本质是一块巨大的基石，形而上学就是在这块基石上缜密地搭建起的。它布局严谨，层层衔接，结构紧凑，井然有序。它是一个等级分明的巨型系统，是一个控制性的大厦，是一个内敛的支配机器，有巨大的吞噬能力和整合能力。形而上学的力量之源，它的交汇点，它的核心就是本质、起源。事物总是围绕着它生长、裂变、演进、蔓延。本质通常处于感性之外，它无法目击而又无处不在。它一会儿是理念，一会儿摇身一变为上帝，一会儿又是极其自信的'我思'，在某个具体的历史瞬间，它甚至可能是一个抽象化的个人，也可能是个匿名的信念或事物"。① 的确如此，从古希腊的自然哲学、本质论哲学到后来的认识论哲学，都在寻求事物现象后面统一的、不变的本质，这种对终极性根源的探寻，形成西方文化对知识的崇拜，对真理不可动摇的信念，对权力话语的服从，对神圣事物存在的坚信不疑，并误导人们前赴后继地迈向理性的祭坛，奉献出自己的灵魂和肉体。不仅如此，它还导致了理论的封闭性、保守性，知识系统的稳固性，每一次思想的进步和超越都因为理性的钳制而显得非常艰难，每一次变革和突破都只表现在术语的变换，都表现为"城头变幻大王旗"式的语言游戏的一次次重复，一次次的"能指"的改写，始终没能动摇形而上学的根基。总体性信奉的是统一性、稳定性、系统性、秩序性，它排斥一切差异性、多元性、混乱性、"游牧性"的自由事物，身体的感性欲望由于与快乐和自由的追求一致，与规则相悖逆，具有我行我素、天马行空的特点，因而常常被总体性的形而上学视为异端和"他者"，受到严密的监控和压制。"在总体性和形而上学那里，身体、感性、欲望、迷狂、疯癫、邪念，因为它们的变动不居性，因为它们的充分活力生产，因为它们外溢的莽撞蛮横，

---

① 汪民安：《后现代性的谱系》，参见汪民安、陈永国、马海良主编《后现代性的哲学话语——从福柯到赛义德》，浙江人民出版社 2001 年版。

因为它们草率的强力意志，因而它们必须被绳之以法，从而确保总体性的通畅，确保理性的权威，确保秩序的严谨，确保真理的贯彻实施。"①

"总体性"是对秩序和规则的追求，它抵制以"游牧"和自由为特征的感性，其实质与理性主义是一致的。理性主义的潜在目的在于压制人的感性欲望，为社会的秩序重建寻找合法性依据。整个现代性社会都在遵循理性的原则，人们相信理性会带来社会的进步和人的自由。在现代性社会里，追求真理是人们的最高信仰和目的。"从笛卡尔起，贯穿着整个启蒙运动及其后继者，所有关于现代性的理论话语都推崇理性，把它视为知识与社会进步的源泉，视为真理之所在和系统性知识之基础。人们深信理性有能力发现适当的理论与实践规范，依据这些规范，思想体系和行动体系就会建立，社会就会得到重建。"② 这种进步的神话是人们对理性坚信不疑的原因之一。上帝是理性自我发展到最高阶段的化身，也是西方人追求完善，超度有限、残缺的"此在"，寄托理想的所在。20世纪两次世界大战的爆发摧毁了理性的神话和圣殿，科学理性和哲学理性都没引导世界走向自由和进步，让人看到的是人性的异化堕落带来的相互残杀、互相消灭的惨景，摆在世人面前的是一幅焦虑、沮丧、绝望的图景。因此，尼采宣布"上帝死了"具有颠覆性的革命性意义，他所谓的"上帝死了"是指长期以来作为人们精神支柱的理性偶像的轰然倒塌，意味着绝对真理的世界已不复存在。他动摇了西方本体论哲学、认识论哲学坚持的本质、普遍、整体、统一、绝对的观念。正是这样，人们才将他视为绝对真理的掘墓人，以及主张"差异""多元"的后现代主义的鼻祖。"后现代攻击启蒙运动的合理性和普遍主义，后现代还重视相对主义、多重视角、差异和特殊性，其起源很大程度上来自西方思想的哲学批判，它开始于尼采，通过杜威、维特根斯坦、海德格尔以及作为特殊政治经验的女权主义而得到延续。因此，存在着一种离开真理、确定性、普遍性、本质和系统的现代话语以及拒斥自由与解放宏伟叙事的

---

① 汪民安：《后现代性的谱系》，参见汪民安、陈永国、马海良主编《后现代性的哲学话语——从福柯到赛义德》，浙江人民出版社2001年版。

② ［美］道格拉斯·凯尔纳、斯蒂文·贝斯特：《后现代理论——批判性的质疑》，张志斌译，中央编译出版社2004年版，第3页。

转向。一种解构的时尚，对主要的古典和现代哲学体系进行了破坏，并向现代思想前提本身发起了挑战。"① 后现代性的"差异政治"与"身体"不谋而合，"身体"是欲望的载体，欲望反感统一性、同一性、整体性的规范和束缚，因此，二者结为颠覆形而上学的同盟军。"从哲学认识论而言，后现代性正是以绝对的差异来回击形而上学和总体性；从政治、实践以及活生生的日常生活而言，它即是以身体来对抗主体，身体也许是后现代性或明或暗的目标，真正的焦点所在。"② 这正是前现代和现代的理性美学向后现代的感性美学、欲望美学、快乐美学转变的根本原因。

尼采的"上帝死了"也意味着支撑西方文化千年之久的基督教哲学的破产，他认为基督教是弱者的哲学和道德，是反生命、反人性、反意志的哲学，呼唤"权力意志"，倡导"超人"和强者哲学就是要颠覆基督教的统治，重估生命的价值和意义，激发生命的意志和激情，意在粉碎一切束缚生命欲望的理性枷锁和道德枷锁。"在漫长的中世纪，基督教是欧洲人的精神支柱，人们把尘世生活的意义寄托于天国，从灵魂不灭寻求人终有一死的慰藉，上帝是苦难人生的惟一救主。但是科学思想的发展导致了基督教信仰的崩溃。'上帝死了！'尼采的这一声呐喊把价值真空的严肃事实指给欧洲人看了。没有了上帝，每一个人的生命要万劫不复地归于虚无，生命的意义没有了着落。"③ 尽管如此，尼采并没绝望到认为，人已经不可救赎，无路可逃。他在揭示人的悲剧处境时指出，在虚无面前，人的拯救之路在于人生的艺术化，亦即求助于狄奥尼索斯精神。在他看来，狄奥尼索斯精神（酒神精神）是人的原始本能的迸发，生命力量的展示，创造能力的发挥，超人意志的表演，它具有摧枯拉朽的能量，一切懦弱的意志和人格在它面前都会相形见绌、自惭形秽。"在尼采看来，'现代人''善人''基督徒'之流的共同特征是缺乏酒神精

---

① ［美］斯蒂芬·贝斯特、道格纳斯·科尔纳：《后现代转向》，陈刚等译，南京大学出版社2002年版，第5—6页。

② 汪民安：《后现代性的谱系》，参见汪民安、陈永国、马海良主编《后现代性的哲学话语——从福柯到赛义德》，浙江人民出版社2001年版。

③ 周国平：《略论尼采哲学》，参见金慧敏、薛晓源主编《评说"超人"》，社会科学文献出版社2001年版，第328页。

神，以及生命本能的衰弱。因此，他们的反面便是充满酒神精神、有着健全生命的创造者。酒神艺术家是'超人'的原型。"① 尼采之所以张扬狄奥尼索斯精神（酒神精神），批判阿波罗精神（日神精神），就是因为看到了日神精神与理性的亲缘关系，看到了占主导地位的日神精神对人的感性欲望的压制和专横的面孔，其初衷就是要解放人的身体和欲望。因为西方文化在20世纪以前的漫长岁月里，都是理性占上风并占领人的精神领域的时代。到了近代，理性并没有随着历史前进的步伐而退至幕后，而是越来越得到了加强，压制了以创造精神、浪漫幻想、生命力勃发、非理性为特征的酒神精神。理性哲学以笛卡尔为肇端，在黑格尔那里成熟，在康德那里完善。正如周国平先生在评价尼采的酒神精神时所说："近代欧洲哲学的主题是理性，即人的认识能力和认识活动，方法也是理性，即逻辑范畴，所以实际上是理性自己在考察自己。这种情况发展到极点，便是黑格尔的概念自我活动的封闭体系。尼采用非理性的生命取代理性，哲学的主题变成对生命意义的寻求，方法是一种非理性的情绪体验——酒神似的陶醉，因而哲学成了一种通过某种特殊情绪状态体验生命意义的活动。"② 理性哲学实际上是基督教哲学在近代的发展，它们的共同之处是制造现象世界背后有超验的本体世界的谎言，从而把人们引向远离现实生活、否定感性生命的世界，快乐的享受和幸福的追求在基督教那里是罪恶的代名词。基督教无疑是人类文化史上一股反生命、反身体、反快乐的重要文化势力，身体在它们编织的谎言中渐渐被遮蔽、遗忘、禁锢。"基督教伦理压制生命本能，导致人的生命本能的普遍衰弱。"③ 尼采主张"超人"哲学就是要重整人日益衰弱的感性欲望和生命本能，使之摆脱理性和道德对人的看管、规训和束缚。他认为，"狄奥尼索斯文化是出色的人生确证，表现肉体的力量与激情，它把人民连结到一起，分享文化上的狂喜，陶醉之体验，尼采认为喜庆创造了强有力的健全个人和一种有活力的文化。对尼采来说，阿波罗代表形式、秩

---

① 周国平：《略论尼采哲学》，参见金慧敏、薛晓源主编《评说"超人"》，社会科学文献出版社2001年版，第334页。

② 同上书，第335页。

③ 同上书，第338页。

序和在传统上与古希腊文化联系在一起的个性化，而狄奥尼索斯则代表迷狂、混乱以及在集体的狂喜和对感官的服从中个人自我解体的力量"①。尼采对超人哲学和酒神精神的提倡，其意义是重大的，他是对叔本华悲剧哲学的扬弃和升华，如果说叔本华看到人因为欲望的永不满足陷入无穷的痛苦，给人的出路是克制自我的欲望，甚至是禁绝人的欲望，以虚构想象的涅槃世界来满足人的幸福渴望，与基督教一样带有欺骗性的话，那么尼采的酒神精神就是要让人们从彼岸的幸福想象和心理抚慰中走出来，正视人的感性生命，珍重现世的生活，以狂喜的姿态、沉醉的精神去抵抗悲剧的压抑，冲破理性、道德、规则、教条的牢笼。"真正的悲剧精神正在于，它叫人欢欣地喝下人生的苦酒，使人们即使在悲剧英雄的毁灭中也能看到美，在痛苦中也能感到一种'更高的、征服对方的快乐'。"② 因此，我们可以说，叔本华的思想是超验的、理性的、消极的、宗教的，他试图借助宗教的力量来解救苦难的人生；而尼采的思想是现实的、感性的、积极的、艺术的，他要通过艺术的大悲大喜去消解人生的苦难。酒神精神的实质就是狂欢精神，尼采的目的就是要人们在艺术的沉醉和狂欢中，忘记是非、功过、生死、祸福、功名利禄、悲欢离合，使生命和激情得到最大程度的释放和张扬。尼采把希腊文化分为日神世界和酒神世界，表面上并没有做出谁优谁劣的判断，事实上，从他对"权力意志"和"超人"哲学的肯定中不难发现，他更加赞赏酒神精神，因为酒神精神是对一切规范、限制、压迫势力的冒犯、反抗和挑战，是勇气、力量的象征，自由的象征，解放的象征，是人类从压抑走向狂欢的旺盛生命力的象征。正像 20 世纪早期国内学者李石岑先生指出的："从本体哲学上说，'美神'即日神代表'观念的世界'，酒神代表意志的世界。而进一步从人生哲学上说，日神不过是平凡的、颓废的、无勇气的人生之表示，不过对人生加以一种廉价的肯定而已，其结果只有陷人类于堕落。所以，人生的第一意义，是对人生取挑战的态度，结果非

---

① ［美］斯蒂芬·贝斯特、道格纳斯·科尔纳：《后现代转向》，陈刚等译，南京大学出版社 2002 年版，第 73—74 页。

② 汝信：《尼采的美学和文艺思想》，参见金慧敏、薛晓源主编《评说"超人"》，社会科学文献出版社 2001 年版，第 289 页。

藉酒神的魔力不可。换句话说，非有赖于权力意志不可。"① 李石岑用日神精神和酒神精神分析中西方文化的不同以及中国文化的缺陷很有启发意义，他揭露了中国人内心深处的痼疾，为的是引起疗救的注意，引领人们告别"奴役之路"，迈向自由之路。他说："中国人永是观念里面幸福和安逸，换句话说，中国人永是藉着美神的荫庇以求内心的慰安。中国国民性的特征……便是幻想的、妥协的、因袭的。"他总结了二者的差异："东方的人生理想，偏向于美神，而西方人的人生理想，却倾向于酒神。"② 李石岑先生分析说明了中国人的性格为什么总是内敛、含蓄、温和、守成、懦弱、封闭的，而西方人总是开放、扩张、冒险、进取的。因此，他认为，要改变中国人观念上的落后，必须借助于酒神精神。"所以我们目前第一步工作，就在于打破中国人的固定观念，这便是改变中国人的因袭性而代以创造性，所谓现实性、革命性，创造性……完全是酒神的思想，完全属于意志的世界。我们要在这个世界里面活动，才可以唤醒不进步的中国人，才可以救济带有黏液质的中国人，才可以根本改正中国人消极的解脱和廉价的肯定的人生。"③ 尼采对身体解放的贡献还在于他从哲学的根基上颠覆了意识的统治地位，肯定了无意识的重要性。在传统西方文化的等级意识中，意识是重要的，无意识是次要的，无意识应该服从意识的领导，意识应该支配和统治无意识。尼采推翻了这种"意识优先性"的观念，他说："我们处在意识被收敛的时刻。"（见尼采《权力意志》）这说明，意识不再像以往那样具有独霸天下的特权了，"身体"取代意识的地位，正大步走向历史的前台，这无疑是文化史上的一次翻天覆地的革命。正如德勒兹所指出的："提醒意识必须收敛自己意味着揭露意识的本来面目：它不是别的什么，只不过是一种征候，暗示着更深刻的变化是完全与精神无关的力的活动，'或许身体是促使精神发展的惟一因素'。"④ "'意识往往只在一个整体想从属于另一个更优

①　金慧敏、薛晓源：《尼采与中国的现代性》，参见金慧敏、薛晓源主编《评说"超人"》，社会科学文献出版社 2001 年版，第 16 页。

②　同上。

③　同上书，第 16—17 页。

④　［法］吉尔·德勒兹：《尼采与哲学》，周颖、刘玉宇译，社会科学文献出版社 2001 年版，第 58 页。

越的整体时才出现……意识的产生与某种存在相关，而我们可能成为这
一存在的一种功能。'这便是意识的奴性，它不过证实了比它'更优越的
身体已然形成'。"① 意识是西方理性哲学的心理学基础，它与逻辑、推
理、演绎、判断、规则、公理、秩序、稳定、统一紧密相连，而无意识
与幻想、自由、非逻辑、冲破规矩的限制，要求变化、多样、差异相
关。意识代表灵魂和精神，无意识代表身体和欲望。尼采对西方理性文
化进行颠覆的最终目标无疑是要解放受理性控制的身体，使由 17 世纪
笛卡尔确立的理性主体转变成高扬感性生命的欲望主体，使只与超验世
界相连的"不食人间烟火"的神圣主体变为与现实沟通的享受鲜活生
命的凡俗主体。尼采的主体不再是那种能洞察万物真相、掌握绝对真理
的全知全能的主体，而是意识到自己也是一个有不可避免的局限性、片
面性，受到"视域"限制，只能认识海上"冰山一角"的主体。"尼采
的身体取代了笛卡尔式的主体。后者的内在性特征正是意识、逻辑、认
知和判断，它和外物没有利益的纠葛和牵连，它超然于外物世界，但它
自信能检验、测度、悟透外物，这样一个主体是全知型主体，是个普遍
主体，他信奉逻辑，知识和理性的力量，通过它们他满怀信心地能客观
地抵达对象的深处。"② 尼采对无意识的强调，有力地促进了西方文化
由理性文化向感性文化的转型，至此，西方文化才摆脱了宗教神学对身
体的长期压制，身体不再是神的奴仆，一切肯定生命的事物和价值取得
了合法性，也得到了极大的张扬。"感性的身体不仅仅代替了理性的主
体，它还从上帝和神学的控制中挣脱出来。在尼采这里，身体和生命没
有根本的差异，二者都充斥着积极的、活跃的、自我升腾的力量。尼采
正是要将这种肯定的力量激活，这也正是他所标榜的价值所在：强健、
有力、充盈、高扬、攀升，这种价值的理想存在正是那种至高卓绝的
'超人'。超人表现得欢乐、无辜、自由，他驾驭着生命本身充满活力
的流变，他肩负重任、神志健全、孔武有力，但又从容潇洒、镇静自

---

① ［法］吉尔·德勒兹：《尼采与哲学》，周颖、刘玉宇译，社会科学文献出版社 2001 年
版，第 59 页。
② 汪民安：《尼采与身体》，参见汪民安、陈永国编《尼采的幽灵——西方后现代语境
中的尼采》，社会科学文献出版社 2001 年版，编者前言第 8 页。

若、严于律己。"①

在尼采看来，哲学是关于身体的学问，而不是过去人们认为的哲学是关于智慧的学问，关于灵魂世界、意义世界的学问，在他以前的西方哲学的荒谬性就表现在对理性、知识的顶礼膜拜，对感性身体的遗忘，对逻辑和意识的偏执性爱好。他认为，"哲学不谈身体，这就扭曲了感觉的概念，沾染了现存逻辑学的所有毛病"，"身体乃是比陈旧的灵魂更令人惊异的思想"。在他的观念里，"对身体的信仰始终胜于对精神的信仰"，正因为如此，他发出了哲学"要以身体为准绳"的呼吁，以此推翻将"意识设定为标准"的西方文化传统。尼采对身体重要性的强调，打破了西方文化中精神、灵魂至高无上的神话，粉碎了精神和灵魂构筑起来的坚强的理性堡垒，挣断了意识和逻辑锻造的真理的锁链。从这以后，显然"身体不再是听凭观念驱使的被动机器，也不是一个需要驯服管制的令人恼火的捣蛋怪物。它不再沉默、冷淡、无动于衷，不再被忽视，被打入冷宫，被注入另册。尼采让身体自足地运转起来，让万事万物遭受身体的检测，是身体而非意识成为行动的凭据和基础。尼采从身体的角度'重新审视一切，将历史、艺术和理性都作为人体弃取的动态产物'，世界不再与身体无关，世界正是身体的透视性解释，是身体和权力意志的产品。身体因为其嬉戏、舞蹈和感性的力学效果，因为其激烈的动态性，它就不再表现为彬彬有礼，井然有序，循规蹈矩。身体的世界，身体所阐释的世界再也无法融入逻辑的框架内，就此，身体与推理相对，和语法相对，和普遍的知识相对，和形而上学的真理相对"②。尼采的意义就在于把长期受到理性和精神压制的身体与欲望抬举到前所未有的高度，颠覆了形而上学对身体的"暴政"。正是在这一点上，尼采开启了后现代通向身体解放的大门，从此身体不再是下贱、耻辱、恶魔的化身，与身体紧密相连的快乐、快感再也不是"政治监视和规训""道德审判"的对象，也不再是作为灵魂的陪衬——一个"在场而缺席的存在"出入历史和文化的舞台，而是作为

① 汪民安：《尼采与身体》，参见汪民安、陈永国编《尼采的幽灵——西方后现代语境中的尼采》，社会科学文献出版社2001年版，编者前言第8—9页。

② 同上书，编者前言第7页。

人性的有机组成部分取得了合法的身份，是确证生命价值的一个重要向度和符号。"后现代性的使命，它的伟大历史实践，就是要让身体回归身体，让身体重享自身的肉体性，让身体栽植快感内容，让身体从各种各样的依附中解脱出来。"① 在后现代的世界里，一切迷信、偶像都无藏身之处，将被统统驱赶出境。灵魂和上帝不再是不可动摇的观念，它们的虚伪性、粗暴性、专制性被彻底暴露。确证生命的不再是灵魂和精神，而是欲望着的身体，狂欢着的身体。"后现代要破除各种各样的迷信，这同时包括科学迷信和上帝迷信。后现代知识观即是对科学迷信的破除，它属于后现代的认识论；后现代身体即是对上帝迷信的破除，它属于后现代伦理学。上帝不仅仅是基督教意义上的上帝了，在此，它是多位一体的圣祠，它同时包括本质、起源、理性、真理、灵魂，而身体正是对这一切的狂暴冲击；身体，以其肉体性，以其感性，以其瞬时性，以其自然性，以其大地性，以其享乐性，聚集起为后现代的火药筒，最终爆炸式地摧毁了形而上学体系。"②

与西方文化相对应，中国文化从古代的神话传说开始都在追求一种精神价值和道德价值。在正统文化中，欲望的身体是缺席的，无论是"夸父追日"，道渴而死，化为邓林，还是"刑天舞干戚""精卫填海"，都没有情感和欲望的记载，有的只是坚强的意志，战胜困难的勇气，在他们身上，表现出的是牺牲自我，舍弃身体，谋求集体的福祉，舍弃个体的快乐的道德的精神。在这里，集体的福祉即个人的快乐和幸福。它透露出有文字记载的正统中国文化从一开始都是与欲望"绝缘"的，也暗示中国文化是以道德礼义为基础的文化。

在先秦儒家的创始人孔子眼里，人的感性欲望是不符合礼义的、非道德的东西。从他的"非礼勿视，非礼勿听""郑声淫"的观点里就可见到他反对人的欲望，坚持道德理想主义的一面。在先秦，"治中和""发乎情，止乎礼义"，不但是艺术的要求，也是一个"内圣外王"的人所应该具备的素质。如果说"乐而不淫，哀而不伤"是艺术的最高理想，那

---

① 汪民安：《后现代性的谱系》，参见汪民安、陈永国、马海良主编《后现代性的哲学话语——从福柯到赛义德》，浙江人民出版社 2001 年版。

② 同上。

么"喜怒哀乐之未发，谓之中，发而皆中节，谓之和"（《中庸》）则是对圣人身体的要求。在儒家那里，集体的利益是至高无上的，个人的身体欲望在集体利益面前是无足轻重的，个体快乐的要求是可以忽略不计的，"舍生取义""杀身成仁"是儒家道德人格的最高体现。孔子一生的理想就是通过礼乐的教育，使弟子成为既受人尊敬的君子，又可以是治国平天下的政治家。简单来说，君子就是温柔敦厚、少私寡欲的人。在他那里，君子与小人的本质区别就在于对欲望的不同态度，"君子喻于义，小人喻于利"。在这里，对物质功利的追求被视为精神低下、灵魂肮脏的表现，要成为一个谦谦君子，首先就要克制欲望，君子人格的最高境界是"仁爱"，而在孔子看来，仁爱境界的抵达要靠对一己私利和欲望的克制，进而对道德礼义的遵从，即他所谓的"克己复礼为仁"。因此，他提出了"君子有三戒。少之时，血气未定，戒之在色。及其壮也，血气方刚，戒之在斗。及其老也，血气既衰，戒之在得"。（《论语·季氏》）而那些为追求理想和知识不惜牺牲一切的人是最受他尊崇的，他喜欢弟子颜回的理由是："贤哉回也。一箪食，一瓢饮，在陋巷。人不堪其忧，回也不改其乐。"（《论语·雍也》）在孟子眼里，人的自我价值的实现，也是以克制身体欲望为代价的，"天将降大任于斯人也，必先苦其心志，劳其筋骨，饿其体肤，空乏其身"。他认为，如果一个人仅仅满足于生理的欲望，与动物没有本质的区别，真正的人是受到良好文化教育的人。"人之有道也，饱食，暖衣，逸居而无教，则近于禽兽。"（《孟子·滕文公上》）因而，他提出："养心莫善于寡欲。其为人也寡欲，虽有不存焉者，寡矣；其为人也多欲，虽有存焉者，寡矣。"（《孟子·尽天下》）他甚至认为寡欲是实现政治理想的必要条件，并把政治理想看成人的"大欲"，要在政治上成就一番事业，就必须克制一己之"私欲""小欲"，施行"仁政""王道"。当他看到梁惠王"欲辟土地，朝秦楚，莅中国而抚四夷"时，就劝告梁惠王要克制日常生活中的"肥甘""轻暖""采色""声音"之欲，"发政施仁，使天下士者皆欲立于王之朝，耕者皆欲耕于王之野，商贾皆欲藏于王之市，行旅皆欲出于王之涂，天下之欲疾其君者皆欲赴诉于王"[1]。因此，可以说儒家的思想就是一项浩大的

---

[1]　李庆：《中国文化中人的观念》，学林出版社 1996 年版，第 307 页。

灵魂改造工程，其目的是通过思想的"净化"、规训、"格式化"，更加有效地规训身体，控制身体。

秦汉时代，对人的欲望也是严加管制的。著名的《会稽刻石》中记载："皇帝并宇，兼听万事……防隔内外，禁止淫佚……咸化廉清，大治濯俗。"（见《史记·秦始皇本纪》）我们可以看到，秦始皇在大修阿房宫，自己纵情声色，企图长生不死（派徐福去海上仙山寻找不死之药）的前提下，是极力限制普通百姓的情感放纵的。而在汉代，大儒董仲舒以阴阳比附"性"和"情"，其实质是以道德的尺度来界定"情"和"性"，硬将二者套入善和恶的框架。他说："性生于阳，情生于阴。……曰性善者，是见其阳也；谓恶者，是见其阴者也。"① 董仲舒认为人的"性"有广义和狭义两个方面的区别，狭义的"性"是善的，"与贪恶的情相对"，广义的"性"是"生之自然之资"，包括性和情两种成分。前者是经过教化锤炼的，后者是天然质朴、未经雕琢打磨的。前者是含有杂质的人性，后者是提纯了的人性。"故性比于禾，善比于米。米出禾中，而禾未可全为米也。善出性中，而性未可全为善也。""米出于粟，而粟不可谓米，玉出于璞，而璞不可谓玉。"② 因此，他认为，统治者除了顺应天意外，最重要的任务之一便是制定良好的法律制度，防止老百姓欲望的泛滥。"质朴之为性，性非教化不成；人欲之为情，情非度制不节。是故王者上谨于天意，以顺命也，下务明教于民，以成性也；正法度之谊，别上下之序，以防欲也。"③ 《汉书·食货志》里"淫佚之俗日月以长，是天下之大贼也"的说法，不仅反映了汉代国势昌盛，物质生活水平较以前有很大提高，民众的温饱问题已得到解决，追求的是精神的享受，同时也说明统治阶级是把人的自然欲望视为洪水猛兽的。而且，我们从《淮南子》里也可以找到汉代压制人的欲望的证据。如《淮南子·诠言训》中说："为治之本务在于安民，安民之本在于足用，足用之本在于勿夺时，勿夺时之本在于省事，省事之本在于节欲，节欲之本在于反性，反省之本在于去载（高诱注：去浮华载于亡者也），去载则

---

① 肖万源、徐远和主编：《中国古代人学思想概要》，东方出版社1994年版，第135页。
② 同上书，第112页。
③ 同上书，第118页。

虚，虚则平。平者，道之素也，虚者，道之舍也……"① 节欲在这里成了治国安邦的基本方略，足以见出历代统治者对庶民欲望的严加防范。而在《淮南子·精神训》中，更是把人的欲望视为生命的异数，恶的根源。"五色乱目，使目不明；五声哗耳，使耳不聪；五味乱口，使口爽伤；趣合滑心，使行飞扬。此四者，天下之所养性也。故曰：'嗜欲者，使人之气越；而好恶者，使人之心劳；弗疾去，则志气日耗。'"② 在这里，我们感受到了老子哲学思想对《淮南子》的深远影响。

魏晋南北朝是中国历史上第一个思想自由的时代，产生了要求个性自由解放的"魏晋风度"，蔑视礼义、狂放不羁的"竹林七贤"，在思想家中，何晏、王弼提出了"名教出于自然"，阮籍提出了"越名教而任自然"，以此反对"名教"对人的思想束缚，对身体的压制。但他们的思想是追随先秦道家的，"贵无"的思想与道家一样有轻视身体欲望的一面。众所周知，嵇康在魏晋时期以追求个性自由著称，他的生活我行我素、洒脱不羁，然而在他的灵魂深处仍然烙上了儒家和道家的印迹。他反对恣情纵欲，把欲望比作使树木毁灭的害虫，强调对人的欲望节制的重要性。"蝎盛则木朽，欲胜则身枯。然则欲与生不并立，名与身不俱存。"③而哲学家何晏则与道家、玄学的"圣人无形无名"相呼应，提出了"圣人无情"的学说，显示出他心灵深处鄙薄身体欲望的一面。而王弼也坚持"性无善恶，情有邪正"的观念。按照何晏的观点，"性"属于形而上的东西，与"道"相通，"情"属于形而下的东西，与"道"或宇宙的本体相对立。王弼认为"情"有善和恶之分，因此，他主张"以性统情"。有些思想家甚至认为，欲望是人生的苦海，走向极端，将毁灭人的生命。如北魏的温子升把人生的苦难比作"漂沦欲海，颠坠邪山"。《颜氏家训》里，也意识到人的欲望是无穷无尽的，主张必须限制人的欲望的扩张，"欲不可纵，志不可满。宇宙可臻其极，情性不知其穷。唯在少欲知止，为立涯限"④。而《刘子·防欲篇》，更是恫吓人们，欲望的放

---

① 李庆：《中国文化中人的观念》，学林出版社1996年版，第336页。
② 同上书，第337页。
③ 同上书，第343页。
④ 同上书，第351页。

纵会危及人的生命，"身之有欲，如树之有蝎。树抱蝎还自凿，身抱欲返自害。故蝎盛则木析，欲炽则身亡"①。由此看来，在魏晋南北朝那个看似"人性解放"的时代，人的情感的自由度仍是相当有限的。这是因为那个时代佛教传入中国不久，而道教在中国本土也处于发展阶段，无论是佛教还是道教，它们的共通之处，都是宣扬欲望对人是有害的，从而限制人的欲望追求。事实上，一切宗教的目的都是禁欲主义的，都是与政治统治合谋的，规训人的身体欲望，把反抗的人们驯化成良民是其首要的任务，东西方概莫能外，就像德国诗人海涅所说的，"我读的那种宗教，其最初的教条就是判定肉身有罪，这种宗教不仅承认精神高于身体，还想消灭肉身，以炫耀精神；……正因为它判定肉身有罪，连最纯洁无邪的感官快乐也变成了罪孽，正因为人不可能完全靠精神生活，于是伪善便应运而生，我谈的那种宗教，教训人们，一切世俗的财富都是过眼烟云，做人应该具有狗样的谦卑，天使般的忍耐，这样，它就更变成专制主义的最得力的支柱"②。

　　唐朝是另一个思想自由的时代，人的情感和欲望得到了最大程度的张扬。人的欲望被当作自然而然的东西，没有了道德的色彩。在唐初武则天时期，朱敬则就指出："臣闻志不可满，乐不可极。嗜欲之情，愚智皆同。贤者能节之。"③ 这种思想是矛盾的，它一方面反映出人的欲望的合理性在那个时代是得到承认的；另一方面，也反映了在那个儒释道交融、斗争的时代（儒释道哲学的共同之处，就在于节制或者禁绝人的欲望），欲望的过度放纵又被认为是不可取的。因而，在儒家思想占统治地位的中国，加之宗教对人身体和思想的禁锢，这种自由和开放的时代毕竟是昙花一现的，接踵而至的宋明理学把中国文化再次引向压抑身体和遗忘身体欲望的轨道。"天理"与"人欲"的对立，"存天理，灭人欲"的反人性的思想，成了政治意识形态和审美意识形态里的"权力话语"。在宋代最早将"天理"与"人欲"对立起来的是理学家程颐、程颢，他们把汉儒董仲舒的"五常"思想直接用于建构自己的理学理论，极力将

① 李庆：《中国文化中人的观念》，学林出版社1996年版，第351页。
② 同上书，第398页。
③ 同上书，第351页。

人性道德化，目的是将"性"统一在"理"的范围之中。而且，他们所谓的"性"是完全排除了人的感性欲望的，只与人的道德理性价值有关。他们将先秦儒家的"礼"替换为"理"，"仁、义、理、智、信五者，性也"①。"性即理也，所谓理，性是也。"② 不仅如此，他们还以道德的眼光，想当然地将人心和道心预设为不同的等级，褒扬前者，贬抑后者，在他们心中，二者是不共戴天的。"人心私欲，故危殆。道心天理，故精微。灭私欲则天理明矣。"③ 正如徐远和先生所指出的："所谓人心，指个体的感性欲念；所谓道心，指群体的道德意识。程颢把'人心'与'道心'对立起来，认为二者有邪正之分，要求以所谓'精一'功夫消除'危殆'的人心，保持精微的'道心'，也就是窒息个体意识以服从群体意识。同时还把道心人心与天理人欲对立起来，认为天理出于道心，人欲出于人心，要求以道心制服人心，'损人欲以复天理'，也就是牺牲个体利益以服从群体利益。做到灭人心以存道心，灭人欲以复天理，也就达到了'中'的标准。这个'中'就是道心。以'中'为极致，就是以道德意识作为价值评判的最高标准，它是以牺牲个体意识为代价的。"④ 我们甚至可以说，强调"天理""道心"，实质就是要从根本上消解人的欲望和快乐追求。二程的思想在朱熹那里得到了进一步的发挥，事实上，朱熹的理论也是在为追求"天理"、克制欲望的人制造舆论，寻求理论上的合法性。朱熹首先对人的主体进行了"道心"和"人心"的二元划分，"人只有一个心，但知觉得道理底是道心，知觉得声色臭味底是人心"⑤。这种划分的目的是明确的，就是要将人的感性欲望"降格处理"，甚至"妖魔化"，以防止欲望的发泄和泛滥。"喜怒哀乐，情也。其未发，则性也，无所偏倚，故谓之中。发皆中节，情之正也，无所乖戾，故谓之和。"⑥ 显然，朱熹像先秦儒家一样，主张人的情感应该埋藏在心中，不应表现出来。因此，他坚持用道德理性（即道心）去限制人的欲望的喷

---

① （宋）程颢、程颐：《二程集》，中华书局1981年版，第14页。

② 同上书，第292页。

③ 同上书，第312页。

④ 肖万源、徐远和主编：《中国古代人学思想概要》，东方出版社1994年版，第155页。

⑤ （宋）朱熹：《朱子语类》，中华书局1999年版，第2010页。

⑥ （宋）朱熹：《四书章句集注》，中华书局1983年版。

发。他说："道心则是礼理之心，可以为人心之主宰，而人心据以为准者也。且以饮食言之，凡饥渴而欲得饮食以充其饱且足者，皆人心也。然必有义理存焉。有可以食，又不可以食。"① 他甚至将个体欲望的消灭视为仁的表现，从而确立"天理"的合理性。"私欲全无，天理尽见，即此便是仁。"② "人之一心也，天理存则人欲亡，人欲胜则天理灭，未有天理人欲夹杂者。"③ 宋代理学在明代遭遇了抵抗和反叛，对二程和朱熹的"天理"与"人欲"对立的观点提出质疑的是思想家王阳明，他在宋代理学的"心"与"理"的二元对立，强调"心统性情"（注：虽然"心统性情"是张载提出的，但不论是二程还是朱熹都是主张以道德理性主宰人的感性欲望的。）的基础上，大胆地提出人并没有"道心""人心"的明确界限。他说："心一也。未杂以人伪谓之道心，杂以人伪谓之人心。人心之得其正者即道心，道心之失其正者即人心。"④ 不过，从他的论述中，我们仍然觉得他的思想并没有摆脱宋代理学的束缚，仍然深陷在"正邪区分"的窠臼之中，以道德的尺度来评判什么是人心，什么是道心。他的功绩在于破除了宋代理学对欲望的善恶预设，认为人的情感没有善恶的区分，都是人性的自然组成部分，是完全合理的。"喜、怒、哀、惧、爱、恶、欲，谓之七情。七情者，俱是人心合有的……七情顺其自然之流行，皆是良知之用，不可分别善恶。"⑤ 与王阳明的观点一致的明代思想家有泰州学派的代表人物王艮，他为人的正常欲望摇旗呐喊，反对那种敌视人的欲望的观点，主张顺应人的自然欲望。他坚持认为圣人与凡人一样，都有趋乐避苦的欲望。他说："只心有所向，便是欲。"它说明欲望是人与生俱来的东西。"圣学唯无欺天性，聪明学者，率其性而行之，是不自欺也。"在他看来，那种认为圣人没有欲望天性的观点，完全是自欺欺人的。不仅如此，他还鲜明地提出，生命的本质、生活的意义就在于追求快乐，圣人凡人莫不如此，那些不快乐的人，是心被外

---

① （宋）朱熹：《朱子语类》，中华书局 1999 年版，第 1488 页。
② （宋）朱熹：《朱子语类》卷十二，中华书局 1999 年版，第 340 页。
③ 同上书，第 356 页。
④ 《传习录》上，转引自肖万源、徐远和主编《中国古代人学思想概要》，东方出版社 1994 年版，第 156 页。
⑤ 李庆：《中国文化中人的观念》，学林出版社 1996 年版，第 378 页。

物所役使的结果。"人心本自乐，自将私欲缚……一觉便消除，人心依旧乐。乐是乐此学，学是学此乐。不乐不是学，不学不是乐。"① 而在明代，对儒家道德礼义最具反抗意识的是思想家李贽，他从根本上颠覆了儒家"人伦物理"的权威性、专断性、神圣性和崇高性，强调人的日常生活是人性的自然要求，"穿衣吃饭，即是人伦物理；除却穿衣吃饭，无伦物矣"。"谓圣人不欲富贵，未之有也。"因此，他主张顺应和满足人的正常欲望。"夫天下之民物众矣。若必欲其皆如吾之条理，则天地亦且不能。是故寒能折胶不能折朝市之人；热能伏金而不能伏竞奔之子。何也？富贵利达所以厚吾天生之五官，其势然也。是故圣人顺之，顺之则安之矣。是故贪财者与之以禄，趋势者利之以爵，强有力者与之以权。能者称事而官，慎者夹持而使……"② 因此，我们认为，明代的思想是对此前天理与人欲对立思想的突破，是继魏晋时期"人的自觉"的又一次人性大解放，道德的人、理性的人在李贽等思想家那里，变成了欲望的人、感性的人。

在明代，李贽的思想的影响依然深远，人们对世俗欲望抱以非常宽容和理解的态度，认为欲望是任何动物共有的东西，人的自然欲望是人的本质不可分割的部分。思想家陈确反对宋明理学把"天理"和"人欲"对立起来的观点，他坚持私欲是所有人的天性，君子、圣人与凡人一样都有私欲，没有私欲的圣人君子在世界上根本不存在。他在《私欲》中指出："或复于陈确子曰：'予尝教我治私矣。无私实难。敢问君子也有私乎？'确曰：'有私。'曰：'有私何以为君子？惟君子而后能有私，彼小人恶能有私乎哉？……惟君子知爱其身而爱之无不至也。曰：'焉有（爱？）吾之身而不能齐家者乎！不能治国者乎！不能平天下者乎！君子欲以齐、治、平之道私诸其身，而必不能不以德之身而齐之治之平之也。'"彼古之所谓人圣贤人者，皆从自私之一念，而能推而致之以造乎其极者也。而可曰君子必无私乎哉！"③ 清代的著名思想家袁枚也认为，人非草木，孰能无情。"情"自然包含人的合理的私心和欲望。"万物俱

---

① 李庆：《中国文化中人的观念》，学林出版社 1996 年版，第 387 页。
② 同上书，第 387 页。
③ 樊美筠：《俗的滥觞》，河南人民出版社 2000 年版，第 57 页。

生于情，何况人乎"是有清一代思想家的共识。袁枚指出："夫生之所以异于死者，以其有声有色也；人之所以异于木石者，以其有私有为也。……必欲屏声色，绝思维，是生也而以死自居，人也而以木石自待也。……且寡欲之说，难以泥论，孔子'食不厌精，脍不厌细'，未尝非饮食之欲也，而不得谓孔子为饮食之人也。而文王'悠哉游哉，辗转反侧'，未尝非男女之欲也，而不得谓文王为不养大体之人也。何也？人欲当处，即是天理。素其位而行，如其分而止。圣贤教人，不过如是。"① 人的欲望、情感、私利被认为是人性的重要组成部分，这些观点在儒家文化占统治地位的传统社会无疑是振聋发聩的。

六　感性解放潮流与文艺的娱乐化

中国传统文化将感性欲望"妖魔化"的传统在 20 世纪 80 年代以前的中国文学艺术里以不同的形式上演着，要么是革命取代欲望（如杨沫《青春之歌》里主人公的爱情，在很大程度上都是革命和事业高于爱情，甚至是可以取代爱情的），要么是政治阉割欲望、驱逐爱情（"文化大革命"时期的样板戏，男女主人公都是"高大全"的形象，为了表现人格的纯洁和道德的完美，每个人都没有七情六欲，胸中唯一装着的是"革命""政治""阶级斗争"的情感。在这里，理性取代了感性，"消灭"了感性；灵魂代替了欲望，"封杀"了欲望，人变成了无欲的"神"）。无论是革命还是政治，都不外乎理性道德的"变形""化装"。而在 20 世纪 80 年代，虽然国门已经打开，西风已经吹入，但在整个思想文化领域仍然是很保守的，邓丽君的歌曲，喇叭裤，摇滚音乐，流行歌曲，美女作家的"下半身写作"，广告，好莱坞电影，选美，每一次新事物的出现，都曾被视为洪水猛兽，遭到文化保守势力的抵制。但欲望解放的洪流在 20 世纪 90 年代以势不可当的姿势，冲刷着华夏大地上的道德堤坝，最终以保守势力的偃旗息鼓、新事物被社会所接纳而告终。它显示了感性欲望对理性压制的反抗和胜利，这一变化有着深刻的社会历史原因。

20 世纪 90 年代是中国在思想文化领域逐渐与国际"接轨"的年代，

---

① 樊美筠：《俗的滥觞》，河南人民出版社 2000 年版，第 58 页。

大众传媒的兴起，后现代主义思想的传播，中国人的心灵经历了剧烈的震荡和裂变，道德和理性的虚假性、专制性的面孔逐渐被揭穿、被颠覆。它宣告了尊重人的感性欲望的世俗化社会的全面到来。按照社会学家韦伯的观点，所谓的世俗化就是由宗教统治的、禁欲的神圣社会向承认人的感性欲望要求的合理性的社会的转变，韦伯把这一过程叫作理性的"祛魅"。国内学者陶东风先生受韦伯的启发，也认为"世俗化是社会转型的重要方面之一。在西方，世俗化的主要意思是'解神圣化'，即宗教与人们的日常世俗生活脱钩，世俗政治与教会的权力的脱钩，民间的政治、经济、文化活动不再与一种神圣的精神价值相关联，人们不再到生活之外去寻找生活的合法依据。社会活动的规范也脱离了宗教的源头，由法律取而代之，公共的道德规范问题、意识形态问题是大众参与讨论的而不是由教会垄断的。这样，宗教性道德就不再是公共生活中的普遍性规范，而成了个体的精神信仰。这是西方现代性的核心内容之一。在中国，世俗化所消解的不是典型的宗教神权，而是准宗教性的集政治权威与道德权威于一身的专制王权。尽管如此，在向市民社会转换、健全法制、肯定日常生活诉求并使之从准宗教化的意识形态与政治教条中解脱出来这些方面来看，中国的世俗化社会变迁仍然有着与西方相似的一面。所以在世俗化的过程中，必然凸显出大众对于日常生活幸福本身的强烈欲求，凸显出人的生活观念、价值取向在解神圣化以后多元化、商品化与消费化的趋势。具体表现为人们对于实实在在的、具体可见的物质改善与情感寄托的追求，再也没有崇高伟大的革命英雄主义与革命理想主义"①。

　　如果说20世纪80年代的中国文化还带有明显的理性色彩，追逐理想、崇高、价值、超越、主体性等观念，那么90年代则是对这些预设价值的质疑和颠覆。市场经济的建立，大众传媒的繁荣，利益原则、欲望原则打开了人性的"潘多拉"魔盒，原来被视为丑恶、非道德、非理性的欲望重新被审视，被人们纳入人性的重要组成部分，取得了意识形态领域里的合法性地位，并在很大程度上被视为挣脱道德、理性束缚，疏

① 陶东风：《世俗化的情感与欲求》，参见金元浦、陶东风《阐释中国的焦虑——转型时代的文化解读》，中国国际广播出版社1999年版，第334—335页。

离和反抗政治意识形态和审美意识形态专制的解放之维。从理论上看，主要体现在20世纪90年代中国大陆知识分子掀起的关于人文精神的大讨论，它实际上反映了中国从理性社会向感性社会、道德社会向世俗社会、精英社会向大众社会转型的现实，反映出知识分子分化的现状，反映出保守知识分子和激进知识分子对新时代的拒斥和欢呼的两种立场的交锋。提出人文精神的一方代表传统的理性文化，批判的锋芒直指王朔的"痞子文学"和贾平凹《废都》中"颓废"的欲望叙事。从文化发展的角度上说，人文精神的坚守和世俗欲望的赞同，代表了现代性文化和后现代文化、精英文化和大众文化、传统的文化保守势力和激进的文化革新势力之间的冲突和较量。王朔的调侃、反讽是对理性的正统、正经、严肃和高雅的拆解、破坏。陶东风先生把王朔的小说分为纯情类和谐趣类，他更推崇王朔的谐趣类小说，认为它们才真正体现了王朔反叛和创新的精神。王朔的谐趣类作品擅长调侃、讽刺，对于神圣的传统道德、生活方式、思想观念、价值观念，对"文化大革命"时期的政治教条与官方意识形态，对文人、精英知识分子，尤其是他们的自大自恋与假清高、假正经等，统统进行了尖刻的讽刺、挖苦，体现了王朔的生活方式与人生姿态，即嬉戏与逍遥，玩世不恭。《废都》的欲望书写是承续张贤亮20世纪80年代在《一个男人的一半是女人》中开启的欲望叙事，而且为20世纪70年代出生的美女作家的"身体写作"打开了长期被道德和政治把守的"肉体之门"，它们共同汇聚成了改革开放以来反叛理性和道德的感性解放潮流。从中国自古以来就是一个封建道德文化、政治"独白型"的文化上看，张贤亮的《一个男人的一半是女人》和《废都》所具有的解放的意义是巨大的，它们推动了以欲望为特征的世俗化、多元化社会的到来，使社会和文化朝着"去政治化""去道德化""去精英化"的民主方向发展，因为历史上的宗教社会和专制社会都是压制底层民众的欲望的。"世俗化是现代化的重要内容，在西方是如此，在中国也是如此。中国古代的绝对王权的统治与'文革'左的教条意识形态，同样是与现代化的政治文化诉求格格不入的。在一个神权统治的或者是'准神权'统治的社会中，社会成员的日常生活都带上了宗教或准宗教的特点，人的日常存在的合法依据在于它与某种神圣精神资源（如西方现代化之前的'上帝'、中国传统社会中的'天道''圣人之道'）之间的联系缺乏这种神圣资源的生活被认为是邪恶的或至少是无意义的；而世俗化则使得人的存在、人的日常生活与神圣的精神资源之间的关系被解构或者极大地削弱，人们不再需要寻求一种超越的神圣精神支援为其日常生活诉求（包括与物质生活相关的各种欲望、享受、消遣、娱乐等等）进行'辩护'。这就为大众文化的兴起提供了合法化的依据。""世俗文化不但具有文化的意义，而且还具有政治的功能，它打破了文化从属于政治的一元格局，解除了准宗教化了的政治社会的'神圣'性。事实证明，改革开放以前的中国高度一体化的政治社会、政治文化与中国社会文化的现代化发展方向是不吻合的，而世俗文化的兴起正好冲击了它原先的霸主地位，这正是它的历史意义与政治意义所在。"① 世俗化的社会进程，必然带来文艺的通俗化潮流，它是对中国大陆文学长期以来坚持的"文艺载道""文艺为阶级斗争服务""文艺为政治服务""文艺为启蒙服务"的游戏规则的突破，它的意义在于摆脱了文艺的工具性属性，使文艺重返到艺术的原初功能——回归到满足人的感性欲望（弗洛伊德认为文艺是人受压抑的欲望的象征表现）的轨道上。因而，文艺娱乐的功能从长期受压抑的状态里凸显出来，取代了文艺的教育功能甚至审美功能。李泽厚先生把文艺审美的功能分为"悦耳悦目""悦心悦意""悦志悦神"三大功能。在他看来，"悦志悦神"的功能是艺术审美活动的最高价值。他的美学思想在很大程度上是康德非功利的自由主义美学的继承，代表理性道德时代的审美理想。他依然是把感官的快乐看作低级于"悦志悦神"的精神快乐的。而实际上，中国 20 世纪 90 年代的世俗化社会的形成，文艺生产和消费领域都已告别了 80 年代那种启蒙和理性的激情，审美功能发生了巨大的变化，"悦耳悦目"甚至可以说"悦身悦欲"，取代了"悦心悦意""悦志悦神"的统治地位（注：冯宪光教授概括消费主义时代的审美观念已经从黑格尔的"美是理念的感性显现"转移到了"美是欲望的感性显现"）。可以说，这体现了伴随市场经济到来的都市化、商业化、消费化的社会的必然趋势。"从

① 陶东风：《超越历史主义与道德主义的二元对立——论对待世俗化与大众文化的"第三种立场"》，参见金元浦、陶东风《阐释中国的焦虑——转型时代的文化解读》，中国国际广播出版社 1999 年版，第 376—377 页。

文艺自身的发展来看，通俗市民文艺的迅速崛起又具有历史发展的必然性与合理性。首先，通俗市民文学注重张扬文艺的娱乐、消闲、怡情悦性的功能，是对单一的政治教化文艺的反拨。极'左'时期形成的'从属论''工具论'文艺观视文艺为阶级斗争路线斗争的工具，将人性、人情、爱、性、日常生活完全排斥在文艺之外，即使在新时期拨乱反正阶段，伤痕文艺、反思文艺、寻根文艺、改革文艺也仍以充沛的政治热情统率文艺，仍未对文艺的娱乐、消遣、满足感官享乐等功能予以重视。在几十年的时间中，武侠、言情等通俗文艺一直被作为黄色文艺受到查禁。大陆基本没有当代意义上的市民通俗文艺的创作与普及，而此期间港台通俗文艺则迅速发达起来。以武侠、言情、侦探、世相人情为题材的影视文艺与通俗小说，以及通俗歌曲、通俗舞蹈则人才济济，明星烁烁。故而在改革开放之后，洪水般泻入大陆，迅速形成所谓繁荣的态势。通俗市民文艺为多极多向的文艺本体，开拓了新的功能域，归还了文艺丧失已久的那一部分本性。"[1]

"快乐至上"成为后现代一切文化产品和大众传媒的主题，以戏谑、反讽、戏仿、幽默、搞笑为特征的喜剧取代了以严肃、沉思、追问理性价值的悲剧。喜剧对理性道德的反抗和嘲讽，契合了后现代颠覆一切价值，重估一切价值的立场，它代表文化领域里"微观政治"运行的方式。因此，后现代文化在追问意义的过程中更注重快乐的生产，这种快乐哲学的兴盛表现了文化生产场域中的"抵抗政治"，它抵抗的是理性神话的欺骗性和专横性，代表的是底层普通民众追求快乐的意愿和要求。正如国内学者金元浦先生所指出的，伴随"由以崇高为形态的审美道德教化文化向审丑的、享乐的消费文化转化，长期以来居于文化正堂的史诗、颂歌、悲剧、交响诗悄然遁形，通俗歌曲、小品、流行音像制品、通俗小说赫然居于文化正堂。在我国当代审美风尚中一直隐身幕侧的滑稽、调侃、谐谑、反讽、戏仿、畸趣成为审美文化的主形态主范畴"[2]。美国

---

[1] 金元浦：《当代文化矛盾与通俗市民文艺》，参见金元浦、陶东风《阐释中国的焦虑——转型时代的文化解读》，中国国际广播出版社1999年版，第192页。

[2] 金元浦：《转型时代的审美文化》，参见金元浦、陶东风《阐释中国的焦虑——转型时代的文化解读》，中国国际广播出版社1999年版，第17页。

著名传媒文化学者约翰·菲斯克也认为大众文化具有政治的和社会的意义，它代表了长期处于政治和文化压制环境下的大众，以快乐为武器进行的意识形态抵抗。"大众文化始终是一种关于冲突的文化，它总是关涉到生产社会意义的斗争，这些意义是有利于从属者的，并非主流意识形态所喜欢的那种，这场斗争的胜利，不论如何地转瞬即逝或受到限制，总能创造出大众的快乐，因为大众的快乐始终是社会性的和政治性的。"①

七　喜剧时代的"大众文化狂欢"

国内一些学者把 20 世纪 90 年代以后的年代叫作后悲剧时代，这一命名表明，随着后现代主义的到来，对人性深度、终极关怀的追问的悲剧不再是"艺术生产场域"里的"无冕之王"，悲剧"独领风骚"的时代让位于艺术文本众声喧哗的时代。喜剧的反抗性、颠覆性（以幽默、反讽的形式嘲弄一切保守、落后、荒诞的意识形态和等级制度）在后现代受到了"加冕"。喜剧文本的平面化契合了大众传媒时代绝大多数人的文艺消费需求，成为后现代快乐的"能指"消费，而有别于前现代和现代的"所指"（意义）消费。"从意义的构成方式上看，喜剧追求的是一种能指和所指之间的游离，通过语言的误用和幽默，将意义削平。这一点可以从流行的小品、相声、卡通画报以及'肥皂剧'中明显看出。从符号学角度说，喜剧意义的构成方式和悲剧的构成方式有很大的不同，悲剧所特有的那种能指和所指之间的张力，以及由此产生的巨大震撼力，是喜剧所不具备的。当然这种比较并不是一种价值论的判断。其实，悲剧和喜剧本来并不截然对立，也并不存在什么高低优劣之分。这里值得我们注意的现象是，第一，在中国当前审美文化的格局中，事实上构成了一种喜剧对悲剧的压制和排斥。这种排斥不但反映在审美文化的生产中，更鲜明地体现在流通和接受环节上。对大众文化的生产者来说，逗乐是一个基本目标，这个目标甚至可以看作是大众文化运作的游戏规则；对普通大众来讲，找乐则是文化消费行为的基本模式。不要'恐惧'，也无需'怜悯'，更懒得'净化'和'升华'，只要轻轻松松的消遣娱乐，

---

① ［美］约翰·菲斯克：《解读大众文化》，杨全强译，南京大学出版社 2001 年版，第 2 页。

悲剧自然成了'明日黄花'。大众文化以其实际上的市场占有，来实现对悲剧的排斥。"① 如果说悲剧的能指和所指之间的统一性构成的巨大张力表现出的是对生命深度的严肃追问，引起的是心灵的崇敬、震撼，那么喜剧则是能指和所指之间的矛盾、分裂，同样形成了巨大的张力，只是这种能指和所指的错位形成了文本滑稽、荒谬的外观，表现出的是反讽、戏谑的效果。它同样是后现代颠覆本质和真理的一种有力的形式，是处于新旧文化转型时期的一种自觉的文本选择，因此，喜剧取代悲剧体现了历史的必然要求。从美学的意义上说，后现代主义是对以康德自由主义美学为圭臬的现代主义的反叛，审美不再是与欲望无关的"精神自恋"，身体也不再以"超越性"作为衡量其价值的唯一尺度，神圣的理性话语在这里遭到了彻底的瓦解，娱乐和狂欢成为主导文化的意识形态，这是一次感性欲望对理性专制的"暴动"。正如国内学者夏忠宪指出的，"后现代主义不再具有超越性，不再对精神、价值、终极关怀、真理、美善之类超越价值感兴趣，而在琐屑的环境中沉醉于形而下的卑微愉悦之中"②。显然，从这里我们看到，这种论述仍然是理性时代价值观念的表现，文化的等级观念仍然十分显著，把人的形而上的理性追求看作高尚，而把形而下的感性愉悦看作低贱。字里行间充满对理性时代一去不复返的感伤、惆怅、怀念，也充满对后现代娱乐至上的大众文化的不屑和轻蔑。可以说，后现代主义对身体的关注是抵抗理性长期统治的结果，遭受理性压迫的人们，禁锢的欲望需要得到释放，是感性的身体渴求解放和自由的一种表征，是人们挣脱宏大叙事所建构的文化想象，摒弃对超验世界的幻想后对平凡的日常生活和凡俗心态的回归。正像罗兰·巴特所看到的，后现代文本不是关于真理的文本，关于理性的文本，关于道德的文本，而是一种"愉悦的文本"，他并不讳言"文本的愉悦"与人的"粗俗"的色情欲望之间的紧密关系，"人的色情躯体与文本的色情躯体的交流导致愉悦……显然，这不是指赤裸裸的肉欲，不是指生理需要，

---

① 周宪：《中国当代审美文化研究》，北京大学出版社1997年版，第317—318页。

② 夏忠宪：《巴赫金狂欢化诗学研究——俄国形式主义研究》，北京师范大学出版社2000年版，第90页。

而是指某种‘窥淫式’感受”①。与巴特相仿，“愉悦的文本”在巴赫金那里就是民间诙谐文化所构成的狂欢化文本，而狂欢化文本也是与身体的欲望紧密相连的，只是这种物质肉体的欲望是为了解构、颠覆、嘲讽一切神圣、严肃的事物，这便是巴赫金所说的怪诞现实主义的“降格”手法，“即把一切高级的、精神性的、理想的抽象的东西转移到整个不可分割的物质——肉体层面、大地和身体的层面”②。巴赫金又把它称作“使人开心的戏仿体语法”，他说：“这种使人开心的语法的实质主要在于，从物质—肉体的角度，主要是色情的角度，赋予语法范畴格，动词的格式等等以新的含义。”③ 他说，这种诙谐的修辞语法，其实质就是“贬低化、世俗化和肉体化”。

八 “狂欢叙事”与喜剧的表意策略

“狂欢叙事”是所有喜剧的表意策略，它遵循的是反叛和颠倒的逻辑，要摧毁的是一切禁锢人的规则、等级、秩序的顽固壁垒，将传统的人们视为神圣的东西进行“降格”、解构，打破了高雅和粗俗、崇高与卑下的界限，破除了一切是非、善恶的边界。俄国文化研究学者叶·莫·梅列金斯基就注意到“狂欢”所具有的颠覆传统、权威、等级的革命性意义。他说：“狂欢节的逻辑——这是反常的逻辑，‘转变’的逻辑、上与下及前与后倒置等等的逻辑、戏谑化的逻辑、戏耍式的加冕和脱冕的逻辑……他废旧立新，使‘圭臬’有所贬抑，使一切降之于地，附着于地，把大地视为吞噬一切，又是一切赖以萌生的基原。”④ 而巴赫金也明确指出：“狂欢使神圣与粗俗、崇高与卑下、伟大与渺小、明智与愚蠢等接近起来，联系起来，订下婚约，接成一体。”⑤ 如果说现代主义面对荒诞的现实，是高举理性的批判武器对现实进行无情的“道德审判”“真理审判”，那么，后现代主义面对荒诞的现实，则是以

---

① 杨大春：《文本的世界》，中国社会科学出版社1998年版，第187页。
② ［俄］巴赫金：《拉伯雷研究》，河北教育出版社1998年版，第24页。
③ 同上书，第25页。
④ 夏忠宪：《巴赫金狂欢化诗学研究——俄国形式主义研究》，北京师范大学出版社2000年版，第80页。
⑤ 同上。

嘲讽的姿态去解剖社会的荒诞性和非人性，在讽刺性模仿中，将荒谬的无价值的世界撕毁给世人看，在观看旧世界毁灭的快感中去迎接新世界的诞生，事实上，在这里仍然潜在一种道德的维度和理性的价值尺度。后现代主义以相对性反抗绝对性，以差异性对抗同一性，以零散性颠覆整体性。它要破坏的是压抑人性的世界，重建一个没有权威、等级的，只有平等、欢乐的世界。正如巴赫金所说："现存世界的毁灭是为了再生和更新。新世界既死又生。一切事物的相对性在怪诞风格中总是欢快的，怪诞总是充满着更替的欢乐，哪怕这种欢快和快乐已减弱到最低限度。"① 后现代主义正是要用怪诞的风格去消解荒诞的现实带给人们的压抑感和沉闷感，它要张扬的是乐观豪迈的生命哲学和态度，以喜剧的精神去消解生命的悲剧底色，是对只看到荒诞和虚无的存在主义哲学的超越。"美国学者伊哈布·哈桑借用巴赫金创造的狂欢这个词来表现后现代的反系统的、颠覆的、包蕴着苏生的要素。他认为，狂欢这个词'还传达了后现代主义喜剧式的甚至荒诞的精神气质。'"② 西方文化发展到 20 世纪，理性主义建构的神圣世界越来越显示出反人性、反自由的面目，言语和行动、"主义"和实践之间出现了巨大的裂缝，人们曾经坚信的上帝观念、彼岸世界、善的世界和种种乌托邦都随着资本主义欲望的膨胀、屠杀生灵的战争化为乌有，世界剩下的是虚假的承诺，绝望的虚无和荒诞。正是在这种历史语境下，存在主义和后现代主义思潮相继产生，它们揭穿了世界的真相，前者以批判的立场去反抗虚无的现实；后者以狂欢、戏仿的姿态去撕毁、消解荒诞的现实，给人以存在的勇气。"整个 20 世纪（实际上是从 19 世纪中叶起），复兴怪诞风格的强大热潮不断迭起。可以说，任何神圣的事物、神圣的观念都遭遇到荒诞意识、狂欢意识的冲击。"③

狂欢意识根源于古代西方庆祝丰收的狂欢节，它是人们对农神的谢恩。在这种仪典上，人们抛弃理性和道德所形成的一切规矩和禁忌，尽

---

① 夏忠宪：《巴赫金狂欢化诗学研究——俄国形式主义研究》，北京师范大学出版社2000 年版，第 91 页。

② 同上书，第 89 页。

③ 同上书，第 90 页。

情释放生命的欲望和激情，与想象中的"空洞能指"——神一起狂欢。狂欢节的习俗以及伴随的狂欢精神形成欧洲人乐观、浪漫、开朗、无所顾忌的性格传统。"欧洲的狂欢节民俗，可以追溯到古希腊罗马或更早的时期。它源于神话与仪式，它是以酒神崇拜为核心不断扩展的深刻的欧洲文化积淀。"① "狂欢"代表遭受西方理性文化压制的感性力量的喷发，它体现了人类内心深处对快乐的追求，是生命力的勃发和释放。它虽然与对酒神狄奥尼索斯的祭拜有关，但祭神的严肃性、神秘性被不断地"祛魅"、瓦解，祭神的活动和仪式变成了人们表达丰收的喜悦，宣泄自由情感的场所，因为狄奥尼索斯本身就是一个快乐之神、欲望之神。"在奥林匹斯神系中，酒神狄奥尼索斯主管丰收，所以每年丰收季节来临之际，人们都要杀猪宰羊，来到神庙中敬献给狄奥尼索斯，并在祈祷中表演歌舞。祭神活动之后，人们还要戴上面具，身着奇装异服，到大街上狂欢游行。在狂欢节期间，人们尽情地放纵自己的原始本能，与同伴们一起纵情欢乐，开怀畅饮，狂歌狂舞。"② 在这个仪式上，平日里人们陌生、疏远的关系变得亲密起来，等级的樊篱顷刻被拆解、摧毁。

　　"狂欢叙事"是一种颠覆社会等级、文化等级、文本等级，反对一切严格的规范限制的民主化的叙事模式。在所有的文学样式中，巴赫金之所以推崇小说就是因为在他看来，小说是最具革命性和颠覆性的文学样式，文本的开放性、未完成性，以及与诸种文本范式之间所具有的可嫁接、可对话的"互文性"是小说的典型特征。巴赫金意欲通过小说的"解辖域化"功能来反抗一切清规戒律的限制，从而掀起一场诗学领域的革命，拆除高雅和低俗、中心与边缘的等级界限，使受贬低、压制的一方获得尊严和解放。他赋予小说两种意识形态的功能，一种是政治意识形态功能，另一种是审美意识形态功能。所谓的政治意识形态功能是指，在巴赫金看来，小说在文学领域里起到了反抗官方权力的作用。"小说具有巨大的颠覆力量，它能够动摇和瓦解官方的、形而上学的一元化权威、等级制和话语霸权，因为小说从本质上来说是反规范的，小说是一种认

---

　　① 夏忠宪：《巴赫金狂欢化诗学研究——俄国形式主义研究》，北京师范大学出版社 2000年版，第 63 页。

　　② 同上。

识论意义上的不法之徒，是一位文本领域内的'罗宾汉'。"① 而在审美意识形态方面，小说也具有摧毁诗学领域的等级制度的作用，恢复被冷落、轻视的文学样式的合法地位。通过小说的叛逆性，巴赫金质疑一切被视为经典的文本及理论的神圣性、绝对性、永恒性，并认为艺术高雅和低俗的等级并不是与生俱来的，而是现实中等级制度在人们头脑中的折射，是现实中人们的权威观念、秩序观念在文学中的反映。"巴赫金试图颠覆亚里士多德、布瓦洛等人创建的，强调规范和固定等级的'诗学'理论体系。按照他们的理论，诗学是一种规范性的范畴，在这种范畴内不仅文类，而且语言、文体、风格等均有'高雅'和'低俗'之分，他们分布在一个固定的等级体系中，由诸如'高尚的趣味'等原则作为永恒的本质来维系。例如高级的体裁，运用'高雅'的语言和风格；低级的体裁则用'低俗'的语言和风格，文类、语言、文体、风格等讲究纯正，不用混杂。在这种理论的影响下，在以往的文学结构中往往由等级森严的文类及其规则来维持'文学秩序'。中心为正宗，拥有权威地位。对于在文学结构中所处的位置和等级，不可等闲视之，因为处于中心位置和处于边缘位置，有着大为不同的命运。虽然处于边缘位置的文类也可能被容忍，但可被容忍与被尊崇是有着天壤之别的。除此之外，由于固定等级，使等级制永恒不变，处于边缘地位的文类因而受到压抑，其独特的价值不能得以充分的表现，甚至被湮没无闻。例如，在文学格局中，诗文长期处于中心位置，而小说、戏曲等则处于边缘地位。巴赫金认为这种文学格局必须被打破。"② 在中国文学史上，诗词歌赋也常常被视为文学的正宗，而戏曲小说则被视为末流。前者是精英和贵族推崇的文化，有严格的形式要求，代表"高雅"；后者是在平民和民间流行的文化，形式通俗、自由，规则的限制很小，代表"通俗""世俗"化潮流。尽管高雅文化一直轻视和贬低通俗文化，限制打压通俗文化，但文化的不断通俗化和世俗化代表文化民主化的方向，也推动了政治民主化的进程，因此具有无限的生命力，是任何力量

---

① 夏忠宪：《巴赫金狂欢化诗学研究——俄国形式主义研究》，北京师范大学出版社2000年版，第96页。

② 同上。

都无法阻挡的。继戏曲、小说而起的更加通俗化、大众化的文化，是影视艺术。

九 巴赫金与20世纪的"狂欢文化"

按照巴赫金的考察，"狂欢叙事"产生于古希腊罗马时代，兴盛于中世纪，它包括"苏格拉底对话"和"梅尼普讽刺"，采取"庄谐体"的叙事风格。"在希腊罗马古典文化末期和古希腊文化时代，形成并发展着为数众多的文学体裁。表面上看，它们相当纷杂，但又存在着内在的联系，因此构成文学的一个特殊领域，古代人非常生动地称之为'庄谐体'。古人归到这一体中的有索夫龙的歌舞剧，'苏格拉底对话'（作为一种特殊的体裁），筵席交谈的大量文学作品（也是一种特殊的体裁），早期的回忆文学（希奥斯的约恩，克里契），抨击文学，整个田园诗，'梅尼普的讽刺文学'（作为一种特殊体裁），以及其他一些体裁。"① 这些体裁看起来纷繁复杂，但共同之处非常明显，都与民间文艺，特别是具有狂欢性质的民间文艺相关。"它们或多或少都浸透着狂欢节所特有的那种对世界的感受。其中有些就是狂欢节口头民间文学的翻版。"② 巴赫金认为，"庄谐体"原来有很强的雄辩因素，但由于它们来源于民间并具有狂欢节式的世界感受，因而所具有的严肃性、说理性、不容歧解的一面被大大地削弱，取而代之的是以喜剧为特征的戏谑气氛。"笑谑消除了对事物、对世界的恐惧和尊崇，将世界亲昵化。"（夏忠宪语）在巴赫金看来，虽然"苏格拉底对话"也来源于民间的狂欢文学，但最能体现喜剧特征的是"梅尼普讽刺"。"苏格拉底"对话服务于探索真理的活动，具有一定的严肃特征。"与'苏格拉底对话'比较，梅尼普体中总的说是增加了笑的比重。"③ 笑的效果在"梅尼普讽刺"中的产生，一方面是因为插科打诨和闹剧的"加盟"，它消解了史诗和悲剧的完整性与严肃性。"可以说梅尼普讽刺里，出现了闹剧和插科打诨这样新的艺术范畴，完全不容

---

① ［俄］巴赫金：《陀思妥耶夫斯基诗学问题》，白春仁、顾亚玲译，生活·读书·新知三联书店1988年版，第156—157页。

② 同上书，第157页。

③ 同上书，第165页。

于古典史诗和悲剧体裁。"① 另一方面，"梅尼普讽刺"的实质是狂欢化的讽刺性模拟，它要嘲弄和颠覆一切在传统的眼里视为神圣的东西。"讽刺性摩拟，如我们已经指出的那样，是'梅尼普讽刺'不可分割的成分。单一的体裁（如史诗、悲剧）本能地同讽刺摩拟格格不入，而狂欢化的体裁则相反，本能地蕴含着讽刺性摩拟。在古希腊罗马讽刺性摩拟是同狂欢式的世界感受紧密联系着的。"② 正如夏忠宪先生所指出的："讽刺性摩拟（它几乎囊括一切双声语、一符多音以及与滑稽有关的一切美学范畴，如丑、怪诞、幽默、喜剧性……它讽刺模拟一切高级语言和高级体裁）。他还利用小丑、傻瓜、骗子这类人物形象的转义、寓意性和讽喻性，作为形式——体裁面具，发挥它们对小说体裁的特殊功能——揭露社会认可的'语言'的潜在假定。"③

笑谑的风格来自民间文学，它与代表精英阶层的正统文化相反，反映的是民间意识形态的声音，它要摧毁和瓦解的是西方文化由形而上学制造的等级关系。西方的形而上学把世界分为现象世界和理念世界，现实世界由土木水火四种元素组成，现象世界是理念世界的影子，理念世界才是世界的本质和规律。它代表着真理，人生的最高目的就是拨开现象世界的迷雾去把握那个支配世界的真理和规律，因此代表真理和本质的理念世界高于现象世界，具有神圣严肃的特征。这种二元对立的思维模式统治了西方文化两千多年，它确立了中心和边缘的"辖域"，推崇"中心"，冷落"边缘"。整个西方文化，从古希腊到 20 世纪中叶都是由不同的"中心"占据着主导地位，而本质、真理以外的"边缘事物"始终处于从属的、被领导的地位。正如夏忠宪先生指出的，在这种宇宙观里，"所有的物质是依固定的顺序，自上而下排列的。一切元素也以其与宇宙中心的关系来决定其本质与运动。这种世界观的特征是所有的价值以其空间的位置来决定，从高到低，从中心到边缘。等级越高，越具有权威；距中心越近，越趋完美。因果论、逻辑推理……应运而生，

---

① ［俄］巴赫金：《陀思妥耶夫斯基诗学问题》，白春仁、顾亚玲译，生活·读书·新知三联书店 1988 年版，第 170 页。

② 同上书，第 181 页。

③ 夏忠宪：《巴赫金狂欢化诗学研究——俄国形式主义研究》，北京师范大学出版社 2000年版，内容提要第 4 页。

自此形而上学的'独白型'的一元权威在西方认识论中深深地扎下根来。这种强调中心和权威，崇尚等级和规则的世界观雄踞西方数千年"①。巴赫金倡导的以"笑"、戏谑、"讽刺性摩拟"为特征的狂欢化思维就是要以差异、相对、多维的视野去审视和质疑以中心性、总体性、绝对性、同一性为特征的形而上学的合理性、权威性，进而推翻其高高在上的统治地位。"形而上学的思维传统、惰性和定势往往如蒙混般地缠迷着人们的头脑。人们习惯于依赖权威，寻求权威庇护，习惯于主观片面、'独白化''走极端'的思维模式，囿于单一的、单向的、单面的、线性的因果律。在习以为常的思维模式中，权威的东西往往具有绝对的价值和森严的等级，人们只习惯于看其正面，而狂欢思维恰恰主张'翻过来看'，即连同正面与反面一起来看，亦即不是线性地、平面地看，而是立体地、多维地看。狂欢思维具有强烈的变更意识，它强调'不确定性'和未完成性，而权威一旦确立，必定求稳，容易僵化、呆板、缺乏创造力，导致认识出现误区和盲点。不仅如此，而且容易变为企图君临一切的'唯我主义'的自大狂。狂欢思维主张'快乐的相对性'，并以此捣毁绝对理念，瓦解绝对权威。"② 当然，狂欢思维并不是为了争夺权力而战，它的目的是在意识形态领域里反对一切话语霸权，颠覆一切中心化、同一化的企图，允许差异和异端的存在，消灭意识形态的专横性，使审美意识形态的舞台成为各种声音、不同话语、不同艺术形式和文本、立场、观点交流、碰撞、平等相处的世界，建立一个非权力化、非权威化、非中心化的公共文化空间。"狂欢思维从不主张以一种力量压倒和替代其对立面，成为新的权威，新的中心，它承认处于边缘的声音（文化、观念、文类、文体等）有其独特的价值。颠覆中心并非让'边缘'中心化或'中心'边缘化，而是要打破等级的一统天下，让边缘和中心恢复对话与交流，并让区分开的二元在冲撞、交流和对话中发出新的性质和功能……因此，'绝对的否定'是与狂欢

---

① 夏忠宪：《巴赫金狂欢化诗学研究——俄国形式主义研究》，北京师范大学出版社2000年版，第15页。

② 同上书，第17页。

思维格格不入的。狂欢思维的生命与活力正是在否定之否定中生长出来的。"①

20世纪是文学批评的世纪，其中一个重要现象是，文学理论不断生产和变换，伴随理论更新的潮流，文学研究经历了由外部研究走向内部研究，最后再回归到外部研究的转变。由19世纪发端的孔德实证主义哲学，奠定了文学的外部研究的哲学文化基础，它催生出以法国的文艺理论家丹纳为代表的实证主义文学研究范式。丹纳在他的代表作《艺术哲学里》开创了从作家的时代、社会、环境去考察文学诞生的根本原因和艺术规律的研究方法。20世纪，以美国文论家沃伦、韦勒克为代表的新批评越来越不满意脱离文本自身的社会历史批评，意识到了由实证主义伴生的文学外部研究容易导致对文学的庸俗社会学批评，认为这种抛开文本本身的研究方法，不能接触到文学的本质规律，疏忽了对文学性的重视。他们反对单纯从社会、时代、环境去考察文学现象的方法，认为文学的审美规律体现在文本之中，文学研究是审美规律的探寻，应该把研究的目光投向文学文本本身，只有从文本本身着手，对文学文本进行仔细的"征候"阅读分析，才能把握文学的审美特质，即"文学性"的问题。不然，所谓的文学研究就只能是隔靴搔痒。同时，他们认为文学文本是生产性的、开放性的，每个人的阐释都只是文学本质的一种"误读"，不可能是文学文本的终极意义的揭示。这种观念打破了那种认为对文学有一种权威的解读，而且权威的文学解读是神圣的、唯一的、不可推翻的看法。20世纪八九十年代崛起的文化研究又一次推动了文学由内部研究向外部研究的转型，文化研究方法不把文学现象看作脱离历史、社会、环境的孤立现象，而是认为文学的产生离不开具体的社会、历史、文化语境，主张文学研究不应该只是文本本身的研究，应该回到具体的历史语境，在注重文本解读的基础上，不能放弃文化与社会的视角。有鉴于此，我们认为对任何一个大众文化文本的研究都不应该是孤立的文本分析，而应该将文本的内部研究和外部研究结合起来，首先对大众文化文本进行历史语境和文化语境的还原。因此，我们将电影、电视娱乐

---

① 夏忠宪：《巴赫金狂欢化诗学研究——俄国形式主义研究》，北京师范大学出版社2000年版，第19页。

节目、网络文化的"社会—文化"语境纳入研究的视野，作为研究对象进行研究，这样才算得上是对大众文化文本的立体的、全方位的、完整的研究。

大众文化是 20 世纪最重要的文化现象，必须从文化理论、哲学美学理论、时代与社会的变迁对其进行研究、分析、阐释，大众文化因其包括的范围十分广泛，一部专著根本无法窥其全貌，而且对其所做的理论阐释也许依然是苍白无力的，因为在 20 世纪很长时间大众文化都不被学者放在眼里，甚至遭到抵制、排斥、贬责的待遇。但学者的使命就是"知其不可为而为之"，因此本书姑且作为一次不得不留下遗憾的尝试。正如卡洛尔指出的："面对大众艺术时，20 世纪的哲学美学显现出了明显的无能状态。基本上讲，在关于艺术的哲学专著中，这一现象一般都被人忽视。具体来说，20 世纪艺术哲学家所建构理论的实例主要取自常常所称的高雅艺术领域。而且，当哲学家或具有哲学精神的艺术理论家关注大众艺术论题时，他们的研究成果时常是排斥性的，直言不讳地持敌视态度。他们的精力常常花在这类尝试中；力图说明大众艺术不是真正的艺术尝试，而是某种其它的东西，有时候那样的东西被称为媚俗艺术（Kitsch）或伪艺术。"[①]

本书是对最重要的几种大众文化形式，如电影、电视、网络的后现代美学语境研究。本书的导论部分概述电影、电视、网络的发展历程和电视娱乐节目的兴起，分析悲剧终结、喜剧登场的社会、历史、文化、哲学根源，研究"文艺的娱乐化"与感性解放的潮流的关系；第一章概述 20 世纪世界文化的后现代转型的价值和意义；第二章分析研究尼采哲学对西方传统哲学的颠覆性革命，以及与后现代思潮和大众文化之间的关系；第三章研究巴赫金的"狂欢诗学"对西方传统等级制文化的改变，对人的肉身感性的重新认识和重视，狂欢诗学对 20 世纪大众文化的产生的作用；第四章论述法兰克福学派大众文化理论的缺陷；第五章分析研究法兰克福学派主要代表的电影理论的局限性；第六章揭示早期西方文化理论的精英、贵族化倾向；第七章研究分析西方后现代美学的特征以

[①]　［美］诺埃尔·卡洛尔：《大众艺术哲学论纲》，严忠志译，商务印书馆 2010 年版，第 20 页。

及与大众文化的关系；第八章研究后现代美学对新时期中国电影的影响；第九章分析 20 世纪 90 年代以后中国电影在后现代语境中的几种"叙事模式"；第十章研究网络时代的文化"民主化"和"大众化"问题；第十一章分析研究"微时代"的后现代美学征候以及它与现代性美学之间的巨大鸿沟；第十二章研究"微信传播"与当代青年的文化景观。

第 一 章

分裂与阵痛：
20 世纪文化的后现代转型

　　大众文化的电影于 19 末期诞生于法国，美国在 20 世纪奋起直追，后来者居上，将电影逐渐推向了高潮。电影将传统"静态的视觉文化"绘画、雕塑、建筑转变成了"动态的视觉文化"，使 19 世纪还占有文化主导地位由少数精英、贵族独享的文学逐渐被大众共享电影的取代。电影的出现催生了 30 年代的电视诞生。电视走入了家家户户，不但取代了传统纸质媒体的传播功能，而且在电影的基础上使视觉文化具有了综合性，信息具有多样性，信息共享的广度拓展了，传播的及时性得到了突出。如果说早期电影还具有明显的精英文化倾向，带有现代性文化的特点，"文艺片"并不是通俗易懂，大多数人一看就能接受的话，那么电视的及时性、通俗性、信息的综合性、丰富性，使它真正成为了具有后现代满足大众需要特点的文化。要研究大众文化，显然，首先要追溯大众文化起源的时间问题。

第一节　西方大众文化的兴起

　　关于大众文化的诞生时代，英国的彼得·伯克认为，大众文化产生于 18 世纪，他将 18 世纪称为"大众文化发现"的世纪，伯克是从传统社会的文化等级制度来界定大众文化的，传统社会将文化分为了"高级文化"和"低级文化"、"正式文化"和"非正式文化"、"统治阶级文化"和"从属阶级文化"。他说："至于大众文化，或许最好是先使用否定的方式去下定义把它定义为非正式的文化，即非精英的文化，也就是葛兰西所说的'从属阶级'的文化。在欧洲的近代早期，非精英指的是整整一大批或多或少可以确定的社会群体，其中数量最多的是工匠与农民。"① 大约从公元 1400 年约翰·谷登堡发明印刷术开始，这种文化等级制的建制就开始慢慢瓦解了。"机械复制时代"的到来，改变了少数精英、贵族独霸文化的格局，开启了文化走向民间、大众的时代，加快了文化传播、普及的速度，也使文化从过去的"一次性消费"变成了"重复性消费"（书籍的复制、电影的拷贝都使文化产品生产出来以后成为"重复性消费"的文化）。在 18 世纪，德国诗人、哲学家 J. G. 赫尔德将"民歌"视为大众文化，歌德曾说："赫尔德教我们把诗歌视为全人类的共同财富，而不是少数风雅文人的私有财产。"② 在 18 世纪，凡是属于"民间"二字的文化都被看作是大众文化，并不惜以溢美之词称赞这些来自民间的文化，认为它们具有真正的创造性，以及未经雕琢的野性、朴素之美，它们来自游牧时代的单纯和天然自由的原始习俗的滋养。

当然，无可争辩的是，严格意义的"大众文化"是工业文明催生出来的，以电影、电视、网络文化为主的文化，是以"动态的视觉文化"为载体，以娱乐方式吸引受众，以资本增值为目的的文化。法兰克福学派的代表霍克海默和阿多尔诺将其称为"文化工业"，他们厌恶其"媚俗"（迎合大众欲望和趣味）、赚钱的"商业属性"，对之进行了猛烈的抨击，否定了它本来具有的文化艺术价值。与之相反，美国的文化学者诺埃尔·卡洛尔却以客观、公正、科学的态度，将"大众文化"誉为"大众艺术"或"大众娱乐"，肯定了它在"后工业时代"（又被称为"后现代"）的美国文化中的重要性，以及在全球化语境中对文化传播的价值，这种全球传播的有效性和价值是基于人类共有的"普遍审美经验"。他说："对涉及各个阶层、种族和行业的绝大多数人来说，大众艺术——或者，你也可称为大众娱乐——很可能是审美经验最普遍的形式。在美国，大众艺术拥有名副其实的权力，提供我们共同文化的重要部分。

---

① ［英］彼得·伯克：《欧洲近代早期的大众文化》，杨豫、王海良等译，上海人民出版社 2005 年版，序言第 1 页。

② 同上书，第 4 页。

而且众所周知，大众艺术能轻而易举地跨越国界。"① 像彼得·伯克一样，卡洛尔也追溯了大众文化的起源，伯克带有面向过去的怀旧情结，是一种现代性的态度，卡洛尔以包容的态度，回到大众文化诞生的历史语境，审视了后现代的大众文化流行的必然趋势——科技的进步和文化传播方式的变革以及人类对精神娱乐的日新月异的需要是其动力。他说："毫无疑问，我们难以确定大众艺术时代的开始日期。一个可能的候选对象大概是在西方第一次重大或具有首创意义的大众信息技术——印刷机——问世前后，印刷机的发明为长篇小说这类早期大众艺术形式的兴起创造了条件。此外，19 世纪出现了柯尼希蒸汽印刷机和转轮印刷机这样的技术创新，极大地加快了从手抄本到印刷本的变化。19 世纪和 20 世纪初期以来，伴随着工业革命步伐，发明了摄影、胶片、无线电、录音和电视这样的信息技术，从而以重要的方式扩展了以批量方式生产和传播艺术的手段。另外，越来越多的生产和传播大众艺术的技术即将出现，包括电脑、激光碟以及我们不知道的其它东西。所以，我们可以预测，在可以想象的未来，大众艺术的产品将会越来越多，而不是越来越少。"② 卡洛尔在这里梳理了大众传媒从"现代"到"后现代"的变迁历程，它在资本的助力之下，借助工业革命带来的技术动力，肩负起"文化共享"的历史使命，野草般疯长起来，以不可阻挡之势走向了全世界。按照卡洛尔的观点，所谓的"大众艺术"（大众文化）包括"电视、电影、畅销小说，以及其他种类的通俗小说（录制和电台播放的）流行音乐、连环漫画、动画片、摄影以及诸如此类的东西"③。大众文化在美国本土受到了民众的追捧，在 20 世纪迅速成为几大主要的支柱产业之一，甚至是美国经济的推进器。在美国，以至于全世界，它不但制造了"经济神话"，而且也制造了让人痴狂的"明星神话"。20 世纪以前的现代性文化还是以"崇拜英雄""政治领袖"为标志的文化，在美学上，以敬重"崇高"美学而著称，而在 20 世纪流行音乐、电影、电视兴盛以后，歌

---

① ［美］诺埃尔·卡洛尔：《大众艺术哲学论纲》，严忠志译，商务印书馆 2010 年版，绪论第 1 页。

② 同上书，绪论第 3 页。

③ 同上书，绪论第 1 页。

星和影星这些"平民偶像"迅速取代了以往的"英雄偶像""政治偶像"，在文化面前人人平等的"文化民主"之风吹遍了全球。人们沉醉于这种惠及亿万普通人的新的娱乐文化之中，卡洛尔指出："我们如今生活在一个充满大众艺术的世界之中。……一般美国的家庭观看电视的时间几乎是天文数字。专门从事大众艺术生产和传播的企业在经济中扮演着重要角色。创造大众艺术的明星的名字如今也是家喻户晓。这种情况不仅见于电影演员和歌手，而且也见于作家、导演以及电影制作人。斯蒂芬·金和史蒂文·斯皮尔伯格的知名度超过了许多政界要人。"[①] 这一疯狂的"偶像崇拜"潮流伴生了愈演愈烈的"粉丝经济"。像法兰克福学派代表洛文塔尔一样，卡洛尔在这里敏锐地预见了一个新的时代的到来，"平民偶像"将在"粉丝"的欢呼声中趾高气扬地登上文化的宝座。卡洛尔也界定了大众文化的功能，明显的特点是服务的对象发生了巨大的翻转，它不再是像过去那样被社会中的少数人独占、独享的文化，而是面向多数人、为普通民众服务的文化："大众艺术在现代工业社会内部崛起，其明确的目的是为该社会所用，利用该社会特有的生产力——即大众技术——将艺术传播给数量巨大的消费人群。大众艺术是大众社会的艺术，它是适合于大众社会需要的。"[②] 卡洛尔不像很多观念保守的文化精英那样，以轻蔑的态度看待大众文化，而是不持偏见地赋予大众文化在后现代以正当的"合理性"，给予了科学、客观、公正的评价，并给予了在传统看来带有赞誉性质的"大众艺术"的称呼。卡洛尔并没有孤立地去看待大众文化，而是认为大众文化是时代、社会、经济、都市发展的结果。正因为如此，当今世界，几乎无人能置身于大众文化世界之外。"大众社会自身随着资本主义、城市化和工业化的演变逐渐崛起的，大众艺术是伴随着印刷机的出现开始发展起来的，作为大众社会重要部分的工业化和信息技术逐步发展；在此过程中，摄影、电影、无线电、电信、录音和现在的计算机技术已被添入大众艺术的武器装备之中。它的影响是全球性的。在当今世界上，要找到完全没有接触过大众艺术的人——

---

① ［美］诺埃尔·卡洛尔：《大众艺术哲学论纲》，严忠志译，商务印书馆2010年版，绪论第1页。

② 同上书，绪论第4页。

如果说不是实际上不可能的话——已经变得越来越难了。"① 大众文化诞生以后的20世纪，引起全世界知识界的争论，形成了两大相互对立的意识形态阵营，有的对大众文化抱以热情的欢呼、拥抱态度，有的将其视为洪水猛兽，持明显厌恶、排斥、批评、贬抑的态度，这种状态至今未完全消失。卡洛尔在20世纪80年代说："我们可以预测，在当下和整个20世纪，大众艺术将是艺术哲学家探讨的一个重要论题。但是，目前的情况却并非如此。大多数艺术哲学家要么对大众艺术持完全置之不理的态度，更喜欢根据所谓的高雅艺术（或者先锋派艺术）来提出他们的理论，要么——如果他们确实关注大众艺术的话——对他们加以排斥，旨在说明它为什么实际上不是艺术，或者说明它必然是糟糕的艺术。于是尽管我们生活在大众艺术的时代，大多数人——我推测——也愿意认为大众艺术可能有良莠之分，迄今为止却没有适当的哲学理论对它进行概括性表述。在我看来，这一情况迫切需要加以纠正。"②

第二节 中国大众文化的流行

20世纪70、80年代之交中国的改革开放，电视在中国的发展，西方和港台流行文化的传入，80年代中期以后的第五代导演电影在国际上的频频获奖，90年代互联网在中国的普及，极大地促进了中国"大众文化"的发展，改变了中国人的生活方式、精神情感状态、文化面貌。人们在邓丽君的"靡靡之音"的浸润之下，懂得了"革命""斗争"以外还有于生命来说更为切要的、牵肠挂肚的爱情；一向以严肃、庄重、刻板著称的国人在卓别林、周星驰的喜剧电影的濡染下，逐渐变得幽默、乐观、自信、开朗。正如一位新世纪青年作家对20世纪80年代以来的社会文化变迁所做的思考："是什么塑造了大多数人的心灵？是什么构成了现实生活之外的情景？是什么融入了大家的共同记忆？是什么构成了多数人的文化生命轨迹？不是惊天动地的大事，不是厚重浩繁的学术经典，不是

---

① ［美］诺埃尔·卡洛尔：《大众艺术哲学论纲》，严忠志译，商务印书馆2010年版，绪论第4页。

② 同上书，绪论第5页。

艺术前沿的先锋作品，而是电影电视，是流行歌曲，是通俗读物，是文娱活动——是被叫做'大众文化'的那一类文化形态。"① 这些激动的话语虽然不无偏颇，但不可否认，它基本图绘、折射出了一个时代的镜像。

第三节　大众文化的主要特征

大众文化包括很广的内容，我们这里的大众文化指大众文化中的主要形式，如电视、电影、网络文化。如前所述，大众文化在西方带有后工业时代机械复制的特征、商业化的特征、都市化的特征，提供娱乐是大众文化的主要任务，20世纪的大众文化是建立在尼采身体哲学和弗洛伊德潜意识理论基础上的，经济成为吸引五官感觉的"利比多"经济，"利比多"经济就是"娱乐"经济、"游戏"经济。因此，不可否认，"娱乐"在后现代的西方业已成为推动经济发展的动力引擎。大众文化对娱乐的强调表征着世界的哲学文化由现代性范式转向后现代性范式，高雅文化和精英文化被通俗的大众文化取代，现代性的理性、灵魂和精神的重要性被后现代的感性、身体、欲望的重要性取代，大众文化的商业向度和欲望向度颠覆了康德以来所谓"审美不涉及功利欲望"的自由主义美学观念。大众文化的机械复制，批量生产特点使后现代的文艺走向了广大民众，推进了"文艺大众化""民主化"的进程，改变了社会中少数人占有文化资源和文化话语权的状态。电视和网络的快速传播和相对无限制的跨界传播改写了人们对时间和空间的传统观念，后现代时空的阻隔和界限被打破，时空成为"压缩的时空"，世界成为一个全球化的世界，因此，世界文化也面临全球化与本土化、世界化与民族化、同质性和差异性、统一性和多样性、封闭性与开放性的矛盾。电视和网络的互动性、参与性，改变了传统文化的封闭性和"独白性"，实现了"文化民主"和文化的开放性。互联网文化的虚拟空间拓展了人的精神空间，在很大程度上实现了人的精神自由，成为人的自我表达的空间，人的欲望本能在这里得到了极大的舒展和满足，改变了人们参与"公共政治"的

---

① 谢轶群：《流光如梦——大众文化热潮三十年》，广西师范大学出版社2008年版，见引子。

形式。但是，互联网也有可能被"极权社会"利用，成为国家机器规训、监控、剥夺人的权利和自由的工具，如当下全世界热卖和无处不在的"监控器"就是例子，它既是对坏人作恶的管控，也形成了对绝大多数普通人正常生活的干扰和正当权利的侵犯。后现代对绝对真理、理性道德的怀疑，对文化深度的消解，人们对欲望享乐的渴求、自我的扩张，对自由观念的强调，对新品位、新感觉的追求，对生活的时尚化、审美化、艺术化的强烈愿望，改变了传统的"艺术高于生活"的"二者对立""难以两全"的观念，形成了"日常生活审美化"的世界潮流。后现代哲学对理性和崇高的消解，对"身体"和"快乐"的强调，文化研究领域里的巴赫金的狂欢诗学理论，哲学领域里的尼采的酒神哲学与后现代消费主义的"享乐意识形态"一起终结了以前崇尚的"悲剧艺术"的统治地位，迎来了世界的"喜剧时代"，电影、电视和网络成了人们娱乐和狂欢的"文化广场"，娱乐代替"教化"成为后现代传媒的共同主题，喜剧成为电视和电影表现的主要内容、题材。例如：刘镇伟与周星驰合作的电影《大话西游》就是20世纪90年代中国在后现代语境冲击之下创作出的经典的喜剧文本。大众文化在18世纪兴起，20世纪繁荣，却遭到了坚持"启蒙理性"和"精英文化立场"的知识分子的激烈反对和批判，他们主要包括英国的马修·阿诺德和利维斯夫妇，美国的德怀特·麦克唐纳、克莱门特·格林伯格，以及德国的法兰克福学派等，这些学者都从维护传统精英文化的立场，从现代性坚持的"艺术否定现实、反抗传统和批判商品社会"的立场，从大众文化作为意识形态协助资本主义对人的控制和异化的角度，对大众文化进行了不无片面的猛烈的抨击。我们认为这是"世界文化后现代转型"的必然遭遇，它代表了"传统和现代""保守和激进""守成和变革""贵族精英阶层和平民大众"间的矛盾冲突。反对大众文化的知识分子都忽视了一个历史的视角，缺乏敏锐的时代感觉，他们的头脑停留在历史的记忆中，在对过去的历史和传统文化怀念中坚持故步自封的陈旧观念，他们没有看到晚期资本主义的大众文化的丰富性和多样性的功能，没有看到正是大众文化把人从传统的专制、极权社会、理性的社会带入一个摆脱精神压制的感性解放、身体解放、民主自由的社会。他们强行把人的精神需求、政治需求、物质需求、欲望需求分割开来，贴上等级的标签，认为物质和欲望的需求是低级的、虚假的，而精神上、政治上的需求才是属于人的真正的高级需求，大众文化只是满足了人物质上的"虚假需求"，使人沉溺于"虚幻的快乐"之中，遗忘了批判、否定、反抗现实的真实需求。

后现代最重要的大众文化形式莫过于电影、电视和网络文化。有学者从突出文化的视觉性立场，把后现代社会称为"景观社会""读图时代""视觉文化"时代，这些命名都在说明这样的事实，后现代已经从传统的"印刷传媒时代"走向了一个"电子传媒时代"，从一个重视理性、文字、书写、逻辑的时代走向一个重视感性、图像、视觉、直觉、感官欲望的时代，是现代性带来的"震惊美学"的延续，它代替了前现代农业文明和乡村社会的"宁静美学"。历史地看，文字和书写与精神、灵魂、"现代性社会"相连，"图像"和"影视"与人的身体、欲望和"后现代社会"相连。电影和电视同时又是后现代"为大多数受众服务"的最受欢迎的通俗的大众文化。当然，过分强调人的感性、身体、欲望的维度，有意遗忘人的灵魂和精神的维度，割裂二者不可分割的关系，同样是对人性的歪曲和"误读"。

第四节　中国内地大众文化的历史文化语境

20世纪90年代的中国内地在80年代"主体解放"、杰姆逊的后现代理论的输入、港台流行的娱乐文化的影响下，人文学界掀起了"大众文化研究"的热潮，周宪、陶东风等学者将来自海外影响产生的"大众文化"称为"审美文化"，形成了"同情地理解"其至赞同和助推"大众文化"的一派。同时，在法兰克福学派的"批判理论"的影响之下，也形成了生吞活剥"法兰克福学派"理论，一味片面地批判"大众文化"的另一派。这种两军对垒的现象实际上在80年代就已经开始，其结果是诱发了90年代初掀起的"人文主义精神大讨论"热潮。"人文精神大讨论"实际上反映的是"学而优则仕"的传统知识分子地位的急剧败落后，极力维护自身地位的"保护性反应"。90年代"市场经济"的建立和发展，既给"文人"创造了独立人格形成的机遇，从传统时代知识分子必须依靠体制的"供养"，经常沦落为"工具地位"的处境摆脱出来，也带来了文人"下海"赚钱、闯荡天下的风险成本增加的困境和焦虑。传统的中国社会是受儒家思想支配的社会，在孔子的"小人喻于利，君子喻于义""不义而富且贵，于我如浮云"的思想的影响下，传统中国文人对于经商赚钱一类的生存方式，从"潜意识"上说是拒斥的，因此，才有历史上一脉相承的"君子爱财，取之有道"的文人观念，也才有传统中国社会"士、农、工、商"这样的划分，商人在中国封建社会，是长期被鄙视的底层人，读书成功的"仕人"是最受推崇的社会阶层（"万般皆下品，唯有读书高"）。但是，鸦片战争以后，中国社会在文化上经历的几次大的社会变动，改变了过去的社会格局，1905年晚清对"科举取士"制度的废除，粉碎了国人1300年以来（从隋朝开始的科举考试）"学而优则仕"的梦想；20世纪90年代市场经济的兴起，知识分子在"改革开放"的七八十年代，曾经拥有的"新启蒙"运动中的文化、经济、社会"主导地位"不复存在，部分"文人"（人文知识分子）被迫"下海"，自动降格为被传统文化视为低贱的"商人"，这种心灵的撕裂和阵痛是前所未有的。因此面对一切以效益、利润最大化为目标，一切都被商品化的时代，他们祭出"人文精神大讨论"的旗帜，把"批判"的武器对准汹涌而至的"大众文化"，表现出"堂吉诃德式的悲壮"和"阿Q式的精神傲慢"。金元浦对此次人文精神大讨论总结说："面对商业文化和市场经济的巨大冲击，相当多的知识分子，特别是80年代颇有建树的文化精英普遍经历了一场痛苦的内在精神震荡，但正是这冲击同时提供了重新选择与重新定位的机遇/劫难。反过来，当代社会也对原有知识分子做出选择，迫使他们在知识结构、内在思维方式上做出变化。一部分文化'精英'在痛苦地选择'留守'之后，很自然地发出了反抗的呐喊。因此，从某种角度讲，对'人文精神'的呼唤是当代知识分子在新的条件下寻找'文化居所'的努力。"① 中国内地著名文化学者李陀在20世纪90年代，以极大的勇气，果敢的态度，冲破保守文化阵营的阻力，大胆地为大众文化"伸张正义"，证明其存在的"合法性"和在当代社会的重要价值，他说："大众文化的兴起是20世纪的一件大事，可是由于本世纪发生的大事实在太多了，这件事就给比得显着不够重大。诸如两次世

---

① 金元浦、陶东风：《阐释中国的焦虑——转型时代的文化解读》，中国国际广播出版社1999年版，第32页。

界大战，社会主义和资本主义的对垒，老殖民主义体系的瓦解和新殖民主义的形成，以人类登月为标志的对宇宙空间的开拓，还有使人产生无限想象的'网络时代'的来临等等，似乎哪一件都比大众文化重要。有人会认为 MTV 比探测火星对人类生活有更大的意义吗？如果有，大概也很少。但是，这两件事究竟哪个更重要，其实是可以讨论的。只要想一想，当前世界上有数以亿计的青少年正是沉浸在 MTV 构成的音像梦境中认识生活，在其中形成有关美丑对错的价值观念，从而以这样轻松快乐的方式确立自己与当代社会秩序和体制的关系；再想到毕竟数以亿计的青少年是未来地球的主人，正是他们要在将来决定人类对外空间包括对火星的态度，那么，说 MTV 比火星探测来得更重要，这难道不是可以理解的吗？"[1] 李陀对大众文化受到冷遇的历史文化原因做了客观、精当的分析，他从"文化权力"的角度切入问题的实质，指出："知识界和理论界如此轻视或漠视大众文化以及对大众文化的研究，当然是有很复杂的原因的。从历史上长期形成的'高雅文化'对文化领域的主宰，'小众'对'大众'的不平等关系，'文化精英'们对知识经典化过程的监督和控制等等，都对把大众文化研究赶出理论的伊甸园起着重要作用。"[2]

当然，对大众文化的轻视和反感并不始于 20 世纪 80 年代或 90 年代，而是由来已久。无论在欧美的西方还是在中国的内地，大众文化在 20 世纪早期都被视为无足轻重的文化，没有进入学者研究的视野，因为在东西方传统文化看来，文化是"高雅""健康""光明""完美""符合道德礼义"的东西，凡是与"欲望"相关的文化都是"低级的""肮脏的""卑贱的""非礼的""不美的"。在西方，电影和电视进入研究者的"学术场域"也是 20 世纪很晚的事。可以说，现代知识体系"潜意识"地轻视和厌恶"大众文化"成为了 20 世纪全球性的"流行疾病"。正如李陀所说："特别是知识界和理论界，对大众文化的轻视是非常普遍的。只要看看大学里的学科建制，再看一下人文领域中有关的大学教材，我们就能很容易明白，大众文化这事不仅和当代大学教育没有什么关系，而且完全没有能够进入大学课堂的意思。换句话说，以大学体制为象征的现

---

① 李陀主编：《当代大众文化批评丛书》，江苏人民出版社 1999 年版，李陀序言第 1 页。

② 同上书，李陀序言第 2 页。

代知识体系，根本上拒绝大众文化成为人们认识当今社会和历史的一个重要的知识对象，更不必说把大众文化研究看作是现代知识体系中一个必不可少的领域。"① 李陀也是内地较早对大众文化进行界定的学者，他区分了大众文化、通俗文化、民间文化的特点，肯定了大众文化与工业生产之间的联系，正确看待了大众文化的商品性，他认为，正是这种商品性消弭了文化与经济之间的截然分界。而且，他还充分肯定了大众文化在实现世界文化转型中的重要价值。"把'大众文化'等同于以往历史上出现的通俗文化或是民间文化，这是个很大的误解。大众文化研究所分析的大众文化是一个特定的范畴，它主要是指与当代大工业生产密切相关（因此往往必然地与当代资本主义密切相关），并且以工业方式大批量生产、复制消费性文化商品的文化形式。不过，要强调的是，说它是'文化形式'，并不能从我们过去习惯的字面意义去理解。因为这种文化形式除了必然地与大工业结为一体之外，还包括着创造和开辟文化市场，以公司规模的行为去组织产品的销售，以及尽快获取最大利润等经济行为，这使得畅销小说、商业电影、电视剧、各种形式的广告、通俗歌曲、休闲报刊、卡通音像制品、MTV、营利性体育比赛以及时装模特表演等等，不仅构成大众文化的主要成分，而且成为只有在买和卖的关系中才能实现自己的文化价值的普通商品。从这个意义上说，大众文化不仅是现代工业和市场经济充分发达后的产物，而且是当代资本主义在文化上的一大发明，它从根本上改造了文化和社会、文化和经济的关系。与传统文化相比，大众文化具有一种赤裸裸的商品性，它也不打算掩盖自己和资本的关系——通过能够大批量生产的文化商品的消费，它不但想多赚钱，还要像其他商品生产一样，以实现利润最大化为根本目标。这样传统的文化与经济的界限被完全打破，两者的分界变得含糊不清，人们已经很难辨别哪些是纯粹的文化行为，哪些是纯粹的经济活动。但正是这种兼有文化和经济两种性能的特殊品格，使得大众文化比起传统的文化形式，就更容易进入普通大众（尽管在不同地域和国家，'大众'的内

---

① 李陀主编：《当代大众文化批评丛书》，江苏人民出版社 1999 年版，李陀序言第 1—2 页。

容往往差异很大）的日常生活。"①

对大众文化的排斥还存在"文化领导权"的争夺的问题，在后现代，因为大众文化的崛起，瓦解了传统文化中精英知识分子对文化的"垄断"和"权威"地位，精英知识分子由过去的文化"立法者"沦落为普通受众一般的"文化接受者"和"阐释者"，这种权力削弱的遭际引起了他们从心理上对大众文化的拒绝和贬抑。正如英国的约翰·斯道雷所说："为大多数人服务的通俗文化一直是少数掌权者的心病。掌握政治权力的人一直认为必须对没有政治权力的人的文化实施控制，密切观察其在政治上不安分的迹象；通过保护和直接干涉，不断实施调整。在 19 世纪，这种关系发生了根本的变化。有一段关键时期，统治者失去了对被统治者的文化控制。当他们开始恢复这种控制时，文化本身第一次真正成为他们关注的现实焦点。"② 在国内，20 世纪 80 年代是港台流行音乐、武侠言情小说、地摊文化、西方摇滚、牛仔裤蜂拥般进入中国的时代，学界为了研究、分析、评价这些"大众文化"引介了法兰克福学派霍克海默和阿多尔诺的"文化工业"批判理论。法兰克福学派的理论解决了中国内地知识界面临汹涌而至的大众文化的手足无措，以及阐释大众文化时"理论贫困"的问题，但是，他们的理论是对晚期资本主义文化，特别是对美国带有商业性质的娱乐文化的批判，显然中国的八九十年代的文化语境与美国大相径庭，尚处在"前现代""现代"和"后现代"交织、混杂的时代，学界这种"语境的误读"和理论的"机械挪用"导致了对刚刚萌生的大众文化的片面批判和打压，忽视了大众文化对消解传统文化和意识形态的"独白性""统一性"的价值。

第五节　遭遇抵制的西方大众文化

"大众文化"，无论在西方还是东方，都是"文化民主化"潮流的标志，也是 20 世纪文化传播媒介革命的结晶，从社会、政治的层面考察，

---

① 李陀主编：《当代大众文化批评丛书》，江苏人民出版社 1999 年版，李陀序言第 3 页。

② ［英］约翰·斯道雷：《文化理论与通俗文化导论》（第二版），杨竹山等译，南京大学出版社 2001 年版，第 29 页。

大众文化的出现是社会的等级制逐渐瓦解的结果，这种等级制在传统社会形成了文化的特权阶层，他们独占了文化资源，位居下层的人民却与社会文化处于相对隔绝的状态。19 世纪越来越明显的"政治民主潮流"首先唤醒了西方的大众，他们日渐对政治和文化上的"支配"和"被支配"、"控制"和"被控制"的不平等关系表示不满。在西方，一些学者为了维护精英阶层的社会和文化上的地位，常常把社会地位的分层视为理所当然、天经地义的事。在 20 世纪 30 年代，西班牙奥尔特加·加塞特就认为："社会总是由两部分人组成——少数精英（minorities）与大众——所构成的一种动态平衡：少数精英是指那些具有特殊资质的个人或群体，而大众则是指没有特殊资质的个人之集合体。因此，不能把大众简单地理解为或主要地理解为'劳动阶级'。大众就是普通人。从这一点来看，纯粹的数量概念——大多数人、群众——就转变为一种质量上的限定：它被用来指一种一般的社会属性，这种人与其他人没有什么两样，但在他身上却再现了一种普通原型。"① 实际上，加塞特对大众社会是怀着深深的恐慌的，大众威胁着精英的地位，挑战贵族的特权，他站在贵族阶层的立场，极力捍卫传统的等级社会，并为了这样的社会秩序的延续寻找理论的辩词，他说："我过去认为，现在仍然认为——并且坚持这一观点的信仰与日俱增：不管人们愿意与否，人类社会按其本质来说，就是贵族制的；甚至可以这样说：只有当它是贵族制的时候，它才真正成其为一个社会；当它不是贵族制的时候，它根本不算一个社会。"② 大众全面地颠覆了固有的社会等级，抢占了过去由少数贵族所独占的经济、文化的权力，提出了要和他们共享文化、经济资源的要求，这是一度享受过贵族特权的加塞特极不愿意看到的现象。"我们生活在一个平均化的时代（a leveling period）里，在这个时代里，财产收入被平均化了，文化均匀地分布于社会各阶层之间，甚至在性别上也平等了，尽管欧洲大陆曾在活力上要差一些，但它现在也已经由于经济上的平均化而有所提高

---

　　① ［西班牙］奥尔特加·加塞特：《大众的反叛》，刘训练等译，吉林人民出版社 2004 年版，第 6 页。

　　② 同上书，第 14 页。

了。"① 崛起的大众不只要求经济和文化上的"平权"，而且在政治上也锋芒毕露，咄咄逼人，要将少数精英贵族从高高在上的位置上拉下来，剥夺他们在政治上的优越地位。"'公众'，也就是大众，已经决定登上社会生活的前台，攫取地位，使用设备，享受迄今为止只为极少数人所保留的乐趣。这些位置显然从未为大多数人而设计，因为它们数量有限，而大众的人口又在持续不断地增长。所以呈现在我们眼前的是这样一个以再清晰不过方式展示的崭新现象：大众，不断聚集的大众，正在日益取代少数精英。"② 在加塞特看来，大众是一群缺乏文化教养，不遵守基本礼仪规矩的人，他们引起了整个社会秩序的混乱，使社会生活的各个方面展现一派"僭越规则"的现象，特别突出地表现在大众对政治权利强烈申索的领域，他把这种混乱的原因归结为"超级民主"带来的后果。他说："今天有更多的人可以在更大的程度上享受生活，对于这一点，我相信没有谁会感到遗憾，因为他们现在不但产生了这样的欲望，而且也具备了满足这些欲望的种种手段。然而，这一事实之下潜藏着灾难，那就是大众决心僭取那些只适合少数精英的活动，它不仅仅限于（也不可能仅仅限于）享乐方面，相反，僭越已经成为我们这个时代的一般特征。因此（预测一下我们以后将会看到什么）在我看来，最近发生的政治变革全然意味着大众对政治生活的支配。……今天我们正在目睹一场'超级民主'（hyperdemocracy）的胜利，在这种民主当中，大众无视一切法律，直接采取行动，借助物质上的力量把自己的欲望和喜好强加给社会。"③ 正是这样，加塞特表现出了他不适应这个转型时代带来的变化的焦虑，加塞特认为自由主义民主时代的大众对权利的诉求还相对低调一些，依然承认少数精英在政治上优越于他们，但他所处的时代却发生了惊人的变化，大众以不客气的姿态，喧宾夺主的气势登上了政治舞台。他说："而如今，大众相信它有权利强制推行自己坐在咖啡馆里炮制出来的那些奇思怪想，并赋予其法律的力量。我怀疑历史上没有哪个时期的

---

① ［西班牙］奥尔特加·加塞特：《大众的反叛》，刘训练等译，吉林人民出版社2004年版，第19页。

② 同上书，第9页。

③ 同上。

大众比我们这个时代的大众更加直接地统治，这就是我把它称为超级民主的原因。"① 加塞特一直以贬抑的态度对待大众，认为大众在智商上看就是平庸之辈，应该安分守己，反感他们参与社会政治活动，但是时代的发展，事与愿违，大众粉碎了他的贵族梦想。因此他以鄙夷的立场评价他所处的时代和面临的大众，甚至认为大众是粗俗的、平庸、野蛮的，因此也看不惯 20 世纪美国这个大众文化迅速滋长的国度，表现出他崇尚传统精英文化的鲜明立场。"我们这个时代的典型特征就是，平庸的心智尽管知道自己是平庸的，却理直气壮地要求平庸的权利，并把它强加于自己触角所及的一切地方，正如有人所说的，在美国'卓尔不群，是不得体的事情，大众把一切与众不同的、优秀的、个人的、合格的以及精华的事物打翻在地，踩在脚下；任何一个与其他人不相像的人，没有像其他人一样考虑问题的人，都面临着被淘汰出局的危险。当然，'其他的每一个人'并不是指所有的人、每一个人。'所有的人'通常是指大众、群氓，并且仅仅是指大众。这就是当前我们所面临的让人望而生畏的现实，其野蛮特征一览无余。"② 在加塞特那个时代，对"大众社会"以及"民主政治"的焦虑和恐惧，涉及留恋过去那种等级社会的所有精英和贵族，而加塞特只是其中的代表之一。加塞特生活的时代还是 20 世纪较早的时代，后现代还没有真正到来，西方的民主制度虽然早在 18、19 世纪就已经逐渐形成，但远远算不上完善，社会的等级制还没有打破，科层化管理（韦伯社会理论的实践成果）在全世界蔓延，愈演愈烈，对人的控制也越来越严（表现的是现代性野蛮的一面），大众还没有成为完全意义上的主人，只有在 20 世纪中期以后，伴随后现代文化思潮的掀起，西方民主制度的缺陷、现代性的压迫问题、极权主义问题才得以真正得到逐渐纠正，大众和大众文化才取得了政治权利上的"合法性"。

　　现代"政治民主化思潮"在 19 世纪业已蔚然成风，德国社会学家卡尔·曼海姆通过考察世界文化从"英雄崇拜""偶像崇拜"时代转向

---

　　① ［西班牙］奥尔特加·加塞特：《大众的反叛》，刘训练等译，吉林人民出版社 2004 年版，第 10 页。

　　② 同上。

"世俗化"时代的过程，论述了"政治民主化"的必然性趋势。所谓的"世俗化"就是宗教神权控制和统治社会的历史慢慢成为了往事，它推动了传统社会向现代社会转型的进程。这是勒庞、韦伯、曼海姆都已意识到的新时代社会征候，勒庞在 1895 年出版的《乌合之众——大众心理研究》中就认为："传统的宗教、政治及社会信仰的毁灭，和技术发明给工业生产带来的巨变。这一变化反映在西方各民族政治生活的层面，则是群众作为一种民主力量的崛起，而且在西方文明的发展过程中，这种'群众的崛起'有着命运一般无可逃避的特点。他断定，未来的社会不管根据什么加以组织，都必须考虑到一股新的、'至高无上'的力量，即'群众的力量'：'当我们悠久的信仰崩塌消亡之时，当古老的社会柱石一根又一根倾倒之时，群体的势力便成为惟一不可匹敌的力量，而且它的声势还会不断壮大。'"正是基于这一认识，勒庞认为："'我们就要进入的时代，千真万确将是一个群体的时代。"① 当然，在西方也有把"群众崛起"视为洪水猛兽的学者，法国群体心理学家塞奇·莫斯科维奇在 20世纪 80 年代初就称呼群众为"群氓"，类似于勒庞的"乌合之众"。他对其进行了界定："群氓是摆脱了锁链的民众，他们没有良知，没有领袖，也没有纪律，他们是本能的奴隶。"② 群体崛起的大众化时代，其意义是十分深远的，它宣告了过去认为的那些"理所当然""亘古不变"的观念的陈旧、解体、失效，新的、顺应现代社会发展的观念正在建构。正如国内一位学者所指出："民主化使得各种偶像与建立在血统基础上的世俗王权，已逐渐被平等人权和参与扩大的主张所消解，由此使权威合法性的来源产生了一个重大的转移——血统身份也罢，君权神授也罢，奉天承运也罢，此时都已不再可能。领袖要想号令天下，也惟有反求诸天下的'授权'才成，这时群众才真正成了前台的主角。"③ 而这种社会的巨变是从中世纪晚期开始的，"民主"从那时起才慢慢地成为人类的一种生

---

① ［法］古斯塔夫·勒庞：《乌合之众——大众心理研究》，冯克利译，中央编译出版社2005 年版，中译者序第 6 页。

② ［法］塞奇·莫斯科维奇：《群氓的时代》，许列民等译，江苏人民出版社 2003 年版，见扉页。

③ ［法］古斯塔夫·勒庞：《乌合之众——大众心理研究》，冯克利译，中央编译出版社2005 年版，中译者序第 2 页。

活方式，向全世界推广。它彻底改变了人们生活中的民俗、艺术、建筑方面的观念和形态。曼海姆也将这一现象视为"文化民主化"的过程。当然，勒庞的"群体"研究，并不是对大众时代的到来欢欣鼓舞，恰恰相反，勒庞思考了"大众"，即社会中的"多数人"，在没有法律约束之下，更有可能借"集体"的名义和力量，进行对社会的破坏，甚至导致法西斯主义一样的暴行泛滥和灾难。"群众在社会生活的变迁中唱起主角，这种现象对近代政治制度的变迁带来的结果，并不完全都令人欢欣鼓舞，正如中外历史已经告诉我们的，群众的民主权力就像一切个人的权力一样，当它没有受到恰当的宪政约束时，也很容易转变为它的反面，成为一种暴虐的权力。"① 正如勒庞的书名所展示的，它主要关注的是大众心理的研究，以及这种大众心理与独裁和法西斯主义之间的联系，以此给社会以安全的警示，避免完全顺应"民意"带来的社会灾难。可以说这是勒庞对当代西方民主政治做出的积极贡献，他呼吁民主国家既顺应当今的民主趋势，又提醒大家防止"极端民主"导致的"多数人的暴政"，旨在像弗洛姆那样，促进资本主义国家建立更加合理、"健全的社会"。勒庞观察到的另一条群体心理学规律是，大众经常因为缺乏安全感，会借助群体的力量，规避因为行为违反法律遭到惩罚的风险，逃避个人应负的法律责任：当"约束个人的道德和社会机制在狂热的群体中失去了效力，'孤立的个人很清楚，在孤身一人时，他不能焚烧宫殿或洗劫商店，即使受到这样做的诱惑，他也很容易抵制这种诱惑。但是在成为群体一员时，他会意识到人数赋予他的力量，这足以让他生出杀人劫掠的念头，并且会立刻屈从于这种诱惑。出乎预料的障碍会被狂暴地摧毁。'当然，从以个人责任为基础的法制立场上说，这种在群体中消失了个人利益和目标的人会变成一个'无名氏'，而以个人责任为基础的法律，对这样的无名氏是不起作用的。所谓'法不责众'的经验使他意识到，他不必为自己的行为承担责任。'群体情感的狂暴，尤其在异质性群体中间，又会因责任感的彻底消失而强化。'意识到肯定不会受到惩罚——而且人数越多，这一点就越是肯定——以及因为人多势众而一时

---

① ［法］古斯塔夫·勒庞：《乌合之众——大众心理研究》，冯克利译，中央编译出版社2005年版，中译者序第2页。

产生的力量感。在群体中间，就像'傻瓜、低能儿和心怀妒忌的人'一样，在摆脱了自己的卑微无能的感觉之后，会产生一种残忍、短暂但又巨大的能量。"① 就像他书名的另一个含义一样，勒庞对大众是持轻蔑的态度的，因此他才会把大众称为"乌合之众"，大众（民众）的英文为："The masses"，英国雷蒙·威廉斯认为它具有正反两方面的含义："在许多保守的思想里，它是一个轻蔑语，但是在许多社会主义思想里，它却是个具有正面意涵的语汇。"② 从前一种意义看，它包含有下面的意思：卑微、低贱、粗俗，封建社会里常常用来指代那些社会地位低下的农奴、农民。在 16、17 世纪用来指大众和民众的关键词是"multitude"，它具有"多数人"的意思。从 18 世纪开始， "multitude" 经常与 "vulgar" "base" "common" 及 "mean" 这些带有轻蔑含义的词合并使用，最后还是被更具蔑视意义的"mob"（乌合之众）所取代。"mob"虽具有"大量"的意义，同时还有"混乱"的意思。威廉斯说："Mob 当然持续为人所用，但是自从 19 世纪初期，其意涵变得更专门、特别：指的是一群桀骜不驯的群众，而不是处于一般状况的民众。后来出现了一个普遍的词就是 mass，用来表达一般民众，其后 the masses 也用来表达一般民众。"③ 威廉斯说："Masses 是一个现代的词，用来表达'多头群众'（many headed）或是'乌合之众'：指的是低下的、无知的与不稳定的。"④ 勒庞对大众的解释基本上是倾向于鄙视态度的，在他看来， "大众"，或者说"民众" "群体"是弱智的，没有自己的独立思想，其典型的特点是"顺从性人格"，没有自己的主见，经常被"集体意识"所裹挟、控制。"进入了群体的个人，在'集体潜意识'机制的作用之下，在心理上会产生一种本质性的变化。就像'动物、痴呆、幼儿和原始人'一样，这样的人会不由自主地失去自我意识，完全变成另一种智力水平十分低下的生物。"⑤ 勒庞认

---

① ［法］古斯塔夫·勒庞：《乌合之众——大众心理研究》，冯克利译，中央编译出版社 2005 年版，中译者序第 11 页。

② ［英］雷蒙·威廉斯：《关键词：文化与社会的词汇》，刘建基译，生活·读书·新知三联书店 2005 年版，第 281 页。

③ 同上书，第 283 页。

④ 同上书，第 286 页。

⑤ ［法］古斯塔夫·勒庞：《乌合之众——大众心理研究》，冯克利译，中央编译出版社 2005 年版，中译者序第 9 页。

为这种低能状态导致的结果是丧失自我，缺乏判断是非的能力："群体中个人的个性因为受到不同程度的压抑，即使没有任何外力强制的情况下，他也会情愿让群体的精神代替自己的精神。"① 这就是他所说的大众的"从众心理"。勒庞把它叫作"群体精神统一性的心理学规律"（law of the mental unity of crowds），他进一步细数了这种"从众心理"的特点："这种精神统一性的倾向，造成了一些重要后果，如教条主义、偏执、人多势众不可战胜的感觉，以及责任意识的放弃，用他的话说：'群体只知道简单而极端的感情；提供给他们的各种意见、想法和信念，他们或者全盘接受，或者一概拒绝，将其视为绝对真理或绝对谬误。'"② 勒庞是一个极具现代性观念，但同时又带有保守主义立场的思想家，他不但抵制和厌恶大众社会，而且也鄙薄、蔑视大众文化，认为大众文化是平庸、肤浅、低俗的。"他把群体中人描述为日益被大众文化所湮没，这种文化把平庸低俗当作最有价值的东西。"（罗伯特·墨顿对勒庞的评价）在某种程度上可以说，勒庞的思想为后来的法兰克福学派对大众文化的批判提供了理论的参照。勒庞生活的时代正是"现代性"风头正劲的时代，而后现代性还在孕育之中，不可能预测大众社会和大众文化对未来的后现代的意义。美国当代后现代理论家詹姆逊（另有人翻译为杰姆逊）认为，现代与后现代的重大区别就在于大众文化代表了后现代的典型特征。他说："现代性是一系列的问题和答案，他们标志着未完成或部分完成的现代化的境遇特征；后现代性是在倾向于更完善的现代化的境遇中获得的东西，它可以概括为两种成就：一是农业的工业化，也就是消灭了所有传统的农民；另一种是无意识的殖民化和商业化，换句话说就是大众文化和文化工业。"③ 后现代由于电子传媒的跨界传播，加速了"文化全球化"的速度，也创造出了人类共享文化资源的环境，它将逐渐改变整个世界过去那种相互孤立、对立的状态，建设一个相互理解、沟通、帮助的新世界。因此，在西方也出现了从"全球化"的角度来阐释后现代的

---

① ［法］古斯塔夫·勒庞：《乌合之众——大众心理研究》，冯克利译，中央编译出版社2005年版，中译者序第10页。

② 同上书，中译者序第10页。

③ ［美］詹姆逊：《现代性、后现代性和全球化》，载王逢振主编《詹姆逊文集》（第4卷），中国人民大学出版社2004年版，第10页。

媒介将人类连接起来的意义。"20世纪末的媒介变革，是发达工业社会目前面临的最重要的社会变革之一。……我们的文化被媒介化的程度，比起人类历史上存在过的任何媒介化程度都要深远。从对政治家的性生活的报道到对战争及饥荒的悲剧性后果的展现，媒介在伸展社区界限的同时，使我们接触到了与我们素昧平生的人们的生活。如果将我们现在的'共同'的世界与19世纪末的世界相比，那么我们可以指出主要的不同点之一，就是真正意义上的大规模发展的公共传播系统。很难想象如果没有大众媒介，我们今天的生活会怎么样——人们将需要几个月而不是几秒钟才能得到世界各个角落的新闻，政客们将能逃过公众审视的摄像机，我们也没有可与朋友和家人去看电影的影院。大众媒介以它特定的形式，已经成了我们日常生活的一部分。但当我们临近世纪末时，这些共享的传播网络正在进行着一种深刻的变革，这种变革的深刻程度就如当初电视的到来。新技术的出现（如数字电视、录像机、互联网等一大批其他形式）正在重新打造我们共享的文化景观。"①

法兰克福学派和杰姆逊后现代主义理论的输入，在90年代的中国内地形成了截然不同的效应，无论是法兰克福学派还是杰姆逊，他们都是马克思阵营的代表，秉承的是马克思的批判立场，特别是对晚期资本主义文化的"物化""商业化"的批判。杰姆逊虽然主观上也有批判大众文化的立场，但客观上起到了在中国"普及"后现代理论的作用，并且在批判的背后带有一定程度的对后现代大众文化的同情的理解，而法兰克福学派则是站在彻底、纯粹的批判大众文化的立场上的，甚至武断地完全否定大众文化对当代社会具有的积极价值。法兰克福学派与中国的关系可以追溯到20世纪20年代，德国的阿梅龙指出："法兰克福学派和中国结下了一段久远的学术交流史。首先当然是卫礼贤（Richard Wilhem）于1925年建立的作为法兰克福大学汉语系前身的中国学院。法兰克福大学的社会研究所早先也从事关于中国的社会研究。在此尤其要提到魏特夫（Karl August Wittfogel），他专门负责研究所关于中国的工作。魏特夫的博士论文——其著作《中国的经济与社会》即脱胎于此——的第二导

---

① ［英］尼克·斯蒂文森：《媒介的转型——全球化、道德和伦理》，顾宜凡等译，北京大学出版社2006年版，前言第1页。

师就是卫礼贤。"① 1988 年湖南人民出版社出版了《法兰克福学派的宗师——阿道尔诺》，该书作者马丁·杰概述了阿多尔诺的"否定的辩证法"的哲学观、心理学社会学的观点以及现代社会文化批判理论。20 世纪 80 年代末期中国社会科学院哲学研究所的徐崇温先生开始系统地主编"国外马克思主义和社会主义研究丛书"，并在 1989 年出版了《"西方马克思主义"论丛》一书。这套丛书里收录了霍克海默和阿多尔诺合著的《启蒙辩证法》、阿多尔诺的《否定的辩证法》、霍克海默的《批判理论》，它们几乎成为内地 90 年代对大众文化进行否定、批判的"理论圣经"。内地较早以"大众文化"命名的专著是陈刚撰写的《大众文化与当代乌托邦》一书，陈刚将理查德·汉密尔顿、台湾学者杭之和法兰克福学派代表之一的洛文塔尔的大众文化观点结合起来得出了如下结论："大众文化是在工业社会中产生，以都市大众为其消费对象，通过大众传播媒介传播的无深度的、模式化的、按照市场规律批量生产的文化产品。"②陈刚的观点基本上是对西方文化保守派的观点的套用，特别是对法兰克福学派理论的"复制"，其中显著地表达了他对内地文化转型阶段的大众文化到来的茫然、无奈和失去全面分析和理性判断能力的忧虑。在该书首页陈刚甚至表达了他对大众文化失落传统文化诗意的感伤和怀念："我们正经历一个激动人心的时代。在这个时代，毁灭与创生以同样暴烈的形式呈现于我们的面前。我们曾经珍爱过那种温情的生活和价值被残酷地一点一点地撕碎，而我们无能为力，甚至感到一种自虐似的快感；另一方面，大量我们不熟悉的新事物像洪水猛兽一样冲击着我们，让我们感到震撼。我们已经习惯于这种瞬息万变，我们已经开始渴望永恒的变化。变动不居成为我们被迫接受的生活方式，我们终于学会了体验和感受让我们眼花缭乱的文化与社会的变迁。无论是毁灭，还是创生，都令我们兴奋不已。而一旦停滞，我们将无法忍受，窒息而死。在这个背景之下，我们目睹了一场硝烟弥漫的文化战场的肉搏。一些文化形式受到了重创而溃败与退守，而另一些文化形式却迅速蔓延，咄咄逼人。这其

---

① ［德］阿梅龙等主编：《法兰克福学派在中国》，社会科学文献出版社 2011 年版，见阿梅龙导言："一个旅行的理论的挑战"。

② 陈刚：《大众文化与当代乌托邦》，作家出版社 1996 年版，第 22 页。

中最引人注目的就是大众文化的崛起。"① 1997年周宪先生谨慎地将"大众文化"依然视为"审美文化"出版了他的《中国当代审美文化研究》一书，他把大众文化的到来看作新时期文化变迁、分化、转型的征候，以辩证的、立体的维度客观评价了大众文化的"多重价值"。他说："分化对于我们认识中国社会——文化的变化，是一个基本的标尺或维度。在社会学理论中，从马克思到韦伯，从帕森斯到哈贝马斯、布尔迪厄，对现代社会的分化或区分问题的关注是一个一以贯之的主题。如果我们进一步分析，就会发现分化出现在社会领域的不同方面。比如，社会构成的分化，使得过去那种平均主义的政治化的人，被差别主义的消费化的不同人群所取代；现代的大众形成和精英或少数人构成对应，等等。当然，这里我们感兴趣的是文化本身的分化。在改革开放之前，文化一方面直接受制于政治的权力关系，另一方面文化本身也是清一色的一元的。文化即意识形态，即政治。在这个意义上说，文化中不存在差异和不同的成分，即使有也是暂时的，而体制的主导文化是唯一的不可替代的。"② 周宪先生的观点显然来自后现代思潮的影响，"去中心"、反对"文化的霸权化"、"强调差异"和文化的"多元并存"是后现代观念的核心组成部分。这种文化的分化在90年代的中国形成了主导文化（或主流文化、官方文化、正统文化等不同的说法）、精英文化（或高雅文化、少数人文化、小圈子文化等）和大众文化（或文化产业、流行文化、通俗文化）三足鼎立的局面。周宪对此持积极的、乐观的、肯定的评价，认为这样的文化分化代表历史的进步。同时，他提醒理论界要辩证地看待文化分化的后果，既不能忽视分化的积极意义，也不能过度夸大分化的价值。"看不到这种分化的历史过程，就会对文化作简单的甚至保守的理解；而不注意这种分化的复杂的辩证的互动关系，则又会导致将多元强制于一元，取消文化对话和复调状态，回归文化独白时期；另外，夸大这种分化的状况，对某一文化形态的片面强调，也是危险的，因为这必然会形成某种激进的或保守的（注意，在这里保守主义往往以激进的面目出现。它们是一而二，二而一的）倾向出现。历史地看，中国当代

---

① 陈刚：《大众文化与当代乌托邦》，作家出版社1996年版，第1页。
② 周宪：《中国当代审美文化研究》，北京大学出版社1997年版，第16页。

审美文化这样的多元共存的分化状态，是一个历史性的进步。"①

第六节　大众文化的价值和意义

大众文化真正繁荣起来的诱因是伴随晚期资本主义时代到来后电子媒介发展和哲学后现代文化思潮的兴起。后现代思潮产生于 20 世纪 60 年代，这是一个"革命的时代"，在西方有法国的"五月风暴"，其特征是对当时的西方社会、政治、文化的不满，以反叛的姿态呼吁彻底的文化变革。美国新马克思主义的代表，著名的后现代主义思想家杰姆逊在 20 世纪 80 年代末对后现代产生的文化语境做了如下的分析："最早在本世纪六十年代，人们开始明确地欢呼所谓'后现代社会'的到来；当时的欢欣鼓舞，隐约地来自对海德格尔关于西方形而上学已日暮途穷的预见。那时的欣喜，实质上源于知识界乌托邦精神带来的一股热情，虽然不是直接产生于社会和政治方面对未来的憧憬，但确实回响着六十年代波澜壮阔的社会运动所激发的乐观精神（其中突出的有毛泽东领导的文化革命，其时西方左翼视之为一场'浪漫革命'）。"② 杰姆逊将资本主义分为三个不同阶段，它们孕育了三种不同的文化、艺术和美学。他认为，第一阶段是国家资本主义，形成了国家的市场，马克思的《资本论》诞生于这个时代，与第一阶段对应的文学思潮是现实主义，特别是 19 世纪法国的批判现实主义；第二阶段为列宁所论述的垄断资本主义或帝国主义阶段，不列颠帝国和德意志帝国产生于这个时代，也是殖民主义向全世界疯狂扩张、掠夺的时代，与之平行的艺术思潮是现代主义，出现了现代派的文学和绘画、建筑、雕塑等；第三阶段是二战以后形成的晚期资本主义，或多国化的资本主义，特别体现在 20 世纪 60 年代发端的时期，文化的"变异"，很快使"现代主义"成为明日黄花，代之而起的是后现代的文化和艺术。他敏锐地指出："后现代主义是晚期资本主义的文化逻辑。"这个逻辑集中体现在出现了"文化工业"，即在"工业化"基础上

---

① 周宪：《中国当代审美文化研究》，北京大学出版社 1997 年版，第 17 页。
② ［美］杰姆逊：《后现代主义与文化理论》，唐小兵译，北京大学出版社 1997 年版，第 5 页，杰姆逊自序。

的机械复制技术的批量化文化生产。杰姆逊分析了后现代大众文化的技术和媒介的原因，他特别举了自己熟悉的身边的美国文化为例来说明这一历史、文化的变迁。"美国人在五六十年代发现了一种崭新的东西，那就是信息，媒介，如电视等；电视在五十年代初极快地发展起来，进入每一个家庭，正如今天的录像机，几年以前还只是极有钱的人才能享受，而现在几乎是成千上万了，电视的出现和收音机有着截然不同的意义；收音机几乎是二三十年代的统治者的唯一媒介，其代表人物是希特勒和罗斯福（Theodore Roosevelt）。电视出现后，代替收音机成了基本的媒介，而且随着电视的出现，广告得到爆炸性的发展。广告及广告形象这一问题就成了我们所称的后现代主义的中心问题，因为电视广告以其速度之快和效果之好完全突破了旧有的广告形式。"① 不仅如此，电视的到来，推进了电影的文化的进一步视觉化，彻底实现了后现代的视觉文化转型，传统的文字、绘画这些"静态的视觉文化"，转变成了"动态的视觉文化"。需要理性、思考、分析的精英文化变成了娱乐、轻松、感性的文化。同时，这一"视觉文化"的"后现代转型"也带来了美学思想的转变，那就是后现代的美学逐渐告别了康德的"超功利欲望"的"自由主义美学"，康德的美学带有贵族、精英的傲慢和浪漫，具有超越凡俗世界的幻想特征，与晚期资本主义的"物质主义"、刺激欲望的"商业美学"格格不入。以康德为首的德国古典美学是现代性的产物，现代性阶段总体上是张扬理性、精神，排斥感性、欲望的时代。"德国古典美学家康德、席勒（Johan C. F. von Schiller）、黑格尔都认为心灵中美学这一部分以及审美经验是拒绝商品化的；康德将人类活动分为三类：实际的、认识论的和美学的；对康德以后很多美学家甚至象征主义诗人来说，美、艺术的最大长处，就在于其不属于任何商业（实际的）和科学（认识论的）领域，这里的科学知识是从不好的角度来理解的，美是一个纯粹的，没有任何商品形式的领域。而这一切在后现代主义中都结束了。在后现代主义中，由于广告，由于形象文化，无意识以及美学领域完全渗透了资本和资本的逻辑，商品化的形式在文化、艺术、无意识领域无处不在，

---

① ［美］杰姆逊：《后现代主义与文化理论》，唐小兵译，北京大学出版社 1997 年版，第 159 页。

正是在这一意义上我们处在一个新的历史阶段，而且文化就有了不同的含义。"① 的确如杰姆逊所言，康德对美的定义排除了美具有概念性、推理性、逻辑性，也排除了感官欲望，只与精神世界有关，与纯洁的情感想象有关，美的对象激发人的直觉、情感和想象的和谐运动在他那里被视为自由。杰姆逊也指出，工业化对文化的大众化、普遍融入生活的进程起到了加速的作用，也打破了精英文化和艺术一统天下的局面，拆除了传统社会制造的社会等级和文化等级，使精英和平民处在平起平坐的地位，它说明后现代是比此前的社会更加民主、平等的社会。这种民主和平等主要体现在文化上，属于"文化政治"意义上的民主和平等。即销蚀了文化之间的等级，文化走下了神圣的殿堂，走向了大众，美学也从"玄想的书斋"走向了现实生活，从纯粹的理论体系建构走向了阐释生活、指导社会生活建设的道路。文化从纯粹的自娱自乐的精神产品，变成了可以"重复消费"、促进经济发展的商品。在后现代，"文化和工业生产及商品已经紧密地结合在一起，如电影工业，以及大批生产的录音带、录像带等等。在十九世纪，文化还被理解为只是听高雅的音乐，欣赏绘画或是看歌剧，文化仍然是逃避现实的一种方法。而到了后现代主义阶段，文化已经完全大众化了，高雅文化与通俗文化，纯文学与通俗文学的距离正在消失。商品化进入文化，意味着艺术作品正在成为商品，甚至理论也成了商品；当然这并不是说那些理论家们用自己的理论来发财，而是说商品化的逻辑已经影响到人们的思维。总之，后现代主义的文化已经从过去那种特定的'文化圈层'中扩张出来，进入了人们的日常生活，成为了消费品"②。无论是电影，还是录音带、录像带，都标志后现代是一个"视听艺术"时代，特别是"动感的视觉艺术"占统治地位的时代，它终结了前现代的文字、绘画、雕塑这些"静态的视觉文化"地位，同时电影和电视、录像带、电子游戏都以刺激人的直觉、感官、欲望为主要目的，而不是人们在接受和消费这类文化产品时需要高度的专业知识训练以及深度的文化解析能力，绝大多数人，甚至没有

---

① ［美］杰姆逊：《后现代主义与文化理论》，唐小兵译，北京大学出版社 1997 年版，第161 页。

② 同上书，第 162 页。

多少文化的人一看就懂，这便是所谓的"文化民主"。美国的卡洛尔也说："我认为大众艺术的一个必要特征是，它被设计为人民大众易懂的东西；从根本上讲，这是它被称为大众艺术的原因。于是，在将关于艺术与情感、艺术与道德、艺术与意识形态的一般理论应用于大众艺术时，我试图说明，对这些结构的应用如何引起对这些结构的改造，以便使它们在一般情况下被数量非常众多的受众所理解；这样的受众构成超越了阶级、种族、族裔、性别、国籍——有时甚至文化——界限。"① 卡洛尔分析和界定了大众文化的主要特征，并强调它具有的打破一切社会和文化矛盾、界限的特征。如美国的流行音乐和好莱坞电影在全世界的传播就是典型的例子。周宪先生是国内在后现代思潮影响下，最早肯定中国内地大众文化的"民主"意义的学者，他认为，大众文化的兴起，在某种意义上说，完成了"五四"启蒙运动未完成的文化革命的任务，即"文化民主化"的转型。"开放社会的一个显著标志，就在于它打碎了许多传统界限和垄断，使文化信息的流动在更大的范围里和更活跃的水平上进行，而信息的拥有也不再是少数人的专门特权，这几年的文化变化充分说明了这种转变。如果说"五四"新文化运动是一个来自文化精英的民众启蒙运动，而建国以后的文化是一个文化资源高度垄断的政治文化，都体现出自上而下的文化传递特征的话，那么，在比较的意义上说，改革开放以来出现的大众文化，则显然不是一个自上而下的文化扩张过程，它甚至不是一个像'文艺大众化'那样的自觉的文化运动，而是随着中国社会的巨大变化，自然而然地从'下面'形成的。历史地看，今天的大众文化比过去的任何文化形态都具有'民主性'，因为在今天的大众文化面前，人人平等，或人人参与（接近）都是可能的，这不但是一个学理上的假定，同时也是一个事实。换言之，传统的文化中那些起作用的'排斥规则'，在大众文化中似乎是不存在的，因为大众文化是一种特有的'包容原则'和'诉求原则'来最大化地争取消费者'共享'。"② 周宪在这里分析研究了大众文化的"草根性"（来自底层社会）、"全民

---

①　［美］诺埃尔·卡洛尔：《大众艺术哲学论纲》，严忠志译，商务印书馆 2010 年版，第 11—12 页。

②　周宪：《中国当代审美文化研究》，北京大学出版社 1997 年版，第 157 页。

性”“参与性”“包容性”和“共享性”。

　　大众文化（法兰克福学派称之为“文化工业”）彻底颠覆了传统精英文化和艺术关于“真实性”“文化艺术的权威性”“社会等级性”的传统，文化艺术成了“可复制”和“重复消费”的商品，改变了文学艺术观念关于文化的“深度性”“权威性”“一次性消费”的传统属性，使文化艺术不再是文化精英阶层所独占的文化资源，而是与大众一起分享的通俗文化。正如乐黛云先生 1986 年在评价杰姆逊的后现代思想时所说：“他这次在北大着重讲了晚期资本主义的文化特征。他认为在继‘资本主义上升阶段’‘帝国主义阶段’而后的晚期资本主义社会，‘商品化’不仅表现于一切物质产品，而且渗透到各个精神领域，甚至‘理论’本身也成为一种商品。人们生活在无边无际的由‘商品化’了的广告、电视、电影所构成的形象的汪洋大海中，生活本身在很大程度上也成了这些形象的模仿和复制。在这样的社会，上层建筑起着前所未有的甚至是决定性的重大作用。多民族、无中心、反权威、叙述化、零散化、无深度概念等则是这一时期文化的主要特征，‘后现代主义’正是对这些特征的概括。”① 乐黛云先生在这里总结了杰姆逊在他的论著中所揭示的后现代整个文化领域被“经济思维”殖民的“商品化”，文化的“视觉化转型”，文化的“去中心性”“无深度性”“完整性（碎片化）”“非权威性”“多元性”的现象。

---

　　① ［美］杰姆逊：《后现代主义与文化理论》，唐小兵译，北京大学出版社 1997 年版，乐黛云序言。

第 二 章

尼采哲学与后现代思潮和大众文化崛起

哲学是智慧的学问，它支配人类一切文化活动的行为，哲学的进步依赖于对固有观念的反思、怀疑、批判。尼采在 19 世纪 20 世纪之交，不满于现代西方哲学僵化、停滞不前的局面，以"重估一切价值的勇气"，反思了 19 世纪之前基督教思想对世界文化的影响、18 世纪德国古典哲学对基督教观念的继承，颠覆了世界存在"永恒不变真理"的西方"形而上学"传统，摧毁了"理性主义"哲学的圣殿，开启了 20 世纪世界哲学和文化"告别现代性"文化的崭新面貌。尼采对"西方本质主义哲学"的反叛，对"身体"和"欲望"的重视，关于审美和艺术对人生意义和价值的认识，都开启了后现代思潮的大门，推动了大众文化在 20 世纪的崛起。

尼采对于西方哲学来说，是一个在破坏中创造的先锋。他不满意哲学上被认为是不可改变的定论，怀疑一切，重估一切价值，他的这种气质在很大程度上与 20 世纪的后现代主义思潮相吻合，所以人们经常将他视为后现代哲学的开拓者。尼采曾说："整个现代哲学思考，都是政治性的和警察式的，都被政府、教会、学院、习俗、时尚以及人的怯懦束缚在学术的表面，始终停留在叹息'但愿如何如何'或者认识'从前如何如何'上。哲学不具备其本身的权利，所以，现代人只要有点儿勇气和良心，就应当扬弃它，用类似于柏拉图把悲剧诗人驱逐出他的理想国时所使用的寓言放逐它。"① 更为重要的是，尼采认为在这种故步自封哲学的误导下，西方哲学几千年来不是在进步，而是在走下坡路，对人的生

---

① ［德］尼采：《希腊悲剧时代的哲学》，周国平译，商务印书馆 1994 年版，第 22 页。

命力来说不是增强，而是在使其削弱。尼采信奉"万物在自身中时刻包含着对立面"，生成与毁灭、运动与停止、正确与错误，无不如此，一切都在向自己相反的方向流转轮回，世界上没有永恒不变的东西。因此，在古希腊哲学中，尼采最推崇的哲学家是阿那克西曼德，因为他曾经说过："事物生于何处，则必按照必然性毁于何处。"他认为，"哲学和文化并不是稀有高尚的追求，而是不同力量与动力之间不断竞争的表现。其次，他认为，人们普遍认为的哲学，是对主流概念和思想进行全面的、抽象的概括，这是完全错误的；相反，哲学的任务应该是找出并促进那些历史力量（historical forces），它们使'强劲'（strong）且具有创造性的生命活动得以体现，还应在现实中再造这些力量"①。他对哲学的定义强调了改变哲学观念的"历史力量"，认为这种力量有助于催生"强劲的具有创造性的生命活动"。尼采哲学开始于对基督教思想观念的不满，他批判了"西方本质主义哲学""基督教的奴隶道德观"以及"对身体的敌视"的立场，建构了以激发生命活力的狄奥尼索斯精神为主、强调审美艺术对人生的重要性的哲学观，所有这一切都为 20 世纪后现代思潮和大众文化的兴起做了奠基性工作。西方学界认为，"尼采实际上很早就和后现代这个词语发生关系，无论是从肯定的意义上说，还是从否定的意义上说，他被人们尊奉为后现代之父"②。正如国内著名的尼采研究专家周国平先生在 20 世纪 80 年代评论尼采对 20 世纪的贡献时所说："当弗洛伊德正在酝酿他的精神分析学的时候，他吃惊地发现，尼采早已道出了他的基本思想。雅斯贝尔斯、海德格尔和一切存在主义都把尼采看做为他们开拓了道路的人。许多西方作家一接触尼采的作品，便终身成为尼采迷。而尼采的'重估一切价值'的号召，预示了西方社会价值观念根本变化的一个时代。不了解尼采，就不可能了解我们这个世纪的西方思潮、文艺思潮和社会思潮。"③ 在尼采哲学引导下，20 世纪的西方掀起了重新审视传统"理性哲学"的潮流——后现代思潮，推动了重估身体、

① ［英］李·斯平克斯：《导读尼采》，丁岩译，重庆大学出版社 2014 年版，第 3 页。
② ［德］沃尔夫冈·韦尔施：《我们的后现代的现代》，洪天富译，商务印书馆 2004 年版，第 20 页。
③ 周国平：《尼采：在世纪的转折点上》，译林出版社 2012 年版，第 8 页。

感性、欲望、快乐的"合理性"的大众文化时代的到来。

第一节　尼采"反本质主义"的哲学精神

西方哲学发端于公元前 6 世纪—公元前 5 世纪的前苏格拉底的自然哲学，这些被称为米利都学派的哲学家掌握了当时航海业的很多知识，大都痴迷于观察天文、地理，擅长物理、数学，其特点是将世间万物分割为"现象"和"本质"，将追问和探究事物现象后面的"本质"视为哲学的最高使命。古希腊的自然哲学家是西方"本质主义""形而上学"的奠基者。他们的兴趣在于人生活的周围环境——自然宇宙，寻找统一的世界本源，泰勒斯将世界的本源归结为"水"，"大地像一块木头浮于水上"；阿那克西曼德把"无限"说成"万物的始基"，万物产生于此，最后也必将复归于此。他认为，"作为原始基质的'无限'是无起始而且不可毁坏的，它的运动也是永恒的"①。阿那克西米尼将万物的基质归为"空气"，"空气不仅自身扩散而成无限，而且也处在不断的运动和变化之中，这样，就被证明是生物全部生命和运动的原因（根据古代的信仰，认为灵魂等同于生命力）。正如由空气造成的我们的灵魂把我们结合在一起，气息和空气包围着世界"②。前苏格拉底的哲学非常重要的是毕达哥拉斯学派，他们的思想在一定程度上影响了后来的苏格拉底，同时更重要的是，他们关于"美在数的和谐"的思想促进了西方音乐、绘画、雕塑和建筑的发展。他们精通数学、几何，提出世界的本质是"数"。继自然哲学家之后是智者学派，他们标志西方哲学对人的"主体性"的认识，从那以后，人不再是匍匐在神灵和宇宙面前的奴婢，而是这个世界的主人，普罗塔哥拉提出了振聋发聩的口号："人是万物的尺度"，即世间的一切事物和行动都要符合人性和人的发展需要。智者学派代表苏格拉底的出现对西方哲学意义重大，他改变了哲学脱离社会生活和人本身的状况，由关注宇宙自然转变为关注人类社会和人的本质。西塞罗这样评价

---

① ［德］E. 策勒尔：《古希腊哲学史纲》，翁绍军译，山东人民出版社 2007 年版，第 29 页。

② 同上书，第 31 页。

苏格拉底的贡献："他把哲学从天上召唤下来，把它安置在城市中，引进家家户户，使它成为探究生活和道德善恶所必需。"① 苏格拉底坚持这样的观点：哲学的目的是"激发人们爱真理和德性，帮助他们做正确的思维，以便他们过正当的生活"②。"德性"是人的本质所在，它基于对"善"的认识，说到底，苏格拉底认为，"善"是人的本质。苏格拉底非常强调知识对人生的重要性，这与他对"德性"和"善"的认识紧密相关。苏格拉底相信："知识本身就足以使人行善，并因此带来幸福。"③ 在苏格拉底心里，追求知识就是至善，美德和真正的幸福是统一、一致的。④ 柏拉图哲学是对其老师苏格拉底的观念的继承，他认为，"宇宙是理念的逻辑体系，它构成一个有机的精神统一体，由宇宙的目的，即善的理念所统辖，因而是一个有理性的精神整体"⑤。在古希腊"灵魂"和"肉体""二元对立"的语境中，柏拉图重视灵魂，轻视肉体，肉体追逐欲望的满足，灵魂追求纯粹真理和知识的丰腴。在柏拉图看来，"肉体那部分是知识的障碍物，灵魂要把握纯粹的真理，必须不受它的干扰"⑥。苏格拉底和柏拉图的哲学形成西方哲学重视知识、善、道德、理念、真理的"理性主义"传统，也在后来演变为中世纪的神学哲学。这一发展过程，其"本质主义"的实质并没有改变，只是此前哲学提出的"物质本源""至善""道德""理念"变成了基督教的"上帝"而已。在中世纪，上帝是至高无上、理性、完善的化身，依据理性的原则和合目的性的原则创造了这个世界。"上帝是万物的根基和目的，万物来自上帝，又复归于上帝。逻各斯是一切创造物的模型、原型和范本，这就是说，万

---

① ［德］E. 策勒尔：《古希腊哲学史纲》，翁绍军译，山东人民出版社 2007 年版，第 80 页。

② ［美］梯利：《西方哲学史》（增补修订版），伍德增补，葛力译，商务印书馆 1995 年版，第 51 页。

③ ［德］文德尔班：《哲学史教程》（上卷），罗达仁译，商务印书馆 1987 年版，第 112 页。

④ ［美］梯利：《西方哲学史》（增补修订版），伍德增补，葛力译，商务印书馆 1995 年版，第 58 页。

⑤ 同上书，第 66 页。

⑥ 同上书，第 71 页。

物是依据理性的影像，由理性的能力或神圣的智慧所创造的。"① "本质主义"哲学导致了文化之间的等级，"本质"高于"现象""灵魂"高于"肉体""理性"高于"感性""道德"高于"欲望"，"上帝之城"高于"世俗之城"，也形成了文化之间的压迫关系，后者理所应当地服从前者的支配、控制。"文艺复兴"运动高举解放人性的大旗，要把人从神的压迫之下解脱出来，把人的感性欲望从理性和灵魂的桎梏中解放出来。如果说"文艺复兴"是从人性的基础上掀起了对神性的反抗，那么 18 世纪的启蒙运动，则是从政治的角度发动了对封建专制的革命，目的是建立自由、民主、平等、法制基础上的更加公正、合理的健全社会。而在尼采看来，西方的理性传统及其一切成果无非就是谎言的结晶。他以辩证的眼光看待理性的价值，认为西方的理性建构无非刻意遮蔽人的非理性的真相，他将其称为"理性的原罪"。尼采认为，一切理性的事物，追根溯源，血统并不纯洁，都是来源于非理性。"一切悠久的事物必定逐渐被理性渗透，从而使得它们的非理性起源变得不可信了。"② 在西方，无论是巴门尼德虚构的不生不灭的"存在"，柏拉图的"理念世界"，还是康德所谓的不可认识的"自在之物"，黑格尔的"绝对精神"，无非就是为上帝的存在辩护。尼采在 19 世纪"宣布上帝死了"，对西方哲学来说，无疑是釜底抽薪的破坏，从此"理性""道德""真理""上帝"失去了生存的根基，由这些东西构筑的西方"形而上学大厦"瞬间坍塌了。尼采的哲学当然也继承了古希腊先哲的思想基因，否定这个世界存在"静止"和"永恒不变"的东西。在希腊哲学家中，他对尼采的影响尤为明显，赫拉克利特曾说："人不能两次踏进同一条河流"，告诫人们世间万物都在流转运动之中，稍纵即逝。尼采对此深以为然，"本质上他同意赫拉克利特，认为这个'变动不居'的宇宙总是在一种连续的混沌运动和变化状态中，因此，我们发现的任何稳定性和连贯性都不过是我们自己的发明"③。在尼采看来，所谓的真理无非就是文化等级制度条件下支配

---

① ［美］梯利：《西方哲学史》（增补修订版），伍德增补，葛力译，商务印书馆 1995 年版，第 156 页。

② 周国平：《尼采：在世纪的转折点上》，译林出版社 2012 年版，第 167 页。

③ ［英］戴维·罗宾逊：《尼采与后现代主义》，程炼译，北京大学出版社 2005 年版，第 46 页。

"他者"的"权力话语"，他认为，"关于我们和世界的唯一真正的真理就是，万物控制不住的'权力意志'及其强烈的控制需求。这就意味着，人类只是不断地为自己创造'真理'，这些真理是有用的，可以帮助他们作为物种存活下来。'知识'和真理仅仅是有效的工具，并非超验的实体。它们是人类发明出来的观念。但他们永远不可能是'客观的'，因为他们永远都是满足人类的某种利益或目标的"①。

第二节　尼采："哲学应该从身体出发"

美学诞生于 18 世纪，其宗旨是弥合英国经验主义和大陆理性主义的裂痕，以实现"感性"和"理性"的和谐统一。为了纠正长期以来西方文化"逻辑"和"理性"占据中心地位的状况，鲍姆嘉通以"感性学"来定义"美学"。在西方历史上，研究知识的有"逻辑学"，人们把它叫作"求真"；研究"道德"的有"伦理学"，人们将其称为"求善"；研究"情感"的，在 18 世纪以前还没有一门学问，鲍姆嘉通将其称为"感性学"，即后来我们通常所称的"美学"。在感性与理性之间，情感属于感性，与感觉、直觉、想象、幻想、联想相连，因此，鲍姆嘉通认为美学是研究"感性认识的完善"。但是鲍姆嘉通关于"感性认识的完善"并没有他的美学中得到充分体现，"身体"这个感性欲望的领地甚至是被忽略的。他的美学中依然保留了对"理性"的尊重。英国的伊格尔顿清楚地看到了这一点，他对鲍姆嘉通的美学做出了这样的评价："如果说他的《美学》（1750）以改革的姿态开拓了整个感觉领域，他所开拓的是理性的殖民化，对鲍姆嘉通来说，审美认识介于理性的普遍性和感性的特殊性之间：审美是如此一种存在领域，这个领域既带有几分理性的完美，又显出'混乱'的状态。"②

一部西方哲学发展史，是不断变换话语方式、建构"理性"的历史。"真"和"善"属于西方理性哲学建构起来的关键概念。"理性"从一开

---

① ［英］戴维·罗宾逊：《尼采与后现代主义》，程炼译，北京大学出版社 2005 年版，第 46 页。

② 同上书，第 3 页。

始就具有控制、排斥人的"感性""感情""欲望"的"权力意志"，这种"理性"的权威的塑造从古希腊就开始了。从苏格拉底的"知识就是至善"，到柏拉图要把诱惑和激发人的情感的诗人逐出他的"理想国"，再到亚里士多德认为"人是理性的动物"，无不如此。西方哲学从初始阶段，就以"二元对立"的逻辑将"意识"和"身体"割裂开来，赋予"意识"高贵的地位，给予身体"卑贱"的位置。"身体"在西方哲学里一直处于无关紧要的地位，与身体相关的欲望和快乐也遭到了贬低和压制。苏格拉底强调"德性"的重要性，他所谓的"德性"是指"克己""豪爽""高尚""勤俭"，有很大的耐性，没什么欲望。[①]与身体相关的欲望显然是不符合"德性"的标准的，也是应该抛弃的东西。在他眼里，"德性"之所以重要，更因为它与人的幸福感直接相关，美德和真正的幸福是一致的。在古希腊，尽管也有阿里斯提普斯主张"快乐为至善"的观点，但始终没有占到主导的地位，而被柏拉图的"理念"所压倒。"理念"属于精神世界，与"身体"不但没有关系，甚至"身体"还被认为会妨碍接近"理念世界"。柏拉图的"理念世界"为中世纪的神学的建立打下了坚实的理论基础。柏拉图认为，"宇宙是一个有理性的宇宙，一个精神体系"，因此，"身体"在"理性"面前根本就无足轻重，"理性"才是"不死的""永恒的"，才是带领人飞越尘世的精灵。在他看来，"人类有理性的部分是真正的部分，他的理想是要培育理性，即灵魂不死的一面。肉体和感官不是真正的部分。肉体确实是灵魂的监狱、桎梏，从中解脱出来是精神的最终目的，'因此，我们要尽快地飞离尘世，飞离就是变得同神一样'。灵魂脱离肉体，沉思美好的理念世界，乃是人生的终极目的"[②]。柏拉图推崇"勇敢""节制""克己"的美德，而"节制"和"克己"之所以被视为美德，就是因为它们意味着控制快乐和欲望。"理性"在柏拉图那里被推崇为人生的最高目标，"理性"追求"德性"和"至善"，"至善"等于幸福。"有理性的生活即有德性的生活，是至善。过这种生活，才有幸福。正直的人毕竟是幸福的人。然而，快乐本

---

　　① ［美］梯利:《西方哲学史》（增补修订版），伍德增补，葛力译，商务印书馆1995年版，第50页。

　　② 同上书，第72页。

身并不是目的，它不是灵魂生活中最高级的因素，而是最低级的。"①

　　进入中世纪，奥古斯丁在柏拉图"理念"的基础上，将"理性"演化为上帝，对上帝的忠诚、对上帝的爱成为世俗生活的最重要目标。上帝是完善的化身，相对上帝来说，人的身体是有罪的，人通过对上帝的爱来洗刷身体欲望所犯的原罪，以获得宽恕和救赎。在奥古斯丁那里，"身体"和"灵魂"二者之间虽然不像柏拉图那样具有严格的等级，也没有纯洁和肮脏之分，"肉体"并不是罪恶的渊薮，也不再是"灵魂"的枷锁，但事实上，"灵魂"在他心中依然是主导"肉体"的力量，"肉体"必须服从"灵魂"的支配。"人是物质世界上最高的创造物，是灵魂和肉体的结合。这种结合不是犯罪的结果，肉体不是灵魂的牢狱，不是邪恶。灵魂是单纯的或精神的实体，在本质上和肉体完全不同；它是指导和形成肉体的基质，是肉体的生命。"② 尽管奥古斯丁并不完全否定人的肉体欲望的合法性，但他依然认为，充满欲望的"世俗之城"比不上"上帝之城"纯洁、完善。不过，他还是给人类的救赎指出了一条可行的道路，那就是通过对上帝的爱，每个人都能达到"至善"。"奥古斯丁将上帝之城同世俗之城对立起来。前者居住的是上帝拯救的人，后者是被上帝抛弃的人。奥古斯丁相信，只有爱，只有对上帝之爱，才能同上帝，同至善相融合。但是，世俗之城中的爱，产生一种片刻而短暂的欢乐，为一种及时满足而主宰，它取代了对上帝之爱。这样一个世俗之城笼罩在一片自私自利的巨大阴影之中，它基本上是一个罪恶的渊薮。对上帝的爱就是要克服这种世俗之爱，要克制那种短暂的满足，或者说，就是要禁欲和弃绝尘世。对于柏拉图来说，欲望的身体无法接近作为真理的理念；对奥古斯丁来说，欲望的身体无法通达上帝之城。"③ 世俗之爱就是身体之爱，显然是不受奥古斯丁欢迎的东西，因为上帝是纯洁、完善的象征，忍受不了令人厌恶的身体之爱。

　　"文艺复兴"是对神权的颠覆，目标是将人性和欲望从神性的禁锢中

---

　　① ［美］梯利：《西方哲学史》（增补修订版），伍德增补，葛力译，商务印书馆1995年版，第73页。

　　② 同上书，第165页。

　　③ 汪民安：《身体、空间与后现代》，江苏人民出版社2006年版，第6—7页。

解放出来，虽然一段时间也赞颂人间的感情和爱情，但"文艺复兴"不可避免地带有此前重视"理性"的局限性，"理性"在这个时代像游荡的幽灵一样，摇身一变成了统治人们观念的"知识"，于是培根提出了"知识就是力量"的口号，知识标志主体的本质力量，正是对知识的膜拜，张扬主体的精神和力量，力图从各个领域伸展主体的才能，"文艺复兴"时期才在自然科学、人文科学、艺术领域里涌现了大批巨人。知识是"求真"的产物，人们在"忘我"中追求知识，最大程度地"实现自我"，却在某种程度上忽视了身体。正如国内著名学者汪民安先生所说："由于文艺复兴对身体有一个短暂但热烈的赞美——赞美它的性感，也赞美它的美感——身体逐渐走出了神学的禁锢，但是，它并没有获得哲学的长久的注视。甚至可以说，身体摆脱了压制，但并没有获得激情洋溢的自我解放。哲学此刻的主要目标是摧毁神学，而不是解放身体。因为神学的对立面是知识，压倒一切的任务是激发对知识的兴趣。"① 但是，摧毁神学并没有想象中那么容易，整个"文艺复兴"甚至到"启蒙运动"都没有完全摆脱基督教神学的影响。身体、欲望和精神、灵魂的纠缠、博弈，一直贯穿在西方文化的发展历程之中。《圣经·旧约》的伊甸园的传说就隐喻了人类对身体的矛盾态度，身体需要"理性"控制（服从上帝的意志，不能偷吃智慧之果），贪婪的欲望又使身体经不起撒旦的诱惑，不可避免地要背叛上帝，偷吃禁果。法国的乔治·维加埃罗说："从文艺复兴到启蒙运动，身体经历了一种双重的张力，形成了今日这些观点的雏形：突出了集体的强制性，强调了个体的解放。"② 所谓"集体的强制性"，是指尽管中世纪已经结束，但人们还不得不遵守"上帝"和"理性"的戒律，"身体"和"欲望"在文化中的表现是隐藏的，而"个体的解放"代表资本主义的"身体""欲望"的扩张，它必然要冲破宗教神学的束缚，"身体""欲望"必然会在"个体自由意识"觉醒的基础上不断获得解放。在文艺复兴的绘画里，我们很明显地感受到这"双重的张力"，宗教题材构成了绘画的主要内容——从前历史留下的磨不掉的

---

① 汪民安：《身体、空间与后现代》，江苏人民出版社 2006 年版，第 7 页。

② ［法］乔治·维加埃罗主编：《身体的历史》（第一卷），张竝等译，华东师范大学出版社 2013 年版，引言第 2 页。

理性控制记忆，但展现人的身体美（性感的，肉欲的）却越来越成为艺术家的创作冲动和灵感源泉。

在 17 世纪笛卡尔那里，"我思故我在"成为指引人生的座右铭。在哲人们看来，"思想"无疑是将人与动物区别开来的根本标志。所以，与他同时代的帕斯卡尔才说，"人是一棵在风中思索的芦苇"。"思想"的特点是以"理性"为工具怀疑、反思、批判固有的一切，以获得这个世界的"真理"。在 17 世纪，"理性"成为文化领域里的主宰，一切都必须经过"理性的法庭"的审判才具有合理性。在对思想的狂热和求知的痴迷中，17 世纪依然是一个"放逐身体"的时代。"意识战胜身体的方式从笛卡尔那里发生了变化，笛卡尔同样将意识和身体划分开来，但是从那里开始，身体不是被刻意地压制，而是逐渐地在一种巨大漠视中销声匿迹了。从 17 世纪开始，知识的讨论——如何获得知识，知识的限度何在，知识和自然的关系——慢慢地占据着哲学的兴趣中心。而这，一直到梅洛 - 庞蒂为止，总是和身体无关紧要，身体和知识之间横亘着无法沟通的鸿沟。"①

18 世纪的思想家们关注的中心问题是社会的"政治合法性"问题，正如马克思看到的，经济是社会发展的物质基础，而文化、政治、法律是社会的上层建筑，良好的上层建筑是社会发展的引擎，并保证政治的健康运行，因此，可以说代表 18 世纪文化世界成就的是法国启蒙运动的思想家留下的政治哲学研究成果。18 世纪是再也不能依靠"宗教"和"道德"维护政治秩序、保证国家稳定、持续发展的时代，它要运用此前历史留下的"理性"精神，研究如何使社会的上层建筑符合绝大多数公民的利益，特别是防止"权力"对个体的暴虐侵犯，保证个人的权利和自由，并鼓励民众参与政治和管理国家。可以说，这是从更高的层面对"身体的关怀"，虽然它不是从生理的角度去看待身体，但远远超越了"生理身体"的重要性，因为亚里士多德曾说，"人天生就是一种政治动物"。梯利在评价 18 世纪的启蒙运动成就时说道："尊重人类理性和人权几乎是一切近代哲学思想的特征，这在 18 世纪普遍流行；人性、善意、天赋人权、自由、平等、博爱脍炙人口。甚至温情主义的政府认为增进

---

① 汪民安：《身体、空间与后现代》，江苏人民出版社 2006 年版，第 9 页。

人类的幸福和福利，是他们的职责。"① 我们甚至可以说，18世纪的德国古典美学在很大程度上也是出于政治的目的，利用"感性""欲望""快乐"的巨大"诱惑力"和"安抚力"去拯救由于长期的"理性专制"导致的反抗和政治危机。因此，伊格尔顿才说："诞生于18世纪的陌生而全新的美学话语并不是对政治权威的挑战，但它可以理解为专制主义统治内在意识形态困境的预兆。为了自身的目的，这种统治需要考虑'感性的'（sensible）生活，因为不理解这点，什么统治也不可能是安稳的。感情和感觉的世界绝对不可能只听任'主体'和康德轻蔑地所称的'利己主义趣味'的摆布；相反，它必须产生于高贵的理性……理性必须找到直接深入感觉世界的方式，但理性这样做时又必须不危及自身的绝对力量。"② 康德正是看到了人的感性需要与政治稳定之间的关系，理性（道德、法律、政治）的强制手段并不能实现政治目标这一点，力图建立一套使人们远离欲望的美学话语，让他幻想的"道德自律性"植入感性的内部，即审美活动之中。"对康德来说，按照道德去行动就是要摒弃欲望、兴趣、爱好，使人们的理性意志与人们可以当作普遍法则来倡导的规则等同起来。"③ 可以说，康德的美学有一种隐秘的、狡诈的"对肉体的专制"，"身体"被他的美学巧妙地"征用"于为政治统治服务的行为之中。在伊格尔顿看来，黑格尔却比康德聪明得多，黑格尔策略性地将"政治"和"道德"审美化，变成公民从内心自觉服从的规则。在政治实践中，黑格尔不主张像康德那样排除人的肉体情感和欲望。"黑格尔是把理性置于肉体的感情和欲望中，并以此方式把理性'审美化'。"④ 席勒在他的美学思考中更加深入地研究了政治的"合理性"和"有效性"。他已经意识到，政治为了不引起民众的反感和抵抗，唯一的方法是借用审美的策略和方法，"如果专制主义不希望引起反叛，那它就必须为感觉倾向营造宽容。对于专制主义的法律而言，这种面向情感主体的行为并不

---

① ［美］梯利：《西方哲学史》（增补修订版），伍德增补，葛力译，商务印书馆1995年版，第422页。

② ［英］特里·伊格尔顿：《审美意识形态》，王杰等译，广西师范大学出版社2001年版，第3页。

③ 同上书，第69页。

④ 同上书，第10页。

是没有危险的。如果专制主义能够成功地、更为有效地把那种法律镌刻在被征服者的心灵和肉体上，那它就可能通过自我结构的逻辑主观地使这种权威消失，为一种新的法规和政治权力的概念打下基础"①。18世纪美学诞生的重要意义，不可否认地体现在：使资本主义的"刚性"的统治得到了审美的"软化""情感化"，使政治的暴力得到了"稀释""中和"，因此政治的野蛮和戾气也大幅度地降低了，政治的文明由此得到了升华。应该说，这是18世纪对"身体"的重要性认识所取得的成果。聪明的理论家意识到，"与专制主义的强制性机构相反的是，维系资本主义社会秩序的最根本的力量将会是习惯、虔诚、情感和爱。这就等于说，这种制度里的那种力量已被审美化。这种力量与肉体的自发冲动之间彼此统一，与情感和爱紧密相连，存在于不假思索的习俗中。如今，权力被镌刻在主观经验的细节里，因而抽象的责任和快乐的倾向之间的鸿沟也就相应地得以弥合，把法律分解成习俗即不必思索的习惯，也就是要使法律与人类主体的快乐幸福相统一。因此违背法律就意味着严重的自我违背"②。

19世纪是资本主义疯狂扩张、工业革命如日中天的时代，知识和科技突飞猛进地更新，创造发明如雨后春笋，它们共同推动世界朝工业文明和都市文明的方向日新月异地发展，人类坚信"理性"的力量会带领世界从愚昧走向文明，从落后走向进步。它充分体现出19世纪建立在"理性"基础上的"现代性"对未来的自信。但是"现代性"并没有带来人的解放，特别是身体的解放，反而导致了技术对身体的控制，人成了工业机器上无关轻重的螺丝钉。德国社会学家韦伯首先意识到"现代性"这一"非人性"的严重的弊端，他把现代性视为禁锢现代人的铁笼。"韦伯指出了资本主义现代性基本悖论：技术系统的现代性同人的解放的现代性悖论。技术现代性（工具理性）成为一个自主的非人格化领域，并编织成一个稳靠的铁笼，它在不断侵蚀人的自由。"③ 人只有乖乖地待

---

① ［英］特里·伊格尔顿：《审美意识形态》，王杰等译，广西师范大学出版社2001年版，第7页。

② 同上书，第8页。

③ 汪民安：《现代性》，广西师范大学出版社2005年版，第131页。

在资本主义"工具理性"编织的铁笼之中，"身体"在工业革命的浪潮中沦落为福特主义生产流水线上的奴隶，以及资本主义榨取剩余价值的工具。资本主义促进了生产力提高，物质得到了快速的发展，社会从物质匮乏的时代转变成物质丰裕的时代，人从物质上得到了很大程度上的自由，但精神上却越来越空虚、无依无靠。更为糟糕的是，身体被自己所创造出的东西所奴役。更准确地说，19世纪的文化是幻想在启蒙运动建立的政治原则上，继续谋求社会发展的良方，关注的依然是社会、政治、公平、进步、人的解放这些宏大的问题，身体依然是无足轻重的鸡毛小事。在19世纪，"大部分法国思想家依然梦想改造人类社会，同折中主义哲学家相比，他们更加积极地重视实际问题。政治革命确实没有带来普遍的幸福，从享有人权宣言没有消除下层阶级的愚昧无知和悲惨的境遇。于是有人指出，要达到这种目的，必须靠社会演进，通过由教育和启蒙运动所取得的社会逐步改造"①。他们寄希望于建立新的社会科学，实现社会的平等和公正，甚至梦想在基督教的更新、复活中去寻求社会进步的动力，圣西门是其代表。他认为，"一种新社会科学可以消除财产、权力、文化和幸福的不平等的分配。在他看来，劳动者的经济和文化是主要的事情，政体的形式无关紧要。他宣称需要新基督教，这种宗教宣扬的不是克己，而是爱世界；他强调爱的统率，指的是爱贫苦和卑贱者。改造世界以认识社会规律为前提，因此，这涉及科学和世界观的改造"②。圣西门找到的"济世良方"是以经验和科学为基础的"实证主义哲学"。可惜的是，历史往往不会按照理论家的指导去运动，后来近百年的历史发展轨迹说明了这点。基督教在20世纪并没有让希特勒法西斯和极权主义产生对"他者"半点的怜悯和同情，相反，基督教"对身体的敌视"从另一个方向使战争中人对人的杀戮变成了复仇、快乐的游戏。

尼采在19世纪率先谴责了基督教对"身体"的"仇恨"和"敌视"，正是柏拉图和基督教的思想导致了哲学对"身体"的长期遗忘，因此他提出："哲学必须从身体出发。"尼采的目的就是要将"身体"从

---

① ［美］梯利：《西方哲学史》（增补修订版），伍德增补，葛力译，商务印书馆1995年版，第551页。

② 同上。

"西方形而上学"的等级制度中解救出来，从基督教视"身体"和"欲望"为卑贱、肮脏、丑恶的观念中解放出来。如果说西方哲学长期以来膜拜的是精神、灵魂、理性，那么，尼采张扬的就是身体、欲望、感性，正因为如此，海德格尔才将尼采的哲学称为"身体形而上学"，"身体"是生命的本体，没有"身体"，"灵魂"就失去了栖居之所。传统西方哲学认为是精神和理性在创造和阐释世界，尼采却认为，是身体创造了历史，只有身体和它产生的激情、欲望才能诠释世界的意义和价值。伊格尔顿认为，尼采从身体的角度"重新审视一切，将历史、艺术和理性都作为人体弃取的动态产物"。"世界不再与身体无关，世界正是身体的透视性解释，是身体和权力意志的产品。身体因为其嬉戏、舞蹈和感性的力学效果，因为其激烈的动态性，它就不再表现为彬彬有礼，井然有序，循规蹈矩。身体的世界，身体所阐释的世界再也无法融入逻辑的框架内，就此，身体与推理相对，和语法相对，和普遍的知识相对，和形而上学的真理相对。"① 尼采在他的《悲剧的诞生》里称颂的就是激情澎湃、代表身体和欲望的狄奥尼索斯酒神精神，使之与日神精神相对。日神代表理性、灵魂、规则、秩序、道德，酒神代表感性、身体、自由、狂野，尼采颂扬酒神精神，目的是要让被遮蔽、嫌弃的身体和欲望从被遗忘的角落里走上历史的前台，从压抑中获得新生，让充满真实和生命活力的艺术代替意味着虚伪、压迫的道德，让感性取代理性，让生命的狂喜去抵消生命的悲剧。"尼采把日神冲动和酒神冲动看作艺术的两种根源，把梦和醉看作审美的两种基本状态。不过，两者不是同等重要的。在他看来，酒神冲动是最本原的冲动，在醉的状态中，人与存在达到了沟通。""在悲剧中，人由个体毁灭的痛苦体验到了融入原始存在的快乐。"② 从此以后，身体和欲望成为人的主体的核心部分，再也不是被轻视的对象、被奴役的工具，身体和欲望的高扬就是人的生命本质的充分体现，身体的自由解放是人性的自由解放的尺度，是否重视"身体的主体地位"成

---

① 汪民安、陈永国主编：《尼采的幽灵：西方后现代语境中的尼采》，社会科学文献出版社 2001 年版，编者前言："尼采与身体"，第 7 页。

② 周国平：《尼采：在世纪的转折点上》，见《周国平文集》第三卷，陕西人民出版社1996 年版，第 217—218 页。

为历史进步和文明的象征。"感性的身体不仅仅代替了理性的身体，它还从上帝和神学的控制中挣脱出来。在尼采这里，身体和生命没有根本的差异，二者都充斥着积极的、活跃的、自我升腾的力量。尼采正是要将这种肯定的力量激活，这也是他标榜的价值所在：强健、有力、充盈、攀升，这种价值的理想存在正是那种至高卓绝的'超人'。超人表现得欢乐、无辜、自由，他驾驭着生命本身充满活力的流变，他肩负重任、神志健全、孔武有力，但又从容潇洒、镇静自若、严于律己。"① "超人"不相信真理，只相信身体，身体才是真理的发源地。"真理和知识现在是身体的解释产品，这种知识不再从意识中产生，它产生于身体的快感或者疼痛。欢乐或者苦楚，笑声或者眼泪，它产生于身体的灵机一动。""没有客观的真理，只有一种投机商式的实用真理。"② 尼采之所以力挺艺术，是因为艺术真正做到了对基督教的颠覆，基督教诋毁身体欲望，艺术赞颂生命的一切，意识的，无意识的，精神的，欲望的，在艺术的世界里得到了一视同仁的对待。艺术是躲开道德监控、实现人的自由、挥洒身体激情和欲望的最后一块飞地。"如果说基督教的世界是一个道德的世界，形而上学的世界是个功利、算计和逻辑的世界的话，那么，艺术则位于这两个世界之外，艺术既是超道德的，也是反逻辑的。在尼采这里，艺术吞纳了一切，万事万物都应当遵从艺术的力量。"③ 尼采眼里，"艺术是生命的最高使命"。黑格尔强调美学研究的主要对象是艺术，其意思是美学和艺术是合二为一、不分彼此的，艺术即美学，美学即艺术，美是生命价值的最高体现，艺术也是人的生命追寻的终极目标，而生活应该按照美的原则去改造、去创造。虽然尼采反对以目标为指南的一切生活，抛弃为了达到目标而必须遵循的生活准则和规范，但是他坚定地赞同"生活应该是一种美学"。他在《悲剧的诞生》里强调："只有作为一种审美现象，人生和世界才显得是有充足理由的。"

---

① 汪民安、陈永国主编：《尼采的幽灵：西方后现代语境中的尼采》，社会科学文献出版社2001年版，编者前言："尼采与身体"，第9页。
② 同上书，第7页。
③ 同上书，第15页。

第三节 20世纪"身体美学"的建构

综上所述，长期以来，西方哲学在"身体"和"灵魂"二元对立的思维影响下，导致了二者长期的分裂、对抗，形成"灵魂""理性"对"身体""感性"的压制性的等级关系，也给20世纪的西方造成了严重的文化危机，20世纪现象学大师胡塞尔最早意识到了这一点。他认为，这个危机最明显的标志就是在实证主义盛行的历史语境下，哲学研究成为抽象的符号研究，人自身和其自身的感性生活被哲学所遗忘。他在《欧洲的科学危机》一书中指出，他的目的就是"要从生活世界相对于理性而言的令人不安的模糊性中拯救生活世界，并借此恢复西方人的理性——曾经令人吃惊地与其肉体的、感性的基础相割裂的理性。如果哲学任由生活世界处在浑噩的状态，哲学就不能扮演普遍的、最基本的科学这一角色；哲学必须铭记即使在哲学开始思考之前，肉体早已就是感性的经验的有机体……对脆弱的感性肉体来说，客观实在的科学知识总是以事物的直觉的先决条件为基础的，是以我们在世界的存在的基本生理活动为基础的"①。胡塞尔有点惊讶地指出，我们科学家毕竟是人，正是因为被误导的理性主义忽略了这个事实，所以欧洲文化才陷于今天的危机。正是基于对人之为人的生理活动规律认识的必要性，迫切需要对人的感性欲望进行科学研究，弗洛伊德横空出世了。在20世纪，弗洛伊德对"身体"的关注是前所未有的，他沿用了尼采的"身体视角"，但又超越了单纯的哲学视野，从生理和心理的角度切入，审视了现代文明的弊端，提出"文明是对本能的压抑"的观点，"本能"在弗洛伊德这里更多地意指身体和欲望。艺术是人的白日梦，是身体、欲望、自由的要求遭到"理性""道德"压制的象征。艺术产生的原因是要冲破压抑，弥补身体欲望在现实遭遇的缺陷和挫折，实现身体的完满和自由。他把人的身体意识分为三个层次：潜意识、前潜意识、意识。与"潜意识"对应的概念是"本我"；与"前意识对应"的是"自我"；与"意识"对应的

---

① ［英］特里·伊格尔顿：《审美意识形态》，王杰等译，广西师范大学出版社2001年版，第6页。

是"超我"。"潜意识"实质为身体的动物性本能以及对这种本能的"美化"，即性和爱（利比多，爱是对动物性"本能"的升华），"本能"以快乐为原则，怎么快乐就怎么行动；前意识来自于家庭的影响，遵循现实原则，调和潜意识和意识之间的矛盾；意识来源于社会中的道德、政治、法律规则，恪守"至善原则"，对"本能"进行规训、约束。在弗洛伊德的精神分析理论中，对"超我"的关注是其核心，"本我"是身体的欲望，无穷的欲望使人生坠入悲剧、痛苦的深渊，而"超我"的压迫，更使人付出了丧失自由的代价，"超我"是一种"权力"，甚至像家庭中的父亲一样，是对身体和欲望进行专制的权力。弗洛伊德也像尼采一样，将审美和艺术提高到生命的"形而上"的高度来认识，认为艺术是人的"本能""欲望"的合理宣泄、替代性满足和自由的表现。"如果说审美渗透了卡尔·马克思最重要的政治范畴和经济范畴，它同样渗透了西格蒙德·弗洛伊德的精神分析学说。人们不再认为，快乐、游戏、梦想、神话、爱好、象征、幻想、表象等是附加材料以及严肃生活的审美点缀，人们认为它们就是人类存在的基础，是查尔斯·莱文所称的'社会过程的原始材料'。对弗洛伊德来说，人类生活完全涉及强烈的肉体感觉和巴洛克式的想象的情况下，生活是审美的，内在地充满意义的、象征的，与幻想和形象密不可分。无意识通过一种'审美的'逻辑起作用，用艺术加工这种巧妙的机会主义来淡化和取代其表象。因此，对弗洛伊德来说，艺术不是个特权化的领域，而是构成日常生活的性欲过程的延续。"[1]弗洛伊德颠覆了古希腊哲学以来对人生本质认识上的偏见，西方文化认为，追寻"本能"的快乐是低贱、庸俗甚至是肮脏的，而对知识、善、美德、真理的追求是高级、优雅、纯洁、崇高的。弗洛伊德以精神病临床医生的观察，得出"本能""欲望"的强烈压抑会导致精神崩溃。因此，他认为，"欲望本身就是崇高的"，是人健全生活的基础和保障，人在本质上是追求欲望的最大满足和肉体及精神快乐的动物。人是欲望的个体，欲而不得是人生痛苦的根源，现实中无法完全满足的欲望通过艺术得到替代性的满足。因此，弗洛伊德相信，"审美的态度可以补偿存在

---

① ［英］特里·伊格尔顿：《审美意识形态》，王杰等译，广西师范大学出版社 2001 年版，第 6 页。

的痛苦"。正如伊格尔顿对弗洛伊德的评价所说："弗洛伊德的思想完全是'审美的'，它所涉及的全是感觉生活的戏剧。如果说恰是快乐和不快乐的活动首先产生了客观世界的话，那么我们与这个世界的所有的非审美关系就将不断地充满这种原初的享乐主义。但是，由于这种享乐主义与自我主义和残忍的攻击性密切相关，所以它完全丧失了古典的审美愉悦的无害性，因为古典的审美愉悦是这些基本冲动的平息而非其产物。弗洛伊德恢复了这种无害而平和的快乐所具有的粗俗的不快乐性、怨恨、施虐淫、恶意、否定性、反常等。"① 可以看出，弗洛伊德在这里委婉地批评了康德那种带有"洁癖""禁欲主义"观念、完全排除功利欲望的美学想象，而弗洛伊德的"审美"涵纳了来自"身体"的"非理性"和来自"精神"的"理性"，显得更为客观、全面。弗洛伊德也意识到，在现实社会里，人永远生活在"感性的欲望"和"理性的法则"之中，他并不完全否认"理性规则"的合理性。他的目的是要在现实生活中让代表规则的"超我"（父亲）不要显得那么庄重、严肃、残忍、专制，多一点平易、仁慈、和蔼、可亲、民主。

"身体美学"是由美国的实用主义哲学家舒斯特曼在 2002 年正式提出的。舒斯特曼不满意鲍姆嘉通"将身体视为感觉的低级官能"，带有"宗教神学"对身体敌视的缺点，正是这一缺点导致鲍姆嘉通认为，审美与身体欲望关系不大。在今天看来，这也是康德美学的致命缺陷。不仅如此，正统的西方哲学强调知识、美德和善是人类幸福的源泉，它使康德提出了"审美与人的欲望无关"的片面观点，也导致了美学与生活的分离、脱节，直到 20 世纪理查德·罗蒂倡导将"审美生活"作为"善的生活"的典型才有了改观。罗蒂认为，这种审美生活是"私人完善"和"自我创造"，是一种受"扩展自身的欲望"。② 作为实用主义哲学的传人，舒斯特曼指出，实用主义哲学就是要"提供一种与众不同的方式来保护哲学生活的审美模式"，哲学不应该只关注理论和知识的体系性建

---

① ［英］特里·伊格尔顿：《审美意识形态》，王杰等译，广西师范大学出版社 2001 年版，第 268 页。

② ［美］理查德·舒斯特曼：《实用主义美学》，彭锋译，商务印书馆 2002 年版，第 317页。

构，而应该"将审美价值落实于生活经验的连贯的丰富性之中，而不是落实于根本的原创或精英的雅致之中"①，换句话说，哲学不应该局限在精英阶层的狭小圈子里去把玩所谓的高等的品位和优雅，而应该走向大众，将目光投向绝大多数人的日常生活，以美学的思维和方式去介入实际的生活，改造生活，使生活艺术化，增加人的幸福感。舒斯特曼强调："实用主义的本来方向就是生活艺术。"他更强调社会在"生活艺术化"上所应该担当的责任，并认为这是衡量一个社会是否健全的标志，"如果善的社会不是丰富地培育个人的审美化生活，它必须是能够为其组成的个体成员确保在审美上可能拥有令人满意的生活的社会"②。在舒斯特曼看来，"身体美学"的价值在于它与人类生活的快乐和幸福指数直接相连，这一点在当代世界显得尤其重要。他说："如果哲学关注对幸福的追求，那么涉及作为我们愉快的场所和媒介的身体的身体美学，显然应该得到更多的哲学关注。"③ 从舒斯特曼的致思理路看，他受到了福柯、罗蒂、梅洛－庞蒂、维特根斯坦、波伏娃、詹姆斯、杜威的启发，但其直接的影响来源于杜威，杜威的哲学目的是要恢复"审美经验"和"日常生活经验"的连续性，弥补哲学界一直以来导致的二者之间的人为断裂，他甚至并不排除"审美经验"与动物行为之间的联系。他说："为了把握审美经验的源泉，有必要求助于处于人的水平以下的动物的生活。"④ 而西方哲学长期以来都将与身体欲望有关的东西视为与动物行为的类似的低贱、肮脏行为，而将其排除于审美的王国之外。他批评了这种自以为优越于动物的"人类中心主义"观念，而忘记了达尔文关于人也是动物的告诫。他说："近代以来心理学家与哲学家沉湎于知识问题，将'感觉'当成仅仅是知识的因素。道德家知道，感觉与情感、冲动与口味是联系在一起的。因此，他谴责眼睛的欲望是灵魂向肉体投降的一部分。他将感官的与肉欲的等同起来，将肉欲的与淫荡的等同起来。他的道德

① ［美］理查德·舒斯特曼：《哲学实践》，彭锋译，北京大学出版社 2002 年版，导言第 7 页。

② ［美］理查德·舒斯特曼：《实用主义美学》，彭锋译，商务印书馆 2002 年版，第 316 页。

③ 同上书，第 357 页。

④ ［美］约翰·杜威：《艺术即经验》，高建平译，商务印书馆 2010 年版，第 21 页。

理论是扭曲了的，但他至少意识到，眼睛并非是一架不完善的望远镜，用以对关于远方物体的知识进行理性的接受。"① 杜威要破除这些哲学偏见，以恢复身心之间原初的统一性，以便我们更深入、全面地理解审美和艺术所关涉的一切方面，避免"一叶障目，不见泰山"的错误。正如舒斯特曼对杜威的评价所说："尽管杜威稳重、富于逻辑的气质使他不会轻易做热切的夸张，但他仍然满腔热情地将人体尊崇为'浩瀚宇宙里所有结构中最美妙的'，他的《经验与自然》一书把'身—心'颂扬为本质的统一体——在这个统一体中，精神生活来源于身体的更基本的生理和心理—生理功能；来源于自然之上的那个精神世界的理性超验力量，并不君临于肉体之上。"② 杜威在学术上的真诚表现为，并不为了表面的尊严，讳言审美与肉体的一些功能相关，而是肯定了审美的动物性基础。"'与肉体的诱惑、感觉的恐惧以及肉体对精神的敌对'悲哀地主宰哲学（甚至美学的感性领域）相对抗，杜威的《艺术即经验》坚持认为：'生物学的'因素形成了'审美的根基'，并因此甚至塑造了我们关于美的艺术和想象性思维的、最具精神性的体验。"③

　　"身体美学"萌芽于两千多年前的古希腊，它长期遭受了"厌恶身体""贬抑身体"的西方正统哲学的压制，经历了长久的与"理性哲学"的博弈和无声的厮杀，才在今天走进历史的前台。尽管古希腊的伊壁鸠鲁学派就提出，哲学的首要目的是实现一种幸福的生活；塞涅卡也强调说，哲学应该将幸福作为自己的目的，而不是将书本知识作为它的目的，但是由于"理性哲学"太过强大的力量，这种与人的生活息息相关的哲学资源直到后现代才引起学界的共鸣和重视，成为当今"生活审美化"的指南，不能不说是一件很遗憾的事。有感于西方哲学对身体和欲望的抵制、厌弃，伊格尔顿说："美学是作为有关肉体的话语而诞生的。在德国哲学家亚历山大·鲍姆加登所作的最初的系统阐述中，这个术语首先指的不是艺术，而是如古希腊的感性所指出的那样，是指与更加崇高的

---

① ［美］约翰·杜威：《艺术即经验》，高建平译，商务印书馆2010年版，第25页。
② ［美］理查德·舒斯特曼：《身体意识与身体美学》，程相占译，商务印书馆2010年版，第252页。
③ 同上。

概念思想领域相比照的人类的全部知觉和感觉领域。18 世纪中叶，'审美'这个术语所开始强化的不是艺术与生活之间的区别，而是物质和非物质之间，即事物和思想、感觉和观念之间的区别，就如与我们的动物性生活相联系的事物对立于表现我们心灵深处的朦胧存在的事物一样。哲学似乎突然意识到，在它的精神飞地之外存在着一个极端拥挤的、随时可能完全摆脱控制的领域。那个领域就是我们全部的感性生活——诸如下述之类：爱慕和厌恶，外部世界如何刺激肉体的感官表层，令人过目不忘、刻骨铭心的现象，源于人类最平常的生物性活动对世界影响的各种情况。审美关注的是人类最粗俗的、最可触之的方面，而后笛卡尔哲学却莫名其妙地在某种关注的失误的过程中，不知怎的忽视了这一点。因此，审美是朴素的唯物主义的首次冲动——这种冲动是肉体对理论专制的长期而无言的反叛的结果。"① 这种关于"审美的美丽想象"当然并不只是毁灭于笛卡尔之手，或者说毁于 18 世纪的德国古典美学家之手，而是毁灭于整个西方思想界所秉持的"本质主义"哲学传统，而这个传统导致了原本统一的"身体"和"精神"、"肉体"和"灵魂"的割裂，"感性"和"理性"由平等走向了不平等。总之，西方哲学用人为的"等级"尺度来划分宇宙、人生的一切，造成文化领域的权力压迫和歧视现象，是美学和艺术误区产生的根本原因。

第四节　尼采与后现代主义和大众文化

　　法兰克福学派的晚期代表人物哈贝马斯将尼采视为"现代性"和"后现代性"转折点上的代表人物，即把尼采视为"后现代性"的开端是不无道理的。尼采的突出贡献表现在要摧毁"现代性"的哲学基础和它建立的整套价值体系，这个价值体系的核心是基督教的思想。"尼采的看法是，基督教是发端于苏格拉底的特殊思维方式的最后和最邪恶的阶段。苏格拉底煽动人们相信不朽的灵魂和绝对真理。他的学生柏拉图发明一种'双重世界'的哲学，该哲学宣称，这个日常物质世界是一个完美的

———————————

　　① ［英］特里·伊格尔顿：《审美意识形态》，王杰等译，广西师范大学出版社 2001 年版，第 1 页。

超验世界的低劣的副本。这种对'更高的'（或曰'超越的'）真理和存在的信仰很轻易地就融入到了基督教会的神学体系中了。基督教的价值和信念后来不可避免地影响了现代西方哲学，特别是'启蒙'哲学。"①"现代性"是西方"本质主义哲学"发展到黑格尔时代甚至19世纪的成就，经历了中世纪的神权黑暗统治，"文艺复兴"时期对神权的反叛到启蒙时代的自由、平等、民主的建构，其初衷是建立政治和审美领域里的"主体自由"，但"主体自由"不仅在康德、黑格尔那里依然还是尚未兑现的空头支票，即使在20世纪前半期也没有实现。在黑格尔那里，人是"绝对精神"发展的产物，"美是理念的感性显现"，拖着柏拉图"抵制感性身体"的尾巴；在康德那里，人要遵从"心中的道德律"的支配，把"规则"植于内心是康德理论的核心，目的是树立"规训身体"的道德权威，而不是为了建立完善的感性。哈贝马斯说道："无论是黑格尔还是他的左翼或右翼信徒，都不曾怀疑过现代性的成就，正是现代性使时代引以为豪且形成了自我—意识。首先，现时代的最主要标志是主体自由。"②"主体自由"的幻想更是在20世纪的两次世界大战中完全破灭了，几千万人在战争中丧生说明人性的"非理性"和"死亡本能"的强大，"主体自由"根本无从谈起，而20世纪"极权主义"在世界的横行也揭穿了"现代性"建构的一系列价值观念的空想性。法兰克福学派的主要代表霍克海默和阿多尔诺对"现代性"批判的焦点，就集中于对"启蒙"的真相揭露。启蒙最终导致的是对人的新的压迫，而不是解放。"启蒙精神摧毁了旧的不平等的、不正确的东西，直接的统治权，但同时又在普遍的联系中，使这种统治权永恒化。"③站在公正的立场说，"启蒙"不可否认在某种程度上确实推动了人类社会的进步，但在霍克海默和阿多尔诺看来，这些进步整体上离人类的自由解放的要求还很遥远。"启蒙"的本意是要建立"主体对自然控制的自由"以及"主体在政治领域里的

---

① ［英］戴维·罗宾逊：《尼采与后现代主义》，程炼译，北京大学出版社2005年版，第36页。

② 哈贝马斯：《后现代性的开端：作为转折点的尼采》，参见汪民安、陈永国编《尼采的幽灵》，社会科学文献出版社2001年版，第272页。

③ ［德］马克斯·霍克海默、特奥多·威·阿多尔诺：《启蒙辩证法》，洪佩郁、蔺月峰译，重庆出版社1990年版，第10页。

自由"，可悲的是，在对自然的控制和改造中，在"权力"无法完全关进"笼子"里的时代，"启蒙"蜕变成了"野蛮"和"专制"，转变成助纣为虐的资本主义统治工具，"权力"对人的操纵和控制愈益泛滥，使民众遭受的压迫愈益深重。人们长期信仰的"理性"走向了"非理性"，甚至"反理性"，文明进步的神话成为泡影。"启蒙精神都始终是赞同社会强迫手段的。被操纵的集体的统一性就在于否定每个人的意愿，这是对那种能使被操纵的集体统一的社会的嘲讽。明显地在希特勒统治时期的青年组织中出现的乌合之众，并不是倒退到旧的野蛮时期的现象，而是镇压平等的胜利，是正义的平等发展为非正义的平等。"①（这里要指出的是，他们把"大众文化"，即他们所谓的"文化工业"，完全看作极权社会的帮凶，是片面的，也是不公正的。）尼采认为，像基督教那样，我们寄希望于整体社会变得仁慈、完善，最大限度地尊重每个个体的价值、权利、自由只能是幻想。基督教实质上是为资本主义统治服务的工具，因此他高举"反基督教"的铁锤，以期达到摧毁"现代性"的宗教、理性、道德的牢固根基的目的。尼采否定这个世界存在"绝对真理"，在他看来，"真理并不是超然地存在于人生之外的完美形式；不同视角之下会创造出不同的真理，其目的都是建立某种生活方式的一致性和权威性"②。他以锐利的眼光，穿透基督教道德虚伪、软弱的精神实质，认为基督教是压迫人的感性要求、强力意志的暴君，是弱者的道德、奴隶的道德。他的目的是要张扬"强力意志"，砸碎一切束缚个性自由的锁链。世界只有追求"权力意志"的真理，"权力"即意味着对个体自由的剥夺。尼采认为，"所有（all）的生命，不光是人类生命，都是追求权力（power）的整体。存在本身就是一种不断进步的生存和转换过程，在这个过程之中，每种形式的生命都在试图不断扩张自己的权力。从这个角度来看，生活的目标不是道德启蒙、道德改善或者自我保护，而是获取权力。一种生命变强大的方式就是将其他强力占为己有。生命的每一时刻都上演着这

---

　　① ［德］马克斯·霍克海默、特奥多·威·阿多尔诺：《启蒙辩证法》，洪佩郁、蔺月峰译，重庆出版社 1990 年版，第 10 页。

　　② ［英］李·斯平克斯：《导读尼采》，丁岩译，重庆大学出版社 2014 年版，第 41 页。

种力量的重构"①。尼采对西方文化最具颠覆性的事件是，"1882 年尼采在德国出版了《快乐的科学》（*The Gay Science*），他大胆地宣布'上帝已死'，目的是警告人类，他们所信奉的偶像已如迟暮，让大家赶快脱离基督教义，摆脱用基督教义解释生活的圈囿。与 19 世纪其他批评宗教、道德和生活的评论家不同，尼采并不试图寻找一个更有效的道德生活；他要做的是将生活从道德的框架中拯救出来。他认为 19 世纪的文化催生了虚无主义的生活方式，因为它发明了一系列高于生活，并用来约束和评价生活的道德概念，比如'真理''无私''平等'等。这些道德价值不仅抑制尼采坚信的生命最本能的力量，还唆使人们根据僵化的道德法则被动地（reactively）生活，而不是为自己主动地（actively）创造价值"②。尼采"反本质主义""反基督教道德"，否认"绝对真理"的存在，都与后现代主张"差异""多元""包容他者""允许歧见"的精神有很多相通之处。正是这样，他才被很多后现代思想家视为自己的同道和开路先锋。戴维·罗宾逊在分析尼采与后现代主义之间的关系时说道："尼采认为，他那个时代的所有'宏大叙述'（grandnarrative）全处在崩溃的状态之中。启蒙对理性和进步的信仰将不可避免地产生压迫原创性和人类潜能的政治体系。科学永远不可能成为一个人类能够赖以生活的价值之源。对理性和逻辑、科学及其'规律''真理'和'知识'的信仰都毫无基础可言。尼采甚至对于一个有意识的，能够使用一种具有稳定意义的语言进行思考的主体的存在表示怀疑。唯一靠得住的真理就是无情、永恒的'权力意志'。所有这些思想看起来非常'后现代'，所以，毫不奇怪，尼采常常被认作是我们当前后现代信念的老祖宗。实际上，许多后现代主义哲学家，像德里达和福柯，已经写了文章，全力推崇这种说法。"③

西方"本质主义哲学"产生的另一个恶劣后果是，导致了文化之间人为划分的等级差别和权力压迫关系。20 世纪以前的文化和艺术是按照"精英"和"贵族"阶层的评价标准来做出等级区分的，整个西方世界习

---

① ［英］李·斯平克斯：《导读尼采》，丁岩译，重庆大学出版社 2014 年版，第 6 页。
② 同上书，第 5 页。
③ ［英］戴维·罗宾逊：《尼采与后现代主义》，程炼译，北京大学出版社 2005 年版，第 78 页。

惯把文化分为"高雅—通俗""精英—大众""高贵—低贱"的等级，推崇前者，贬低后者。前者被认为与人的精神的高等、优雅部分相联系，后者被视为与人的身体的低级、粗俗的本能相关，从古希腊到 20 世纪前半期的文化莫不如此。"现代性"建构的历程实际上是一部维护"等级""权威""权力"的历史。即便是被人们常常视为人类文明到来标志的"启蒙时代"也是一样。"在 18 世纪末，文化大多与文明的概念等同起来，被作为一种整体论的概念，比如世界观或者'心智'。雷蒙·威廉斯将文化的原初意义追溯到'栽种'一词，表示农事方面的培植植物；但是到了 19 世纪，这个词指从初期的工业主义向资本主义现代性的转变。在整个 19 世纪，文化逐渐提升了智性程度，被等同于思维习惯和人性价值，它是依据'艺术'和'高级'文化而不是'低级'或'普通'文化得到的理想的定义。在英格兰，文化以人性完美和创造一种普世价值为中心，建立起一种美学和文学的话语，以其'甜蜜和光明'的情景反衬着非人的、丑陋的机器文明。"①

　　19 世纪关于"文化"的权威定义来自于马修·阿诺德，他崇拜的是古希腊和希伯来精神。他说："与一切伟大的精神准则一样，希腊精神和希伯来精神无疑有着同样的终极目标，那就是人类的完美或曰救赎。"②因此，他认为文化植根于"对邻人的爱心、行动、做善事的冲动，纠错解惑、排忧解难的愿望，以及让世界变得更美好的、世人更幸福的高尚努力"，于是他说："文化源于对完美的热爱，而非源于好奇；文化即对完美的追寻。它的动力并非只是或首先是追求纯知识的科学热情，而且也是行善的道德热情和社会热情。"③ 可以看出，阿诺德像康德一样，有着浓厚的基督教情怀，这种宗教精神影响了他对文化的看法，基督教认为上帝是道德完善、人格完美的象征。阿诺德的思想完全可以被视为中世纪神学的翻版，宗教在他看来是人类创造的文化顶峰。在他眼里，"宗教是人类努力中最伟大、最重要的成果，人类通过宗教表现了完善自身

---

① ［英］阿兰·斯威伍德：《文化理论与现代性问题》，黄世权、桂琳译，中国人民大学出版社 2013 年版，第 2 页。
② ［英］马修·阿诺德：《文化与无政府状态》，韩敏中译，生活·读书·新知三联书店 2008 年版，第 97 页。
③ 同上书，第 8 页。

的冲动。宗教是表达人类最深刻的经验的声音，它批准且赞许文化的崇高目标，即让我们致力于弄清什么叫完美，并使普天下皆完美"①。为了强调文学在传统艺术中的重要性，他甚至把诗歌和宗教相提并论，认为二者都有助于人的心智的健全和完美。他说："文化以美好与光明为完美之品格，在这一点上，文化与诗歌气质相同，遵守同一律令。我们之中希望通过自由、人口和工业化得到拯救的人并不多，对绝大多数人而言，救赎还是要依靠宗教组织。宗教与诗歌相比，我以为宗教所体现的人性更为重要，因为它所要达到的完美更为宽泛，受宗教影响的人数也更多。诗歌主张美，主张人性在一切方面均应臻至完善，这是诗歌的主旨；宗教的主旨是克服人身上显而易见的种种动物性的缺陷，使人性达到道德的完善。尽管诗歌的主张尚不如宗教那么有成效，但它乃是真切而宝贵的思想，诗歌的主张若与宗教观念中有虔敬之心的干劲活力结合，就注定会改造并统制宗教的主张。"② 无论阿诺德怎么掩饰自己，都不难让人看出他这些观点的政治目的。在他心里，宗教的最大功能是有利于培养乐天知命、安分守己、不轻易反抗英国现行制度的温顺绵羊。关于这一点，我们可以从他对希腊精神和希伯来精神所做的区分中看出，他说："希腊精神最为重视的理念是如实看清事物之本相；希伯来精神中最重要的则是行为和服从。"③ 可以说，康德的美学观念和阿诺德对文化的定义构成了"现代性"对美和艺术的经典看法。正如一些理论家一针见血指出的："现代性就是一种基督教的甚或柏拉图式的主题的重复。"④ 阿诺德的代表作品《文化与无政府状态》出版在19世纪快要结束的年代，当时的英国政治斗争激烈，阶级分化严重，等级制度森严，社会的主流文化具有明显的贵族、精英特点，广大的平民百姓是被贵族和精英阶层所不齿的，劳工阶级被蔑称为"非利士人""群氓""野蛮人"，但是劳工阶级作为最有变革要求的群体已经崛起，"民主"的要求已经提上议事日

---

① ［英］马修·阿诺德：《文化与无政府状态》，韩敏中译，生活·读书·新知三联书店2008年版，第10页。

② 同上书，第18页。

③ 同上书，第99页。

④ ［美］罗伯特·皮平：《作为哲学问题的现代主义——论对欧洲高雅文化的不满》，阎嘉译，商务印书馆2007年版，第53页。

程，英国的政治处在风雨飘摇之中。实际上，阿诺德的文化观念带有很强的维护国家权力、拯救英国政治危机的企图，他所谓的"文化"是代表上流社会的意识形态，并不是为中下层阶级代言的。他曾经反复提出"借鉴法国和德国，树立'国家'这个权威，由'国家'代表在历史上曾经由贵族提出的高尚理想及理念，凝聚国民的健全理智，扭转已在上升的无政府倾向"①。

　　20世纪在文化艺术领域的突出特点是更加民主，即文化由少数人控制、独占变成了为多数人服务。20世纪的上半叶依然是"现代性"风行的年代，"二战"以后，许多思想家对"现代性"所展望的光明前景产生了绝望情绪，基督教再也无法支撑人们的精神世界，需要新思想重振西方世界的信心，继续前进，后现代顺应了这个突破传统的时代要求，应时而生。后现代是"世俗化"成为时代潮流、拆解一切等级的时代，也是精英和大众、高雅与通俗的界限不断消融，文学为主导的传统权威不断被打破，倡导多元文化的时代。20世纪在艺术领域对"现代性"构成直接威胁的是电影、电视的发展。电影把传统社会由文学、音乐、绘画、雕塑、建筑等传统艺术独霸精神领域的时代逐渐改变为"多元文化"的新媒体时代，电影也将文化由精英阶层独霸的时代转变为大众共享的时代。电影是传统艺术的综合，文学从此由前台退居幕后，蜕变为"垂帘听政"的领导者。电影和流行音乐等大众文化又是极具情感诱惑、表现"身体美"的艺术，这引起了秉持传统文化观念的思想家的不安。它首先表现为现代主义理论家们对大众文化的心理不适："现代主义批评理论把大众文化当成是十恶不赦的恶魔，像启示录一样，谴责大众文化是威胁文明的主要危险，导致了大众缺乏抵抗力，大规模地接受这个世界上所有邪恶和错误的东西。"② 如英国的弗·雷·利维斯在他的《大众文明与少数人文化》一书中，就对美国好莱坞电影进行了猛烈抨击。他认为，好莱坞电影的成功更具有灾难性，因为电影对观众具有如此"强有力的

---

　　① ［英］马修·阿诺德：《文化与无政府状态》，韩敏中译，生活·读书·新知三联书店2008年版，译本序第14页。

　　② ［澳］约翰·多克：《后现代主义与大众文化》，吴松江、张天飞译，辽宁教育出版社2001年版，导论。

影响"，他说："现在电影提供了'文明世界'的主要娱乐形式，因为电影牵涉到'在类似催眠的状态下极容易屈从于最廉价的感情诱惑，屈从于更为潜移默化的不良诱惑，因为这些诱惑会造成实际生活的错觉，栩栩如生，难以抗拒'，电影强有力的影响的主要方面在于它对视觉的强调、对画面的强调。"① 利维斯受 19 世纪阿诺德观念的影响非常明显，思想里保留着很强的"精英主义情结"，认为文化就是少数人应该具有的权利，其目的是维护少数贵族精英垄断文化的地位，因为只有他们才具备判断艺术优劣的能力。他认为，"文化对社会整体来说总是至关重要的，实际上对生活本身来说至关重要。只有少数人，'极少数的人'，才能在任何时候对艺术和文学都具有深刻的鉴赏力。这些少数人是'聪明'的少数人，也就是那些具有'成年人'的评判和鉴赏能力的人，他们能判别哪些艺术和文学作品是高雅的，哪些是低级的"②。

后现代的大众文化另一个明显的特征是艺术性和商业性的结合。但是，文化的商业化并不是 20 世纪才产生的现象，早在 18 世纪的资本主义文化就已经具有明显的商业目的了，在当时就引起了德国古典美学家的反对。在康德的美学观念里，美与功利欲望无关，当然鄙视艺术的商业化。"德国古典美学家康德、席勒、黑格尔都认为心灵中美学这一部分以及审美经验是拒绝商品化的；康德将人类活动分为三类：实践的、认识论的和美学的；对康德以及其后很多美学家甚至象征主义诗人来说，美、艺术的最大长处，就在于其不属于任何商业（实际的）和科学（认识论的）领域，这里的科学知识是从不好的角度来理解的。美是一个纯粹的、没有任何商品形式的领域。"③ 康德的美学思想源头依然来自古希腊，苏格拉底在《申辩篇》中说："我只奉劝你们老年人和青年人，不要顾虑你们的个人财产，首先和重要的是关注取得精神上最大的进步。我告诉你

---

① ［澳］约翰·多克：《后现代主义与大众文化》，吴松江、张天飞译，辽宁教育出版社 2001 年版，第 27 页。

② 同上书，第 25 页。

③ ［美］杰姆逊：《后现代主义与文化理论》，唐小兵译，北京大学出版社 1997 年版，第 161 页。

们，钱不能给人以德性，而钱与其他公与私的好东西，却能来自德性。"①
但是，资本主义经历几个世纪的发展，对金钱财富的贪婪愈演愈烈，到
后现代，以赚钱为目的的"文化产业化"成为时代潮流。"在后现代主义
中，由于广告，由于形象文化，无意识以及美学领域完全渗透了资本和
资本的逻辑。商品化的形式在文化、艺术、无意识等等领域无处不在，
正是在这一意义上我们处在一个新的历史阶段，而且文化也有了不同的
含义。"② 杰姆逊看到，在后现代，机械复制技术带来的文化生产的批量
化是文化商业化的根本原因，而这一现象对世界来说，带来的并不完全
是负面影响，实际上在很大程度上推动了时代的进步，文化和艺术不再
是少数人垄断的东西，而是走向了大众，这大大推进了文化民主化的进
程。此外，文化从单一的形式转变为多种形式，新艺术成为传统艺术的
多种融合，改变了文化的传统面貌，也改善了人们的文化生活方式。正
如杰姆逊所看到的，在后现代，"文化工业生产及商品已经紧密地结合在
一起，如电影工业，以及大批生产的录音带、录像带等等。在十九世纪，
文化还被理解为听高雅的音乐，欣赏绘画或是看歌剧，文化仍然是逃避
现实的一种方法。而到了后现代主义阶段，文化已经完全大众化了，高
雅文化与通俗文化，纯文学与通俗文学的距离正在消失"③。如果说在大
众文化里，电影还带有封闭、缺乏民主的性质（导演生产什么，观众就
接受什么），那么电视就更加开放、民主，更具有后现代媒体"观众至
上"的特点，电视节目时刻都在接受观众趣味、喜好的检验，观众有权
选择"看与不看"，电视遥控板就是观众手中掌握的民主权利。电影和电
视一起将"文艺生产"决定"文艺消费"的时代转变成为"文艺消费"
决定"文艺生产"的时代。而在 20 世纪 90 年代末期开始逐渐普及的网
络文化更是后现代传媒文化的代表，它的空间针对所有人开放，海量信
息全球共享，具有典型的后现代"时空压缩"的特点，将一个分割、孤
立的世界变成了"地球村"，顺应了政治、文化、经济的"全球化"要

---

① ［美］梯利:《西方哲学史》（增补修订版），伍德增补，葛力译，商务印书馆 1995 年
版，第 58 页。

② ［美］杰姆逊:《后现代主义与文化理论》，唐小兵译，北京大学出版社 1997 年版，第
161 页。

③ 同上书，第 16 页。

求，也顺应了这个尚存歧见、矛盾、意识形态对立的时代需要交流、对话、互信的要求，以及随着个体意识的增强，变得日渐孤独的个体需要情感交往的需要。在网络空间里，没有等级、身份、地位的区别，所有人都是平等的，每个个体都有发表自己意见的权利。

西方当代思想家越来越意识到伴随政治民主化而来的文化民主化的重要性，只有创建一个政治、经济、文化全面民主的社会，资本主义的统治才能继续下去，而民主的精髓在于公平、平等、自由地参与政治、经济、文化的实践，尽最大的可能让一切人的利益和欲望都得到尊重和满足。"真正的大众文化，意指每一个人都能参与，每一个人都能自制，并且拥有追求物质与提升精神所需的休闲与教育资源。"① 电影在美国得到飞速发展，并成为庞大的文化产业、国家经济的驱动器之一，正是因为它从人性的角度满足了大多数人的潜意识中的欲望，即对娱乐的不懈追求。苏联政治家托洛茨基就对基于人性需要的艺术娱乐功能做出了肯定评价，他指出："人类欲望的本质是什么？渴求娱乐、散心、观光与欢笑，如此而已。"② 在后现代，电影更是艺术美学、身体美学、商业美学、文化政治结合的最佳典范，政治、经济、文化三者的权力和目的实现了最大程度的协商和共谋。它成为抚慰人心、维护秩序、稳定社会的"社会水泥"。从历史上看，审美意识形态和政治意识形态从不矛盾，美学和艺术的终极目的之一就是政治意识形态目的的实现，后现代依然如此。伊格尔顿曾经精辟地分析了西方美学的起源，他说："诞生于 18 世纪的陌生而全新的美学话语并不是对政治权威的挑战，但他可以解读为专制主义统治内在意识形态的困境的预兆，为了自身的目的，这种统治需要考虑'感性的'（sensible）生活，因为不理解这点，什么统治也不可能是安稳的。"③ 电影正是资本主义认识到感性欲望的重要性，将自己的统治意图隐藏在对大众的娱乐、本能的满足中的"身体美学""身体政治"的影像实践。

---

① ［英］阿兰·斯威伍德：《大众文化的神话》，冯建三译，生活·读书·新知三联书店2003 年版，第 42 页。
② 同上书，第 42 页。
③ ［英］特里·伊格尔顿：《审美意识形态》，王杰等译，广西师范大学出版社 2001 年版，第 3 页。

第 三 章

巴赫金的"狂欢诗学"与
西方当代文化理论

　　巴赫金的狂欢诗学来源于对拉伯雷文学创作的研究。拉伯雷的文学取材自中世纪的狂欢文化,在他的作品中,狂欢节成为主要的书写内容,因为狂欢节以诙谐的形式建立了一个消除阶级"区隔"和文化等级的平等世界。在这里,政治和文化权力被颠覆和消解,世俗性、民间性、平民性得到强调,正是狂欢节文化抵制了官方节日文化的正统性、严肃性、等级性,形成了世界文化的民主化源头。而文化民主化在很大程度上促进了世界政治民主化的产生。如果说意大利的葛兰西是在政治领域关注了权力压迫与被压迫的现象,以及"文化领导权"在政治统治中的重要性,那么,巴赫金则是对文化领域的权力不平等现象保持了政治的敏锐性。巴赫金的"文化政治"视角启发了后来法国的福柯、阿尔都塞、布尔迪厄,以及英国的伯明翰学派、菲斯克、德塞都等人,他们站在底层民众的立场上对社会和文化中的权力压迫现象或分析或批判,其中的大众文化学者建立了自己的大众文化理论,倡导大众文化,改变了世界文化的官方性、贵族性、精英性占主导地位的传统面貌。

　　俄罗斯思想家巴赫金的狂欢诗学对 20 世纪的西方大众文化和大众文化理论都产生了深远的影响。这个忠于真理的学者曾经被极权主义政治迫害、流放、监禁,其思想受到尘封和边缘化的冷漠对待,直到 20 世纪中期才迎来学术生命中的曙光,被誉为"二十世纪最重要的思想家之一"。巴赫金的狂欢诗学来自于他对拉伯雷文学创作的研究,他发现了拉伯雷文学的价值："狂欢性"，从而建构了他的"狂欢化诗学理论"。在他看来，狂欢节文化的价值在于颠覆了长久以来区分的社会和文化等级与权力，消除了官方与民间、高雅与通俗、严肃与欢笑、宫廷与广场、灵魂与肉体之间的"区隔"，文化成为张扬个体生命活力、迸发生命激情的全民和谐的仪式与节日。在他的理论架构中，无论是力图消除生活与艺术之间的距离，还是他提出的交往、参与、行动、狂欢概念，对 20 世纪中期后的西方文艺学、美学、大众文化理论的发展，都起到了巨大的助推作用。

第一节　狂欢诗学与"文化政治"的改写

拉伯雷是文艺复兴时期法国重要的文学家，他的文学代表了文艺复兴人性解放的思想潮流。文艺复兴打破了中世纪封建神学的统治，给人的感性解放提供了更大的社会政治可能性和文化空间。众所周知，中世纪是"政教合一"的封建统治，宗教的戒律和政治的专制形成的权威性和严肃性、宗教的等级性、政治的阶层性、文化的雅俗区分与对立，共同形成了对人的压迫。尽管如此，拉伯雷以历史的眼光看到，文化和意识形态领域自古以来都是文化政治的"符号学战场"，作为反抗意识形态的"民间诙谐文化"经历了数千年的演变和发展，而在中世纪，更是人们抗衡和瓦解专制统治的力量。这种文化与政治上的二元对立状态为拉伯雷的文学创作开启了观察的"多重立场"和视域。"拉伯雷从古老的方言、俗语、谚语、学生开玩笑的习惯语等民间习俗中，从傻瓜和小丑的嘴里采集智慧"，这种智慧就是与官方文化的严肃性截然不同的、来自于民间，带有显著诙谐特点的狂欢智慧。这种智慧在文化的历史上源远流长，它经常作为底层民众抵抗和消解专制统治的力量。根据对拉伯雷作品的研究，巴赫金认为，"对待世界和人类生活的双重认识角度，在文化发展的最初阶段就已存在。在原始人的民间创作中，有严肃的（就其组织方式和音调气氛而言）祭祀活动，同时还有嘲笑和亵渎神灵的诙谐性祭祀活动（'仪式游戏'），有严肃的神话，同时还有诙谐和辱骂性的神话，有英雄，同时还有戏仿英雄的替身"①。然而，这一宝贵文化遗产却长期受到冷落，被排除在正统的文学和文化研究之外，足见历史上正统文学是服务统治集团的。"民间诙谐文化及其形式，正如我们已经说过的，是民间创作中研究得最不够的一个方面。所以在此后的民间文学和文艺的发展中，在广场上欢笑的人民大众，对话中没有成为稍许认真和深刻的文化史研究、民间创作研究和文艺学研究的对象。"② 有鉴于此，巴赫金竭力从拉伯雷的文学作品里进行狂欢节文化的寻踪和考古发掘，以期发现它富有的解构权力的民主价值和抵制文化与社会等级的"微观政治"的意义。

狂欢节来源于古希腊的酒神节和古罗马的农神节，与日常的开玩笑的语言和习俗一样，以诙谐为特征，但早期的狂欢节都带有严肃的"官方性""神圣性"以及强调秩序的特点，是固化现存社会制度、统治阶级意识形态的文化。它试图编织一个不可怀疑的僵化的真理神话来欺骗大众、规训人的思想，认同既定的社会与文化的等级秩序，约束人们对平等、自由的追求，意图建立千古不变的统治王国。这种官方式的狂欢文化传统一直延续到中世纪，"中世纪的官方节日无论是教会的，还是封建国家的节日，都不能使人偏离现有的世界秩序，都不能创建任何第二种生活。相反，她们将现有制度神圣化、合法化、固定化。官方节日有时甚至违背节日的观念，肯定整个现有的世界秩序，即现有的等级、现有的宗教、政治和道德价值、规范、禁令的固定性、不变性和永恒性。节日成了现成的、获胜的、占统治地位的真理的庆功式，这种真理是以永恒的、不变的和无可争议的真理的姿态出现的。所以官方节日的音调气氛只能是死板严肃的，诙谐因素与它的本性格格不入"③。而与之形成鲜明对比的是民间节日，即中世纪的民间狂欢节。中世纪的狂欢节与严肃的官方的（教会和封建国家）祭祀形式和庆典有着非常明显的原则上的区别，它"显示的完全是另一种，强调非官方、非教会、非国家的看待世界、人与人的关系"。民间诙谐文化的"文化政治"意义在于：在官方

---

① ［俄］巴赫金：《拉伯雷研究》，李兆林、夏忠宪等译，河北教育出版社 1998 年版，第 6 页。

② 同上书，第 4 页。

③ 同上书，第 11 页。

确定的等级世界之外，建立一个人人参与、亲密接触、交流的平等的世界。它颠覆了绝对真理的观念和一切制度的永恒神话，成为文化创新的不竭之源。"与官方节日相对立，狂欢节仿佛庆贺暂时摆脱占统治地位的真理和现有制度，庆贺暂时取消一切等级关系、特权、规范禁令。这是真正的时间节日，不断生存、交替和更新的节日。它与一切永存、完成和终结相敌对。它面向未完成的将来。"① 巴赫金充分肯定了狂欢节所潜在的文化和政治的价值。以历史的眼光看，在某种程度上，狂欢节文化无疑是在文化民主化的基础上引领世界朝着政治民主化方向发展的先驱性力量，蕴含着人们对自由、平等、公正渴望的社会理想，民间狂欢节的最终结果是社会阶层和等级的界限土崩瓦解，人们在狂欢节中以平等的地位相处，象征性地摧毁了"人分三六九等"的官僚、专制社会。"在狂欢节期间，取消一切等级关系具有特别重要的意义。在官方节日中，等级差别突出地显示出来：人们参加官方节日活动，必须按照自己的称号、官衔、功勋穿戴齐全，按照相应的等级各就各位。节日使不平等神圣化。与此相反，在狂欢节上，大家一律平等。在这里，在狂欢节广场上，支配一切的是人们之间不拘形迹地自由接触的特殊形式，而在日常的，即非狂欢节的生活中，人们被不可逾越的等级、财产、职位、家庭和年龄差异的屏障所分割开来。在中世纪封建制度等级森严和人们日常生活中的阶层、行会隔阂的背景下，人们之间这种不拘形迹的自由的接触，给人以格外强烈的感觉，它成为整个狂欢节世界感受的本质部分。人仿佛为了新型的、纯粹的人类关系而再生，暂时不再相互疏远。人回归到了自身，并在人们之中感觉到自己是人。人类关系这种真正的人性，不只是想象或抽象思考的对象，而是为现实所实现，并在活生生的感性物质的接触中体验到的。乌托邦理想的东西与现实的东西，在这种绝无仅有的狂欢节世界感受中暂时融为一体。"② 正因为这样，巴赫金才称赞表现狂欢节文化的拉伯雷是近代文学中最民主的代表。这种消灭了等级歧视、权力压迫、大家亲如兄弟姐妹的自由自在的关系的世界是巴赫金

---

① ［俄］巴赫金：《拉伯雷研究》，李兆林、夏忠宪等译，河北教育出版社 1998 年版，第11 页。

② 同上书，第 12 页。

所向往的乌托邦世界。在这个世界里，没有压迫和专制的极权主义的横行。专制统治下的生活是黑暗的、恐怖的，失去自由的生活。巴赫金赞扬的是中世纪狂欢节广场上的生活，"中世纪的人过着两种生活，一种是官方法定的生活，社会氛围是严肃的、黑暗的，人们屈从于严格的等级制，充满着恐怖气氛、教条主义、敬畏之情和虔诚之心；另一种就是狂欢节广场上的生活，自由自在，无拘无束，充满着矛盾的欢笑，亵渎神圣，污言秽语，每个人之间的接触亲切随意。"① 巴赫金认为中世纪的官方生活是严肃正经的刻板的政治生活，是一种阶级性很强的生活，对老百姓是管制的暴力胁迫的，而以"笑"为特征的民间狂欢节的生活却是从强权政治的压迫下解放出来的轻松自由的生活。"阶级文化严肃的一面是正式的、专制的一面；并与暴力、禁止、限制等结合在一起，而且总是带有一种恐惧、威胁的成分。这在中世纪大行其道、盛极一时。而笑声则恰恰相反，它克服了恐惧，因为对它来说，没有任何禁律和限制。它的特点是从来不需要借助于暴力和权威。"② 我们甚至可以说，狂欢节生活是一个没有高下、贵贱、"物我之分"的民主的世界、审美的世界。狂欢带来的喜悦消弭了现实中人们之间的生疏、隔膜、对立，将来自不同地方、不同家庭、不同阶层、不同身份的人们凝聚在一起、团结在一起，形成一个其乐融融的和谐、大同的世界。这是一个由少数统治阶层享受的"独乐乐"的世界转变为"人人平等"、"庶民"狂欢的"众乐乐"的世界。

第二节　狂欢文化与 20 世纪美学的"身体政治"

巴赫金的"狂欢诗学"为 20 世纪中期以后"身体美学"的诞生奠定了文化基础。"身体美学"是西方后工业社会的产物，后工业社会将"劳动的身体"变成了"欲望的身体"，正像英国的布赖恩·特纳所指出的："人们近来对于身体的兴趣与理解，是西方后工业社会深刻而持久的转型

---

① ［英］约翰·斯道雷：《文化理论与通俗文化导论》，杨竹山等译，南京大学出版社 2001 年版，第 178 页。

② 同上书，第 178 页。

的结果，特别是身体的意象在大众文化与消费文化中的突出与渗透，是身体（特别是它的再生产能力）与社会的经济结构与政治结构相分离的结果。后工业主义、后福特主义及后现代主义培育了当代消费主义，它突出地强调快感、欲望、差异和好玩。"① 特纳同时认为，对欲望的解禁是与后现代宗教信仰的衰落、戒律的放松和性道德观念的开放相关的，而且经济与文化的变迁互为因果关系，经济和生产力上的自由给人们带来了时间和空间支配上的更多自由，由此产生了后现代的"身体美学"。"资产阶级工业资本主义的道德机构及相关的关于性的宗教与伦理律令，随着基督教伦理的销蚀以及大众消费性主义的兴起而极大地受损。晚期工业社会中道德与法律的这种变化反过来又与经济的变化相关联，特别是与世界经济秩序中重工业生产的衰落有极大的关系。后工业环境中服务工业重要性的不断增加，导致了传统城市工业阶级的衰落，以及他们生活方式的变化、早龄退休和休闲时间的增加等。"② 身体美学是以欲望为特征的新的美学形态，是对 18 世纪以来由康德奠基的"非欲望美学"的反叛和颠覆。康德的美学思想统治了尼采之前的西方美学理论。尼采认为，美是人的欲望的表征，"艺术植根于情欲之中"，而"自康德以来，一切美学理论都被'无利害关系'这个概念败坏了"。③ 康德美学是对早期西方哲学思想的继承。希腊哲学受奥尔弗斯神学的影响，对人生的看法产生了截然相反的两种观点。"根据希腊人生观，肉身的人是真正的人，灵魂只是一种虚幻的影像。可是，在奥尔弗斯哲学中，灵魂是永恒不灭的，而肉体则易逝，是不洁而可鄙的。对于希腊人来说，在阳光下的生活是真实的生活，而另一世界只是这一世界的一种暗淡的模仿。而对于奥尔弗斯神学来说，人世生活是一种地狱，一种监禁，一种惩罚。只有在彼世，在灵魂从肉体的禁锢中解脱出之后，迎接我们的才是真正

---

① ［英］布赖恩·特纳：《后现代性、消费文化与身体》，陶东风编译，参见余虹主编《问题》（第 3 辑），中国人民大学出版社 2005 年版，第 64 页。

② 同上。

③ ［德］尼采：《悲剧的诞生》，周国平译，生活·读书·新知三联书店 1988 年版，译序第 10 页。

的神性的生存。"① 希腊哲学将人区分为感性和理性、肉体和灵魂、道德和欲望，这样的区分是为了给人类的理性生活指明道路，也表明希腊哲学一开始就是注重等级划分的：它强调理性、精神、道德，轻视感性、肉体、欲望，认为前者是崇高的、文明的，后者是低贱的、粗俗的；前者与追求知识、美德相关，是人在大地上生存的价值和意义；而后者与耽于快乐、欲望相连，意味人的自我迷失和堕落。"奥尔弗斯—毕达哥拉斯学派认为，身体是灵魂的监狱和坟墓，是使灵魂玷污的一种邪恶。"② 因此，从本质上说，希腊哲学总体上是抵制身体和欲望的。这一观念影响了后来的柏拉图，柏拉图认为"肉体连同其种种尘世的需求和贪欲是一切苦难和罪恶的原因"，因为它们"会阻碍灵魂向与上帝相似的善发展"③。即使像伊壁鸠鲁这个被认为"享乐人生哲学"的代表，曾经"把快乐看成是我们一切活动的最终目的"。但他依然像德谟克利特一样，"把理智的快乐和痛苦看得远比肉体的快乐和痛苦更为重要"。④ 伊壁鸠鲁徘徊在理性和感性的路口，最终倒向了理性哲学的一边，强调理智比肉体更加优越。这种对身体和欲望的反感到中世纪愈演愈烈。在中世纪，一切与人的生殖、排泄有关的人体部位都是肮脏的、下流的，它形成了中世纪的禁欲主义思想和戒律。"在（古典与基督教时期的）这种禁欲传统内部，身体被看成是具有威胁性的、难以把握的危险现象。它不得不受到文化过程的充分控制和管理。因为身体被看作不驯服的、无法控制的、非理性的激情、情感与欲望的载体和发泄渠道。控制身体，尤其是控制身体哺乳、排便和生殖的必要性是西方宗教哲学传统一个永远存在的要素。然而基督教对身体的这种批判在某种程度上却是希腊古典社会对身体持有的某些态度和价值观念的继续。"⑤ 与中世纪禁欲思想相反的是，文艺复兴时期和中世纪的民间狂欢文化一直在努力争取"物质——

---

① ［德］E．策勒尔：《古希腊哲学史纲》，翁绍军译，山东人民出版社 1992 年版，第 17 页。

② 同上书，第 147 页。

③ 同上书，第 146 页。

④ 同上书，第 17 页。

⑤ ［英］布赖恩·特纳：《身体与社会》，马海良、赵国新译，春风文艺出版社 2000 年版，第 16 页。

身体下部"的正当性、合法性，这是一场关乎"身体"命运、地位的"身体政治"，其斗争的目标即确立被中世纪排斥、贬低、禁止的感性欲望的地位。巴赫金把中世纪和文艺复兴时期民间文学对"身体地形学"的改写称为"怪诞现实主义"。"怪诞现实主义"以诙谐的方式实现"对崇高的东西的降格和贬谪"，"即把一切高级的、精神性的、理想的和抽象的东西转移到不可分割的物质—肉体层面、大地和身体的层面"，"诙谐就是贬低化、肉体化、物质化、世俗化"。① 这种文化实践行为打破了传统文化关于宇宙和身体的等级观念，改写了关于身体的陈旧观念图式。在传统的文化观念里，无论是身体还是宇宙都有严格的高下、贵贱之分，"上是天，下是地，地也是吞纳的因素（坟墓、肚子）和生育再生的因素（母亲的怀抱）。从宇宙方面来说，上和下的'地形学'意义就是如此。从肉体本身来说，它绝不能与宇宙明确划分开来，上，就是脸（头），下，就是生殖器官、腹部和臀部"②。处于上部的事物是高贵的、圣洁的、正常的；处于下部的事物是低贱的、肮脏的、怪诞的。在严格的文化等级的制约下，那些来自孕育和诞生生命的下部的事物永远处在被贬抑、遮蔽和囚禁之中，永无出头之日。尽管如此，以诙谐为特征的民间怪诞文化作为一种抵抗官方、正统文化的力量一直在潜滋暗长着，从来没有放弃从文化的"边缘"向"中心"挺进的努力。"怪诞的形象观念类型（即形象塑造的方法）最为古老：在所有民族的神话和古风时期的艺术中，当然也包括古希腊人和罗马人前古典时期的艺术中，我们都可以看到这种类型。就是在古典时代，怪诞类型也并未消亡，而是在被挤出官方正统艺术之外的情况下，继续在某些'低级'、非标准的艺术领域中存在和发展。"③

古希腊罗马时代是为后来的西方文化制定规则和标准的时代，从"身体地形学"上说，它强调的是与人的"精神—思维"上部相关的大脑部位，排斥的是与大地和生育相连的"物质—肉体"下部。这种排斥感

① ［俄］巴赫金：《拉伯雷研究》，李兆林、夏忠宪等译，河北教育出版社1998、1992年版，第25页。

② 同上。

③ ［俄］巴赫金：《拉伯雷研究》，李兆林、夏忠宪等译，河北教育出版社1998年版，第34页。

性肉体、强调精神灵魂的传统，一直延续到文艺复兴时期，甚至蔓延到18世纪美学的诞生以及后来的20世纪的哲学文化和艺术观念里。"古希腊罗马的标准成为文艺复兴时期美学的基础。这些标准所要求的人体，首先是严格完成的、完全现成的人体。其次，它是单独的、单个的、与其他人体分开的、封闭的。因此，人体的一切非现成性、生长和增生的特征排除：人体所有鼓起的部分和突出部分都被清除，所有凸起面（具有发育和繁殖意义的）都被抹平，所有空洞都被堵死。人体永恒的非现成性仿佛被隐蔽、掩藏起来：受胎、怀孕、分娩、弥留通常是不被表现的。"① 而中世纪的基督教更是对人的身体采取了一种敌视的态度，基督教就是要在意识形态领域建立一种人与现实之间、人与神（上帝）之间的"想象性关系"，一个严格的社会秩序和规则，而肉体欲望经常表现出对规则的轻视和破坏，甚至是对上帝信仰的怀疑和漠视，出于对信仰的坚定性的维护，肉体和欲望就成为基督教严格管理、监督、规训的对象。"基督教把身体界定为邪恶的东西，身体逐渐与作为一种堕落的或有缺陷的动物的人联系起来。于是在苦行僧传统中，身体作为肉体，作为从上帝的恩典中堕落和脱离上帝的一个隐喻，被给予了一个更晦暗的意义。这种难以驾驭、充满激情的身体需要用饮食控制、静坐冥思和宗教性来训诫。"② 对身体肉欲的排斥观念，为18世纪以鲍姆嘉通、康德为代表的理性美学的产生和发展定下了基调。它意味着"身体的政治"和"信仰的政治"在审美意识形态领域里争夺"领导权"的激烈博弈。在美学诞生之前，给世界制定规则和秩序的是道德和宗教的信仰，道德和宗教担负的是辅佐政治统治的功能。

　　事实上，身体、审美、政治（权力）三者之间的关系成为19世纪以来美学关注的热点问题。美学的概念及其学科产生于资本主义迅猛发展的18世纪，它诞生的直接诱因是在资本主义发展的进程中人对感性身体重要性的认识。早期资本主义得益于清教思想对身体和欲望的控制，资

---

　　① ［俄］巴赫金：《拉伯雷研究》，李兆林、夏忠宪等译，河北教育出版社1998年版，第12—13页。

　　② ［英］布莱恩·特纳：《身体与社会》，马海良等译，春风文艺出版社2000年版，第二版导言。

本家个个奉行勤俭节约的观念，从而积聚财富；而后期资本主义是依赖对身体欲望的激发、开发而发展起来的，因此可以说，晚期资本主义是对身体的解禁、欲望的解放、欲望的生产，对肉体、物质欲望的贪婪和享乐形成的消费主义，使晚期资本主义扩大再生产成为可能。"在资本主义发展的早期阶段，纪律、禁欲主义、身体与资本主义生产之间有着紧密的联系（马克斯·韦伯称之为'亲和力'），而晚期资本主义却盛行完全不同而有害的对享乐主义、欲望和享受的强调。"① 从某种意义上说，晚期资本主义的文化与审美是对美学起源的人性本能基础的回归。正因为如此，英国的特里·伊格尔顿才指出："美学是作为有关肉体的话语而诞生的。"② 在我们看来，美学就是将身体从理性哲学、道德强制的囚笼中解脱出来的文化实践成果，它同时不可避免地又打上了理性哲学的印迹。从时间上说，美学与启蒙运动同一时代产生，鲍姆嘉通为了矫正西方文化的理性崇拜，特别是欧洲的大陆理性哲学过度强调人类理性价值的弊端，为人类的感性生活和欲望确立合法地位，发明了"美学"这个词语。但鲍姆嘉通秉持的依然是西方理性文化传统，他认为，"美学是逻辑学的'姐妹'，是一种次级推理，或理性在感性生活的低级层次上的女性类似物。美学的任务就是以真正理性运作的方式（即使是相对自律的），把这个领域整理成明晰的或完全确定的表象"③。显然，在他那里，美学虽然是"研究感性认识的完善"，可"感性认识"只是与人的理性精神活动有关，如想象、情感、知觉、联想、逻辑、推理等，而与人身体中的感性欲望、本能冲动是联系极少的。鲍姆嘉通的思想里残存着理性重于感性的痕迹，他把理性视为男性的特权，是高等的，而感性则是属于次级的女性的品质，这是父系社会男权文化的记忆和想象，是传统西方美学中蔑视感性欲望的"厌女症"。因此，卡西尔才说，鲍姆嘉通的思

---

① ［英］布莱恩·特纳：《身体与社会》，马海良等译，春风文艺出版社 2000 年版，第二版导言。

② 见王杰翻译的《审美意识形态》，广西师范大学出版社 2001 年出版，我们认为这里的"肉体"翻译成"身体"更恰当，身体包括肉体和精神，美学早期的含义中包括感性的肉体欲望和理性的精神两个方面的内容。

③ ［英］特里·伊格尔顿：《审美意识形态》，王杰译，广西师范大学出版社 2001 年版，第4页。

想并没有摆脱理性主义的束缚，也没有冲破科学主义的樊篱。鲍姆嘉通的观念在康德的美学思想中得到了发扬。康德认为"审美是不涉及功利欲望的、无害的、自由的快感"，在他看来，身体欲望会阻碍人的自由的实现。无疑，康德的美学思想是排斥和轻视身体欲望的。"对康德来说，感官的快感是暴政式的；只有在审美的沉思中，人才可能获得自由。"①鲍姆嘉通和康德都把男性视为偏于理性的、逻辑的，而女性则是感性的、欲望的，他们赞颂男性的理性和力量，鄙视女性的怯懦与柔弱，其美学理论都是"菲勒斯中心主义"的想象性结果。康德美学研究的中心问题之一是"崇高"，在伊格尔顿看来，崇高就是一个男性权力和道德规训的符号。崇高代表一种惩戒性的、令人感到耻辱的力量。"康德把崇高与男性、军人、对抗宁静的各种有益手段联系起来，因为宁静滋生怯懦和柔弱。"②从文化渊源上说，无论是鲍姆嘉通的美学思想还是康德的美学思想，都来自古希腊理性主义哲学传统，而在近代，又不免受到 17 世纪欧洲大陆理性主义哲学的影响，特别是笛卡尔理性哲学的影响。笛卡尔延续了柏拉图的思想，将人分为精神和肉体两个部分，而肉体附属于精神，应该受到精神的支配，只有精神才能确证人存在的价值。"我思故我在"就是这种"精神至上"的宣言，而身体和欲望在笛卡尔哲学中是没有地位的、低级的、粗俗的。正如伊格尔顿所说："审美关注的是人类最粗俗的最可触之的方面，而后笛卡尔哲学却莫名其妙地在某种关注的失误的过程中，不知怎的忽视了这一点。因此，审美是朴素唯物主义的首次冲动——这种冲动是肉体对理论专制的长期而无言的反叛的结果。"③但是，美学真正关注人的肉体欲望是从尼采开始的，尼采试图通过对身体的强调来颠覆西方哲学区分意识和身体的形而上学逻辑范型，用感性的身体来代替理性的主体，认为"哲学不谈身体，这就扭曲了感觉的概念，沾染了现成逻辑学的全部毛病"。在西方传统哲学看来，只有理性才能认识、诠释代表这个世界的本质，而在尼采眼里，"正是肉体而不是精神在

① ［英］约翰·菲斯克：《理解大众文化》，王晓珏、宋伟杰译，中央编译出版社 2001 年版，第 60 页。

② ［英］特里·伊格尔顿：《审美意识形态》，王杰译，广西师范大学出版社 2001 年版，第 82 页。

③ 同上书，第 1 页。

诠释着这个世界"，因此他主张哲学文化"要以身体为准绳"。尼采反对传统西方文化将哲学和美学视为追求真理的活动，认为这是理性的权力对感性的强暴和专断、轻蔑和忽视。他的文化和美学立场是"决心回归人体，从人体的角度重新审视一切，将历史、艺术和理性都作为人体弃取的动态产物"，坚持"美学是实用生理学"。① （笔者注：这里的"人体"翻译成"身体"更为恰当）尼采的意义在于摧毁了笛卡尔建构的"我思故我在"的理性主体哲学，颠覆了康德认为"审美是不涉及功利欲望的自由快感"的虚伪的"男性美学"权威，将世界文化带向了以感性欲望为主体的后现代，带向了质疑真理、倡导差异和多元的后现代。在尼采看来，人类之所以需要艺术，是为了免遭真理摧残，因为真理是借助推理演绎出来的，具有专断的性质。"艺术在尼采那里意义非凡，它既可以作为形而上学的他者来攻击僵化的真理观，也可以作为权力意志来攻击基督教颓废的道德观。"②

弗洛伊德在尼采的基础上，更进一步从生理的角度和潜意识的领域研究了艺术与身体欲望之间的联系。弗洛伊德提出人的本能是人的行为动机，他将人的本能分为破坏性本能（死亡本能）和建设性本能（生的本能）。破坏性本能即人性里的暴力倾向；建设性本能表现为"性"和"爱"的行为，与人的生命延续有关，因此又被称为"生的本能"。这些本能在现实人生中要受到社会道德、法律、政治及其他意识形态，即"超我"的制约，不可能得到充分实现和满足，只有通过宗教、哲学、艺术的渠道得到伪装性表演。正像伊格尔顿所说的，"弗洛伊德的'超我'是对应于政治的强制形式的"，"超我是适合于旧秩序的政治力量，是一个根本不考虑主体的情感和能力的专制统治者"。③ 齐泽克则认为，"超我"是淫秽的"夜间的"法律，这个法律作为阴影，必然地加强和补充

---

① ［英］特里·伊格尔顿：《审美意识形态》，王杰译，广西师范大学出版社2001年版，第230页。

② 汪民安、陈永国主编：《尼采的幽灵——西方后现代语境中的尼采》，社会科学文献出版社2001年版，编者前言："尼采与身体"，汪民安撰。

③ ［英］特里·伊格尔顿：《审美意识形态》，王杰译，广西师范大学出版社2001年版，第273页。

"公共的"法则。① 弗洛伊德认为，艺术是人的白日梦，是人在"超我"控制的社会现实中不能满足的欲望的替代性满足、宣泄、升华。弗洛伊德强调了艺术和审美与来自人性深处的感性欲望之间的关系，他特别指出："唯一可以肯定的便是美是性感情领域（sexsual feeling）的派生物，对美的热爱是目的受到控制的冲动的最好的例子。'美'和'吸引'最初都是性对象的特性。"② 弗洛伊德理论的价值在于准确地界定了尼采提出的"身体"概念，身体既是灵魂的住所，更是欲望（本能、性）的容器。审美和艺术不但有理性精神的快乐，也包含感性欲望的欣悦。它从而推翻了康德美学认为的审美与人的肉体欲望无关的武断结论。"对于弗洛伊德来说，在人类生活完全涉及强烈的肉体感觉和巴罗克式的想象的情况下，生活是审美的、内在地充满意义的、象征的，与幻想和形象密不可分。"③ 而早在弗洛伊德之前，尼采就强调审美与身体欲望、生命活力，甚至性本能状态之间的关系，认为艺术与性之间有密切的联系。在他看来，"古典法国的全部高级文化和文学，都是在性兴趣的土壤上生长起来的"④。他将审美艺术与性本能的关系称为"艺术生理学"，它包括两个方面的意义：第一，他把导致审美状态的力解释为"肉体的活力"，视之为"艺术的原动力""第一推动力"。在他看来，审美是一个双向的过程，一方面是肉体的活力由里向外地投射，另一方面是受此投射的事物由外向里"对动物性机能的诱发"，而我们身上被诱发起来的那些"动物性快感和欲望"的"极其精妙细微的差别的混合"就是审美状态。第二，在肉体的活力中，性欲的作用占据首位。肉欲是"理想化的基本力量"。"在酒神的醉之中有性欲和情欲，日神的方式也不乏这些。""醉感在两性动情期最为强烈……美化是高涨力的结果"，"制造完满和发现完满，这是负担过重性力的大脑组织所固有的"，美感犹如"对热恋状态及其看待

---

① ［斯洛文尼亚］斯拉沃热·齐泽克：《快感大转移》，江苏人民出版社2004年版，第66页。

② ［奥地利］西格蒙德·弗洛伊德：《文明及其缺憾》，傅雅芳等译，安徽文艺出版社1987年版，第23页。

③ ［英］特里·伊格尔顿：《审美意识形态》，王杰译，广西师范大学出版社2001年版，第262页。

④ ［德］尼采：《悲剧的诞生》，周国平译，上海人民出版社2009年版，新版译序："尼采美学详论"，第61页。

世界的方式的一种无意识回忆"，"对艺术和美的渴望是对性欲癫狂的间接渴望"。他甚至认为"美与生殖密切关联"，"一切美都刺激生殖——这正是美的效果的特性，从最感性的到最精神性的"。① 从这里我们看出弗洛伊德的理论与尼采的"艺术生理学"有直接的"亲缘"关系。20 世纪中期以后的后现代主义更是朝着这些先驱者指引的"身体美学"的道路在大踏步地前进，在法兰克福学派代表马尔库塞那里，美包含"爱欲"的成分，无论经历什么变化，"爱欲"始终存在于人的审美鉴赏判断中，审美活动是一种快乐的活动，也是一种反抗的、带有解放性质的实践行为，它反抗的是现实对包含本能的"爱欲"的压抑。"由于美与爱欲领域相关，它就表达着快乐原则，因此，美反抗控制人的占支配地位的现实原则。艺术作品倾诉着解放的语言，激发出那种把死亡和毁灭从属于生存意志的自由想象。这就是审美肯定中的解放因素。"② 马尔库塞的理论结合了弗洛伊德的精神分析学说和马克思关于人的自由解放理论，为后现代主义铺垫了理论之路。

后现代主义是以对现代性的反叛姿态出现的，文艺复兴以来建构的现代性试图从中世纪的宗教禁欲主义中解放人的身体，但它却以新的权威话语控制人、规训人，理性、道德、政治、真理代替了宗教神权的地位，形成了新的文化权力、符号暴力、文化专制，压制人的身体欲望，因此可以说，人类发展的历史就是身体被文化和社会权力塑造、改写、涂抹、规训的历史。法国当代思想家福柯认为，"身体是铭记社会权力的温顺而柔软的场所"。事实的确如此，在现代性社会，身体无疑打上了复杂的社会政治、意识形态、文化权力编码的烙印。后现代的世俗化潮流彻底解除了宗教对身体的魔咒，斩断了宗教强加给身体的道德枷锁，"对身体的热爱也反映了宗教观念对文化控制的衰落，许多世纪以来，宗教观念都贬低身体，认为身体是神圣不朽的灵魂的敌人，因此也是对幸福的威胁。世俗化促使我们以更尘世和物质化的观念看待我们的自我和幸

---

　　① ［德］尼采：《悲剧的诞生》，周国平译，上海人民出版社 2009 年版，新版译序："尼采美学详论"，第 62 页。

　　② ［美］马尔库塞：《审美之维》，李小兵译，生活·读书·新知三联书店 1989 年版，第 250 页。

福；因此对身体的关怀在自我的关怀中承担了核心的作用，也开始被许多有宗教信仰的人们所实践"①。宗教认为人的幸福在"来世"和"天国"，后现代则坚决否定了宗教对幸福的虚幻承诺，坚持当下的生活就是快乐和幸福的所在。19 世纪法国作家司汤达就断然拒绝了康德"美是不涉及功利欲望"的权威定义，他捡拾起哲学家塞涅卡的思想，塞涅卡曾经指出，"哲学就是将幸福作为它的目的，而不是将书本知识作为它的目的，对后者的热情追求，不仅无益，而且有害"②。他认为"美就是对幸福的承诺"。美与人的自由和幸福的关系在后来的马尔库塞那里得到进一步的强调，在他看来，人的自由幸福的实现，要么是通过革命，要么是经过艺术，正是在这一点上，革命和艺术具有共通性，达成了精神上的默契，即二者都肩负着解放人类的重任。他指出："艺术代表着革命的终极目标：个体的自由和幸福。"③ 它为后现代美学倡导人的快乐和幸福的重要性奠定了理论基石，正如舒斯特曼所说："如果哲学注重对幸福和更好生活的追求，那么涉及作为我们愉快的场所和中介的身体的身体美学，显然应该得到更多的哲学关注。"④ 后现代反叛了宗教、道德、理性对身体的敌视态度，挑战了精神和真理的特权，强调身体和欲望是确证人的存在价值和幸福的关键要件之一。"快乐至上"成为后现代哲学与美学的主张，"从为真理而真理的理想化到将真理估价为改善经验的工具的转向反映了遍及我们的文化，甚至我们的哲学的一种强大的美学转向。也许享乐主义总是一直同我们在一起，但在这个世俗的后现代时期，它变得更加直言不讳了，'拥有快乐'似乎通常意味着一个人的最高的职责之一。身体不仅是快乐的丰富源泉，还是协调所有情感经验的中介；因此

---

① ［美］理查德·舒斯特曼：《生活即审美——审美经验和生活艺术》，彭锋等译，北京大学出版社 2007 年版，第 216 页。

② ［美］理查德·舒斯特曼：《哲学实践——实用主义和哲学生活》，彭锋等译，北京大学出版社 2002 年版，导言第 2 页。

③ ［美］马尔库塞：《审美之维》，李小兵译，生活·读书·新知三联书店 1989 年版，第255 页。

④ ［美］理查德·舒斯特曼：《生活即审美——审美经验和生活艺术》，彭锋等译，北京大学出版社 2007 年版，第 188 页。

身体转向构成了我们的文化的美学转向的一部分"①。正是这样，我们才有理由认为巴赫金为身体"正名"和"呐喊"，力图改写和颠覆身体"文化地形图"中的权力等级的"狂欢诗学"是通向后现代"身体美学"的桥梁。

第三节　狂欢诗学与西方当代文化理论

澳大利亚学者约翰·多克认为，"狂欢活动作为一种文化模式仍然还强烈地影响着 20 世纪大众文化，例如好莱坞电影、大众文学类型、电视和音乐。这种文化已成国际化，其发展之昌盛，范围之广，影响之大，生命力之旺盛，创造力之丰富也许代表着大众文化历史的另一个顶峰，足可与早期的现代欧洲文化相媲美"②。事实上，狂欢节文化不但影响了当代大众文化的形态，我们甚至可以说，巴赫金的狂欢诗学也启发了后来的大众文化理论（这里的大众文化理论不是单指法兰克福学派的批判理论），开启了以"权力"的视角观察文化实践活动的视域。狂欢节文化历来都是民众平等参与社会活动，将生命的激情发挥到极致，冲破社会的道德、秩序、规则，叛逆性极强的文化，带有明显的抵抗意味和"文化政治"色彩。20 世纪崛起的大众文化正是沿着这条道路前进的，它与狂欢节一样属于"颠覆性的符号学实践"，常常被正统的官方和维护文化等级秩序的精英们视为一种威胁性力量，经常作为异端遭到"删除"和"屏蔽"。历史上的精英知识分子常常扮演与统治阶级共谋的角色，鄙视大众和大众文化，成为压制大众的力量。正如约翰·斯道雷在评价马修·阿诺德时指出的："他属于葛兰西意义上的'文化人的精英，而文化人的作用是提供文化及总体意识形态性质的领导'，它的任务是'决定和组织道德及智识生活改革'。简而言之，他们是统治阶级的'代言人'，

---

① ［美］理查德·舒斯特曼：《生活即审美——审美经验和生活艺术》，彭锋等译，北京大学出版社 2007 年版，第 217 页。

② ［澳大利亚］约翰·多克：《后现代主义与大众文化》，吴松江等译，辽宁教育出版社 2001 年版，第 258 页。

努力获取和维持统治阶级的霸权。"① 事实上,大众文化从一开始就带有强烈的"斗争"意味,更直接地说,大众文化从来就是"文化政治"博弈的战场,是不同阶级,具有不同文化资本的人群之间进行文化话语权力争夺的"微观政治",虽然与宏观的社会政治表现形式迥异,但"宰制与从属""压迫与反抗"的斗争实质完全相同。约翰·菲斯克清醒地认识到大众文化的这一特点,他说:"所有的大众文化都是一场斗争过程,而这场斗争发生在社会经验、人的个性及其与社会秩序的关系、该秩序的文本和商品的意义之上。而阅读种种关系,会再生产并重新展现种种社会关系,所以权力、抵抗和规避都必然被结构到这些关系之中。"② 菲斯克也看到大众文化所包含的与阶级对抗类似的权力斗争,它既关系到宰制,也关系到臣服,既关系到权力,也关系到抵抗。"大众文化属于被支配者与弱势者的文化,因而始终带有权力关系的踪迹,以及宰制力量与臣服力量的印痕,而这些力量对于我们的社会体制和社会体验是举足轻重的。"③ 不难看出,对大众文化文本的"权力"踪迹的考察与解读是菲斯克诠释大众文化的理论视点,他甚至像法国的德·塞都(注:南京大学出版社出版的《日常生活实践》翻译为德·塞托)那样将大众文化的对抗关系与"军事斗争"类比起来进行分析。"大众文化一直是权力关系的一部分,它总是在宰制与被宰制之间、在权力以及对权力所进行的各种形式的抵抗或规避之间,在军事战略与游击战术之间,显露出持续斗争的痕迹。"④ "游击战术"这个术语是法国学者德·塞都的发明,他在《日常生活实践》一书中借用了福柯对社会权力规训"机制"的分析方法,来分析文化实践中"机制"是如何削弱了权力机构并悄悄地对权力的运行进行重新组织的。他关心的主题是:找出"规训网络中的群体或个人分散的、战术的以及权宜的创造性所采纳的秘密的形式",以明确"消费者的消费程序和计谋"是如何"构成反规训的体系"的。德·塞都

---

① [英]约翰·斯道雷:《斯道雷:记忆与欲望的耦合——英国文化研究中的文化与权力》,徐德林译,广西师范大学出版社 2007 年版,第 18 页。

② [英]约翰·菲斯克:《理解大众文化》,王晓珏、宋伟杰译,中央编译出版社 2001 年版,第 34 页。

③ 同上书,第 9 页。

④ 同上书,第 25 页。

认为，文化领域也是充满矛盾冲突的，虽然文化消费者是属于弱势的一方，但并不完全意味着他们是被动的、无能的，为此，他对文化实践进行了文化的"战争学"分析。"如同法律（这是它的一个模式）一样，文化中包含了冲突，并依次地赋予最强大的力量以合法性，移动它或者控制它。文化在紧张的以及通常是暴力的因素中发展，为此，它提供了象征性的平衡，能力的合约以及或多或少是暂时性的和解。消费的战术，是弱者为了利用强者所采取的机灵的方式。"① 他把这种消费者对压制性权力的抵抗策略比喻成远古时代植物和鱼类使用花招与伪装一样的智慧，"许多日常实践（如言说、阅读、行走、购物、烹饪等）都是属于战术类别的。更广义地讲，大多数'实践的方式'也都是战术类别的：'弱者'战胜'最强者'（权贵、疾病、事物和秩序的暴力等）的胜利，巧妙的技巧，施计策的艺术，'猎人的狡猾'，操作的变幻，多样的伪装，兴奋的发现，所有这些既带有诗意又带有战争的色彩"②。

菲斯克的观点从远处看，来自于意大利安东尼奥·葛兰西，从近处说，来自于巴赫金的狂欢诗学。葛兰西的"文化霸权"思想引起了 20 世纪后期文化研究的革命，形成了 20 世纪 70 年代以来所谓的文化研究的"葛兰西转向"。葛兰西是西方理论家中第一个以"文化视域"研究"政治合法性"以及政治运行效率问题的学者。作为意大利共产党领袖、政治家，葛兰西没有完全放弃马克思的阶级压迫理论，认为在任何阶级社会都存在"统治者和被统治者""支配者和被支配者"的关系。国家就是暴力统治的机器，从很大程度上会剥夺被统治者的权利和自由。但他同时认为，政治统治最有效的方式不是"暴力专政"，而是这种统治要取得被统治者的"同意"。这种"同意"是政治统治稳定的保证，即今天常说的"得民心者得天下"。而"得民心"的有效途径在于，建立意识形态领导权的"合法性"。真正的统治不是对身体的强制管理，而是精神上的驯服和说服。要取得精神"征服"的效果，就得获取"文化领导权"，按照葛兰西的话说，就是必须"享有任何精神或道德的威望"，否则就是"没

----

① ［法］米歇尔·德·塞托：《日常生活实践》，方琳琳、黄春柳译，南京大学出版社 2009 年版，第 39 页。

② 同上书，第 40 页。

有能力确立自己的领导权，从而也就没有能力建立国家"。① 葛兰西最终关心的是政治权力高效、合理地运行，从而实现"管理"与"服从"之间的"和谐"，因此领导与被领导、统治者与被统治者之间怎样形成融洽的关系成为他研究的目标。在他心中，理想的社会是消除了不平等的阶层划分、压迫与奴役，官员与民众共同分享社会福祉的社会。他与许多理论家一样，把知识分子也看作统治阶层的一部分。事实的确如此，古今中外，绝大多数知识分子属于维护既存社会体制的上层建筑的有机构成。为此，他论述道："如果知识分子和平民百姓之间的关系，领导与被领导者之间的关系，统治者与被统治者之间的关系，是由组织聚合力规定的，通过这种聚合，感受——激变成理解并进而变成认识（不是机械的而是生动活泼的），那样，只有那样，这种关系才有代表性，才能产生统治者与被统治者、领导者与被领导者之间的个人交流，共有共享的生活才得以实现。这本身就是一种社会力量——创造'历史联合体'。"② 在葛兰西看来，统治者的职责在于维护和保障被统治者的利益，建立在这个基础上的统治才具有"政治合法性"。正如英国文化研究学者阿雷恩·鲍尔德温等人所说："霸权这一概念被用来作为一种详细考察文化和权力之间关系的方法。它是由意大利政治活动家和马克思主义理论家安东尼奥·葛兰西在他的著作中阐发的。他关心的是去理解社会集团如何组织他们的统治，他更急切地想知道，为什么无产阶级革命没有发生。他的结论是，统治既包括支配（通过使用或威胁使用军队和警察的暴力），也包括霸权（建立起领导权的合法性，发展共同的理念、价值观、信仰和意义——即共享的文化，在此基础上组织赞同）。在葛兰西看来，统治就是以强力为盔甲包装起来的霸权。"③ 葛兰西指出，一个具有统治地位的社会集团的"霸权"表现在两个方面，即"统治"和"精神与道德领导权"（他所说的"享有精神和道德上的威望"）。葛兰西不满足于列宁将国家单单理解为暴力统治机器的观点，他认为仅仅用专制统治的"铁拳"

---

① ［意］中共中央编译局编选：《葛兰西文选》（1916—1935），毛韵泽等译，人民出版社1992年版，第451页。

② 同上书，第494页。

③ ［英］阿雷恩·鲍尔德温等：《文化研究导论》，陶东风等译，高等教育出版社2004年版，第109页。

来治理现代国家的方法已经过时，现代国家是由复杂的政治社会和市民社会组成的文化权力竞技场，市民社会作为民间领导机构，在帮助获得民心、凝聚精神、统一意识形态方面威力巨大。"葛兰西把霸权概念用于描述权力过程，其间居支配地位的集团或者社会阶级不仅仅靠武力统治而且靠认同引导。霸权关涉到一种特殊的认同，即某一社会阶级或者集团于其间把自身的特殊利益呈现为作为一个整体的社会的普遍利益的一种认同。"① 简单地说，"霸权表现了从属集团在社会中对统治集团的话语权威的赞同"②。"霸权"是葛兰西将政治领域的"统治权"和文化领域的"领导权"融合起来，对文化活动中的权力关系进行观察、分析的独特视域。它说明文化领域的权力运行不同于国家机器的暴力压制，它属于"软性暴力"，或者说"符号暴力"，与宏观的社会政治领域里的势不两立的政治权力斗争不同的是，不同权力之间既有压制，也有抵抗，既充满斗争，也不乏商谈、让步和妥协。"霸权并非仅仅是意义的强加，它同时是一个始终关涉协商与斗争的持续过程。因此，霸权虽然以高度的认同为特色，但是它从不缺少冲突；也就是说，始终有抵制的存在。"③"霸权"这一视角在英国得到了广泛的认同，它使英国的文化研究迥然不同于法兰克福学派对大众文化的片面理解，即大众文化只是资本主义对大众意识形态的欺骗、控制和"收编"。英国的约翰·斯道雷指出："现在通俗文化被看作是霸权产生和再生产的场所。在这种全新公式里，通俗文化被理解为统治集团的利益与被统治集团的利益相互斗争与妥协的场所。"④（注：国内的译者把"popular culture"翻译成"通俗文化"，而在英文中，mass cultue 和 popular culture 都指"大众文化"，且前者带有鄙视大众的含义。）

我们之所以认为菲斯克理论还来源于巴赫金，就是因为无论是巴赫

① ［英］约翰·斯道雷：《斯道雷：记忆与欲望的耦合——英国文化研究中的文化与权力》，徐德林译，广西师范大学出版社 2007 年版，第 1 页。

② ［英］多米尼克·斯特里纳蒂：《通俗文化理论导论》，阎嘉译，商务印书馆 2001 年版，第 185 页。

③ ［英］约翰·斯道雷：《斯道雷：记忆与欲望的耦合——英国文化研究中的文化与权力》，徐德林译，广西师范大学出版社 2007 年版，第 2 页。

④ ［英］约翰·斯道雷：《文化理论与通俗文化导论》，杨竹山等译，南京大学出版社 2001 年版，作者前言。

金还是菲斯克,他们都崇尚颠覆和反抗的文化逻辑,颠覆的是文化的等级,反抗的是文化的权力压迫。巴赫金有感于生活世界中形成的等级差别,在现实世界中占有社会资本和文化资本的人往往被"加冕",他们处于社会等级的尖端,在人群中高高在上,俯视天下。他认为,理想的人与人的关系是身份和人格上的平等关系。为了这种理想,他甚至想象和赞颂地狱里的狂欢世界,因为在那里甚至帝王也被"脱冕"了:"地狱拉平了人世上的一切地位,在地狱里,帝王和奴隶、富翁和乞丐等等全以平等身份相互发生亲昵的接触。死亡给在生前加了冕的一切人,统统脱了冕。描绘地狱时,常常采用狂欢体的一个逻辑:'翻了个的世界'。帝王到了地狱变成奴隶,奴隶变成了帝王,如此等等。"① 在狂欢的世界里,一切被视为神圣不可侵犯的东西都遭到无情的戏弄和瓦解,不再存在绝对不可更改的事物,不再有天经地义的真理,这里只遵循运动、变化的规律,它预示着后现代这样一个特征的时代的即将到来,以往"一切坚固的东西都已烟消云散",这个时代是长期的文化权力博弈孕育的产物,并不是一蹴而就的,是中世纪以来底层大众争取文化权力取得的丰硕成果。"中世纪的狂欢节是由更古老的诙谐仪式(包括古希腊罗马阶段的农神节)数千年发展所酝酿的,在它数世纪的发展过程中,形成了狂欢节的形式和象征的特殊语言,一种非常丰富、能够表达人民大众复杂统一的狂欢节感受的语言。这种世界感受与一切现成的、完成性的东西相敌对,为了表现自己,他所要求的是动态的和变易的('普罗透斯'式的)、闪烁不定、变幻无常的形式。狂欢节语言的一切形式和象征都洋溢着交替和更新的激情,充溢着对占统治地位的真理和权力的可笑的相对性的意识。独特的'逆向''相反''颠倒'的逻辑,上下不断易位(如'车轮')、面部和臀部不断易位的逻辑,各种形式的戏仿和滑稽改编、降格、亵渎、打诨式的加冕和脱冕,对狂欢节语言来说,是很有代表性的。"② 菲斯克在他的《理解大众文化》一书中辟有专章论述大众娱乐生活中权

---

① [俄]巴赫金:《陀思妥耶夫斯基诗学问题》,白春仁、顾亚铃译,生活·读书·新知三联书店 1988 年版,第 189 页。

② [俄]巴赫金:《拉伯雷研究》,李兆林、夏忠宪等译,河北教育出版社 1998 年版,第 12—13 页。

力的规训与抵抗问题。在菲斯克看来，狂欢节的重要性不仅仅在于是对社会中等级制度和权力网络的摧毁，还表现在它所带来的打破秩序后的颠覆的快感，狂欢节产生的是冒犯秩序的身体，蔑视独断专行的权力的身体，逃避控制的身体，摧毁压制的、带有威胁性的权力网络的身体，其行动的最终理想和指向是个体的解放和自由。也正因为如此，它总是无法摆脱被权力规训、监控、迫害的命运。"身体及其快感一直是并且仍将是权力与规避、规训与解放相互斗争的场所"，"任何失去控制的东西，都是潜在的威胁，也总是遭到道德、法律、美学上的权力的规训。弱势者脱离控制的征兆，使秩序的力量（不论是道德的、法律的还是美学的）受到了惊吓，因为这些征兆不断提醒人们，社会的控制是何等脆弱，何等令人怨恨；这些征兆也表露出（即使是短暂的），逃避社会的控制，如何可以创造出某种自由感。这种自由，时常以过度的、'不负责任的'（即，捣乱式的或不守秩序的——这些形容词是意味深长的）行为方式，表现出来，它既表明了捣乱式的大众力量的活力，也证实了这些力量在日常生活中受压抑的状况。逃避式的快感往往集中在身体上，而生产对抗式意义的快感则集中在心灵"。① 菲斯克敏锐地看到，权力为了有效地运行，总是把自己打扮得冠冕堂皇，伪装成真理的化身，以达到自己的统治目的。在菲斯克眼里，"真理是一种控制性话语"，传统的美学话语以真理的化身出现，是精英的、贵族的、专横的，它代表一种居高临下的权力，唯我独尊，目空一切，并制造出虚假的美学意识形态："'美学文本是完整、自足和令人尊敬的，而大众文本不配得到这样的尊敬，大众文本是被使用、被消费、被弃置的，因为其功能在于，它们是使意义和快感在社会中加以流通的中介；作为对象本身，它们是贫乏的。"② 传统的美学标准是悖逆大众的审美趣味的，它要求统一，排斥差异和多元的审美取向，传统的"审美判断是反大众的，它否认解读的多样性，否认文本功能的多样性，也否认同一个文本在社会秩序的不同效忠从属关

---

① ［美］约翰·菲斯克：《理解大众文化》，王晓珏、宋伟杰译，中央编译出版社 2001 年版，第 84—85 页。

② 同上书，第 149 页。

系中可以实施不同的功能"①。大众反叛的激情就是挑战美学的权威性，抵抗美学的自命不凡。"美学是赤裸裸的文化霸权，而大众的辨识力正是对这种霸权的拒绝。"② 在菲斯克看来，美学并不是置身世外、态度中立的东西，它带有很强的阶级倾向性，是为资产阶级服务的工具，实际上，"美学是一套规训系统，是资产阶级控制文化经济的企图，就像它控制金融经济一样"。他赞成布尔迪厄的看法："美学话语所重视的价值没有别的，仅仅是对人性的垄断。"③

对文化中的等级"区隔"、权力压迫和抵抗、斗争现象的观察，在巴赫金之后还有布尔迪厄、福柯、阿尔都塞及伯明翰学派。布尔迪厄同葛兰西一样，以政治的敏感视觉来分析文化的符号权力现象，文化同政治类似，最终是为了建构一种基于等级基础上的社会秩序。所以有人说："布尔迪厄的全部学术目标首先是政治性的，即反对一切形式式的符号控制，反对普遍存在的不平等。"④ 当然，布尔迪厄的政治不是宏观的政治学意义的政治，而是微观的文化政治，但是二者在反抗"权力的暴行""权力的泛滥"和滥用上是一致的。在他的著作《实践与反思》里，他甚至认为，一切优秀的社会科学都是政治性的："只是理论是政治理论的一个向度，因为强加各种现实建构原则的特定符号权力——在特定的社会现实中——就是政治权力的一个主要向度。"⑤ 布尔迪厄强调文化在人类生活中的重要性，反对庸俗社会学那种把一切社会问题的决定性力量归结为物质基础或经济因素。这是西方社会物质高度发展以后得出的必然结论，而文化在西方社会的政治经济活动中占有越来越重要的位置已成为明显的趋势。"当代西方物质资料生产的极度丰盈过剩，使得人们不得不转而投资于更具有稀缺性的文化商品，而当代社会高等教育的日益大众化和文化市场的急剧增长也使得文化现象越来越具有了突出的意义，

---

① ［美］约翰·菲斯克：《理解大众文化》，王晓珏、宋伟杰译，中央编译出版社 2001 年版，第 155 页。

② 同上。

③ 同上。

④ 朱国华：《权力的文化逻辑》，上海三联书店 2004 年版，第 7 页。

⑤ 同上。

这样，因而，当今资本主义社会也就变成了文化的社会。"① 文化在这些活动中不但成为参与者的身份标识，而且形成由不同文化等级构成的阶级区隔和符号权力、文化压迫现象，布尔迪厄关注和研究的就是这种文化掩盖下的似乎还有些脉脉温情的符号政治。对于布尔迪厄的学术贡献，正如一位美国学者在分析布尔迪厄的文化权力理论时指出的，在布尔迪厄那里，"所有的文化符号与实践——从艺术趣味、服饰风格、饮食习惯，到宗教、科学与哲学乃至语言本身——都体现了强化社会区隔的利益与功能。为了社会区隔而进行的斗争，是所有社会生活的基本维度；而一个更大的问题是个体、群体以及机构（特别是教育系统）之间的权力关系问题。对于布尔迪厄来说，权力实际上不是一个孤立的研究领域，而是位于所有社会生活的核心。而权力的成功实施需要合法化。因此，他的研究焦点集中于：文化的社会化如何把个体与群体陷于争夺有价值的资源的斗争，这些社会斗争如何通过符号的分类得到折射，行为者如何通过各种策略获取利益，以及他们如何在这样做的时候不知不觉地在生产着社会的分层秩序。这样，文化不能免于政治的内容，而是政治的一种表达"②。文化并不是人们想象的那样温文尔雅，而是在我们生活中潜在运行着的符号暴力，在布尔迪厄眼里，文化遮蔽了阶级差别下的权力压迫的事实，统治者假借符号资本的差异转移了人们的视线和注意力，忽略了社会不平等的经济和政治上的根本原因，从而缓解了社会矛盾，使人们心甘情愿地放弃了反抗，消解了瓦解社会稳定性的异质性力量。"在他看来，再也没有什么比文化更能掩盖阶级区隔了；文化被统治者强加以一种符号暴力，从而使得他们对于自己由被奴役的处境所产生的义愤和不满，转化为对于自己无法掌握文化代码、缺乏天赋能力这种不幸命运的认同，这样也有效地扑灭了其颠覆欲望。"③ 布尔迪厄分析了文化区隔产生的复杂的社会文化因素，由于家庭背景和阶级的不同，每个人受教育的程度有着巨大的差别，人与人之间不可能达到完全的平等，它

---

① 朱国华：《权力的文化逻辑》，上海三联书店 2004 年版，第 8 页。
② ［美］戴维·斯沃茨：《文化与权力——布尔迪厄的社会学》，陶东风译，上海译文出版社 2006 年版，第 7 页。
③ 朱国华：《权力的文化逻辑》，上海三联书店 2004 年版，第 9 页。

们形成了每个人所具有的由文化资本与社会资本组成的不同的符号资本。拥有较强符号资本的中产阶级构成了对弱势人群的压迫，也就是说人类的文化实践活动是生产与再生产社会等级结构的"隐秘的上帝"。这种等级的区分和建构也是为了维护统治阶级所需要的社会秩序，布尔迪厄的"反思社会学"的研究目的就是要"揭示一切符号系统，一切文化体系，都无一例外地充当着将现存社会秩序合法化的功能，都通过某种符号暴力来再生产社会区隔，也就是将被压迫者的被支配状态永久化"[①]。不但如此，布尔迪厄用他犀利的理论解剖刀来戳穿统治阶层权力的伪装和散布的谎言，借以曝光权力伪善的面孔，他用事实证明了"任何权力都发挥符号权力的作用，也就是说，任何权力都试图通过掩藏构成其力量基础的权力关系，来强加意义，并把这些意义强加为合法意义；都将自身的特殊的符号力量增强到那些权力关系之上"[②]。资本主义通过这种带有隐蔽性的话语实践来解除被压迫者的反抗，事实上，资本主义同所有阶级社会一样，不可能真正实现他们所标榜的"人人平等"，而资本主义的教育机构为统治者起到的就是这种助纣为虐的作用。布尔迪厄认为，"资本主义社会把教育系统作为实现社会平等的手段完全是一个骗人的神话，实际情况是，貌似公平并具有形式平等的教育体制不仅没有填平社会各阶层之间的鸿沟，不仅没有再分配各阶层的文化资本的不均匀分布，反而促进、稳固或者确切地说再生产了这种不平等，而正是那些外表上的公平形式掩饰了教育系统的这一隐秘功能"[③]。正因为他关注被压迫者与被损害者的民众立场，所以经常被人们视为"使穷人感到骄傲的理论家"。布尔迪厄甚至强调文化资本也是生产出不同文化喜好、趣味、品位差别的主要原因。他认为，"文化的功能在于区别不同的阶级和阶级群体，并将这些区隔在美学或者是趣味的普遍价值中加以定位，藉此伪装这些区隔的社会性质。'高雅'艺术的难度和复杂性首先被用来建立它相对于'低俗'或浅白艺术的美学优越性，然后，使人们自然而然地认为符合这些高雅趣味的人（受过教育的中产阶级）所具有的趣味（或品质）

---

① 朱国华：《权力的文化逻辑》，上海三联书店 2004 年版，第 27 页。
② 同上书，第 9 页。
③ 同上书，第 84 页。

是优雅的。以此为中心的批评工业发展起来，旨在强调（如果尚不能称为创造）高雅艺术的复杂性，从而在可以欣赏和不能欣赏高雅艺术的人之间划出伪装的却是令人满意的区隔。艺术的复杂性其实是阶级差别：难度是一扇文化的单向旋转门，只接受买对了票的人，而排斥大众"①。布尔迪厄在这里揭示了高雅的精英文化与通俗的大众文化形成对立的文化上的根源。这种文化"区隔"甚至导致了"性别政治"的流行，产生了男权社会中难以避免的"性别歧视"现象。在中产阶级的审美眼光里，大众文化是低等的、浅薄的、简单的，是相对于男性的女性，它深刻地说明当代资本主义主流意识形态是维护男性权威、压制和削弱女性地位的父权制文化的遗产。"大众文化被认为是简单的；布尔迪厄称之为'对容易之物的嫌恶'。可以被任何人阅读的简单的文本被贬斥为'简单的'（easiness），这个术语同样被用来说'放荡的'（easy virtue）、'容易上床'的女人。在不受尊重、简单的文本和遭到唾弃的性征之间存在的话语联系，被延伸出去，涵盖其他的肉体快感，尤其是吃令人鄙夷的食物的快感。所以大众文本不仅是'简单的'，它们还是'病态的''腻味的'和'令人反胃的'。这些词汇具有幼稚趣味，一种不成熟的、轻率的和没有发展完全的趣味。它本身天生就比中产阶级成人的成熟品位低劣。在幼稚、女性气质与被统治阶级之间建构出话语共同性，正是父权制资本主义意识形态在文化领域运作的典型实例。"②

对"权力"的关注是法国思想家福柯的显著特点。从某种程度上看，福柯权力思想直接受到巴赫金狂欢诗学的影响，同样是以"微观政治"的视角观察文化实践的结果。他放弃了马克思阶级斗争理论中"宏观政治"关于权力的思想，权力不只存在于政治领域，而是渗透到他所到之处。福柯的骄人之处在于从社会的边缘地带，从普通个体生活的细微处去发现权力压迫的痕迹。"在福柯看来，权力不是某个统治阶级的私有财产；权力是一个战略领域，是一个产生有权者与无权者之间不平等关系

---

① ［美］约翰·菲斯克：《理解大众文化》，王晓珏、宋伟杰译，中央编译出版社 2001 年版，第 147 页。

② 同上书，第 148 页。

的场所:'有权力,就有反抗。'"① 权力也是话语滋生的结果,他关心的是"权力是如何通过话语发挥作用以及话语是如何一直深深植根于权力之中的"。福柯认为,"知识即权力",知识就是一种权力的话语表达,"话语与权力密不可分。话语是各种机构通过一种界定和排斥的过程运用其权力的手段"②。更准确地说,"知识拥有隐蔽权力的特权",知识与权力相互生成,"权力产生知识,权力和知识互相直接包含,没有一个相互关联的知识领域,也就没有权力关系,也就没有任何假定并构成权力关系的知识"③。福柯像尼采那样坚持"知识是一种权力武器"的观点,认为"话语即权力","知识就是关于真理的权力话语"。"权力无处不在",它存在于一切具有差异性、等级性的关系之中。权力同样是社会和文化建构的结果。福柯理论的终极目标是试图揭示"人是如何通过产生真理(建立各种领域,在这些领域中真理和谬误的实践可以立即变得有秩序且不离题)来对(自己和他人)进行管理的"④。真理是为话语权服务的,只是一种社会文化建构出来的为统治阶层所利用的支配性的精神力量,同样是"权力的伪装"。福柯的权力话语理论击破了普遍和永恒真理的神话。"话语"的经典定义是"通过言语进行的思想交流","一种话语是一种言说","话语是意义、符号和修辞的一个网络,与意识形态一样,话语致力于使现状合法化"。正是如此,话语才有了与政治相似的建构权力和运行权力的控制功能。福柯认为,"话语是在为特殊类型的权力关系服务的语境中使知识条理化的特殊方法"⑤。福柯的权力概念并不仅仅指政治领域的权力,他将其延伸到人文科学领域,能产生话语的领域,这就扩大了人们观察权力的视野。同时,福柯也反对把权力完全看成"一种负面力量,一种否认、压制、否定的东西",肯定权力是具有生产性的事物。"实际上,权力具有生产功能;它产生现实;它产生了各种客体的

---

① ［美］约翰·斯道雷:《文化理论与通俗文化导论》,杨竹山等译,南京大学出版社2001年版,第130页。

② 同上。

③ 同上。

④ 同上。

⑤ ［英］多米尼克·斯特里纳蒂:《通俗文化理论导论》,阎嘉译,商务印书馆2001年版,第272页。

领域和各种真理的程式。"①

约翰·斯道雷曾经指出："路易斯·阿尔都塞的观点对 20 世纪 70 年代的文化理论产生了巨大的影响。"众所周知，阿尔都塞的贡献主要在于"意识形态国家机器"的提出。他从文化政治的角度把意识形态看作一种支配型结构，主张以多元的视野看待社会的权力，再不像马克思那样单纯把经济基础视为社会发展的最终决定性因素。他主张政治、经济、意识形态的多元决定论。阿尔都塞的理论与葛兰西的文化霸权观点紧密相关，是对社会、文化、历史中的权力的"微观"分析。葛兰西主张意识形态是一个充满斗争的领域，是"一种在艺术、法律、经济行为和所有个体及集体生活中含蓄显露出来的世界观"。为了更好地观察权力运行的方式，他把社会分为"政治社会"和"市民社会"。"政治社会"由军队、法庭、监狱等专制机器组成，以暴力的形式运行权力，实行统治；"市民社会"由政党、工会、学校、艺术文化团体和各种新闻媒介构成，以精神和道德上的文化领导权行使权力，影响人们的意识形态。事实上，阿尔都塞赞成并基本上完全沿袭了葛兰西的理论，提出了两种国家机器的观点：一种是政治学意义上的，带有强制性、镇压性的国家机器，如政府、行政机构、警察、法庭、监狱等暴力机关；另一种是宗教、教育、家庭、法律、政治、工会、传媒（出版、广播、电视等）以及诸多文化方面，它通过影响意识形态产生作用。前者是"硬性暴力"，后者是"软性暴力"。两种国家机器都是为了保证权力的再生产，权力的再生产即秩序和法则的再生产。这种生产对于一个社会来说比经济的生产更具有决定性的重要意义。意识形态的影响是"润物细无声"的洗脑工程，通过改变主体的意识和内心世界来塑造"服从""归顺"的主体。"意识形态既是一个再生产资本主义的国家机构，也是体现了人们同自己的现实世界之想象性关系的一种物质力量。意识形态确保人们生活在同现实的一种想象性关系之中，正因为它把它们塑造成了主体。"② 因此，我们赞同

---

① ［英］约翰·斯道雷：《文化理论与通俗文化导论》，杨竹山等译，南京大学出版社 2001 年版，第 130 页。

② ［英］多米尼克·斯特里纳蒂：《通俗文化理论导论》，阎嘉译，商务印书馆 2001 年版，第 171—172 页。

这样的观点："意识形态国家机器是'政治无意识'所依附的真正物质基础，也是针对个人进行体制规训与合法化生产的领地。简言之，它是一套貌似温和却弥漫着神秘暴力的社会控制工具。"①

伯明翰学派是另一个关注文化权力现象的群体，它产生于20世纪60年代的英国，以威廉斯、霍加特、汤普森、霍尔为主要代表。伯明翰学派的革命性意义在于对传统的英国精英文化理论的颠覆，改写了欧洲乃至世界的"文化地形图"。约翰·斯道雷指出："现代通俗文化研究可以说从马修·阿诺德开始的。"但不可否认的是，阿诺德是站在反对通俗文化的立场上来研究大众文化的，他代表19世纪中期以来的精英文化观念，其对文化的定义是：文化是"世界上最好的思想和言论，文化使上帝的智慧和意志广为流传"，"文化即对完美的追寻。它的动力并非只是或首先是追求纯知识的科学热情，而且也是行善得到的热情和社会热情"。② 而文化的功能就是"摆脱功利，积极地运用阅读、思考和观察去认知所能了解的最美好的事物"（阿诺德语）。在阿诺德眼里，文化是为政治服务的，通俗文化是进入政治舞台的城市男性工人阶级的代言人，这些工人阶级以"无政府主义"为特征。文化的社会功能是控制"没有受过教育，没有修养的民众"，文化"阻止正在威胁我们的无政府主义倾向的蔓延"。③ 阿诺德的观点直接影响了英国后来的 F. R. 利维斯对文化的看法。利维斯认为，"在19世纪以前，肯定是在17世纪，英国出现了一种活跃的平民文化。工业革命带来了种种变化之后，平民文化分裂成两种文化：一种是少数人文化，另一种是大众文明。少数人文化体现了'世界上最好的思想和言论'的价值与标准，现在成了一种文化传统。这是一种有教养的少数人的文化。它的对立面是大众文明。它包含了大众文化，一种'没有受过教育'的大多数人消费的商业文化"④。利维斯的

---

① 赵一凡主编：《西方文论关键词》，外语教学与研究出版社2006年版，第773页，孟登迎撰写的"意识形态国家机器"词条。

② ［英］马修·阿诺德：《文化与无政府状态——政治与社会批评》，韩敏中译，生活·读书·新知三联书店2008年版，第8页。

③ ［英］约翰·斯道雷：《文化理论与通俗文化导论》，杨竹山等译，南京大学出版社2001年版，第32—33页。

④ 同上书，第40页。

思想与阿诺德如出一辙，带有明显的鄙视大众和大众文化的色彩。雷蒙·威廉斯放弃了阿诺德的精英文化立场，致力于考察"各种形式的表意实践"活动，如电视、电影、流行音乐、广告等，再不像阿诺德和利维斯那样把文化局限于文学领域。他对文化进行了重新定义："文化是一种特定的生活方式"，"文化是一种被实现的表意系统"，"是一个被分享的意义之网"，也是一个"争夺意义"的场域。在这里，威廉斯打破了阿诺德和利维斯关于文化的狭隘理解，拓展了文化的疆域，让文化去掉了等级和阶级的色彩，再不是高级文化理所应当去统治低级文化的、维护"压制性权力"的构想。当然，在伯明翰学派的代表中，也存在明显的分歧，如理查德·霍加特就对大众文化持反感的态度，他说："大众娱乐的最后就是 D. H. 劳伦斯所形容的'反生活'，充满了腐败堕落，不正当的诱惑和道德沦丧……不能提供任何它真正启迪心智的东西。它使更具积极性、更为丰富多彩、更具合作精神的种种快乐慢慢枯竭。"① 霍加特在这里反映了知识分子固有的精英立场与大众文化精神的悖逆和分裂，以及事实上他们不能真正理解大众的需要，因此很难真正为大众代言的现实。尽管如此，由于伯明翰学派的代表大多来自于社会底层，总的来说他们是以"平民主义"的态度包容、理解，甚至赞同地看待大众文化的。约翰·斯道雷就对威廉斯关于文化的定义做出了赞扬的评价："威廉斯的定义'民主地拓宽了阿诺德/利维斯式文化定义，提出了一种更具综合性的定义，其间的文化不是被定义为一组'精英'文本与实践（比如芭蕾、歌剧、小说、诗歌）而已，而是被重新定义为包括比如电视、电影、流行音乐、广告等内容。"② 经由文化民主视角的透视，威廉斯还敏锐地指出了文化活动是文化政治中权力斗争的符号战场。文化是关于意义的生产的，"意义的生产始终纠缠于权力关系之中"。"文化是我们分享和争夺有关我们自己、有关我们彼此，有关我们生活于其中的社会世界的意义的场域。"③ 当然，我们应该清楚，威廉斯的政治不是宏观政治意义的概

---

① ［英］约翰·斯道雷：《文化理论与通俗文化导论》，杨竹山等译，南京大学出版社 2001 年版，第 66 页。

② 同上书，第 3 页。

③ ［英］约翰·斯道雷：《斯道雷：记忆与欲望的耦合——英国文化研究中的文化与权力》，徐德林译，广西师范大学出版社 2007 年版，第 7 页。

念，正如伊格尔顿看到的，伯明翰学派的政治"仅仅指我们把社会生活整个地组织起来的方式以及这种方式所包含的权力关系"①。如果说文化是权力争夺的世界，那么伯明翰学派总的来说是站在弱势的大众一方，意图消解长期以来形成的精英文化与民间文化、通俗文化（大众文化）之间形成的等级和对立，以及精英文化对通俗文化的诋毁和压制，倡导以平等的、包容的态度对待大众文化，他们是 20 世纪大众文化的代言者。正如国内一位学者指出的，"威廉斯等人所开创的文化研究'伯明翰学派'从一开始就具有平民主义的倾向。他们对西方传统知识分子的精英主义表示不满，更加关注社会中的中、下层阶级，以及与他们相关的通俗文化。他们试图使学术研究从传统知识分子的书斋走向中下层民众的生活和经验之中，使之成为一种'活的'知识。这种倾向为早期的文化研究定下了基调。他们对工人阶级生存状况的同情和理解，决定了他们对大众传媒和流行文化所采取的较为亲和的态度，而作为人文知识分子，他们对传统的精英文化则采取了批判的立场。传统的精英文化对大众通俗文化采取的常常是无视和蔑视的态度，所采取的手段往往是压制或隔离。威廉斯等人把大众文化放在更为广阔的社会历史背景中去考察，对其起源和发展进行了认真的探讨，大众文化现象从此登上了学术的'大雅之堂'"②。威廉斯像巴赫金一样极力推动文化的民主化进程，为一个"人人平等参与"的文化寻找合法性的理论根据，这无疑是他与和他一起建立伯明翰学派的思想家们对世界文化的贡献。"从实践主体的角度来说，文化过程的所有参与者也不应该有高下之分，文化属于全体社会人，而不是有闲阶级的专利。威廉斯倡导一种人人参与其中、集中社群智慧和创造力的'共同文化'，这是一种'民主'的文化，因而也是一种充满活力、不断更新、永远开放的文化。"

---

① ［英］特里·伊格尔顿：《当代西方文学理论》，中国社会科学出版社 1988 年版，第 281 页。

② 汪民安主编：《文化研究关键词》，参见阎嘉撰写的《"文化研究"词条》，江苏人民出版社 2007 年版，第 356—357 页。

第四节　巴赫金狂欢诗学的后现代意义

研究文化与权力的关系是 20 世纪西方大众文化理论的核心，它形成了研究者的"文化政治"视野和出发点，即对所有的社会文化实践活动中所存在的权力现象进行"微观政治"的分析。"权力已经成为文化研究中的关键概念之一，'以文化政治学'观念为基础的文化阐释认为，任何事物都是政治的，结果则是权力无所不在。"① 文化政治所达成的共识是：权力关系存在于所有的社会与文化的关系之中。按照福柯的观点，权力也是生产性的，它既产生压制，也激起抵抗。"权力总是生产对于其效果的反对和抵抗。权力将试图包含和控制这样的抵抗，通常是通过霸权的运作收编他们，抵抗是一种'反权力'，总是倾向于在对权力的表达反映中显现出来。"② 追根溯源，最早发现和论述权力关系的是巴赫金，在他看来，社会政治中的阶级划分，文化中的等级"区隔"是产生权力的根源，权力在压制"他者"的过程中，同时招来的是抵抗和僭越，狂欢节文化正是繁衍抵抗权力的异端力量的土壤，在那里崇高与卑贱、神圣与亵渎、伟大与渺小、高贵与粗俗、上部与下部、肉体与精神的区别已不复存在，人人享有同等的权利，并加入同一个弱化矛盾的、平等的修辞及语法的词语环境之中。国王变成傻瓜，傻瓜成为国王，"加冕"与"脱冕"同时进行，在那里遵循的是嘲讽、颠倒、贬低、世俗化、荒诞、笑的逻辑。英国文化研究学者鲍尔德温等人敏锐地注意到了这点："僭越"就是对政治与文化中既有的规则、秩序、等级的突破，"僭越"以仪式性抵抗改写了传统的文化等级地形图。他认为对"僭越"的研究始于巴赫金。"僭越涉及超出那种已被确立的风俗、等级和规则所设定的'可接受'的界线。文化研究是从巴赫金的关于狂欢节（主要是前工业化的时代的诸如集市、大众的宴席和守丧、游行之类的事件）的著作那里第一次借用这个概念的。在狂欢节中，被创造的'颠倒的世界'把颠倒的等

---

① ［英］阿雷恩·鲍尔德温等：《文化研究导论》，陶东风等译，高等教育出版社 2004 年版，第 94 页。

② 同上书，第 258 页。

级（国王变成了叫花子，由罪犯制定法律、男扮女装等等）与一种指向身体的'怪诞现实主义'联系起来了，它把身体描述为又大又笨的、凸出的，它的嘴是开放的，它的下半部分（肚子、屁股、生殖器、脚）统治它的上部（头、理智）。根据巴赫金的观点，狂欢节的意义在于它是一个仪式的场合，在这里僭越式性的欲望可以得到暂时的表达和发泄，已确立的等级被片刻地颠倒了而被禁止的快乐被暂时地放纵。对于巴赫金来说，狂欢节的概念不仅是指仪式性而且也指'理解模式……一种文化分析'，它把人们的注意力引向象征性颠覆和僭越的文化意义。"①

　　巴赫金的初衷不是要关心带有压迫性质的"宏观政治"，但他在梳理、研究中世纪和文艺复兴时期的狂欢节文化现象时发现了"支配和从属""压制和抵抗"这种带有政治性的普遍的权力关系。这意外地使他的研究视角与马克思观察社会的阶级视角和政治立场有了某种契合。"阶级文化严肃的一面是正式的、专制的一面；并与暴力、禁律、限制等结合在一起，而且总是带有一种恐惧和威胁的成分。这在中世纪大行其道，盛极一时。而笑声则恰恰相反，它克服了恐惧，因为对它来说，没有任何禁律和限制。它的特点就是从来不需要借助于暴力和权威。"② 当然，不可否认，巴赫金研究的狂欢节文化是西方民主政治在文化活动中的隐喻和"镜像"反映，带有巴赫金对专制、极权社会的反感、厌恶、抵制的情感和对平等、自由、公正社会的乌托邦幻想与呼吁，从下面的叙述中不难看出这一点："中世纪的人过着两种生活：一种是官方法定的生活，社会氛围是严肃的、黑暗的，人们屈从于严格的等级体制，充满着恐怖气氛、教条主义、敬畏之情和虔诚之心；另外一种就是狂欢节广场上的生活，自由自在，无拘无束，充满着矛盾的欢笑，亵渎神圣，污言秽语，每个人之间的接触亲切随意。"③ 深受极权主义迫害的巴赫金刻骨铭心地体会到由于权力横行所产生的暴政的恐怖、残忍，以及自由社会的可贵和幸福。"在狂欢节中，决定日常生活结构和生活秩序的法规条文

---

① ［英］阿雷恩·鲍尔德温等：《文化研究导论》，陶东风等译，高等教育出版社2004年版，第266页。

② ［英］约翰·斯道雷：《文化理论与通俗文化导论》，杨竹山等译，南京大学出版社2001年版，第178页。

③ 同上。

以及各种清规戒律等非狂欢节式的东西都被抛在一边：被抛在一边的首先是等级森严的社会结构以及与之相关的恐惧、敬畏、虔诚和礼节——即，由社会等级制度的不平等或人与人之间的其他任何形式的不平等（包括年龄）所带来的一切。人与人之间的距离被抛在一边，代之而起的是一种特殊的狂欢节式的关系：人与人之间自由自在，亲切随意的接触。"①

　　巴赫金对狂欢节文化研究所产生的"狂欢诗学"的意义是重大的，它与葛兰西的"文化霸权"理论一道形成了文化研究中双峰并峙的局面，他们的研究所具有的共同价值表现在对社会、文化、政治中"权力压迫"现象的关注，这一独特视角影响了整个 20 世纪的文化研究、文化理论、文艺学和美学范式与话语的转型，这种影响至今依然在扩展。它预示了整个 20 世纪伴随世界民主政治的潮流而到来的文化民主潮流的不可阻挡，权力、真理、权威、宗教、道德、秩序、规则、规训、高雅文化正在逐渐缩小自己影响的地盘和遭到瓦解，自由、平等、相对、差异、多元、协商、包容、世俗化的大众社会价值观正在形成。纵观西方的文化研究，我们可以在布尔迪厄的"符号资本"、福柯的"话语权力"、阿尔都塞的"意识形态国家机器"、伯明翰学派的"文化平民主义"、后结构主义和后现代主义的"解构策略"、后殖民主义的"东方主义"学说、女性主义的权力视角、性别与种族研究、亚文化的仪式抵抗研究等，甚至法兰克福学派的大众文化意识形态控制理论中听到对权力的"钻探、勘测"的声音，看到对权力的"取样"分析研究。我们完全有理由说，巴赫金对 20 世纪的文化研究做了开创性、奠基性工作。"权力"的问题之所以被文化研究理论家所关注，是因为人类的文明发展史就是在"建构权力"和"消解权力"的过程中进行的，从政治民主到文化民主，从现代性到后现代性的转型，不但标志着从"权力规训"到"规训权力""控制权力"的胜利，也是人类从野蛮走向文明、从限制和必然走向解放与自由的象征。这无疑是 20 世纪"文化政治"理论产生的根本原因。巴赫金曾经说过："文学作品要打破自己的时代的界限而生活到世世代代之

---

　　① ［英］约翰·斯道雷：《文化理论与通俗文化导论》，杨竹山等译，南京大学出版社 2001 年版，第 177 页。

中。即生活在长远的时间里，而且往往是（伟大的作品则永远是）比在自己当代更活跃更充实。"① 在我们看来，不但文学作品如此，文学理论也无不如此，它理应具有超越时代的价值。巴赫金的"狂欢诗学"正是这种不断影响后世文化发展和理论研究的超时空的文学理论，正因为如此，中国当代文艺理论家钱中文先生才对巴赫金的"狂欢诗学"发出了这样的赞叹："理论是可以常青的。"

---

① 钱中文主编：《巴赫金全集》（第六卷），李兆林、夏忠宪译，河北教育出版社 1998 年版。

第 四 章

法兰克福学派大众文化理论的片面性

　　法兰克福学派的大众文化理论是 20 世纪影响最为深远的文化理论之一。它在 20 世纪 80 年代后传入中国，与杰姆逊的后现代文化理论一道成为 20 世纪 90 年代中国内地大众文化研究的主要理论支撑。法兰克福学派的大众文化理论不可避免地带有从现代性文化到后现代文化转型时期的历史局限性，他们站在精英主义的立场上，抱持纯粹的政治关怀、文化偏见以及现代主义美学的立场，批评兴盛于美国的大众文化，片面地将大众文化等同于极权主义政治一样的"欺骗""操纵""控制""收编"大众的工具，认为它带来的是以娱乐文化的"虚假需求"取代参与政治的"真实需求"，其机器化、批量复制的特点破坏了艺术的自律性、韵味，使文化降格为无深度的平面化、通俗化的东西。而没有看到大众文化是 19 世纪以来大众社会兴起，大众成为政治、文化主角的时代产物，也没有看到大众文化在拆除社会等级、实现文化平等、消解精英权威地位，为大众提供精神享受的积极意义。

第一节　西方马克思主义与法兰克福学派

　　法兰克福学派属于西方马克思主义思潮的组成部分，因此，在思想渊源上直接与卢卡奇和马克思的"异化""物化"观念相连，同时，霍克海默在哲学上受康德、黑格尔以及叔本华悲观主义哲学的影响，在美学上接受了康德的"非功利主义"的自由主义美学原则。而阿多尔诺在克拉考尔的帮助下很早就接触了康德的《纯粹理性批判》，因此阿多尔诺的思想同样表现出了学理渊源的复杂性和丰富性。正如 E. B. 阿什顿提醒研究阿多尔诺的人所说的那样，"为了详详细细地追循阿多尔诺的思想线索，你需要几乎完全了解康德、完全了解黑格尔，并从内心深处——不但是'用心'——了解马克思和恩格斯"①。的确如此，在他的《否定的辩证法》一书中，就有大量的关于康德和黑格尔的论述，而他的"文化工业"理论也受到马克思的影响。正是这样，他们对资本主义受"交换价值"支配的商品社会，对物质化的"功利主义"世界，对由技术理性形成的"工具理性"现实持悲观、反感的立场是可以理解的。矛盾的是，法兰克福学派的主要代表在坚持"非同一性""异质性"原则的同时，又强烈反对瓦解"同一性"，促进"差异性""多元性"文化发展的大众文化。这种矛盾性有其复杂的根源，由于犹太人的特殊身份，一次世界大战发生后，为躲避希特勒法西斯主义的迫害，政治避难于美国，因此，他们对任何极权专制社会和带有极权专制意识形态的文化极其厌恶。霍克海默曾经在他的《批判理论》一书中明确地表达了这一立场："对法西斯主义的仇恨就等于对专制统治的仇恨。"他们不但感同身受极权主义的恐怖统治，而且认为，极权主义已经成为当代社会不断扩散的病毒和瘟疫。在权力没有得到真正控制、肆虐横行的地方，都有可能滋生极权主义。"在霍克海默及许多'西方马克思主义'看来，社会的统治和压迫不是哪个阶级、哪种集团之间的问题，而是整个人类面临的问题。这是他们思想的一个重要基点。这就使他们把注意力集中在社会中普遍的统治和压迫形式：当代资本主义社会呈现出的总体的技术控制和意识形态控制。"②

第二节　卢卡奇"总体性哲学"的影响

法兰克福学派诞生于 20 世纪 20 年代至 30 年代，其思想具有现代和后现代的两面性。他们既反对现代性中启蒙理性的一面，认为启蒙包含

---

① ［德］阿多尔诺：《否定的辩证法》，张峰译，重庆出版社 1993 年版，英译者按语，第 5 页。

② ［德］马克斯·霍克海默：《批判理论》，李小兵译，重庆出版社 1989 年版，李小兵中译本序第 12 页。

着控制大众的"野蛮主义""极权主义"的一面，同时又有强烈抵制与现代性形成断裂的后现代思潮的一面。从哲学上说，阿多尔诺的"否定辩证法"具有后现代的特点，是"反体系"的哲学，是对黑格尔和卢卡奇的"同一性""整体性""总体性"哲学的反叛，它强调辩证法的"非统一性"本质，正如他所说："否定的辩证法是反体系的，要用非统一性的思想代替同一性的原则"，以便"使辩证法摆脱肯定的特征"，成为"否定的"辩证法。"阿多诺认为，他以前的辩证法，包括德国古典哲学，都有一个共同的错误，即强调肯定的思想。传统的辩证法虽然也提出否定的问题，但最终都回到肯定上去，而缺少不断的否定。甚至像卢卡契的总体性概念，也是这样的辩证法的表现，通过总体而达到统一，这就取消了矛盾和差异。阿多诺特别注意社会现存的各种矛盾和差异，他反对以某种同一的方法来分析充满了矛盾的资本主义社会。在他看来，否定的辩证法也就是'矛盾地思考矛盾'，它不断地否定而没有确定的最后结果。"① 以往的"同一性哲学"往往会催生极权、专断、权威的思想，是与后现代推倒一切权威、摧毁绝对真理的神话格格不入的。"阿多尔诺在《否定的辩证法》中集中批判了哲学的'同一性'的追求。他认为，古往今来，不管是在形而上学上还是在认识论上，不管哲学家本人的意图如何，哲学的基本精神都是追求'同一性'，追求一个绝对的出发点，即追求万事万物可最终还原于的某种原初的东西。哲学家在考察诸如物质与精神、客体与主体、一般与特殊、理论与实践之类的传统对立面时，总是赋予其中这一或那一概念以第一性，并创造一种千篇一律的语言来描述某一事物，力图统一宇宙的各方面。在阿多尔诺看来，实际上这是行不通的，因为根本不存在绝对的第一性，哲学所强调的任何事物都是与它对立面互相依存的，任何想寻找原初事物或概念的哲学都是走上了错误的道路。"② 阿多尔诺承认他的哲学就是反体系的"否定的辩证法"，否认世界上有绝对的真理，不变的、"绝对真理"观念的产生与历史上的"体系性哲学"相关，"否定的哲学"是自由的哲学，在他看来，"完全

---

① ［德］阿多尔诺：《否定的辩证法》，张峰译，重庆出版社1993年版，张峰中译本序第3页。

② 周宪：《20世纪西方美学》，南京大学出版社1997年版，第104页。

的自由就是否定体系"。"资产阶级意识在解放的时代虽然成功地反对了封建的思想方式，但没有同体系决裂，因而革命是不彻底的。哲学之所以在体系的意义上是不可能的，原因在于每一事物都在变化。"① "同一性"的体系性哲学在滋生绝对真理观念的同时，也容易导致思想僵化、反对异见、唯我独尊的极权主义、专制主义的弊端。"由于哲学在人类的文明中不惜任何代价寻求着秩序和不变性，从而加强了社会上极权主义和盲从主义倾向。据此，阿多尔诺得出结论：哲学所寻求的秩序不变性实际上是不可能的，惟一可能的是连续的否定，它破坏性地抵制任何打算赋予世界以'同一性'从而把世界限定在一个原则上的企图。这就是阿多尔诺把自己的观点叫做'否定的辩证法'的原因。"② 更为重要的是，阿多尔诺在"否定的辩证法"里发现了自由与"否定"的关系，否定就是自由，自由意味着摆脱奴役。因而，"否定的辩证法"在他那里便成了抵抗社会压抑的武器。"在阿多尔诺看来，自由的唯一意义却在于否定，在于反思地否定各种具体的奴役。"③

第三节　法兰克福学派与西方理性哲学

丹尼尔·贝尔指出："西方意识里一直存在着理性与非理性、理智与意志、理智与本能间的冲突，这些都是人的驱动力，不论其具体特征是什么，理性判断一直被认为是思维的高级形式，而且这种理性至上的秩序统治了西方文化将近两千年。"④ 事实的确如此，从古希腊的苏格拉底、柏拉图、亚里士多德开创理性哲学到文艺复兴、启蒙运动，直到 20 世纪50 年代以前，西方文化一直都是沿着理性的轨迹在前进。法兰克福学派的电影理论是他们整个大众文化理论的一个重要组成部分，他们的思想资源来自于西方的理性文化传统，特别是英国的马修·阿诺德的精英文

---

① ［德］阿多尔诺：《否定的辩证法》，张峰译，重庆出版社 1993 年版，张峰中译本序第 7页。

② 同上书，张峰中译本序第 3 页。

③ 同上书，张峰中译本序第 6 页。

④ ［美］丹尼尔·贝尔：《资本主义文化矛盾》，赵一凡译，生活·读书·新知三联书店1989 年版，第 97 页。

化至上思想。尽管有学者认为法兰克福学派的思想来自于马克思和弗洛伊德观念的嫁接，但我们认为其中马克思的精神多于弗洛伊德的影响。他们强调理性的重要性甚于肯定人的感性欲望的解放，电影在很大程度上就是一种解放本能欲望的文化。法兰克福学派像阿诺德一样坚持的是贵族文化立场，阿诺德曾经指出："将成为人类知识和真理传播机构的是受过高等教育的少数人，而不是缺乏教育的大多数人。从完整字面意义上讲，知识和真理不会完全由人类的绝大多数人掌握。"① 从鄙视大众到轻视大众文化，把文化分为高雅和低俗、优等和劣等、重要和次要，这是从阿诺德、利维斯到法兰克福学派的一贯立场。

大众文化，特别是电影，通过娱乐传播人类文化和价值观念，是其主要特征。法兰克福学派秉承西方理性文化的传统，对电影的娱乐功能进行了激烈的批判。它根源于西方文化长期以来认为理性、道德是重要的，感性、欲望是次要的、下等的思想。苏格拉底的"知识即美德"，柏拉图对艺术排斥驱逐的理由（艺术挑逗人的欲望，诱人堕落）确立了西方文化的理性传统。在古希腊有斯多阿学派和伊璧鸠鲁学派的"理性幸福论"和"快乐幸福论"之争，文艺复兴时期以后，蒙田和帕斯卡尔两人对娱乐持截然不同的观点。西方的文学艺术在文艺复兴以后从宫廷走向社会，逐渐通俗化、大众化、市场化。蒙田作为一个人文主义的重要代表，意识到理性文化的虚伪性、专制性、保守性，它的统治地位必将被适应时代和人性需要的感性娱乐文化所代替，时代的进步并不表现在理性的进步和对道德的强化，因为理性和道德几千年来都是束缚人的感性欲望的精神枷锁。蒙田认为人是感性和理性的统一体，感性欲望是人性重要的组成部分，因此人应该顺从自然的天性，得到自己应该得到的人间快乐。在他那里，文学就是满足人的感性娱乐的要求，"为心灵提供发泄的目标"。"对于蒙田来说，艺术是与娱乐联系在一起的，是为了满足人们的冲动，使其逃避心灵的痛苦的。"② 帕斯卡尔生活的 17 世纪，笛

① ［英］约翰·斯道雷：《文化理论与通俗文化导论》，杨竹山等译，南京大学出版社 2001 年版，第 37 页。

② 王晓升：《为个性自由而斗争——法兰克福学派社会历史理论述评》，社会科学文献出版社 2009 年版，第 346 页。

卡尔为代表的理性哲学占主导地位，理性是精神世界的君王，贬低人的感性需要成为时代的思想主流。帕斯卡尔认为人的感性欲望是其自身的痛苦之源。而在18世纪的德国，启蒙运动对理性的推崇有增无减，歌德和席勒乃至康德都是理性哲学的代表。歌德坚决反对娱乐文化，"在歌德看来，一切娱乐的文化都是粗俗的文化，都是粗制滥造的东西，它们不过是为了满足人的娱乐上的要求的。歌德强调，作者不是要让文学作品尽量迎合大众的需求，而是要说服观众，按照真正艺术的要求来进行理性的努力"①。席勒认为人类存在感性和理性的冲突，他将毕生的努力都花在如何调解感性和理性的矛盾上，目的是使人的身心统一和谐起来。在他看来，达到这种统一和谐的途径唯有通过审美。"感性的欲望和理性的意志之间总是存在着冲突，这种冲突和矛盾的解决不是一方战胜另一方，而是一种和解，是感性的欲望和理性的意志之间的和解。对于个人来说，通过伟大的艺术作品，他得到了最高程度的愉悦，这是感性和理性结合在一起的愉悦。"②席勒为理性文化的溃败、感性的大众文化的到来深感失望，并表示出拒斥的情感。"席勒自觉地意识到，在当代社会，伪劣艺术在驱赶着真正的艺术，平庸的艺术占据了历史舞台。这种平庸的艺术只是诉诸人的感官刺激和本能的需求，而不能激发人们的理性的思考，甚至阻止人们的理性思考。"③而在康德那里，审美是一种不涉及感性欲望的自由快感，美和善与道德紧密相连，他甚至干脆认为"美是道德的象征"。

在哈贝马斯看来，晚期资本主义出现了"合法性危机"，而合法性危机实际上是一种"文化危机"，大众文化在后现代得到赞同和发展，事实上也是资本主义为了挽救自身危机的让步。在晚期资本主义阶段，无论是要获得政治统治上的支持，缓和劳资矛盾，还是刺激资本的再生产，都必须考虑大众的需要，这种需要自然包含了人的感性欲望。在后现代，以单纯的暴力专制和压迫去治理社会已经失效，约翰·穆勒在1848年就

---

① 王晓升：《为个性自由而斗争——法兰克福学派社会历史理论述评》，社会科学文献出版社2009年版，第348页。

② 同上。

③ 同上书，第350页。

预见了资本主义暴力统治面临的社会危机，"极其明显，至少就工业已然高度发展的欧洲而言，其劳动工人不再愿意臣服于专断或父权式的政府体系了"①。从文化的角度看，资本主义也必须借助大众文化来建立它政治统治的合法性和权威性，"现代资本主义的合法性必然要建立于存在着乌合之众（mass）这样的神话，以及存在着一个普同、平等而具有社会整编作用的大众文化"②。这便是资本主义意识到的伴随政治民主化、经济民主化到来的"文化民主化"。

第四节　法兰克福学派"对极权主义"的反抗

法兰克福学派的可贵之处在于他们对产生个体压抑的极权主义的批判尽量做到了态度中立的"非政治性"。在他们看来，极权主义不但可能产生在资本主义社会，也可能产生在"权大于法"的所谓社会主义国家。霍克海默在《独裁国家》里指出，即使像苏联和美国这样的意识形态差异很大的国家，其社会体系中依然存在着独裁主义因素，并把它与法西斯主义相类同。霍克海默甚至认为苏联"整体性的国家主义"，使它的权力统治更加巩固，对民众的压制更为彻底。不仅如此，他在该书中同样认为，美国这个表面上民主的国家，其体制内部也暗藏着极权主义的毒瘤，而法西斯主义无非就是资本主义的极端形式。霍克海默和阿多尔诺在《启蒙的辩证法》中揭示了启蒙意识形态在美国社会文化中的表现及其在理性外壳下的欺骗性："一种有效地使群众无思想地、盲目地受到一体化控制的文明体系是和极权主义政治有对等关系的。由于这种控制是在自由的许诺下剥夺了人们真正独立的、个性的自由，因此它的欺骗性就更大，而人与它的决绝也就更困难。"③ 两人认为，在意识形态控制的层面上，晚期资本主义通过娱乐的文化形式，即通过大众文化来改变人们对政治的态度，消解社会的阶级差别，使工人阶级融入整个社会组织

---

① ［英］阿兰·斯威伍德：《大众文化的神话》，冯建三译，生活·读书·新知三联书店2003年版，第21页。

② 同上书，第161页。

③ 杨小滨：《否定的美学——法兰克福学派的文艺理论和文化批判》，上海三联书店1999年版，第14页。

结构之中；用满足人们的物质享受和精神愉悦的方式来瓦解和麻痹工人阶级的抵抗意志与批判现实的意识，使过去的工人阶级和底层民众安于现状，成为晚期资本主义社会的有机整体，丧失了颠覆资本主义制度的"异端"性。关于这点，马尔库塞指出："如果工人和老板欣赏同样的电视节目，游览同样的娱乐场所，如果打字员与她雇主的女儿打扮得一样漂亮，如果黑人拥有卡德拉牌小汽车，如果他们读相同的报纸，那么这种同化并不表明阶级的消失，而只是表明了用来维护现存制度的需要和满足由下层人民分享的程度。"[①] 同样，霍克海默和阿多尔诺清楚地看到文化工业已经成为资本主义上层建筑的构建之一，它具有瓦解社会阶级界限的强大力量，正在消除资本主义社会的敌对势力，事实上，正在成为强化资本主义制度的钢筋水泥："不断扩张的文化工业通过收音机、电视、电影和爵士乐那样的各种形式的流行音乐，以马克思所不能想象的更大效力不停散布着统治阶级的意识形态。20 世纪消费社会的进一步发展，通过推广无阶级性的新神话，强有力地援助了收编工人阶级的进程，并且更加紧密地将工人阶级与发财致富的信念结合起来。……作为上层建筑的一部分，文化工业的发展似乎注定要消解马克思视为源于社会物质基础的社会变革。"[②]

第五节　法兰克福学派的"精英主义情结"

由于法兰克福学派的欧洲文化的生存背景，他们具有很强的"欧洲中心主义"的情结，加之传统精英主义思想对他们的影响，导致他们对美国从来没有真正的同情和好感（马丁·杰伊的观点），当然会对美国的大众文化大加挞伐。赫伯特·甘斯和爱德华·希尔斯就一针见血地指出了这些批评家对大众文化强烈抵制的原因。"这些大众文化的批评家不仅仅是精英，他们更是丧失了其身份而置身流动的美国社会中的精英，这

---

① ［美］赫伯特·马尔库塞：《单面人》，左晓斯等译，湖南人民出版社 1988 年版，第 7 页。

② ［英］阿雷恩·鲍尔德温等：《文化研究导论》（修订版），陶东风等译，高等教育出版社 2004 年版，第 111 页。

些批评家属于由宫廷和庇护人所组成的前资产阶级的阶层，美国的民主政治对其构成了威胁。为了解救他们的地位，这些批评家盲目崇拜精英的创造力，嘲弄更大的受众。"① 而且，也因为美国不但不是他们想象的避难乐园，反而挑战了他们传统的精英权威以及优越感。甘斯说，这些批评家中的大多数人，一直就是欧洲人或者欧洲精英的后代或以欧洲精英为榜样的人的后代。"真正的美国人都热爱大众文化。"希尔斯指出："对大众文化的批评源自'失望的政治偏见'以及反对美国社会的'仇恨'。"② 而约翰·费舍尔则指出，是因为："美国并没有为（欧洲的）知识分子提供'避难的活动范围，或者赋予他们认为自己应得尊敬和等级特权'。"③ 由于法兰克福学派思想上将经典的马克思主义"异化"理论、"商品拜物教"理论奉为圭臬，也导致他们对主要兴盛于美国的以商业化（强调文化、艺术的交换价值）、都市化、娱乐化为特征的大众文化基本都持一种反对和批判的立场，认为大众文化是晚期资本主义工业化、机械复制的产物，带有欺骗大众的性质，是资本主义对大众意识形态操控的奸计。并认为人们在消费大众文化的过程中，丧失了自己的独立人格和个性自由，在"虚假"的满足中屈服、顺从于资本主义制度。因此，他们的大众文化理论在学界又以"社会批判"著称。更为重要的是，曾经受到希特勒极权主义和专制社会压迫的他们，反抗、斗争、革命成为他们的惯性思维和解决问题的方法模式，而晚期资本主义的发展并没有让他们看到革命的希望，反而在技术基础上的生产力高度发展所带来的丰裕的物质社会加固了资本主义制度，推翻资本主义的革命已变得遥遥无期。加之 20 世纪中期法国"五月风暴"的被镇压，美国 60 年代青年校园革命的失败，给霍克海默带来的是这样的印象："当时的革命运动面临低潮，新的社会目标使人看到的不是希望，而是恐怖和失望。"④ 在极权政治的统治下，青年的革命激情被扑灭，争取自由、公正、美好的社

---

① ［美］拉塞尔·雅各比：《乌托邦之死：冷漠时代的政治与文化》，姚建彬译，新星出版社 2007 年版，第 111 页。

② 同上书，第 112 页。

③ 同上。

④ ［联邦德国］马克斯·霍克海默：《批判理论》，李小兵译，重庆出版社 1989 年版，李小兵中译本序第 11 页。

会的希望极其渺茫。资本主义就是人的贪婪、利己自私心的激发，充满欲望的罪恶感。在"极权制国家中，年青人的斗争所争取的自由，正是那个在非极权制国家中面临永恒威胁的自主性"，而且"更加美好公正的社会，是一个缠绕着罪恶感的目标"。① 人们事与愿违，理想化为泡影。而在阿多尔诺看来，希特勒的"反犹主义"的基础在于黑格尔的"同一性哲学"，"同一性哲学"排斥"差异"和"矛盾"，要求事物的"整一性"和"纯洁性"，而在法西斯那里，犹太人就是应该被铲除的异己、污秽的东西。与之相同，滋生极权主义的文化土壤也是"同一性哲学"，最终的结果都是排斥"异端"和歧见。

从文化发展的历史趋势看，法兰克福学派的思想表现出不无落后的保守性和传统性，对过去的历史具有强烈的怀旧情结，厚古薄今，对传统文化怀有浪漫化的过度赞赏、夸饰成分，视过去为"黄金时代"。从文化理论上看，法兰克福学派的大众文化理论来源于英国文化中的传统保守主义思想，特别是阿诺德、利维斯主义的文化理论。他们对大众文化摧毁精英文化的权威性和统治地位充满焦虑，表现出强烈的"文化领导权"争夺意识。正如约翰·斯道雷所说："为大多数人服务的通俗文化一直是少数掌权者的心病。掌握政治权力的人一直认为必须对没有政治权力的人的文化实施控制，密切观察其在政治上的不安分的迹象；通过保护和直接干涉，不断实施调整。在 19 世纪，这种关系发生了根本的变化。有一段关键时期，统治者失去了对被统治者文化的有效控制。"② 当然，我们认为这里的掌权者不仅仅是政治统治者，也是"文化话语权"的掌握者，即精英文化阶层。他们以精英的偏见来区分大众文化和精英文化，认为前者缺乏批判立场，是低俗的，不属于艺术；后者是不与现实妥协的，高雅的、富有品位、深度的，是"异在"于资本主义现实、具有反叛和批判精神的艺术。并且认为在接受大众文化的过程中，大众是完全被动地接受被媒体"编码"好的作品。这样的

---

① ［联邦德国］马克斯·霍克海默：《批判理论》，李小兵译，重庆出版社 1989 年版，李小兵中译本序，第 11 页。

② ［英］约翰·斯道雷：《文化理论与通俗文化导论》（第二版），杨竹山等译，南京大学出版社 2001 年版，第 29 页。

先验预设主观臆想的成分居多，客观分析的态度较少。事实上，一方面，大众文化具有意识形态操纵的功能；另一方面，大众在接受大众文化的过程中也具有拒绝和抵抗操纵、控制的行为。道格拉斯·凯尔纳就批评了他们思想的片面性："法兰克福学派对高雅文化和低俗文化的切分也是有问题的，而应以这样一种模式替而代之：即把文化看作是一种光谱，同时将类似的批判方法应用在包括从歌剧到流行音乐，从现代主义文学到肥皂剧等在内的所有文化制品上。特别是，法兰克福学派的一个研究模式将整个大众文化与理想化的'真正艺术'作对比，而把批判性、颠覆性和解放性等契机都限定在某些高雅文化中某些特殊的作品上，而这是很成问题的。法兰克福学派认为，一切大众文化都是意识形态化的、低劣的，具有欺骗受动的消费者大众的效应，这也是要予以反对的立场。相反，人们应该在整个文化领域里看到批判性和意识形态化的成分，而不是把批判性的契机只给予高雅文化，同时又把所有的低俗文化确认为意识形态化的东西。人们也应当允许有这样的可能性，即既可以在精英的现代主义的神圣经典里，也能在文化产业的产品中找到批判性和颠覆性的契机；而法兰克福学派似乎是偏重前者的，把它看成艺术反抗与解放的所在。此外，人们要区分媒体的编码与解码过程，认识到能动的受众常常对文化产业的产品形成属于他们自身的意义和作用。"[1] 综上所述，可以看出法兰克福学派抵制和批判大众文化有其复杂的社会、历史、文化、身份的原因。正是这样，美国学者马丁·杰伊说："阿多尔诺的思想是由五种因素构成的一个充满张力的丰富世界，这五种因素分别是马克思主义、美学的现代主义、精英文化的保守主义、犹太情感和解构主义。"[2] 在我们看来，他们的观念还包括了弗洛伊德的理论和德国古典美学对他们的影响，这些因素一道形成了法兰克福学派既互补又矛盾、既激进也保守、既客观也主观臆断的理论特色。法兰克福学派的文化理论主要包括这样几个方面：批判大众文化的意识形态操纵功能以及商品属性；反对大众文化的娱乐功能和批判大众文化

---

① ［美］道格拉斯·凯尔纳：《媒体文化——介于现代与后现代之间的文化研究、认同与政治》，丁宁译，商务印书馆 2004 年版，第 51—52 页。

② 转引自冯宪光《"西方马克思主义"美学研究》，重庆出版社 1997 年版，第 255 页。

制造的"虚假需要"。

第六节　法兰克福学派"意识形态操纵"理论

《启蒙辩证法》是霍克海默和阿多尔诺合著的一部批判大众文化的著作。在该书中，他们关心的是"文化进步走向其对立面的各种趋势"，通俗地说，就是"为什么人类不是进入真正符合人性的状态，而是堕落到一种新的野蛮状态"。二人认为，追根溯源，应该归咎于"启蒙"，"启蒙"来自于神话，"神话是粗鄙的启蒙精神的表现"，在霍克海默和阿多尔诺看来，"启蒙的纲领是要唤醒世界，祛除神话，并用知识代替幻想"，启蒙和神话具有天然的"同源性"，"同构性"，无论神话还是启蒙，最初都是为了克服外在世界的恐惧和控制而产生的。然而，神话和启蒙最终都使人类陷入了新的压迫和恐惧之中，"那个旨在征服自然和把理性从神话镣铐下解放出来的启蒙运动，由于其自身的内在逻辑而转到了它的反面"，它说明启蒙具有否定自我的"自反性"（即乌尔里希·贝克所说的"进步可能会转化为自我毁灭"）。"潜在于启蒙哲学中的集权思想，把人的特征比作可以互相交换的商品，理性和感性被贬到一个非人的水平上；理性主义的计划堕落成为极权主义的恐怖。"[1] "启蒙"本应该唤醒人们沉睡的智慧，引领人类从野蛮走向文明，从黑暗走向光明，从必然走向自由，然而，启蒙的结果却事与愿违。在他们看来，"启蒙的前途，对科学和理性进步的信念和对人类自由之扩展的信念，已经变成了一种噩梦，变成了用科学理性来毁灭人类自由"[2]。他们之所以反对大众文化，就是因为大众文化是反启蒙的，技术支撑着文化工业的生产，技术同时不但控制着人的身体，也对人形成了意识操纵，人的主体性、独立性、创造性在这个生产过程中大打折扣，使启蒙对于人的解放的承诺落空。阿多尔诺指出："文化工业总体的作用是反启蒙的，如霍克海默和我所评论

---

① ［德］马克斯·霍克海默、特奥多威·阿多尔诺：《启蒙辩证法》，洪佩郁、蔺月峰译，重庆出版社1990年版，中译本序。

② ［英］多米尼克·斯特里纳蒂：《通俗文化理论导论》，阎嘉译，商务印书馆2001年版，第63页。

的，在其中，启蒙即先进的技术的统治，它成了大众欺骗术，变成了束缚意识的手段。它妨碍自主、独立、为了自己而自觉作出判断和决定的个体的发展……它阻止时代生产力所允许的、人类为之准备着的解放。"①在他们眼里，20 世纪三四十年代的美国，科学技术带来的社会进步并没有导致人性的进步，相反，人性变得越来越堕落，社会对人的控制越来越加深和隐蔽，政治的"暴力统治"演变成了机器和物质的"温柔统治"，由此他们肯定，建立于技术基础上的西方现代性具有先天的摧毁自身的特点。因此，他们对以美国为代表的西方文明是持悲观态度的："今天，人性的堕落与社会的进步是联系在一起的。经济生产力的提高，一方面为世界变得更加公正提供了基础，另一方面又让机器和掌握机器的社会集团对其他人群享有绝对的支配权。在经济权力部门面前，个人变得一钱不值。社会对自然的暴力达到了前所未有的程度。一方面，个体在他使用的机器面前消失不见了；另一方面，个体又从机器那里得到了莫大的好处。随着财富的不断增加，大众变得更加易于支配和诱导。社会下层在提高物质生活水平的时候，付出的代价是社会地位的下降，这一点明显表现为精神的不断媚俗化。精神的真正功劳在于对物化的否定。一旦精神变成了文化财富，被用于消费，精神就必定会走向消亡。精确信息的泛滥，枯燥游戏的普及，在提高人的才智的同时，也使人变得更加愚蠢。"② 在这里，技术、物质财富、信息传播的革命都被他们视为社会退步的标志，其原因在于它们对人形成了新的压制和支配。他们反对技术的专制、经济的暴力和符号的控制，认为自己是为人类自由而战的卫士，因而抵抗任何束缚人的自由的组织、集团和行为，而写作成为他们为理想战斗的组成部分。人的价值和最高目的是在物质世界成为自由的支配者，而不是被物质世界所奴役。"今天更重要的事情是捍卫自由，传播自由，实现自由，而不是间接地促使世界走向宰制。"③ 但是人类社会的发展就是技术进步推动的生产力的发展，原始社会的人类自由是被

---

① ［英］多米尼克·斯特里纳蒂：《通俗文化理论导论》，阎嘉译，商务印书馆 2001 年版，第 63 页。

② ［德］马克斯·霍克海默、西奥多·阿道尔诺：《启蒙辩证法》，渠敬东、曹卫东译，上海人民出版社 2006 年版，前言第 3 页。

③ 同上书，新版前言。

动服从必然性的自由，是精神和物质都遭受了长期匮乏的不自由，而现代社会，在物质和精神的两个方面的自由都得到了极大的拓展，只是因为人类固有的贪婪、自私、权力控制的欲望，才产生了一些人对另一些人自由的剥夺，从而导致人的自由丧失。

基于大众文化是机械复制、批量生产的工业化产物，阿多尔诺将大众文化称为"文化工业"，在他看来，大众文化带来的不是解放，而是枷锁，不是启蒙而是愚弄。霍克海默和阿多尔诺的目的就是要揭示启蒙与神话之间的"家族相似性"，事实上，在他们眼中，启蒙与神话没有实质的不同，"如同神话已经实现了启蒙一样，启蒙也一步一步深深地卷入神话，启蒙为了粉碎神话，吸取了神话中的一切东西，甚至把自己当作审判者陷入了神话的魔掌"①。启蒙的内在矛盾是不言自明的，这种矛盾表现在它既要建立一种秩序，同时又要反抗秩序的约束，这同时也是现代性与生俱来的矛盾性，因为现代性建基于启蒙思想。18 世纪的康德是启蒙观念的奠定者。启蒙弊端是内在于康德的"道德至上"的哲学思想里的，道德本质上就是像父亲一样的一种压迫性力量，是弗洛伊德所说的"超我"对"本我"的管束，是潜入人心的自觉的"内在压抑"，压抑的目的是维护社会秩序。"如同菲勒斯能指一样，道德法则使个体服从其统治，但道德法则通过这种服从为个体带来了成熟的主体性。在康德的叙述中，道德法则是一个尤其应该受到谴责的法则或父亲之名，是权威之纯化过的本质。它不告诉我们做什么，只告诉我们'你必须做'。道德法则的严肃目的是要以更高规则的名义说服我们去压抑我们自己的感觉倾向；法则把我们与自然分离开来，把我们重新抛掷于充满纯粹的智性而没有感觉的客体构成的超感世界的象征秩序中。"② 这个象征秩序的编织物就是内在于每个人灵魂的道德控制力量。

---

① ［德］霍克海默、阿多尔诺：《启蒙辩证法》，渠敬东、曹卫东译，上海人民出版社 2003 年版，第 3 页。

② ［英］特里·伊格尔顿：《审美意识形态》，王杰译，广西师范大学出版社 2001 年版，第 74 页。

第七节　法兰克福学派"论大众文化的娱乐功能"

霍克海默和阿多尔诺生活的年代是晚期资本主义之前的时代，现代性的理性至上、精英至上、高雅至上，以及清教徒勤俭、节制的禁欲主义观念还深深地统治着社会和精英阶层的思想，表现在两人的大众文化理论上就是对文化的通俗性和娱乐性的拒斥，并且认为大众文化的娱乐功能目的就是进行虚假欺骗。"文化工业通过娱乐活动进行公开的欺骗。这些娱乐活动，就像宗教界经常说教的，心理学的影片和妇女连载小说所喋喋不休地谈论的，进行装腔作势的空谈，以便能够更牢靠地在生活中支配人们的活动。"① 在霍克海默和阿多尔诺看来，不是资本主义大众文化的目的，通过娱乐提升文化产品的交换价值才是目的，娱乐只是资本为了自身增值的策略，它是一种使人眩晕的精神鸦片，其恶果是：人们在虚假的娱乐满足中变得愈来愈无知和对现存制度的顺从，失去反思社会政治和抵抗野蛮制度的能力。"娱乐活动向来已经表明是对商业有重要意义的，是可以为商业叫卖，可以反映市场上叫卖声的。但是商业与娱乐活动原本的密切关系，就表明了娱乐活动本身的意义，即为社会辩护。欢乐意味着满意。但是，只有因为这些娱乐消遣作品充斥了整个社会过程，消费者已经变得愚昧无知，从一开始，就顺从地放弃对一切作品（包括对极无意义的作品）的苛求，按照他们的限制来反思整体，这种盲目的心满意足才会出现。"② 虽然二人也看到了娱乐的某些积极因素，如大众文化的休闲娱乐已经成为资本主义生产的延续，娱乐是让人们更加精力充沛地投入资本主义的扩大再生产的"加油机"，"享乐意味着全身心的放松，头脑中什么也不思念，忘记了一切痛苦和忧伤"，但他们终究彻底地否定了大众文化的娱乐功能，认为娱乐带给人的是消极的影响，使人对现实的专制压迫麻木无知，丧失了反思、洞察的能力，渐渐地习惯了被奴役的命运。"这种享乐是以无能为力为基础的。实际上，享乐是

---

① ［德］马克斯·霍克海默、特奥多·威·阿多尔诺：《启蒙辩证法》，洪佩郁、蔺月峰译，重庆出版社1990年版，第135页。

② 同上。

一种逃避，但是，不像人们主张的逃避恶劣的现实，而是逃避对现实恶劣思想进行反抗。娱乐消遣作品所许诺的解放，是摆脱思想的解放，而不是摆脱消极东西的解放。"① 显然，他们是基于自己的精英知识分子的政治理想和美学理想来对大众和大众文化做出这样的要求和评判的。在他们看来，文化是帮助人们寻求意义的活动，同时应该增强人们参与现实政治的激情和对一切审美艺术活动的反思判断能力，而资本主义的文化已经成为一种文化垄断，甚至成为权力的帮凶，文化垄断加固权力的垄断，在资本主义社会，"文化垄断必须紧密地维护真正的当权者"。与法兰克福学派的立场相反，英国的约翰·菲斯克客观地评价了"大众"与"大众文化"在后现代所具有的积极的正面价值。他并不认为大众文化是被动的、顺从的，在大众文化里看到的是："霸权遭逢败绩，意识形态弱于抵抗行为，社会控制遭遇无法无天。"他把"麦当娜"作为大众文化的经典文本，认为"麦当娜的流行是权力与抵制、意义与反意义、快乐与争夺控制权的复合体"，她的形象"是父权控制与女性抵制、资本主义与从属群体、成年人与年轻人间符号冲突的战场"。② 菲斯克纠正了法兰克福学派对大众文化的偏见，认为大众文化并不是从上到下由统治阶级灌输的文化，而是人民群众自己创造的文化，是大众颠覆和反抗资本主义的有力武器。"因为大众对说教总是持怀疑态度，大众对自身体验的理解不一定是当时社会秩序中宰制性力量所希望的，大众的快感从支配者的资源中创造出来为我所用，这从支配者的视角来看，则是大众为了自己的快感而以某种方式误用着他们的资源。正如他自己所说，商业流行文化从本质上讲即使不是激进的，也是进步的。"③ 菲斯克肯定了这种研究的价值，它在人们琐碎的日常消费中看到了活力和创造性，标志着"意识形态控制与社会控制的力量遭遇到日常生活毫不妥协的状态"。在这种大众文化的消费中，产生了变革社会的机会和动力。他指出："流行文化是进步的（在某些历史与社会条件下可能是反动的，但几乎不可能

---

① ［德］马克斯·霍克海默、特奥多·威·阿多尔诺：《启蒙辩证法》，洪佩郁、蔺月峰译，重庆出版社1990年版，第136页。

② 转引自张华主编《伯明翰文化学派领军人物述评》，山东大学出版社2008年版，第119页。

③ 同上书，第120页。

是完全反动的），而不是革命的，'大众在宏观层面缺乏激进的、直接的效力，并不意味着它是反动的、静止的、共谋的或被收编的'，其价值就在于它具有抵抗和超越能力，大众日常的抵抗常常被认为只是在'满足于自得其乐'，因为那不是'战略意义上的战斗'，只是'战术上的偷袭'，于是就遭到贬低。"① 菲斯克不赞同对大众文化（流行文化）完全的否定性评价。在他看来，大众文化具有颠覆既有秩序、创造新的文化意义的作用，事实是，"日常生活是流行文化的实践构造的，它的特征是当拒绝向权力妥协时，在权力系统提供的资源中产生微弱的创造性。日常生活的文化最好用斗争或反抗的隐喻来描述……对抗，社会利益的冲撞主要是由快感推动的：在社会经验中创造属于自己意义的快感以及避免权力集团和社会规训的快感"②。

霍克海默和阿多尔诺认为，"文化工业"一个很重要的功能就是消磨民众的革命意识，使劳苦大众不再可能成为资本主义的掘墓人（过去的文化就是这种唤起革命意识的"政治文化"，虽然它也有制定社会规则的一面），而工业革命以来的文化更是大大减弱了它的革命性。"文化向来都对抑制革命的感情和野蛮的本能做出过贡献。工业化的文化也是这样。工业化文化所描述的，是人们只能忍受残酷生活煎熬的条件。个人应该把它的冲天怨气作为推动力，为他所怨恨的集体权力服务。"③ 法兰克福学派的另一个代表人物利奥·洛文塔尔也认为，大众文化的最大毛病就是导致人们沉溺于金钱和欲望之中不能自拔，最终导致政治激情的衰减，泯灭了超越物质生存的需要，满足于既存的现实，丧失了怀疑现实、改变现实的意识。"文化工业通过生产一种'标准化、老套、保守主义、虚伪、受操纵的消费品'为标志的文化，致力于使劳动阶级非政治化——将其视野局限在资本主义社会压迫和剥削的框架体制内获得实现的政治和经济目标上。"他提出："革命的倾向不论在何时羞涩地露出一定的苗头来，都将被一种大体类似于财富、冒险、热情似火的爱、权力以及肉

---

① 转引自张华主编《伯明翰文化学派领军人物述评》，山东大学出版社 2008 年版，第 118 页。

② 同上。

③ ［德］马克斯·霍克海默、特奥多·威·阿多尔诺：《启蒙辩证法》，洪佩郁、蔺月峰译，重庆出版社 1990 年版，第 143 页。

欲主义一样的愿望——梦想似的虚假满足所平息和遏制。简而言之，文化工业不鼓励'大众'超出现存的范围去思考。"① 不仅如此，大众文化的政治角色还在于文化生产形成了各个部门互相联系的统一体，它导致了各个部门的思想和精神的集中与统一，这种社会关系的统一最后形成没有"他者"思想容身的意识形态的统一，这样资本主义坚固的政治统治就有了根本的保证。"精神的集中可以消除各个公司和技术部门的分界线，文化工业的完全统一，会形成政治上内聚的统一性。"霍克海默和阿多尔诺从大众文化里没有看到任何颠覆资本主义的迹象和希望，反而看到的是令他们失望的图景，资本主义制度因为不再有反对者、颠覆者而变得更加牢固。"与自由时代不同，工业化的文化可以像民族文化一样，对资本主义制度发泄愤怒，但不能从根本上威胁资本主义制度。这就是工业化文化的全部实质。"② 可以说，在霍克海默和阿多尔诺针对大众文化的评价里，意义、反抗、解放的价值是他们认为的大众文化应有的品质，而商业性、顺从性、享乐性使大众文化悖逆了"肯定性文化"的本质。在他们眼里，娱乐是使人麻醉的"虚假要求"，政治是使人觉醒的"真正需求"。同时，他们反对集中统一的文化生产模式，强调文化的"差异化生产"和"个性化生产"。正是在这点上，他们显示出的是对极权主义要求"统一"和"同一化"的抵抗的姿态，从而与后现代倡导多元化、差异化的立场走到了一起。

第八节　法兰克福学派批判大众文化的商品属性

美国的泰勒·考恩在其著作中指出："马克斯·霍克海默、西奥多·阿多诺和赫伯特·马尔库塞认为，市场交换影响文化交换的质量。文化的商品化抑制我们的批判能力，导致异化，降低艺术作品的品质，有利

---

① ［英］约翰·斯道雷：《文化理论与通俗文化导论》，杨竹山、郭勇、周辉译，南京大学出版社 2001 年版，第 145 页。

② ［德］马克斯·霍克海默、特奥多·威·阿多尔诺：《启蒙辩证法》，洪佩郁、蔺月峰译，重庆出版社 1990 年版，第 132 页。

于资本主义制度对付来自内部的挑战。"① 简单来说就是，法兰克福学派的代表们抵制市场经济带来的文化艺术的商品化趋势。法兰克福学派对大众文化的批判是以马克思的"异化"理论和卢卡奇的"物化"理论为基础的。马克思认为资本主义的生产就是"异化"的生产，"异化"包含两个方面的基本含义："劳动产品成了商品"，"劳动产品一旦作为商品来生产，就带上拜物教性质"，其结果是它把人的一切社会关系都变成物质交换关系。此外，"异化"还指人生产的产品本来应该成为"人的本质力量对象化"和创造性能力的确证，而在资本主义社会却恰恰相反。劳动产品不但不属于劳动者，而且还成为与劳动者敌对的事物，成为否定劳动者本质力量的东西。马克思曾尖锐地指出，"在商品社会里，物的具体使用价值被忽略了，唯一使人感兴趣的是用量代替质的作为商品交换的价值，（交换）价值是抽象的、抹煞个性的"②。卢卡奇认为，所谓"物化"是指"商品价值统治一切的社会现象"，"这种对价值的崇拜（即马克思所说的商品拜物教）渗透到了社会及其意识的各个领域中，人的意识也烙上了抽象化，即物化的痕迹。在商品社会里，大众文化首先是作为商品供人消费的，'它们完全堕入了商品世界里，为市场而生产，以市场为目标'。因此，它的作为商品的流通形式是它物化的内在的形式基础"。③ 法兰克福学派认为，晚期资本主义的大众文化生产是欲望的生产、物质功利的生产，是与前现代和现代的纯粹精神生产背道而驰的。对此，当代也有一些开明的西方学者认为，正是对欲望的合理满足而不是"禁欲主义"的提倡推动了资本主义经济、文化、社会的繁荣和发展。一些学者指出："文艺复兴时期的经济革命和艺术革命的基础是追求消费和享受的世俗欲望。正如大卫·休谟所指出的，奢侈品增加了感官满足，陶冶了艺术情趣。所谓的'新教徒的禁欲伦理'——后来的马克斯·韦伯认为这是资本主义的特征——并不是那时占支配地位的世界观。"④ 文艺

---

① ［美］泰勒·考恩：《商业文化礼赞》，严忠志译，商务印书馆2005年版，绪论第15页。

② 转引自杨小滨《否定的美学——法兰克福学派的文艺理论和文化批评》，上海三联书店1999年版，第50页。

③ 同上书，第51页。

④ ［美］泰勒·考恩：《商业文化礼赞》，严忠志译，商务印书馆2005年版，第131页。

复兴时期的感性解放潮流和对人的合理欲望的正视，为资本主义后来几个世纪的持续发展提供了理论的合理性和不竭的心理动力。因此，我们可以说，文艺复兴时期意大利的佛罗伦萨所坚持的生活态度、人生哲学是与20世纪资本主义"享乐至上"的精神一脉相承的。尽管这种欲望享乐的人生哲学不时遭到"理性哲学"和伪善的道德家的抵制，但它依然像不熄的熠火在人们手中暗中传递。泰勒·考恩不赞成丹尼尔·贝尔在《资本主义文化矛盾》中的观点：资本主义倡导一种不负责任的消费心态。贝尔认为放纵欲望会使人堕落，也将严重影响文化艺术的发展。泰勒·考恩以文艺复兴时期的意大利现实为例批驳了贝尔的武断结论。他说："文艺复兴时期的佛罗伦萨与18世纪的英格兰和20世纪初期和中期的美国类似，那时人们看到的相互关系与贝尔的理论相反。我们看到处于上升阶段的比较健康的资本主义经济；与此同时，追求享受和自我满足的道德观刺激了艺术的创造性。一般来说，追求享受的道德观与资本主义的兴起——而不是其衰落——有关。文艺复兴时期的佛罗伦萨既是早期资本主义的诞生地，也是一种拥有狂欢活动、公共节日、舞蹈和宗教节日的文化的诞生地。"① 正因为如此，考恩正面肯定了资本主义的市场经济给文化带来的积极的价值。在他看来，没有市场经济的催化，世界的文化艺术还在蹒跚前进。"市场经济促进了艺术家的独立性，使其从消费文化的公众的直接需求中解放出来。资本主义提供了经济方面的其他支持来源，让艺术家提高技巧，承担长期项目，追求其所选种类或专门市场的内在逻辑，发展其营销能力。商业社会是经济繁荣、生活舒适的社会，提供了丰富多彩的专门市场；艺术家在其中能找到满足其创造欲望的途径。"② 前现代和现代艺术是遵循康德的美学原则和"批判理论"立场的，认为审美是不涉及功利目的的，它强调的是艺术的自律性、意义生产，追求"无目的的目的性"，强调艺术的使用价值、精神价值、批判现实的价值，一定程度上排斥艺术的交换价值，更不用说艺术的"符号价值"。而晚期资本主义大众文化恰恰相反，是工业化的商品生产，最高的目的是实现商品的交换价值和符号价值。霍克海默和阿多尔诺作

---

① ［美］泰勒·考恩：《商业文化礼赞》，严忠志译，商务印书馆2005年版，第131页。

② 同上书，第22页。

为现代性的维护者，坚决反对把文化和艺术作为单纯的赚钱工具。反对成为商品广告宣传的工具，他们揭露和批判电影沉沦为资本增值工具的现象，"电影院是为集权的康采恩进行营业的"，"身价最高的电影明星，成了用来宣传不知名的市场商品的广告画"。他们认为艺术的独立性不仅在于对社会的异在性、疏离性、否定性，也在于不向资本主义的金钱社会低头、出卖尊严的气节。"贝多芬的音乐深刻地反映了他对臭铜钱的忿怒，他把必须出卖艺术品的做法看作世界对美学的强制。"① 但令人失望的是，在他们看来，资本主义的所有音乐生活都受商品形式支配，而凡是商业化的艺术都是肤浅的、低级的、堕落的艺术。法兰克福学派强烈反对文化的商品化，正因为如此，他们才对工业文明产生的大众文化持坚决否定的态度。例如，利奥·洛文塔尔就这样评价大众文化："在现代文明的机械化进程中，个体衰微导致了大众文化的出现，这种文化取代了民间艺术和高雅艺术。通俗文化产品没有丝毫真正的艺术特色，但是通俗文化的所有媒介都证明了它具有真正的自我特色：它是标准化、俗套、保守、虚伪、操纵消费者的产品。"② 洛文塔尔指出大众文化的平面化、公式化、标准化缺点是独具眼光的，但完全否定大众文化的价值并不可取，甚至是专断的。大众文化是市场经济兴起后的产物，法兰克福学派完全否定文化艺术的商品属性显然是脱离和违背现实的。人类的经济发展史就是市场发育、壮大的历史，人口的增加、城市的扩大形成了市场经济的必然条件，生产、交换、消费构成经济生活的完整的链条，缺一不可。卡尔·布林克曼说："经济史概括起来就是一部从头至尾的市场经济史。"无疑，市场在这里就成为经济生活顺利循环的中介。"在市场之外一切东西只有使用价值，进入了市场的狭窄之门的一切东西便获得了交换价值。"③ 所以，布罗代尔指出："如同社会、文明、国家乃至帝

---

① ［德］马克斯·霍克海默、特奥多·威·阿多尔诺：《启蒙辩证法》，洪佩郁、蔺月峰译，重庆出版社1990年版，第148页。

② ［美］利奥·洛文塔尔：《文学、通俗文化和社会》，甘锋译，中国人民大学出版社2012年版，第30页。

③ ［法］布罗代尔：《资本主义的动力》，扬起译，生活·读书·新知三联书店1997年版，第12页。

国一样，自古以来，至少很久以来，经济世界业已形成。"① 更为重要的是，文化的商品化也是现代科技发展的必然结果，在科技引领工业化的基础上，文艺复兴时期诞生了谷登堡发明的印刷机。印刷机的出现，使个人化、手工化、限量生产的文化转变成了机械化、批量化生产的文化，使文化的消费由一次性消费变成了重复性消费，推动了文学艺术和其他文化的迅猛发展，也促使文学实现了商业化的转型，使文化的广泛传播成为可能。它终结了少数精英占有文化资源的历史，迎来了文化共享的民主时代。"在印刷术问世之前，只有那些非常富有的人，那些在政治上有权有势的人才雇得起人来抄写书籍，或者从他们提供的服务中谋取利润。那时根本就没有大众读书的兴趣这一回事：阅读是有钱人和神职人员的特权。印刷和经济发展降低了成本，吸引大众的小说才可能出现。可复制性降低了生产和再生产的成本，从而促进各种各样图书的出版，其中包括没有什么价值的畅销书。"② 在文艺复兴时期，与时俱进的人文知识分子对这个商业文明、机械复制时代的来临不但没有表现出惶恐、抵制、拒绝，反而感到欢欣鼓舞，从心底上拥抱这个时代的到来，对自己身处的时代洋溢着赞美之情。15 世纪的人文主义者和建筑师莱昂·巴蒂斯塔·阿尔贝蒂论证说："商业创造了经济繁荣和就业，满足了买主的需要，确保了共和国的力量，激励和资助了画家、雕塑家和音乐家。"③ 在中世纪，巴黎还被视为世界的中心，而后来意大利在资本主义发展基础上的发达商业，逐渐让佛罗伦萨这样的城市取代了巴黎的中心地位，成为文艺复兴的发源地。商业的发展也极大地推动了文化艺术的进步，可以说没有商业和经济的发达以及印刷术的推广，就没有文艺复兴运动，也就不可能有人文主义精神的广泛传播。"佛罗伦萨的成就在更普遍的意义上说明了在西方艺术崛起背后的商业因素。在文艺复兴初期和中期，佛罗伦萨是欧洲最富有的城市之一。那个城市的经商专长带来了刺激市场需求的财富，提供了一个大范围的疏散分布的买方网络，支持了后来

---

① ［法］布罗代尔：《十五至十八世纪的物质文明、经济与资本主义》，顾良等译，生活·读书·新知三联书店 2002 年版，第 4 页。

② ［美］泰勒·考恩：《商业文化礼赞》，严忠志译，商务印书馆 2005 年版，第 73 页。

③ 同上书，第 108 页。

发展为艺术创造能力的工艺技能。佛罗伦萨的经验反映了现代社会处于新生阶段时拥有的优点。"①

法兰克福学派认为，对利润的追逐必将导致艺术水平的衰落，艺术家在赚钱的动机的驱赶下会心浮气躁，创作上出现粗制滥造的现象，应该说他们看到了问题的一个方面，但不全然如此。不可否认，为了扩大市场，吸引受众，保证艺术的质量信誉，创造艺术品牌的知名度也是艺术家谋求更大利润的动机。"金钱动机确实促使作家去写出更明白易懂的作品，但是这种动机也常常促进高质量和文学价值的形成。提供娱乐的动机并非必然与作者探索具有思想深度、敏感和高品质的题材的能力发生冲突。"②

第九节　法兰克福学派的"虚假需要"理论

马尔库塞以政治的视角，从人的自由和主体性的角度提出了资本主义条件下的大众的"虚假的需要"和"真实的需要"的概念。马尔库塞认为，大众文化是从上到下强制性灌输给民众的文化，并不是大众真正需要的文化，相反，它是在民主的幌子之下，受商品社会操纵的结果，同民众的真正需要相差甚远。如果某种需要是外部强加给个人，而且掩盖了社会的弊端，即使是让人幸福的需要也属于"虚假的需要"。"为了特定的社会利益而从外部强加在个人身上的那些需要，使艰辛、侵略、痛苦和非正义永恒化的需要，是'虚假的需要'。满足这种需要或许会使个人感到十分高兴，但如果这样的幸福会妨碍（他自己和旁人）认识整个社会的病态并把握医治弊病的时机这一才能发展的话，它就不是必须维护和保障的。因而结果是不幸中的欣慰。现行的大多数需要，诸如休息、娱乐、按广告宣传来处世和消费、爱和恨别人之所爱和所恨，都属于虚假的需要这一范畴之列。"③

① ［美］泰勒·考恩：《商业文化礼赞》，严忠志译，商务印书馆2005年版，第109页。

② 同上书，第62页。

③ ［美］赫伯特·马尔库塞：《单向度的人——发达工业社会的意识形态研究》，刘继译，上海译文出版社1989年版，第6页。

马尔库塞的"真实的需要"是指：出自人的本性的"自主的需要"
"超越的需要"，而不只局限于人的物质要求，其观点带有很强的政治
性。满足大众物质的需要带有政治收编的企图，物质是一种充满诱惑
的"软性暴力"，麻痹和控制了人反思现实的能力，个体的意志被整
体意志所同化和瓦解。"'真实的需要'是和社会为了维护现存制度
而推行的'整体主义'的需要相悖的，因而总是要受到社会的控制与
约束。""虚假的需要就是那些对个人进行压抑而得益的特定的社会势
力强加给个人的需要。"① 马尔库塞把发达资本主义称为"病态的社
会"，原因在于相对过剩的物质生产，已经使完全依赖商品生产的社
会转向了必须依赖商品消费，从而维持经济健康运行的社会，即后来
博德里亚（又翻译为波德里亚）所说的，当前"我们处在'消费'
控制整个生活的境地"，"在我们的周围，存在着由不断增长的物、服
务和物质财富所构成的惊人的消费和丰盛现象。它构成了人类自然环
境中的一种根本变化"。② 消费社会中的个人被物所包围、刺激、诱
惑，人沉溺于奢侈的欲望享乐之中，而忘记了自己更加神圣的超越需
要，把"精神的人"变成了"肉体的人"，把自我实现的人变成了只
知道享乐和贪婪地占有财富的"物质的人"与"经济动物"。"发达
工业社会'在社会的生产力没有大量生产和大量消费就无法维持下去
的情况下'，只有通过为个人提供大量的商品、优良的服务、充足的
娱乐，乃至给予必要的社会地位等等使人的'虚假需要'得以充分满
足的手段，才能维持高生产、高消费的社会存在。这样，就使人在舒
舒服服的生活中，'不自觉地和自觉地接受和屈从于制度的控制和操
纵'，压抑了人的心理与本能的需要。这就是当代工业社会的'病
态'之所在。"③ 在消费社会，人的自由变成了经济自由，即购买的
自由和消费的自由，而遮蔽了人的政治自由。

　　正是从政治的视角出发，马尔库塞并不对资本主义的进步抱乐观的

---

① 欧力同、张伟：《法兰克福学派研究》，重庆出版社 1990 年版，第 303 页。

② ［法］让·波德里亚：《消费社会》，刘成富、全志钢译，南京大学出版社 2001 年
版，第 1 页。

③ 欧力同、张伟：《法兰克福学派研究》，重庆出版社 1990 年版，第 303 页。

态度。他发现发达工业社会日益凸显了它的矛盾性，一方面在技术进步的基础上以极高的生产效率带来了丰裕的物质社会，使人实现了"免于匮乏"的经济自由；另一方面，技术的统治和管理又导致了极权社会的到来，其结果是：极权主义的施虐，人的政治自由不断地被剥夺，丧失殆尽。在法兰克福学派这里，极权主义有"恐怖的"和"非恐怖"的两种形式，前者是暴力的、政治的控制，后者是经济的、文化的操纵。"当代工业社会，由于其组织技术基础的方式，势必成为极权主义。因为'极权主义'不仅是社会的一种恐怖的政治协作，而且也是一种非恐怖的经济技术协作，后者是通过既得利益者对各种需要的操纵发生作用的。当代工业社会由此而阻止了有效地反对社会整体的局面出现。"① 因此，在他眼里，虽然工业文明给人带来了物质的极大满足，但并没有扩大人所需要的自由度。伴随物质的丰裕而来的是自由的丧失，这无疑是一种高昂的"交换"代价。"一种舒舒服服、平平稳稳、合理而又民主的不自由在发达的工业文明中流行。这是技术进步的标志。"② 技术进步就是这样以满足人的物质要求来消除与之对立的阶级和反抗力量，从而巩固资本主义的统治。"我们社会的突出之处是，在压倒一切的效率和日益提高的生活水准这双重的基础上，利用技术而不是恐怖去压服那些离心的社会力量。"③ 显然，在马尔库塞看来，对于人来说，更重要的是政治自由，如果只是物质满足的自由，那还只是低层次的自由，对社会现状提出批判性的质疑是关于自由的更为切要的事。他指出，"当一个社会按照它自己的组织方式，似乎越来越能满足个人的需要时，独立思考、意志自由和政治反对权的基本功能就逐渐被剥夺。这样一个社会可以正当地要求接受它的原则和制度，并把政治上的反对降低为维持现状的范围内商讨和促进替代性政策的选择"④。

---

① ［美］赫伯特·马尔库塞：《单向度的人——发达工业社会的意识形态研究》，刘继译，上海译文出版社1989年版，第4页。

② 同上书，第3页。

③ 同上书，导言第1页。

④ 同上书，第6页。

第十节　法兰克福学派"美学偏见"溯源

　　法兰克福学派整体上反对大众文化，其思想并不是空穴来风，而是有着历史上的文化渊源。除了马克思和卢卡奇的思想资源而外，法兰克福学派对大众文化的拒斥态度来自于英国的阿诺德、利维斯等人的影响。约翰·斯道雷曾经指出，"现代通俗文化的研究是从马修·阿诺德开始的"，这里的"通俗文化"就是我们所说的大众文化。阿诺德从精英文化的立场将文化分为"高等的、完美的"与"低等的、不完美的"、"好的"和"坏的"不同等级。在《文化与无政府主义》一书中，他对文化的定义是："文化是世界上最好的思想和言论，文化使上帝的智慧和意志广为流传，文化是对尽善尽美的研究，完美在于变化，而不在于拥有，在于心灵和精神的内在状态，而不在于周围环境的外在形式。"[①] 阿诺德时代的文化是精英形态的文化，文学还占有文化中心的地位。在他看来，文学便是完美的文化，文学的学习、创造和欣赏都必须通过联想、想象等复杂的心理与情感活动，以文学为主的文化不是在轻松、自在、舒适的条件下获得的，而是必须付出一定的艰辛和努力。我们获得文化，"要通过阅读、观察和思考，通过摆脱功利，积极地运用阅读、思考和观察去认知所能了解的最美好的东西，因此文化是认知世界上公认的最好的思想和言论的手段，是知识，以及把知识运用于心灵和精神的内在修养"[②]。阿诺德的思想继承了古希腊思想文化的精髓，苏格拉底就曾经说过，"知识即美德"，美德是维护正常社会秩序所必需的，文化意味着对文学的追求，也是对美德的追求、对理想的追求、对秩序的追求，这是西方传统的文化观念。在阿诺德那里，文化是与"无政府主义"相对的概念，"无政府主义"在他那里指的就是大众文化、通俗文化，是对理性和秩序的破坏，也是无修养的表现。阿诺德怀有很深的文化等级和社会等级观念，他把社会中的人分为三个等

---

　　① ［英］约翰·斯道雷：《文化理论与通俗文化导论》，杨竹山等译，南京大学出版社2001年版，第31页。

　　② 同上。

级，野蛮人（贵族）、市侩阶层（中产阶级）和芸芸众生（工人阶级）。只是在阿诺德那里，"野蛮人"不含贬义，而且还有褒奖的味道。① 事实上，西方文化从柏拉图开始就有了将社会中的人划分成不同等级的传统，也有很深的鄙视劳苦大众的传统，直到尼采，也还在坚持僵化而森严的等级观念。他说："每一个健全的社会都有三种类型的人，彼此制约，产生了不同的形貌：各自拥有自身的医疗保健设施，各自的工作场所，各自的审美观……精神与智力上超越绝顶的一群，体魄雄健有力的一群，以及，也就是第三类人，那些既无脑力又无体力平庸的一群——而这最后一群人正是社会的绝大多数，第一类人则是精英。"② 第三类人就是社会底层民众，他们是不安分守己、蠢蠢欲动的暴民。尼采甚至不无偏激地认为，"高雅文化"（哲学、艺术、文学与科学）之所以饱受威胁，原因全在于这些平庸之"大众"无休无止的要求与意识形态。同样，在阿诺德的眼里，大众是粗鲁、野蛮、无礼、不安分的代名词，是引起社会混乱的根源。"文化的社会功能是控制这种分裂倾向的出现：'没有受过教育，没有修养的……民众'；'单纯愚昧的民众'；'我们的民众跟法国人一样没有受过教化，没有修养'；'生活在底层的民众，数量浩大，生活维艰，难以管理。'""工人阶级……粗鲁，没有开化……长期生活在贫穷和肮脏之中……现在从他们的藏身之处跳出来，主张建立一个他们能为所欲为的崭新的英国人的特权天堂，于是他们游行、集会、呐喊、胡闹，开始把我们弄得惶惶不安。"③ 阿诺德表现出对底层人的明显轻视和诋毁情绪，他强调，"文化必须阻止正在威胁我们的无政府主义倾向的蔓延，把一个急需的强权原则带给所谓人性存在于他们中间的工人阶级"④。与阿诺德差不多同一时代的托克维尔在他的《论美国的民主》一书中也表现出对大众社会

---

① ［英］马修·阿诺德：《文化与无政府状态》，韩敏中译，生活·读书·新知三联书店2008年版，第三章的论述。

② ［英］阿兰·斯威伍德：《大众文化的神话》，冯建三译，生活·读书·新知三联书店2003年版，第5页。

③ ［英］约翰·斯道雷：《文化理论与通俗文化导论》，杨竹山、郭发勇、周辉译，南京大学出版社2001年版，第32页。

④ 同上书，第33页。

的深深焦虑，这种焦虑同样是因为"文化民主化"的潮流使贵族阶层和精英文化受到了威胁。他注意到，作为精英文化的文学正在经受商品化和低俗化的侵蚀，认为"工业社会的生活实乃单调无趣，因此，'高雅文化'（high culture）饱受威胁，而此时的文学作品每况愈下，作者竞相'设法让人惊艳而不是愉悦；撩拨人的热情更胜于激发人的品位，作家也者，只是商品的追逐者：'历经民主化以后，文学就只会招徕成群作堆的骚客，把文字活动当成买卖。'"① 在他眼里，社会与文学领域里的"民主化"就是平庸化。19 世纪以来，美国社会的民主化打破了传统的阶级和趣味上的等级制，大众或者说"群氓"，业已成为政治决策的重要力量和在政治文化上占主导地位的角色，社会中流行一种普遍的共识："民主意味着每个人不仅享有充分的政治上的公民权，而且每个人一般的文化偏好都潜在地像传统精英的偏好一样有价值，一样值得受尊重并应当实现。"② 大众文化是伴随现代民主社会到来而繁荣的文化现象，是底层民众取得"文化话语权"的标志，是文化平等与民主的标志，必然遭到精英阶层中保守主义的反对。20 世纪 20 年代，德国社会学家舍勒也提出了这种反对"文化民主"的观点，同样声称民主即文化上的平庸状态。他认为，"民主降低了'生活的格调，使生活徒然成为一种大众的心理现象，自由民主的种种理念，逐渐反转变了样，弄成了乌合大众、私利与多愁善感的阴沉民主'能够抵挡走向大众社会趋势的人，也唯有'真正受过文化熏陶的精英'，这才有保存文化的能耐"③。在文学领域，这种文化贵族主义的观点已经存在，文学家柯尔律治也坚持将"文明"与"教养"区分开来，文明指整个民族，教养是"知识分子阶层"才具有的。文明应由有教养的知识分子阶层去引领，而不是由那些没有教养的大多数群氓去主导，知识本身就带有很强的贵族性："将成为人类知识和真理传播机构的是受过高等教育的少

---

① ［英］阿兰·斯威伍德：《大众文化的神话》，冯建三译，生活·读书·新知三联书店 2003 年版，第 4 页。

② ［英］多米尼克·斯特里纳蒂：《通俗文化理论导论》，阎嘉译，商务印书馆 2001 年版，第 13 页。

③ ［英］阿兰·斯威伍德：《大众文化的神话》，冯建三译，生活·读书·新知三联书店 2003 年版，第 32 页。

数人，而不是缺乏教育的绝大多数人。从完整字面意义上讲，知识和真理不会完全由人类的绝大多数人掌握。"① 阿诺德对工人阶级抱着不可更改的偏见，认为工人阶级只知道动物似的生存，没有资格成为社会的上等人和统治阶级，他说："工人阶级命中注定只能沉湎于吃喝玩乐的消遣之中。"这种观点表现出明显的柏拉图倾向，即"精英统治论"倾向，柏拉图认为国家的最高统治者应该由有智慧的上等人，即"哲学王"来担当。而在过去的两个世纪里，主张少数精英治理国家的思想颇为流行，约翰·穆勒就曾主张政府的经营管理与公共政策的拟定，都必须掌握在少数人手中。诚然，国家的管理应该由具备很高文化素养的人来理性地进行，但这些人应该是绝大多数底层人利益的代言者，其决策应该参考、综合所有公民的意见，而不是忽视大多数社会底层的人。

英国著名的文化理论家阿兰·斯威伍德看到，"尼采以降，一直到20世纪的保守派评论家，如艾略特与加塞特，都认为威胁现代社会的力量，来自'民间'，来自'市井小民''大众'，而这些人必须再予以教导才能让他们各安其位，'顺理成章'地接受应有的职位，唯其如此，才有可能把传统文化从沉沦于野蛮之域的危险中解救出来"②。传统社会是建立在宗教和家庭权威基础上的社会，强调道德的重要性是以家庭为核心的传统社会的显著特征，艾略特是一位怀念传统社会道德的人，在他看来，资本主义对个人欲望的开发和张扬带来了整个社会的道德沦丧和崩溃，也给他带来了深深的不安，这使他与尼采形成了思想上的共鸣。"如同尼采，艾略特眼中的现代资本主义，等于就是自我个人欲求的无限伸张，'未受规范的工业文明'持续地拍击，破坏了传统共同文化的道德脐带。"③ 艾略特身上带有明显的"道德洁癖"特征，他怀念传统的道德社会，以及在宗教约束之下的有秩序的社会，崇尚的是超尘出世的圣洁的世界，而不喜欢有着与生俱来的本能、充满欲望的凡人世界。在他看来，欲望的世界是肮脏的、低级的。他激烈批评资本主义社会的原因就"在

---

① ［英］约翰·斯道雷：《文化理论与通俗文化导论》，杨竹山、郭发勇、周辉译，南京大学出版社 2001 年版，第 37 页。
② 同上书，第 6 页。
③ ［英］阿兰·斯威伍德：《大众文化的神话》，冯建三译，生活·读书·新知三联书店 2003 年版，第 9 页。

于资本主义的典章制度，无法契合，也无法创造他所执着的传统宗教之道德观。在大众社会中，殊无道德的星宿可供遵循，而永恒的伦理规范亦不见踪迹；工业化与物质追求在本质上就带有不重道德的成分，它们来自尘世而品质低下"①。艾略特显然不愿看到一个宗教不断被"祛魅"，传统的膜拜神灵、上帝的社会被一个世俗、欲望的社会，尊重人的感性要求、道德崩溃的社会所代替。

在 20 世纪对大众社会的降临感到恐慌和威胁的还有斯威伍德在其论著中提到的西班牙思想家奥尔特加·加塞特。加塞特的思想同样充满了不可避免的矛盾性，他在政治上主张自由主义，反对君主制和独裁统治，但根深蒂固的观念还是受精英主义思想的支配。他坚持认为社会应该是由少数精英占主导地位的社会才是合理的。他虽然看到社会是由少数精英和大众所构成的一种动态平衡（他界定了少数精英和大众的内涵，少数精英是指那些具有特殊资质的个人和群体，而大众则是指缺乏特殊资质的个人之集合体），但依然认为一个社会必须由贵族精英阶层领导，而不应由大众掌控才是合理的。"我过去认为，现在仍然认为——并且坚持这一观点的信念与日俱增：不管人们愿意与否，人类社会按其本质来说，就是贵族制的；甚至可以这样说，只有当它是贵族制的时候，它才真正成其为一个社会；当它不是一个贵族制的时候，它根本就算不上一个社会。"② 因此，他对都市化、工业化、人口增长、集中带来的大众社会颇为反感，因为这种变化带来了传统贵族、精英社会和政治的崩溃与瓦解。在他眼里，"不管是好是坏，当代欧洲的公共生活凸显出这样一个极端重要的事实，那就是大众开始占据最高的社会权力"③。在加塞特看来，20世纪的资本主义民主社会是"僭越"规矩和等级制的社会，它打破了社会精英独占政治舞台和生活舞台的秩序。他说："今天有更多的人可以在更大的程度上享受生活，对于这一点，我相信没有谁会感到遗憾，因为他们现在不但产生了这样的欲望，而且还具备了满足这些欲望的种种手

---

① ［英］阿兰·斯威伍德：《大众文化的神话》，冯建三译，生活·读书·新知三联书店 2003 年版，第 10 页。

② ［西班牙］奥尔特加·加塞特：《大众的反叛》，刘训练等译，吉林人民出版社 2004 年版，中译者引言，第 8 页。

③ 同上书，第 3 页。

段。然而这一事实之下潜藏着灾难，那就是大众决心僭取那些只适合少数精英的活动，它不仅限于（也不可能仅仅限于）享乐方面，相反，僭越已经成为我们这个时代的一般特征。"① 他反对 20 世纪更加民主的"超级民主"世界的到来，担心大众社会、大众民主会带来"多数人的暴政"，为此，他忧心忡忡。"最近发生的政治变革全然意味着大众对政治生活的支配。传统的民主政治由于自由主义和对法律的习惯性遵从这两味药剂的作用而得到缓解，由于这些原则的存在，个人把自己限制在严格的纪律范围之内。少数人能够在自由主义原则和法制的庇护之下行动自如，民主与法律——法律之下的共同生活——的含义是一致的。然而，今天我们正在目睹一场'超级民主'的胜利，在这种民主当中，大众无视一切法律，直接采取行动，借助物质上的力量把自己的欲望和喜好强加给社会。"② 加塞特虽然能够容忍大众与精英一起共享物质文明带来的快乐，但是难以容忍大众对政治的热情和过度参与。他从灵魂深处瞧不起那些处于社会底层的大众，看不惯他们突然成为政治的主角，鄙视地称大众当家作主的时代是平庸的时代、野蛮的时代。当然，精英阶层在他眼里就是值得珍重的群体，可是，大众社会正在不断蚕食精英的地盘，并将其驱逐出权力之境域，这一境况使加塞特这个维护传统秩序的人深感不安。"我们这个时代的典型特征就是，平庸的心智尽管知道自己是平庸的，却理直气壮地要求平庸的权利，并把它强加于自己触角所及的一切地方。"③

在 20 世纪的英国，强烈反对大众文化的文化理论家是 F. R. 利维斯和 Q. D. 利维斯两人形成的"利维斯主义"。"利维斯主义"直接继承的是马修·阿诺德的思想，根据约翰·斯道雷的观点，F. R. 利维斯对通俗文化（大众文化）的立场受到三本书的影响，即他的妻子 Q. D. 利维斯所著的《大众文明与少数人文化》《小说与读者》，以及丹尼斯·汤普森所著的《文化与环境》。F. R. 利维斯和汤普森这样表述了对过去那个时

---

① ［西班牙］奥尔特加·加塞特：《大众的反叛》，刘训练等译，吉林人民出版社 2004 年版，中译者引言，第 9 页。

② 同上书，第 9—10 页。

③ 同上书，第 10 页。

代的怀念："依靠少数人，我们才能拥有从过去人类最宝贵的经验中获得益处的能力；他们保存了传统中最微妙、最容易遭到破坏的部分。依靠他们，才有了安排一个时代人类更好生活的内在标准，才有了不是那边，而是这边才是前进方向的意识，才有了中心在这比在那更好的意识。"①Q. D. 利维斯表现出阿诺德一样的精英意识和文化趣味，怀念那个少数精英制定品位标准和文化规范、"大众绝对服从于权威"的时代，而那个时代正在成为过去，一个由大众传媒滋养的文化民主、平等的时代正在汹涌奔来，其结果是少数人的权威受到严峻的挑战，不可能再主宰文化的方向、维持文化的高低等级。面对权威崩溃的威胁，她引用爱德蒙德·高斯的话表达了这一忧虑："从高涨的民主情绪，我早就预见到了一种危机，这就是文学品位和文学经典这些传统已被公众成功地改变了。到目前为止，没有受过教育和半教育的民众形成了读者中的绝大多数，虽然他们不能也不会欣赏他们自己民族的经典著作，但他们满足于接受他们传统的优越感。近来，我发现一些迹象，特别是在美国，表明有一群乌合之众反对我们的文学巨匠……如果文学由公民投票表决，如果民众承认文学的力量，那么文学反对品位的革命一旦开始，就会把我们置于无法恢复的混乱境地之中。"②利维斯主义运用传统的文学标准来抵抗新兴的大众文化，认为大众文化是缺乏独创性的标准化生产的产物。正如约翰·斯道雷评价的，"利维斯运用阿诺德的文化政治学观点，思考假想中20世纪30年代出现的'文化危机'。根据利维斯和利维斯派的思想，20世纪的标志是日益加剧的文化衰败的势头。阿诺德在19世纪所认识到的情况在20世纪还在继续发展，并且更加复杂。这就是'文化的标准化'。为了反对这种现象，'国人……必须接受教育来加以识别和抵制'"③。厚古薄今，把文化的"黄金时代"放在已经成为历史的过去时代，将其理想化、偶像化、神秘化是所有文化保守主义学者的共性，F. R. 利维斯自然也不例外。他认为，17世纪有一种真正的人民文化，一种丰富的传统

---

① 转引自［英］约翰·斯道雷《文化理论与通俗文化导论》，杨竹山、郭发勇、周辉译，南京大学出版社2001年版，第38页。
② 同上书，第39页。
③ 同上书，第38页。

文化，可是由于工业革命的到来，这种"积极的文化"已经遭到了破坏。这种"积极的文化"就是 17 世纪活跃的平民文化，工业革命之后，平民文化分为了"少数人文化"和"大众文明"，"少数人文化体现了'世界上最好的思想和言论'的价值与标准，现在成了一种文化传统，这是一种有教养的少数人的文化。它的对立面是大众文明。它包含了大众文化，一种'没有受过教育'的大多数人消费的商业文化"。① 显然，F. R. 利维斯是鄙视大众文化和近代以来文化的商品化趋势的。而世界的文明本身就是从自给自足的农业文明迈向商品交换不断扩大、互通有无、互惠互利的商业文明、市场经济的历史过程，从这个意义上说，利维斯的观念暴露出了明显的保守性。近代以来，特别是 20 世纪以后，大众文化走向了通俗化、欲望化的方向，这是资本主义发展的要求。资本主义的文化生产就是通过满足绝大多数人，甚至是所有人的要求来实现资本的利润最大化和增值的，晚期资本主义摆脱了清教禁欲主义意识形态的禁锢，从人的本能要求出发进行文化的规划和生产，而且消费成为经济运行的核心取代了生产的重要性，促进消费成为资本主义社会的重要任务，因此产生了通俗小说、电影、广告。Q. D. 利维斯的思想停留在早期资本主义的阶段，对新的文化形式表现出固执的偏见。她认为，"看通俗小说是一种'毒瘾'。对于读浪漫小说的人来说，它能导致产生幻想的习惯，从而导致对现实生活的不适应。产生自责是一码事，更糟的是：他们的沉溺'助长了制造一种与少数人志向不相应的社会氛围，他们实际上阻碍了他们真正的感觉和认真的思考'，对于没有沉溺于电影的人来说，也一直面临着电影的威胁。电影的不断普及使它真正成了一个非常危险的快乐之源。电影具有类似催眠的作用，能使人不知不觉地受支配，使人屈服于最粗俗的情感感召，而且这种感召越来越阴险，不显山露水，因为电影是与对生活栩栩如生的幻想联系在一起"②。电影是现代性文化向后现代文化转型的桥梁，它颠覆了精英阶层崇尚的文学的权威性，把重视道德教育功能的文学占统治地位的文化改变成强调身心愉悦的重要性的

---

① ［英］约翰·斯道雷：《文化理论与通俗文化导论》，杨竹山、郭发勇、周辉译，南京大学出版社 2001 年版，第 40 页。

② 同上。

文化，Q. D. 利维斯反对电影的立场同样暴露了她保守的文化立场。她认为，电影最大的过错就是刺激人的本能，挑逗人的情欲，冲破道德的禁区，在她看来，"好莱坞电影是大规模的手淫"。利维斯主义把广告视为电影一样的"文化疾病"，认为广告是对语言传统和情感表达方式的亵渎，"广告不仅因为贬低了语言而受责难，而且还因为贬低了语言群体的情感生活，降低了'生活标准'而遭受谴责"①。像 Q. D. 利维斯对好莱坞的恶意评价一样，F. R. 利维斯对工业时代的广告宣传也表现出了明显的道德上的厌恶，他认为，广告就是"永无休止地、无孔不入地对大众进行手淫式操纵和愚弄"。虽然 F. R. 利维斯表面上似乎赞同莎士比亚"文化应该是服务于所有人群的思想"（他说莎士比亚属于真正意义上的民族文化，在一个群体中，戏剧能吸引有教养的人和平民），但实际上，他是持维护少数精英的文化权力、轻视大众文化、反对文化的民主化的立场的，这一点他与阿诺德和其他文化保守派并无区别。正如阿兰·斯威伍德所指出的："最初提出大众社会理论的人，其政治意图在于捍卫统治阶级（贵族或是资产阶级）的社会地位，他们企图压制中下阶层民众追求民主的精神，他们重新伸张死板而僵硬之社会阶层的必要性，他们想要精英稳固地掌握决策权，永远享有特权。"② 正是基于这样的原因，F. R. 利维斯竭力维护文学在社会中的领导地位，认为只有文学才是值得保护的人类文明成果，为此，他哀叹文学在那个时代的地位不保，"文学是一个宝库，展示了人类历程中所有有价值的东西。不幸的是，文学是文化桂冠上的一颗宝石，像文化一样也没有了权威"③。正因为这样，我们才将法兰克福学派的大众文化观念追溯到历史上这些文化保守主义的思想档案里，认为法兰克福学派的大众文化理论是这一"文化谱系"不折不扣的延续。

从学术层面看，法兰克福学派的代表都是专业化训练出身的学者，

---

① ［英］约翰·斯道雷：《文化理论与通俗文化导论》，杨竹山、郭发勇、周辉译，南京大学出版社 2001 年版，第 40 页。

② ［英］阿兰·斯威伍德：《大众文化的神话》，冯建三译，生活·读书·新知三联书店 2003 年版，第 4 页。

③ ［英］约翰·斯道雷：《文化理论与通俗文化导论》，杨竹山、郭发勇、周辉译，南京大学出版社 2001 年版，第 45 页。

哲学功底深厚，继承了西方理性哲学的传统，特别是德国哲学家擅长逻辑思辨的传统，重视推理、演绎，轻视实际社会现实的观察和经验的总结，其理论的建构存在闭门造车的妄断，在愤世嫉俗的批判、否定、颠覆传统哲学和当代文化中，缺乏冷静的思考、客观的判断，对大众文化的解读存在僵化、机械的"从哲学到哲学""为否定而否定"的过度的阐释和批评的缺陷。

第 五 章

法兰克福学派主要代表的电影理论

电影的诞生既是科技进步的胜利，也是资本主义的"合法性危机"导致的一次伟大的文化转型、媒介革命、社会革命，它加快了文化的传播，推动了大众社会的形成。电影推动了社会由前现代向现代和后现代社会迈进的进程。法兰克福学派站在传统的精英文化和现代性立场，以"否定的美学""颠覆的美学"对电影这个新兴的、适应大众社会发展的文化媒介进行了抵制、贬抑和批判，暴露了他们保守的权威主义缺陷。

电影诞生在19世纪末期，是一次伟大的文化转型、媒介革命，它加快了文化的传播，推动了大众社会的形成。电影改变了人类的娱乐生活方式，将世界文化从理性的形态逐步转变成感性的形态，推动了社会由前现代向现代和后现代社会迈进，特别是20世纪中期以后，西方社会进入后现代主义时代，以家庭为核心的社会逐渐解体，早期资本主义崇仰的新教思想已经失灵，勤劳节俭不再是指导人们的生活原则，理性和道德不再是人生的最高指南，人们的生活从此由崇尚节制、禁欲向奢靡和放纵情感、追求享乐生活的方式发展。"当新教理论被资产阶级社会抛弃之后，剩下的便只是享乐主义了。资本主义也因此失去了它的超验道德观。"① 美国的丹尼尔·贝尔认为，现代社会的改造主要是由于大众消费的兴起。美国在20世纪20年代就逐渐进入了消费社会，在贝尔看来，美国的消费社会有三大主要特征：家用电器的广泛使用、汽车文化的普及、电影成为娱乐的主要方式。在他看来，电影引起的大众观念改变更加突

---

① ［美］丹尼尔·贝尔：《资本主义文化矛盾》，赵一凡译，生活·读书·新知三联书店1989年版，第67页。

出，在传统社会，人的欲望特别是性的欲望被视为肮脏的、不符合道德礼义的东西，是不能公开展示在大庭广众之下的，东西方皆然。电影表现的是"符号的身体""影像的身体"，它以"真实身体缺席"的方式完成了绘画艺术没有完成的打破道德禁忌和欲望禁忌的任务，用影像的形式展现出人的身体，规避了激烈的道德审判，象征性地满足了人们窥探身体的隐秘欲望。"电影有多方面的功能——它是窥探世界的窗口，又是一组白日梦、幻想、打算、逃避现实和无所不能的示范——具有巨大的感情力量。电影作为世界的窗口，首先起到了改造文化的作用。林德夫妇十年后重返米德尔顿时看到：'米德尔顿的居民世代相传，认为性是一件可怕的事，人们有关性的行为……总是被排斥在视觉和注意力之外。'电影里却是例外，年轻人因而都喜欢聚集在银幕前。"①

法兰克福学派20世纪30年代政治避难于美国，由于他们的欧洲理性主义文化传统，对繁荣于美国的、以满足感性欲望为特征的大众文化，特别是电影这种新的艺术形式和文化传媒基本上是持抵制、批判态度的。霍克海默在他的《艺术和大众文化》一文中这样评论电影："家庭的逐渐瓦解，个人生活进入闲暇的转变，闲暇进入管理细节的常规程序的转变，闲暇成为棒球场和电影、畅销书和收音机的消遣的转变，这些转变会导致人内心精神生活的崩溃，很久以前，文化就被这些驾轻就熟的乐趣取而代之，因此，它已呈现出一个逃避现实者的特点。"② 法兰克福学派的主要代表认为电影这种大众娱乐文化只会对人产生消极的负面影响。他们没有看到，电影是人类科技、社会、观念进步的成果，也是人的感性解放必然诉求，它满足了人性对娱乐的需要，并且已经成为资本主义经济、文化体系不可分割的重要组成部分。丹尼尔·贝尔指出，晚期资本主义社会很重要的趋势就是"娱乐道德观"代替了干涉冲动的"行善道德观"，"在过去满足违禁的欲望令人产生负罪感。在今天，如果未得到

---

① ［美］丹尼尔·贝尔：《资本主义文化矛盾》，赵一凡译，生活·读书·新知三联书店1989年版，第115页。

② ［联邦德国］马克斯·霍克海默：《批判理论》，李小兵等译，重庆出版社1989年版，262页。

欢乐，就会降低人们的自尊心"。① 尊崇至善原则的道德人生观被尊崇快乐原则的娱乐人生观所代替，这也就是一些学者所称的资本主义经济是为满足本能需求和快乐原则的"利比多经济"。因此，在我们看来，法兰克福学派的电影观念是西方理性哲学和前现代与现代性观念的延续，具有明显的保守、片面、缺乏历史视域的局限。本文拟就法兰克福学派的几个主要代表人物的电影艺术观念进行批判性的分析。

第一节　霍克海默和阿多尔诺的电影观念

电影的兴起是伴随大众社会兴起，大众文化逐渐取代精英文化统治地位的标志，满足大众的感性需求，既是资本主义争取民众的"文化政治"策略，也是资本主义获取利润的商业经济策略。霍克海默和阿多尔诺生活在无声电影转变为有声电影的时代，他们看到作为新兴传媒的电影对大众的广泛影响。对于那个时代来说，"文化工业的每一个产品都是经济上巨大机器的一个标本，所有的人从一开始起，在工作时，在休息时，只要他还进行呼吸，他就离不开这些产品，没有一个人能不看有声电影，没有一个人能不收听无线电广播，社会上所有的人都受文化工业品的影响"②。他们对电影的评价总体上是否定的，认为电影里的生活是虚假的生活，电影提供的享乐和满足是一种"虚假的需求""虚幻的满足"，许下的承诺也是空头支票。尽管电影也经常离不开表现"性"和"暴力"，但那只是人的欲望的符号性表达，一种象征性的宣泄。"文化工业通过不断地向消费者许愿来欺骗消费者。它不断地改变享乐的活动和装潢，但这种许诺并没有得到实际的兑现，仅仅是让顾客画饼充饥而已。同样的，艺术作品也不能兑现性爱。"③ 在我们看来，电影和其他艺术一样，就是在真实的、压抑的生活之外人类另外开辟的虚拟的"桃花源"，幻想性、虚拟性是它的主要特点。事实上，一切艺术都不可能完全等于

---

① ［美］丹尼尔·贝尔：《资本主义文化矛盾》，赵一凡译，生活·读书·新知三联书店1989年版，第119页。

② ［德］马克斯·霍克海默、特奥多·威·阿多尔诺：《启蒙辩证法》，洪佩郁、蔺月峰译，重庆出版社1990年版，第118页。

③ 同上书，第131页。

现实，艺术是人们愿望的投射、"仿真"的创造、现实生活的变形，是虚拟的"超现实"，电影更是如此。

电影虽然总的来说是虚拟的现实，但它与生活的接近性，即"仿真"是它的最大特点。电影拉近了艺术与生活之间的距离。"从倾向来看，生活与有声电影不再有什么区别。由于电影远远超过舞台，吸引住了观众的全部幻觉和思想；观众在看电影时，虽然对电影中表现出来的确切事实并未经过核实，就可能加以接受和否定，但是总离不开一条主要的线索，那就是电影总是用它的内容教育观众，促使观众直接用它去衡量现实。"① 希望艺术成为第二个真实的现实，而且是更美好的现实，是人类共同的梦想。历史越向前发展，这种愿望就更加强烈。"当代大众有一种欲望，想使任何事物在空间上和人情味上同自己更'近'，这种欲望简直就和那种用接收复制品来克服任何真实的独一无二性的欲望一样强烈。这种通过持有它的逼肖物、它的复制品得以在极为贴近的范围里占有对象的渴望正在与日俱增。"② 当彩色电影出现以后，自然对象和电影拍摄的景物基本上没有什么区别，人们看电影就像进入了另一空间里的真实生活一样。

当然，我们也应该看到，虽然电影在当代被看作生活的"还原"，是不断趋近现实的"渐近线"，但它并不是生活的"机械"复制，它要对生活进行选择和提炼，发掘生活所隐藏的意义。这正如克拉考尔曾经指出的，"电影就是从日常生活中去发现惊奇的事物"。电影虽然是现实的"渐近线"，但它也在以"陌生化"的手段使自己"远离现实""间离现实"。电影中的时空不是自然的时空、物理的时空，它是主体世界的心理时空，是人的"自由意志"的实现，是西方文化中强调的人这个主体对物理世界、自然世界的驾驭。它体现了人类在自己的想象世界里用蒙太奇的手法对时空的自由"切割"和"组装"。电影中的人物形象也不是现实中的或者说照相中的人物形象，电影经常通过镜头的

---

① ［德］马克斯·霍克海默、特奥多·威·阿多尔诺：《启蒙辩证法》，洪佩郁、蔺月峰译，重庆出版社1990年版，第118页。

② ［德］瓦尔特·本雅明：《机械复制时代的艺术作品》，张旭东译，《世界电影》1990年第1期。

运动、摄影机角度的变化、景别的变化，形成了人物形象和景物的"陌生化"。正是"陌生化"拉开了电影与真实的距离，形成了电影貌似相同实质不同于现实的特征和魅力。正因为电影是在摄影艺术基础上有了不同的运动形式和变化，导致了它并不像摄影那样是现实的"写真"，而是在很大程度上有别于现实，更像梦中的景象，是对现实的创造性象征"拟仿""变形"。

霍克海默和阿多尔诺认为，电影的致命缺陷同其他大众文化一样存在着艺术上的肤浅性。他们焦虑地指出，在晚期资本主义社会，"电影和广播不再需要作为艺术"了，而法兰克福学派的另一代表洛文塔尔也对电影这些大众文化提出了相似甚至更激烈的批评。"洛文塔尔唱着阿多诺与霍克海默的声调，他称大众文化的特征是：标准化、刻板形象、专重保守、造假不实、玩弄世人；大众文化并且是对立于艺术的'纯纯的经验'，它只提供了'虚幻的满足感'。"① 显然，他们是按照文学的标准来考量和要求电影的，混淆了两种艺术形式之间的巨大区别。文学以文字作为传播媒介，以想象、联想为主，是现代性文化的代表，强调深度、自律性；电影以图像带来视觉刺激，省略了人们的思考和联想过程，强调对本能和欲望的解放，冲动和愉悦是它激发的心理感受，电影是反叛理性和道德的后现代文化代表。文学是艺术完全商业化以前的审美活动，也是理性时代的产物，是精英阶层喜欢的文化；电影是资本主义发展到晚期，大众社会兴起，大众成为文化和政治舞台主角的时代的产物，在这个时代，资本主义的生产和消费都必须考虑大众需求，电影就是深入研究了大众的兴趣和需要，以此来吸引观众，用于赚钱的文化商品。资本主义的文化生产完全蜕变成了商品生产，文化的交换价值重要性大于使用价值，利益原则战胜了艺术原则和美学原则，票房和收听率成为制约电影和广播发展的紧箍咒。同时，文化工业又把大众培养和"收编"为顺从现存社会体制秩序、失去反抗意志和激情的人。因此，"大众媒介是压抑人心的，对于资本主义的批评无处可以宣泄，默然被当成是快乐的表现，无语当成明证，结果是个人已经被整合

---

① ［英］阿兰·斯威伍德：《大众文化的神话》，冯建三译，生活·读书·新知三联书店2003年版，第133页。

进入现有之社会与政治结构"①。在他们看来，晚期资本主义一种新的权威已经取代传统的宗教、道德、父权，那就是金钱和效益。"文化工业只承认效益，它破坏了文艺作品的反叛性。"② 他们认为，艺术的本质就是对现实的反叛和否定，马尔库塞将这种批判和否定称为"颠覆的美学"，而阿多尔诺则用"否定的美学"来概括这种艺术的本质特征，"颠覆"和"批判"奠定了现代主义艺术的理论基石。大众文化让人沉浸在感性的快乐之中，失去了反叛现实的激情。对大众文化的平面化、肤浅性的批评立场，影响了后来一些理论家的思想，"大众文化是一种标准化的、公式化的、重复和肤浅的文化，它赞美浅薄的、多愁善感的、当下的虚假的快乐，牺牲了严肃的、理智的、时代赋予的和本真的价值标准"③。在这里，对享乐的倡导是法兰克福学派鄙薄电影的主要理由。霍克海默和阿多尔诺延续了西方理性主义的文化传统，认为理性与思考是人的本质特征，而享乐则会湮没思考的火花。享乐麻醉了人们的意识和神经，使人忘记了自己的真实处境和神圣的使命。"享乐意味着全身心的放松，头脑中什么也不思念，忘记了一切痛苦和忧伤。这种享乐是以无能为力为基础的。实际上，享乐是一种逃避，但是不像人们所主张的逃避恶劣的现实，而是逃避对现实的恶劣思想进行反抗，娱乐消遣作品所许诺的解放，是摆脱思想的解放，而不是摆脱消极东西的解放。"④ 显然，霍克海默和阿多尔诺的错误是用主观、片面的预设来代替客观、全面的分析。姑且不论娱乐自古以来就是艺术的主要特征，即是无声电影和有声电影，在给大众提供娱乐的同时，也在批判资本主义制度的残忍、血腥以及人性的弱点和丑陋，无论是早期卓别林表演的喜剧电影，还是后来的好莱坞电影，莫不如此。

同时，霍克海默和阿多尔诺认为，艺术还肩负着培养懂得审美规律

---

① ［英］阿兰·斯威伍德：《大众文化的神话》，冯建三译，生活·读书·新知三联书店2003年版，第17页。

② ［德］马克斯·霍克海默、特奥多·威·阿多尔诺：《启蒙辩证法》，洪佩郁、蔺月峰译，重庆出版社1990年版，第117页。

③ ［英］多米尼克·斯特里纳蒂：《通俗文化理论导论》，阎嘉译，商务印书馆2001年版，第20页。

④ ［德］马克斯·霍克海默、特奥多·威·阿多尔诺：《启蒙辩证法》，洪佩郁、蔺月峰译，重庆出版社1990年版，第135页。

的人。电影因为它的肤浅性不但无助于人们审美判断能力的提高，反而会降低观众的审美鉴赏力和创造能力。"文化产品本身，其中最具有代表性的有声电影，抑制观众的主观创造能力。这些文艺作品，虽然能使观众迅速理解它们的真实内容，能吸引观众的注意力，也能使观众熟悉它们，但是，如果观众不能摆脱它们所表现出来的许多掠过的具体细节，它们却约束了观众的能动思维。"① 正如多米尼克·斯特里纳蒂所指出的，在法兰克福学派代表人物们的眼里，电影这样的文化产品不可能是艺术，因为它们再也不具有本真的、名副其实的艺术作品的"韵味"；它们也不可能是"民间"文化，因为它们再也不是来自"民众"，所以不可能反映或者满足他们的体验和兴趣。从表面看来，他们似乎在为大众争取文化权利，但对精英文化的重要性的强调决定了他们实质上是背离大众、忽视大众的。电影在 20 世纪不可否认具有商品属性，但它从来没有脱离它的文化品质和艺术品质，无论是先锋派电影还是后来的好莱坞类型电影，表现人文主义文化内涵和对艺术形式的探索创新都是其目标。它与文学不同的只是：文学强调思考、联想、逻辑，它侧重直觉、冲动、欲望。文学也包含冲动和欲望，但文学对冲动和欲望的表现相对隐含且并不直接诉诸视觉刺激。霍克海默和阿多尔诺用僵化的、历史上的文学标准要求不断求新求变的电影，充分暴露了他们思想的不合时宜的一面。

对大众文化意识形态功能的关注是法兰克福学派的又一大特征。所有人文科学里的文化都具有很强的意识形态特征，表现意识形态的功能是人文科学潜在的目的。电影在晚期资本主义社会与之前的无线电广播一样，是一种重要的文化传播媒介，任何国家机器都离不开利用传播媒介对大众的意识形态进行控制和规训，晚期资本主义更是如此。因此，法兰克福学派经常看到，大众媒介成为国家机器统治民众的帮凶。"在集中化的、极权主义政治体制的社会里，通达大批民众的高效率手段的存在以及高压统治，已被很多人看成是进一步巩固这种体制、压制民主体制的另一种方式。电台和电影这样的大众媒介，传播并反复灌输法西斯

---

① ［德］马克斯·霍克海默、特奥多·威·阿多尔诺：《启蒙辩证法》，洪佩郁、蔺月峰译，重庆出版社1990年版，第118页。

主义国家的官方意识形态，因为他们可以受到集中控制，详尽地向人们散播。在极权主义社会中，反面政治组织的缺席，正好增加了这个等式的效力：大众媒介等于大众宣传，大众宣传等于大众压制。"① 媒介从本质上说是一种隐性权力和软性暴力，同时又是经常被权力机构利用的工具，它既可能成为民主社会的推手，也可能成为暴力机关的"打手"，一旦媒介失去自己的独立性和自由性，与国家机器联盟，被"收编"、整合，就会成为压制民众、助纣为虐的凶手。

霍克海默和阿多尔诺反对电影的理由在于电影诱导青年去追捧明星和崇拜偶像。在电影诞生后的 20 世纪，传统社会迈向了现代社会，一个显著的标志就是以往那种对英雄、政治领袖、企业界和商界成功人士这些"生产型偶像"的崇拜渐趋式微，取而代之的是对同样具有社会影响力和标志着成功的"消费型偶像"，如对体育明星、歌星，特别是影视明星的崇拜。"生产型偶像"带来的是利益的满足，"消费型偶像"带来的是更为实际的自我实现的想象和感性的快乐。在洛文塔尔看来，"消费型偶像"基本上都与休闲、娱乐有关。虽然两种崇拜有显著的差异，但对对象的迷信和盲从是共同的。不仅如此，在整个 20 世纪，电影明星还成为了时尚生活和感性解放的引领者，他们把整个世界由传统社会的注重精神生活、内在品质的修养的封闭状态颠倒了过来，秀出自我，张扬自我，渴望自由，物质享受和感性快乐的追求成为很多人，尤其是青年生活的目的。"青少年不仅喜欢电影，还把电影当成了一种学校。他们模仿电影明星，讲电影上的笑话，摆演员的姿势，学习两性之间的微妙举止，因而养成了虚饰的老练。在他们设法表现这种老练，并以外露的确信行为来掩饰自己内心的困惑和犹疑时，他们遵循的'与其说是……他们谨小慎微的父母生活方式，不如说是……自己周围的另一种世界生活'。电影美化了年轻人崇拜的事物（姑娘们喜欢留短发、穿短裙），并劝告中年男女要'及时行乐'。非法酒店的合法化，以及人们在狂欢聚会上放纵自己的习惯，都为所谓'自由'观念提供了例证。路易斯·雅各布斯写道：'人们一面嘲笑道德观，嘲笑电影上男女

---

① ［英］多米尼克·斯特里纳蒂：《通俗文化理论导论》，阎嘉译，商务印书馆 2001 年版，第 10 页。

主角老式的善心，一面开始注重物质享受。'"① 当然，这里贝尔也看到，电影在 20 世纪的积极意义在于成为了青年反叛传统价值观念和生活方式的精神向导。

霍克海默和阿多尔诺看到，偶像崇拜的社会学效应是显著的。偶像产生的同时，就是权威和"依附性人格""顺从性人格"诞生之日，对偶像、权威的自觉的服从取代了传统社会中人们在暴力威逼下对政治和权力的屈从。偶像崇拜和英雄崇拜一样具有同样的功能，是大众文化对受众意识控制的狡计。他们认为，从表面上看，生活在大众文化中的人们是自由的人，实际上，他们是"社会体系化统治"的牺牲品，在消费大众文化的过程中，大众逐渐蜕变成了个性消亡的民众，而大众文化与受众的关系不外乎是"施虐"与"受虐"的非人道主义的关系。"明星和英雄都以偶像的形式成为操纵者，而大众文化的接受者则成为模仿者、崇拜者，成为卸除了个性投入到受操纵的一体化潮流中去的牺牲者，更广泛地说，大众传播媒介（如电影、电视、报纸，甚至畅销书）对于接受者来说无不起着一种模式的作用，这种模式便从无意识中成为权威，操纵意识和行为的权威。法兰克福学派用精神分析学的术语把这种'操纵—牺牲'的关系称为'施虐—受虐性'。一端是在商品拜物教形式下作为偶像出现的大众文化产品，另一端是信徒般狂热地拜伏其下从而祭献了自身个体性的大众文化接受者。"② 在他们看来，希特勒被神圣化为偶像的群众心理正与大众对明星的顶礼膜拜类似，是"主体对权威的无条件屈从来获得满足的状况"，"希特勒煽动起狂热的、无理性的个体牺牲与群体盲从同大众文化操纵了一种一体化的、无知化的、丧失个性的意识的这两种行为之间具有惊人的相似性"。③ 因此，法兰克福学派强调，"同法西斯主义的心理灌输一样，大众文化从无意识方面去控制大众，而不是用强权的命令去专制地胁迫他们。也是这一点使大众文化得以在

① ［美］丹尼尔·贝尔：《资本主义文化矛盾》，赵一凡译，生活·读书·新知三联书店 1989 年版，第 115 页。

② 杨小滨：《否定的美学——法兰克福学派的文艺理论和文化批评》，上海三联书店 1999 年版，第 52 页。

③ 同上书，第 53 页。

'民主''自由'的外衣下施展极权主义的功能"①。不可否认，包括电影的大众文化都具有左右人的意识和观念的隐性功能，但问题是，人类所有的文化其实都具有意识形态操纵的功能，规训主体，重塑主体，移风易俗，改造心灵，"化成天下"，本身就是文化不可逃避的天职和使命。西方的贺拉斯不是也强调艺术的作用在于"寓教于乐"吗，而"教"的实质就是对人精神和思想的规训与塑造，"教"就是意识形态的改造工程，其任务就是阿尔都塞所说的"训唤"主体。法兰克福学派完全用极权主义产生的原理来否定意识形态观念功能显然是片面。

第二节　本雅明"机械复制时代"电影理论

在法兰克福学派的代表中，瓦尔特·本雅明用"机械复制时代的艺术"来指代大众文化。在本雅明看来，电影是当代最重要的机械复制艺术。与霍克海默和阿多尔诺相同，本雅明对机械复制时代的艺术作品进行了否定，认为复制技术的结果是艺术价值的贬损，即导致艺术的"膜拜价值"和"仪式价值"消失，"展示价值"和"使用价值"的增长。从艺术上说，艺术的"韵味"和"本真性"（独一无二）丧失更是机械复制艺术品的显著特点。原始的洞穴壁画也罢，古希腊的维纳斯雕像也罢，在本雅明看来，其价值都在于对对象的崇拜，具有庄严、肃穆的宗教性质。"我们知道最早的艺术品起源于为仪式服务——首先是巫术仪式，其次是宗教仪式。重要的是同它的光环（注：有的译者翻译为'灵韵'和'韵味'，本文用'韵味'，因为'韵味'一词更符合中国美学的特点）相关的艺术作品的存在从来也不能完全与它的仪式功能分开，换句话说，'本真的'艺术作品的独特价值植根于仪式之中，即植根于它起源的使用价值之中。"② 以历史的视角看，美的"世俗崇拜"从文艺复兴时期开始流行，而在此后的三百年，巫术和宗教的仪式崇拜就逐渐被泅

---

①　杨小滨：《否定的美学——法兰克福学派的文艺理论和文化批评》，上海三联书店1999年版，第53页。

②　［德］瓦尔特·本雅明：《机械复制时代的艺术作品》，张旭东译，《世界电影》1990年第1期。

涌而来的艺术的"世俗崇拜"所代替。"为艺术而艺术"的准则取代了为神圣事物服务的原则，而机械复制技术的发展对这一进程起到了至为关键的作用。照相术，第一个革命性的复制方法掀起了这次瓦解神圣、"否定神学"的运动。"在世界历史上，机械复制首次把艺术作品从对仪式的寄生性依赖中解放出来，在大得多的程度上被复制的艺术作品变成了可复制性而设计出来的艺术作品。"① 事实上，在这一过程中，艺术的权威性受到了史无前例的致命挑战，"真品"的独一无二性被复制的"赝品"的逼真性所混淆、瓦解。而复制技术的这种革命性实践，也促成了文化民主化的到来，艺术不再是少数人享受的文化特权，而是可以供社会大众消费的文化了。

在本雅明看来，电影与照相术区别很大。与传统的绘画艺术相比，照相术拉近了现实和艺术之间的距离，相片是对现实的"模仿"，而电影则不是机械地对现实的照相式反映，它像梦一样在趋近现实的同时，又在通过非逻辑的"变形"方式逃离现实，深入人的无意识世界之中。电影与其说是现实的反映，还不如说是无意识的表征。这样的效果是通过摄影机的运动和镜头的变化以及蒙太奇的剪辑组合来实现的。本雅明指出，"电影丰富了我们的感知领域，其手段可以弗洛伊德的理论来说明"，"通过表现我们周围事物的特写镜头，通过对熟悉之物的隐秘细节的集中表现，通过在照相术坦率领导下对普通生活环境的开掘，电影一方面延伸我们对统治着我们生活的必需之物的理解，另一方面又使我们认识了一个巨大的、意想不到的领域"。② 电影就是这样通过它的独特表现手法和技巧，制造了一个梦幻与现实、真实与诗意、自然与心灵结合的神话似的、奇妙的、超自然的影像世界。本雅明还指出，电影的美学不同于绘画和照相术形成的"静观的美学"，它是"震惊的美学"，这种震惊的效果同样来自于摄影机运动导致的画面的变化和运动。"的确，在观看这些形象时，观看者的联想过程被这些形象不停地突然地变化打断了。这

---

① ［德］瓦尔特·本雅明：《机械复制时代的艺术作品》，张旭东译，《世界电影》1990 年第 1 期。

② 同上。

构成了电影的震惊效果。"① 绘画和照相属于前现代和现代性艺术，它们要求大众凝神专注地欣赏艺术的"韵味"；而电影是工业革命以来，特别是 20 世纪中期以后科技的飞速发展，交通和通信的发达，强调运动、变化、节奏的结果，对新奇、运动、节奏感、震惊效果的营造成为电影乐此不疲的兴趣所在，也是它吸引后现代观众的撒手锏。

① ［德］瓦尔特·本雅明：《机械复制时代的艺术作品》，张旭东译，《世界电影》1990 年第 1 期。

第 六 章

早期西方文化理论的缺陷

"大众文化"这个词在英语里有两种翻译："mass culture""popular culture"。产生这个巨大的分歧的原因在于它所涉及的深刻的历史、文化、社会、政治背景。对这个翻译进行了详细词源学研究的是英国的文化学学者雷蒙·威廉斯，根据他的考证，"the masses"（民众、大众）具有两方面的意义，"在许多保守的思想里，它是一个轻蔑语，但是在许多社会主义思想里它却是个具有正面意涵的语汇"①。由此可见，"大众文化"里，"大众"这个词一开始就带有很强的"意识形态对抗"和"文化等级"色彩。英国文化学家从雷蒙·威廉斯的研究里我们了解到，实际上，西方文化与中国文化一样，存在语言含义上的人为差异和与之相连的人的等级划分。威廉斯认为，"the masses"（民众、大众）这个词，是"用来描述一个民族大部分人的轻蔑语，存在久矣。早期大部分的轻蔑语具有明显的'base'（卑微的、低下的）或'low'（低下的）之意涵。这两个词暗示着：社会的实质结构存在着无形与（通常是）有形的社会阶层，它决定了许多有关社会论述的语汇；参较 standing（身份、等级）、status（身份、地位）、eminence（卓越、高位）、prominence（杰出、重要），与有关社会阶层的语汇：levels（级别）、grades（等级、级别）、estates（阶级、地位）、degrees（阶级、等级）。同时，用来描述某一些'地位低下'的（low）群体的特殊词汇有增无减：plebeian（下层人、贫民）源自拉丁文 plebs（群众、百姓）；villein（农奴）与 boor（农民、粗野的人）源

---

① ［英］雷蒙·威廉斯：《关键词：文化与社会的词汇》，刘建基译，生活·读书·新知三联书店 2005 年版，第 281 页。

自封建社会。Common（粗俗的、劣等的，参见本书）包含了'低下'（lowness）的意涵，尤其是在 the common people（普通人、常人）这个片语里。Vulgar 这个词在 16 世纪时已经失去正面或中性的意涵而成为 low或 base 的同义词。由 Vulgar（通俗的，乡土语的）所引申出的一个较好意涵，可以在 vulglate（拉丁通行版的圣经）这个词里找到。The people这个词本身的意涵变得暧昧不明；例如在 17 世纪里，有人试图去区分 people 的类别，将'较佳种类的（better sort）'people 与'较卑贱的（meaner）'或'最低下的（basest）'people 区隔开来。The people 这个语汇的意涵，仍然可以根据政治的立场做广泛的或选择性的解释"①。雷蒙·威廉斯不仅探讨了 people 所包含的高低贵贱的等级内涵，而且也透露了为什么"大众文化"一般使用"popular culture"而不使用"mass culture"的政治原因。"大部分英国的激进分子，持续使用 the people 这个语汇以及变异形式的语词—— common people（普通百姓）、working people（劳工）、ordinary people（一般百姓）——将其视为具有正面涵义的词汇。虽然在 19 世纪末期 the masses（大众、民众）与'the classes'（阶级）有一个普通的对比：'民众与阶级相对立'（格莱斯顿，1986）。Masses 及其变异形式的词汇—— the broad masses（一般大众）、the work-ing masses（劳工大众）、the toiling masses（劳苦大众）——被持续地用在革命传统里（有时候这些外来的语汇翻译得不精准）。"② 雷蒙·威廉斯倾向于站在他所谓的激进分子一边，他把大众文化翻译成 popular cul-ture，其意义来自于 1697 年科利尔（Collier）对 popularity 的定义：用不当方式讨好百姓，以博取好感。他认为 popular 原先是一个法律与政治术语，意指"属于民众"，后来还有受喜爱、受欢迎的，讨人欢心、刻意迎合的意思。他说"popular culture（大众文化、通俗文化）并不是来自普通百姓的认同，而是其他人的认定，这个词具有两种古老的意涵：（一）低下的工作（参较 popular literature——通俗文学；popular press——通俗新闻，有别于 quality press——优质新闻）。（二）刻意讨人

---

① ［英］雷蒙·威廉斯：《关键词：文化与社会的词汇》，刘建基译，生活·读书·新知三联书店 2005 年版，第 281—282 页。

② 同上书，第 285 页。

欢心的工作（popular journalism——大众新闻，有别于 democratic journlism——民主的新闻；popular entertainment——大众娱乐）。另外，还有一个比较现代的意涵，指'受到许多人喜爱的'，当然在许多早期的例子里也有此意。'popular culture'指由普通老百姓自己创造出来的文化"①。因为 mass culture 带有侮辱、歧视性质，现在文化界基本都不用这个词了。"就早期的大众文化 mass culture 而言，它具有明白无误的贬义色彩。"②这也是雷蒙·威廉斯早就看到的问题："Masses：是一个现代的词，用来表达'多头群众'（many headed）或是'乌合之众'（mob）：指的是低下的、无知的与不稳定的。"③在国外，20 世纪"大众文化"的含义通常与通俗文化、民间文化相连，雷蒙·威廉斯认为："通俗有四种含义：'众人喜好的文化'；'不登大雅之堂的文化'；'有意迎合大众口味的文化'；'实际上是大众自己创造的文化'。"④英国的多米尼克·斯特里纳蒂在其《通俗文化理论导论》一书中就明确指出了通俗文化和大众文化的关系，"大众文化是通俗文化，它是由大批生产的工业技术生产出来的，是为了获利而向大批消费公众销售的"⑤。这不但意味着二者的服务对象相同，而且在艺术形式上二者都是以通俗为特征，以满足普通民众或者说大多数民众的精神、娱乐要求为目的。当我们弄清楚"大众"的含义也就理解了大众文化的实质。"就其词源上看，大众不是泛指普遍民众，而是用来指民众的绝大部分，它的对立面是富人阶级、特权阶级和受到良好教育的阶级。"⑥

我们再看看西方的其他两种对大众文化的权威定义便可加深理解二者之间的交叉关系。一是约翰·菲斯克的大众文化定义："大众文化是为

① ［英］雷蒙·威廉斯：《关键词：文化与社会的词汇》，刘建基译，生活·读书·新知三联书店 2005 年版，第 356 页。

② 陆扬：《大众文化理论》（修订版），复旦大学出版社 2008 年版，第 1 页。

③ ［英］雷蒙·威廉斯：《关键词：文化与社会的词汇》，刘建基译，生活·读书·新知三联书店 2005 年版，第 286 页。

④ 转引自［英］约翰·斯道雷《文化理论与通俗文化导论》，杨竹山、郭发勇、周辉译，南京大学出版社 2001 年版，第 8 页。

⑤ ［英］多米尼克·斯特里纳蒂：《通俗文化理论导论》，阎嘉译，商务印书馆 2001 年版，第 16 页。

⑥ 陆扬、王毅：《文化研究导论》，复旦大学出版社 2006 年版，第 261 页。

普通民众所拥有；为普通民众所享有；为普通民众所钟爱的文化。现在'大众'一词，在平日语言中通常是'好'的同义词，但早先它却暗含贬义。从其词源上看，大众最初不是用于指'普通民众'（people in general），以与贵族阶级、富人阶级或知识阶级相区别。"① 二是约翰·斯道雷的第四种通俗文化定义："通俗文化是来自于'人民'的文化。该定义对任何认为通俗文化是上层强加给'人民'的文化的观点持有异议。因而，通俗文化是地地道道的'人民'文化。它是作为民间文化的通俗文化。它是为人民服务的人民文化。"②

第一节 阿诺德和利维斯主义文化理论的保守性

从上面的考察看出，关于"大众"和"大众文化"的概念，一直都是精英知识分子的一种"身份优越感"和"精神自恋"的表现，表现出他们对底层民众的轻蔑。更重要的，是他们努力维护自己"权力精英"地位的表现。按照英国文化学家利维斯的研究，大众文化大概产生于18世纪，是随着西方现代工业发展到来的，它以"复制"为特征，以资本增殖为目的，是为大多数文化较低的大众提供娱乐的文化。"大众文化"在19世纪代表工业革命将文化带入"机械复制时代"，对传统的精英贵族独占、独享的文化产生了致命的冲击和挑战，文化逐渐走向了绝大多数的普通人，推动了世界"文化民主化"进程，逐步实现了文化消费的"人人平等"。但是，当"大众文化"在后现代即将成为时代潮流之际，却遭到了传统精英知识分子的顽强抵制和蔑视。

大众文化出现以后，精英知识分子崇拜的高雅文化，如纯文学的地位受到了极大的冲击，迅速改变了西方文化的面貌，引起了精英知识分子的焦虑和恐慌。利维斯的妻子就曾说，"在大众文化的冲击下，文学的前景已经变得非常渺茫，诗歌和文学批评一般读者不屑光顾，戏剧就它

① 参见约翰·菲斯克等编撰《关键概念：传播与文化研究辞典》，李彬译，新华出版社2004年版，第212页。

② ［英］约翰·斯道雷：《文化理论与通俗文化导论》，杨竹山、郭发勇、周辉译，南京大学出版社2001年版，第14页。

同文学重叠的那一块来说，已经死了，独有小说在苟延残喘，但小说看来同样已时日不多"，她发现"文学的传统读者们现在在电影院里消磨时光，要不翻翻报纸和流行杂志，或者就听爵士乐。就是有意去重新培植读者的阅读兴趣，多半也是徒劳无功。故 18 和 19 两个世纪是阅读的世纪，20 世纪是阻碍阅读的世纪。电影、流行杂志、报纸、舞厅、流行音乐，这一切对人的诱惑力是太大了"。① 利维斯更是一个传统的文化保守主义者，他站在对农耕文明的立场来反对后工业时代的大众文化，认为大众文化是破坏民间文化（源于农业文明）的罪魁祸首。"我们失去的是有机的社团以及他们所蕴含的活生生的文化。民间歌谣、民间舞蹈、乡间小屋和手工艺产品，都是一些意味深长的符号和表现形式。它们是一种生活的艺术，一种生存的方式，井然有序，涉及社会艺术、交往代码以及一种反应调节，源出于遥不可测的远古经验，呼应着自然环境和岁月的节奏。"② 利维斯的思想是阿诺德文化观念的翻版，都坚持文化是少数精英创造并掌握的精英主义立场。阿诺德在他的《文化和无政府状态》这样定义文化人："伟大的文化人是这样一些人，他们具有一种激情，要将他们时代最好的知识、最好的思想从社会的一端传播、搬运到社会的另一端，使之流行不衰；他们殚精竭虑，要为知识去除一切粗糙的、粗野的、难解的、抽象的、专业的和孤傲的成分，要把它人性化，使它在绅士和学者的圈子之外，也见成效，与此同时，又保留了时代最好的知识和思想，因而成为甜美和光明的真正源泉。"③ 显而易见，阿诺德认为，文化是少数人追求光明甜美的产物，这些人还肩负着用这样的精英文化去影响、改造、提升大众的任务。在他的思想里，文化代表理性、秩序、文明、贵族、高雅，而粗野的欲望、反抗的自由是无政府主义下等人的品格。这种高雅和粗俗、文明和野蛮的二元对立思想在利维斯这里得到了更加露骨的表现，我们从他的代表作品《大众文明与少数人文化》的题目就可看出他坚持高雅的文化是属于少数人的专利，大众文明无疑是野蛮的、粗鲁的代名词。他指责工业文明把一个统一的、完整的、共同

---

① 陆扬：《大众文化理论》（修订版），复旦大学出版社 2008 年版，第 26 页。
② 同上书，第 24 页。
③ 同上书，第 11 页。

的英国文化分裂为两个部分："一方面是少数人文化，一方面是大众文明。少数人文化代表了阿诺德所说的'所思所言的最好的东西'，在利维斯则特别体现在英国文学的伟大传统上面。大众文明的大众文化则是商业化的低劣文化：电影、广播、流行小说、流行出版物、广告等等，被缺乏教育的大众不假思索大量消费。正是基于这样的认识，利维斯呼吁'少数人'武装起来，主动出击，抵制大众文化泛滥成灾。"① 利维斯为维护少数人的文化统治和政治统治的保守性、落后性是明显的。他站在精英知识分子的立场上，感叹自己文化精英地位和权力的跌落，眷念那个精英文化和知识分子主宰社会、文化，高高在上的年代，那个带有文化集权色彩的年代。"少数人的地位发生了变化。它不再会主宰文化差别。它的文化权威再也不可能不受到挑战。利维斯提到了一个情况，即'以前少数人制定品位标准，而且从未受到过挑战，现在他们的权威崩溃了'。正如阿诺德对'俯首贴耳、惟命是从的顽固封建习惯'的消失，感到很遗憾一样，利维斯也一直怀念大众'绝对服从于权威'的年代，她引用爱德蒙德·高斯的话进一步证实这种情况的严重性。——从高涨的民主情绪，我早就预见到了一种危机，这就是文学品位和文学经典这些传统已经被公众成功地改变了。到目前为止，没有受过教育和半教育的民众形成了读者群中的绝大多数。"② 在利维斯的心中，那种少数人的文化就是长久以来影响人们精神世界的文学，在他看来，文学是一个宝库，展示了人类历程中所有有价值的东西。然而，不幸的是，文学这颗文化桂冠上的宝石，像文化一样也没有了权威。并且，他把这个账算在了近代工业文明的头上。他认为，"在19世纪以前，肯定是在17世纪，英国出现了一种活跃的平民文化。工业革命带来了种种变化之后，平民文化分裂成两种文化：一种是少数人文化，另一种是大众文明。少数人文化体现了'世界上最好的思想和言论'的价值和标准，现在成了一种文化传统。这是一种有教养的少数人的文化。它的对立面是大众文明。它包

---

① 陆扬：《大众文化理论》（修订版），复旦大学出版社2008年版，第26页。

② ［英］约翰·斯道雷：《文化理论与通俗文化导论》，杨竹山、郭发勇、周辉译，南京大学出版社2001年版，第38页。

含了大众文化，一种'没有受过教育'的大多数人消费的商业文化"①。无疑，他所指的少数人文化就是文学。然而，19世纪以来文学至高无上的地位受到了大众文化，特别是电影的严重挑战，因此，利维斯十分厌恶通俗小说，特别是以电影和广告为主的大众文化。因为它们使人沉溺于低级的生理快感。"利维斯认为看通俗小说是'一种毒瘾'。对于读浪漫小说的人来说，它能导致幻想的习惯，从而导致对现实生活的不适应。对于没有沉湎于通俗小说的人来说，也一直面临电影的威胁。电影的不断普及使它真正成为一个非常危险的快乐之源。电影具有类似催眠的作用，能使人不知不觉地受支配，使人屈服于最粗俗的情感感召，而且这种感召越来越阴险，不显山露水，因为电影是与对生活栩栩如生的幻想联系在一起。对于利维斯来说，好莱坞电影是'大规模手淫'。虽然通俗报刊被描绘成是'对大众思想最有力，也是最广泛的蒙蔽者'，广播电台窒息批评性思维。利维斯对广告的声讨最为尖刻，他称广告'永无休止地、无孔不入地对大众进行手淫式地操纵和愚弄'。"② 现代性强调秩序、规则、稳定，这正是利维斯的"文化"的含义。他反对大众文化的另一理由是它代表了无政府主义和工人阶级的文化，认为"工人阶级总是处在'无政府状态'一边，总是处在'文化'的对立面上"。由此我们不难看出利维斯是站在权力机器一边的，把工人阶级看作无组织无纪律的乌合之众。"阿诺德谈到工人阶级的贫困、愚昧和无奈，故而他们的文化导致权威扫地，社会和文化秩序趋于瓦解，是可想而知的。"③

第二节　麦克唐纳大众文化理论的偏见

弗里德曼认为，一个毫无疑义的事实是，我们正在被美国化。④ 这句话说出了一个事实，大众文化虽然伴随工业化、都市化在很早以前就已

---

① ［英］约翰·斯道雷：《文化理论与通俗文化导论》，杨竹山、郭发勇、周辉译，南京大学出版社2001年版，第40页。

② 同上书，第41页。

③ 陆扬：《大众文化理论》（修订版），复旦大学出版社2008年版，第25页。

④ ［英］弗兰克·韦伯斯特：《信息社会理论》，曹晋等译，北京大学出版社2011年版，第348页。

经开始产生，但真正成熟并成为流行文化还是在 20 世纪的美国。因此，大众文化也被很多人看作美国文化的象征，他们把大众文化在全球的传播视为全球美国化的威胁，很多人不无忧虑地看到美国本身正在成为全球的消费对象。弗里斯说："美国梦成了大众文化幻想无法摆脱的一个部分。用德国电影温·文德斯的话来说，'美国人在我们潜意识中开拓了殖民地'，如同在电影和音乐中体验到的一样，美国本身已成了消费对象，成了一种快乐的象征。"① 而在英国，不是对美国大众文化的快乐的欢迎，而是存在着一种根深蒂固的对美国文化的偏见和歧视，尤其在以文化保守主义著称的阿诺德身上表现最为突出。"在英国思想界，美国或'美国化'经常被看成是现代工业社会发展中最危险之物的缩影，（美国化）对阿诺德来说特别意味着两样东西：碎裂的趋势（缺乏一个强有力的核心权威，一个政府或国家去引导、培养、确立各种标准），以及醉心于平庸（缺乏出类拔萃的各种准则，社会的文化和道德因而堕落，社会可能被教育上反复灌输的一种适当建构的文化所阻碍）。"② 在阿诺德眼里，美国文化实际上就是低俗，没有优雅内涵的代名词。阿诺德对文化的定义是："文化是知识，文化是世界上最好的思想和言论，文化使上帝的智慧和意志广为流传，文化是对尽善尽美的研究。"人们要真正获得文化，必须通过阅读、观察、思考。这些思想完全还是停留在前现代和现代的立场上的，而美国文化是后现代主义强调"景观"的重要性和视觉震撼的文化，强调人们当下的直觉性感受、情感欲望体验的图像文化，是逐渐远离逻辑思考的文化，自然与阿诺德的文化是大相径庭的，受到他的抵制是再自然不过的事了。英国文化批评家霍格特也表现出对美国流行的大众文化的不屑一顾，并忧虑其对英国工人阶级的影响和误导，"较新的大众艺术，如性与暴力小说、下流杂志、商业性通俗歌曲和自动点唱机引诱工人阶级民众将自身及其文化迷失在无知觉的浅薄的'棉花糖世界'中，迷失在'闪光的野蛮状态''虚假的光芒'中，迷失在一个从大西洋彼岸

---

① ［英］多米尼克·斯特里纳蒂：《通俗文化理论导论》，阎嘉译，商务印书馆 2001 年版，第 37 页。

② 同上书，第 30 页。

带给他们的世界之中。①"

"全球美国化"这一"文化麦当劳"不但引起了美国以外的知识精英的恐慌和抵制，就是在美国的本土，反对的声音也不绝于耳，其声音洪亮者莫过于麦克唐纳。麦克唐纳与阿诺德一样是站在精英贵族的立场上来反对大众的通俗文化的，他为自己在社会中神圣的精英地位的丧失而惴惴不安，认为大众文化创造了一种无差别的文化，从此，类似于他这样的文化精英在里面再也找不到从前的优越感了。"按照麦克唐纳的看法，大众文化所构成的威胁是由于它的同质性，它拉平或降低一切文化的能力以及按它自己的形象评论自己的能力。它是一种能动的革命性的力量，打破了阶级、传统、趣味的旧障碍，消除了一切文化的差别。它把一切都搀和拼凑在一起，创造出可以称之为同质化的文化，它因而摧毁了一切价值标准，因为价值判断意味着不公平待遇。大众文化是非常非常民主的：它绝对拒绝歧视，拒绝区分任何事物任何人。"② 斯特里纳蒂指出这种论点显然与我们今天听到的关于当代文化的后现代特征的论点相似。确实如此，麦克唐纳反对的不是别的，正是严重侵犯了他这种精英人士利益的后现代文化。它反映出大众文化一直都是争夺文化权力和话语霸权的场所，也是阶级斗争在新时代的另一种形式。正如约翰·斯道雷看到的："现在通俗文化被看作是霸权产生和再生产的主要场所。在这种全新的公式里，通俗文化被理解为统治集团和被统治集团的利益相互斗争与妥协的场所。"③ 这种利益的斗争不仅仅是文化的斗争，而且是政治斗争的重要部分。因为中外的统治阶级历来都是通过两种方式维护对民众的控制的，一种是运用代表政治权力的国家机器，一种是利用代表文化权力的精英文化。因此，大众文化的崛起才使他们视为洪水猛兽。"为多数人服务的通俗文化一直是少数掌权者的心病。掌握政治权力的人一直认为必须对没有政治权力的人的文化实施控制，密切观察其在政治上不安分的迹象；通过保护和直接干涉，不断实施调整。在 19 世

---

① ［英］多米尼克·斯特里纳蒂：《通俗文化理论导论》，阎嘉译，商务印书馆 2001 年版，第 36 页。

② 同上书，第 37 页。

③ ［英］约翰·斯道雷：《文化理论与通俗文化导论》，杨竹山、郭发勇、周辉译，南京大学出版社 2001 年版，作者前言第 1 页。

纪，这种关系发生了根本变化。有一段关键时期，统治者失去了对被统治者的有效控制。当他们开始恢复这种控制时，文化本身第一次成为他们关注的现实焦点。"① 为了维护精英文化的地位，麦克唐纳还极尽鄙薄之能事，指责大众文化低俗浅薄，缺乏美学品质，是使人堕落的低级文化。"它是一种低劣的浅薄的文化：既回避深刻的现实（性，死亡，失败，悲剧），也回避单纯的自发的快乐，因为现实过分实在，快乐过分充满生气，这种商品是令人不安和无法预言（因而不稳定）的现实生活的欢乐、悲剧、智慧、变化、原创性和美的替代物。这种东西的接连产生使大众堕落，大众反过来又要求浅薄的、轻松自在的产品。"他这些言论显然说明："大众文化是一种标准化的、公式化的、重复和肤浅的文化，它赞美浅薄的、多愁善感的、当下的和虚假的快乐，牺牲了严肃的、理智的、时代赋予的和本真的价值标准。"②

麦克唐纳有时也似乎表现出很钟爱民间艺术（一种起源于乡间、底层民众的文化）的态度来，事实上并非如此，他只是想通过与大众文化的比较，借此来反对大众文化的商业性和对精英文化的话语霸权的颠覆，为民间文化与高雅文化之间保持井水不犯河水的距离，不对高雅文化构成威胁而击节赞赏而已。"民间艺术从下面成长起来。它是民众自发的、原生的表现，由他们自己塑造，几乎没有受到高雅文化的恩惠，适合他们自己的需要。大众文化则是从上面强加的。它是由商人们雇佣的艺人制作的；它的受众是被动的消费者，他们的参与限于在购买和不购买之间选择，民间艺术是民众自己的公共机构，他们的私人小花园用围墙与其主人'高雅文化'整齐的大花园隔开了。但是，大众文化打破了这堵围墙，把大众与高雅文化贬了值的形式相结合，因而成了政治统治的一种工具。"③ 麦克唐纳与其他反对大众文化的知识精英的共同之处是明显的，他们认为高雅艺术才是真正具有思想深度、艺术含金量，引领人走向理性健全道路的明灯，而大众文化的肤浅平庸只能使人变得愚蠢堕落，

---

① ［英］约翰·斯道雷：《文化理论与通俗文化导论》，杨竹山、郭发勇、周辉译，南京大学出版社 2001 年版，第 29 页。

② ［英］多米尼克·斯特里纳蒂：《通俗文化理论导论》，阎嘉译，商务印书馆 2001 年版，第 20 页。

③ 同上书，第 16 页。

变得像俗人一样只知道享乐。并且，真正的艺术是不能由工业生产的机械复制技术、批量生产的方式产生出来的，它是个人天才创造的结晶。"大众文化标准化的、公式化的、可重复的产品，是按照机械方式、专门化、分解化和流水线的生产形式制造文化商品的结果。例如，艺术就不可能用这种方式生产。真正的艺术在审美上的复杂性、创造性、实验性和智力上的挑战，不可能靠生产大众文化的技术来实现。他们倒是要靠与大批生产完全相反的东西，靠在商品市场强制力之外工作的个别艺术家富有灵感的天赋，以及经过验证和试验的创作程式与标准技巧。"① 他们的愿望是要让人们退回到手工制作艺术的时代，那个"十年磨一剑"精心打磨艺术的时代，显然在后现代是不切实际的。因为这个时代已经进入了一个以机械化、工业化、"集团作战"的形式去创造艺术的时代。而且，后现代艺术依然要靠人的智慧、创新能力去完成，而不是机器的杰作。

麦克唐纳和理性时代走过来的知识分子一样，有很强的精英文化情结、"精英统治论"的情结，"精英统治论"的主张以为：只有从高雅文化或"高深"理论所提供的优势地位，根据源于文化精英的美学与"鉴赏力"的原则，才可能恰当地理解和解释通俗文化和大众文化。② 轻视大众文化，抵制大众文化的快乐功能，反感大众文化的欲望功能、反叛功能，这是西方理性文化长期熏陶他们的结果，并不是完全属于他们个人的过错，是时代赋予这一代知识分子的历史局限。他们在没有充分思想准备的情况下，面临了具有颠覆理性、"弑父性"的大众文化的强大挑战，内心的矛盾和痛苦是可以理解的，对文化领导权的怀念和固守导致了他们对大众文化的顽强抵抗。这也导致了他们与整个世界文化民主潮流、政治民主潮流产生了不协调的一面。如利维斯就曾经感叹："很久以来，我从民主情绪的传播中预见到一种危险，即文学趣味的传统、文学准则，已随着民选的成功而颠倒了。到现在，在全世界所有地方，未受过教育的大众或受过部分教育的人，构成了读者的大多数，他们虽然无

①　[英]多米尼克·斯特里纳蒂：《通俗文化理论导论》，阎嘉译，商务印书馆2001年版，第17页。

②　同上书，第47页。

法并且没有鉴赏自己民族的经典作品，却心满意足地承认自己的优越性。近来，尤其是在美国，在我看来有下层民众反叛我们文学大师的一些迹象……如果文学要由公民投票来评判，如果平民认识到了自己的权力，那么他们肯定会逐渐不再支持未给他们快乐、他们无法了解的名人们。反对鉴赏力的革命一旦开始，将使我们陷入无可挽救的混乱之中。"① 显然，利维斯是以精英知识分子的态度在哀叹文学被文化民主化的潮流冲下历史圣殿的现状。文学再也没有历史上那种趾高气扬、高高在上的地位了。利维斯对文学地位衰落的无奈、担忧、焦虑，溢于言表。

第三节　法兰克福学派大众文化理论的专断

尽管大众文化是后工业社会复制技术的产物，但无疑对"文艺的大众化"也起到了积极的作用，而且大众文化推翻了精英文化一统天下的统治，拆解了"雅"和"俗"之间的界限，更有甚者，是"俗"占据了文化的领导地位。在西方，另一个强烈反对大众文化的知识分子集团是20世纪30年代由霍克海默创立的法兰克福学派，它是具有明显矛盾、思想复杂及很强的革命意识、政治意识、精英意识、批判意识，集保守性与激进性于一身，带有强烈偏见的文化研究流派。他们坚持马克思的实践观点和辩证法的批判立场，"揭露历史上各种类型的哲学所具有的社会欺骗作用，致力于人类处境的改善和人的社会解放，宣称它不是以科学而是以人道主义作为自己的理论基础，以现代社会的领域里的理论与实践的辩证法为核心，对现实采取批判与否定的态度"②。国外有的学者把他们归类为后现代理论家（注：斯蒂芬·贝斯特和道格拉斯·科尔纳在他们的《后现代转向》一书里将法兰克福学派的批判理论、女权主义划归为后现代主义的范畴，见该书第22页）。笔者认为，这种划分并不准确，从法兰克福学派对大众文化的保守态度来看，我们更愿意将他们视为现代性的捍卫者，他们对兴起于第二次世界大战以后美国的流行文化

---

① ［英］多米尼克·斯特里纳蒂：《通俗文化理论导论》，阎嘉译，商务印书馆2001年版，第29页。

② 欧力同、张伟：《法兰克福学派研究》，重庆出版社1990年版，第23页。

持拒斥和批判的态度，其观点隐藏着革命的激情和政治意识形态对抗的立场，基本的思想来源于前面提到的阿诺德和利维斯两人。他们指责大众文化（德国的特奥尔多·阿多尔诺把大众文化称为文化工业）为了迎合大众的审美趣味，对高雅文化进行了降格、颠覆，"文化工业由此自下而上地整合它的消费者，它把几千年来有所区分的高雅艺术和低俗艺术强制性地合在一起，从而使双方都受到损害，高雅艺术的严肃性由于追求其效果而遭到破坏，而一旦社会控制不再是总体性的，低俗艺术的严肃性也由于以下原因而受到损害，即对它固有的反叛性抵抗施加文明化的限制"①。在阿多尔诺看来，后现代的大众文化丧失了它的批判功能，"它已经不能通过抵制形式理性即工具理性来彰示真理，反之，日益堕落为商品法则的产物。文化由此一分为二，一面是抵制商业化的高雅文化，是为现代艺术和先锋艺术，一面是追随商品法则的低俗文化，这就是文化工业"②。显然，阿多尔诺是站在现代性立场上，坚持认为真理和理性是文化的最高价值，把解放感性身体的大众文化看成低等的、低俗的文化。法兰克福学派的时代是有声电影发展的时代，也是电影占统治地位的时代，他们极力贬低电影，反对电影，认为电影只是给人提供廉价的享乐。"享乐意味着全身心的放松，头脑中什么也不思念，忘记了一切痛苦和忧伤。这种享乐是以无能为力为基础的。实际上，享乐是一种逃避，但是不像人们所主张的逃避恶劣的现实，而是逃避对现实的恶劣思想进行反抗。娱乐消遣作品所许诺的解放，是摆脱思想的解放，而不是摆脱消极东西的解放。"③ 他们共同的错误在于缺乏关注当下历史的眼光、发展的眼光，把启蒙理性的二元对立思维用于后工业时代的文化和人性的剖析之中，片面化地、平面化地去理解人性和大众文化，丧失了多元、立体地分析研究事物的视域，得出了有欠全面、客观、公允的结论。在法兰克福学派一些人看来，文化工业所制造的大众文化，给人提供了一种虚假的满足感，使人沉溺于幸福的幻想中，放弃了对现实的批判和对

---

① 周宪编著：《文化研究关键词》，北京师范大学出版社2007年版，第87页。
② 陆扬、王毅：《文化研究导论》，复旦大学出版社2006年版，第90页。
③ ［德］马克斯·霍克海默、特奥多·威·阿多尔诺：《启蒙辩证法》（哲学片段），洪佩郁、蔺月峰译，重庆出版社1990年版，第135—136页。

乌托邦理想的追求，即他们所说的文化工业的"去政治化"的功能——人们满足现实的享乐，泯灭了政治热情，"导致革命和反抗的危机"。他们把政治和革命看作人的最高神圣使命，以单纯的政治眼光对待晚期资本主义显然是片面的，是停留在现代性对早期资本主义的血腥残忍剥削批判的基础上的，晚期资本主义因为生产力的发展和民主政治的建立，与早期资本主义显然是不同的，它业已解决了人们物质贫困的问题，也在很大程度上解决了公众参与政治的权利和其他政治自由的问题。所以，对于底层人来说，革命和政治的热情就不是那么强烈了。我们认为，革命的目的是反抗政治、经济、文化的压迫，创造一个给广大民众以更多自由幸福的公正社会。如果革命是对已经拥有的幸福和快乐的破坏，那它就丧失了必要性和合理性。他们把精神需求，甚至更主要的是政治革命的需求认定为后现代人们的真实需求，而忘记了现实中的人还必须有基本的物质需求和身体欲望以及快乐的需求，显然是对人性的肢解和脱离实际的自我想象，也是悖逆马克思的唯物主义立场的。例如，在马尔库塞看来，大众文化是向大众提供的"虚假的需要"，在他的《单面人》这本书里认为，"人本来是有真正需要的，这需要是创造的需要、独立和自由的需要、把握自己命运的需要，也是实现自我完善的需要。而这些真正的需要之所以无法在现代资本主义社会中实现，是因为虚假的需要反客为主，由特定的利益集团强派下来，施加在个人身上，否定了真正的需要，由此造成压抑和痛苦。虚假的需要是物质的需求，它们不是人的本性，就像被无限制刺激起来消费欲望，表面上看是投其所好，实际上是束缚了大众的创造力和辨别力，使人们无以发觉自己是身患痼疾，从而错过治疗，终而沉溺于郁郁寡欢之中。大多数流行于世的需要，休闲、享乐、广告、消费等等，都可以归入虚假需要的类型，其被当成真正需要而无止境的追逐的结果，是造成个人经济、政治和文化等等各个方面都为商品拜物教所支配，日趋成为畸形的单一的维度的人"①。马尔库塞把人的物质需要排除在正常人的需求之外，过分强调人的精神维度，反感人对休闲娱乐的需求，无疑是和整个社会的发展和后现代的历史相悖逆的，依然是西方长久以来将人视为理性动物的思想的延续。

---

① 陆扬、王毅：《文化研究导论》，复旦大学出版社 2006 年版，第 92 页。

在艺术上，本雅明认为，文化工业机械复制的特点使艺术平面化，丧失了让人回味无穷的韵味。这就是他所谓的传统艺术的膜拜价值让位于现代艺术的展示价值。"艺术作品不再笼罩在神秘光辉里高不可攀，而越来越接近日常生活，满足大众展示和观看自身形象的需要。"[①] 在法兰克福学派中，本雅明算是思想相对开放的一位，他以历史的眼光看到了传统文化艺术必然会走向没落，而被满足人的深沉欲望的大众文化所代替。他对后现代美学充满信心和乐观，而不是一味的悲观，他认为机械复制技术生产的艺术"恰恰满足了现代人渴望贴近对象，通过占有对象复制品来占有对象本身的欲望。如是众多的摹本代替了独一无二的存在，被复制的对象恢复了青春。所以传统的崩溃是势在必然的"[②]。对电影的态度也不像阿多尔诺那样持反感的态度，反对电影的感官刺激和快乐。"他认为电影展示了异样的世界和视觉无意识，电影的特征不仅在于人面对摄影机如何表演，而且在于人借助摄像机表现了客观世界。电影以弗洛伊德心理学可加解释的方法，丰富了大众观照的世界，不但在视觉，而且在听觉方面也导致了对感官的深化。"[③] 当然，本雅明的思想并不是完全站在大众文化一边的，有其深刻的矛盾性。他说，机械文明的每一点进展都排除了行为和情感，安逸把人们隔离开来，更使醉心于安逸的人进一步机器化。他认为电影不应该只是复制幻象，而应该揭示现实就是幻象。显然，他依然对大众文化持怀疑态度，认为大众文化在制造审美幻象，虚假幸福。因此，我们认为无论是阿诺德、利维斯还是法兰克福学派，代表的都是精英权威对自己的至高无上的地位失去的一种抵制，完全是为了维护自己的权力而去看待新时代产生的大众文化，表现出明显的保守性和落后性。"早期的大众社会理论者主要是一些保守的政治家和思想家，他们对工业革命、资产阶级革命后的工人和劳动大众作为主要的社会力量登上政治舞台感到恐惧和危机，并站在贵族主义立场上对这种状况进行批判，把大众看作是非理性的、功利性的、不遵守法律的

---

① 陆扬、王毅：《文化研究导论》，复旦大学出版社2006年版，第106页。

② 同上。

③ 同上。

'暴徒'等。"① 这是很多西方学者早就敏锐察觉到的现象。例如，阿兰·斯威伍德在他的《大众文化的神话》中就指出："最初提出大众社会理论的人，其政治意图在于捍卫统治阶级（贵族或是资产阶级）的社会地位，他们企图压制中下阶层民众追求民主的精神，他们重新伸张死板而僵硬之社会阶层的必要性，他们想让精英稳固地掌握决策权，永远享有特权。"②

我们前面谈到法兰克福学派有很强的政治性，事实也是这样，虽然阿多尔诺申明自己的文化批判理论不带有政治倾向性，但实际上法兰克福学派所有人都不可避免地具有政治意识形态对抗的色彩。"尽管远离政治是阿多尔诺所遵循的一个基本的宗旨，但是当他们把文化工业看作是统治阶级自上而下的整合工具时，大众文化显然包含了政治的因素；而当本雅明与马尔库塞在一个特殊的历史时期把大众文化看作是颠覆既存的统治秩序的重要手段时，他们所谓的大众文化也依然包含了政治的因素。区别只在于，前者痛斥的是大众文化中的'反革命'政治，后者欢呼的是大众文化中的'革命'的政治。"③ 从表面上看来，他们与资本主义有些格格不入，似乎同情底层民众，但他们并不是底层民众的救世主，他们都出身中产家庭，贵族化的生活方式、思维方式、行为习惯使他们从思想和情感上都不可能走近民众，完全做到与民众息息相通。他们的审美趣味决定了他们不可能更多地与下里巴人的大众文化心心相印，而只会更多地与阳春白雪的艺术作品灵犀相通。这与中国现代文学那些启蒙知识分子口中高喊文艺大众化，而实际上与脱离群众很有些相像。同时，他们尽管受到纳粹的迫害，但他们从灵魂深处认同自己是德国犹太人，而不是本乡本土的美国人，身份焦虑导致的文化认同危机，也使他们对美国那种标新立异、叛逆理性的大众文化嗤之以鼻，他们接受的是超越性的救赎的犹太教文化，而大众文化只是关注此在的快乐和幸福，文化观念的冲突在所难免。

① 陶东风主编：《大众文化教程》，广西师范大学出版社 2008 年版，第 7 页。

② ［英］阿兰·斯威伍德：《大众文化的神话》，冯建三译，生活·读书·新知三联书店 2003 年版，第 4 页。

③ 赵勇：《整合与颠覆：大众文化的辩证法——法兰克福学派的大众文化理论》，北京大学出版社 2005 年版，导言第 4 页。

　　他们既是身体的漂泊者，也是精神的流浪者。他们在现代性的熏陶之下成长起来，二战爆发后背井离乡。现代性坚持的理想、信念、进步、否定现实、批判现实的传统与后现代主义沉溺于现实的状况是极其矛盾的。"'现代型'的身份特征又意味着他们与知识分子批判传统的内在关联，意味着他们将义不容辞地扮演起理性的守护者、正义的捍卫者、人类解放的呼吁者与参与者、乌托邦思想的传播者、权威性话语的发布者等多种角色。"① 英国后现代主义研究专家迈克·费瑟斯通也一针见血地批评了法兰克福学派主要代表的思想缺陷以及他们轻视大众的精英主义立场："以前那些迷恋秩序、合作和系统性整体等观念的人，现在学会了去运用那种强调无序、模糊与差异的新认识框架来看待问题。"② 无疑，费瑟斯通在这里是对那些抱残守缺、不与时俱进的学者的提醒，显然这类人包括法兰克福学派的主要代表。"今天，尽管人们对'消费文化'一词的兴趣和对它的使用与日俱增，阿多诺、霍克海默、马尔库塞及其他批判理论家的理论却不再被看成是很有意义的了。他们的方法取向，是通过对今天看来已经站不住脚的关于真实个体与虚假个体、正确需求与错误需求的区分，对大众文化进行精英主义式的批评。普遍的看法是，他们瞧不起下里巴式的大众文化，并对大众阶级乐趣中的直率与真诚缺乏同情。而对后一点的强烈赞同正是人们转向后现代主义的关键。"③

　　当然，如果我们把法兰克福学派说得一无是处同样是错误的，不可否认他们受到了现代性狭隘视野的拘囿，思想表现出很大的局限性。这是现代性和后现代性交替阶段必然会出现的现象，但他们"批判权力统治及各种社会文化现象，同时也批判自身、旨在拯救个体并致力于人类解放的理论"。④ 而且从"自由、幸福、幻想、乌托邦、人类解放等"是他们批判理论的核心概念，可以看出，具有所有知识分子那种"为天地

---

① 赵勇：《整合与颠覆：大众文化的辩证法——法兰克福学派的大众文化理论》，北京大学出版社2005年版，导言第4页。

② ［英］迈克·费瑟斯通：《消费文化与后现代主义》，刘精明译，译林出版社2000年版，第5页。

③ 同上书，第2页。

④ 赵勇：《整合与颠覆：大众文化的辩证法——法兰克福学派的大众文化理论》，北京大学出版社2005年版，导言第3页。

立心，为生民立命，为万世开太平"的良心和责任，有一种"把人从奴役中解放出来"的雄心。正如道格纳斯·凯尔纳评论他们的那样："作为一种跨学科的研究，批判理论试图建构一种系统的、综合的社会理论来面对当时关键的社会与政治问题。'至少，批判理论的一些形式是对相关的政治理论进行关注和对受压迫、被统治的人们的解放予以关心的产物。因此，批判理论可以被看成是对统治的批判，是一种解放的理论。"① 但是，我们认为法兰克福学派要实现的解放无疑更多的是现代性所强调的理性和精神的解放，而并不是后现代强调的身体与感性的解放。

---

① 赵勇：《整合与颠覆：大众文化的辩证法——法兰克福学派的大众文化理论》，北京大学出版社 2005 年版，导言第 2 页。

第 七 章

后现代美学与大众文化的感性回归

美学诞生在 18 世纪的德国。18 世纪的德国依然处在很传统、保守的状态，其文化具有贵族、精英特点。鲍姆嘉通提出建立美学学科的本意是要解决西方哲学一直以来感性和理性的分裂和对立，弥合这种对立带来的裂痕，恢复理性和感性的统一，实现人的感性解放。但由于西方文化是古希腊罗马文化和希伯来文化的理性精神塑造而成，感性解放虽然经历了文艺复兴运动，但是在强大的理性传统的压抑之下，17 世纪笛卡尔哲学又使西方哲学向理性哲学回归了。18 世纪的启蒙运动关注的是在西方政治哲学基础上的制度完善，带有很强的政治关怀色彩，它仍然是一种在理性精神引领下的社会建构。德国古典哲学和美学正是在这样一种文化与政治语境中产生的。政治的本质是理性的控制，权力的合法运行，从根本上说，是对人的感性"合法性"压制，无法完成真正感性解放的任务。实际上，18 世纪的美学最终回到了"理性殖民"的老路。正如"鲍姆嘉通论述到，美学是逻辑学的'姐妹'，是一种次级推理（ratio inferior），或理性在感性生活的低层次上的女性类似物。美学的任务就是要以类似于真正的理性运作的方式（即使是相对自律的），把这个领域整理成明晰的或完全确定的表象。感觉和经验的世界不可能只起源于抽象的普遍法则，它需要自身恰当的话语和表现自身内在的、尽管还是低级的逻辑，美学就是诞生于对这一点的再认识"①。美学的感性解放直到 19 世纪才真正起步，工业化导致的社会的变迁、大众崛起后的政治民主、

---

① ［英］特里·伊格尔顿：《审美意识形态》，王杰译，广西师范大学出版社 2001 年版，第 4 页。

现代传媒的迅速发展，哲学对意志、感性、欲望、快乐、身体的关注，特别是电影的诞生和兴盛推动了美学的感性转向。

古希腊哲学从智者学派开始，中经苏格拉底、柏拉图和亚里士多德的努力基本完成了西方文化的理性奠基。智者苏格拉底的贡献在于把希腊哲学从探索宇宙的本质的自然哲学转向对人的本质的研究的道路。智者学派是西方文化"怀疑"和"批判"精神的滥觞，认为人超越于动物的地方在于人是"有思想的动物"。思想的本质就是不盲目信奉某种观念。像赫拉克利特一样，智者坚持世间一切都在运动、变化之中。更重要的是，他们坚持主体的认识、思想是获得真理的基础。"智者开始懂得这样的真理，人的思想是认识过程中的重要因素。在他们以前的思想家认为人类理性能够获得真理。尽管他们有批判的敏锐眼光，他们却忘记了批判智慧本身，现在智者着眼于能认识的主体，并得出结论，肯定知识有赖于具体的认知者。在一个人看来是真的，对他来说就是真的；没有客观真理，只有主观意见。"① 智者承认世界上只有相对的真理，没有绝对真理，这为后来西方哲学不断否定自己、不断"超越自我"播下了思想的种子。当然，智者学派的"怀疑主义"观点也受到了一些思想家的批评。西塞罗指出："他们夸大人类判断中的分歧，忽略其意见一致处。他们过分强调感官的虚幻。他们强调人类认识和行为中的偶然、主观和纯属个人的因素，而没有正确地对待客观因素，即为一切人所接受的原则。"② 苏格拉底继承了智者的传统，探讨人的本质何在。他相信真理的存在，所以他反对智者学派的怀疑主义对知识根基的破坏，对于人类来说，他认为最重要的莫过于对知识和美德的尊重与追求，在他那里，"知识就是至善"，人的本性是"趋善避恶"，"德性"就是关于"善"的行为的知识，"除非一个人知道什么是德性，知道克己、勇敢、正直和虔诚以及其对立面的意义，否则他不能有德性"。③ 基于对德性的重视，苏格拉底提醒人们，个人和财产并不重要，因为金钱不能给人带来德性，

---

① ［美］梯利：《西方哲学史》（增补修订版），伍德增补，葛力译，商务印书馆2001年版，第45页。

② 同上书，第48页。

③ 同上书，第58页。

由上推理可以得出结论：有钱并不等于幸福。美德是决定人类幸福与否的标准。他说："美德和真正的幸福是一致的。如果一个人不节制、勇敢、明智和正直，就不会幸福。"① 苏格拉底认为，哲学的任务就是"激发人们爱真理和德性，帮助他们做正确的思维，以便他们过正当的生活"②。苏格拉底的哲学思想统领了西方文化两千多年，其主流的哲学思想无不受到他的观点的影响。对真理、理性、道德、善的追求，贯穿于柏拉图、亚里士多德到 17 世纪的理性哲学和德国古典哲学的黑格尔与康德。它形成了西方哲学的理性传统，也塑造了诞生于 18 世纪的美学的理性品格。

第一节　德国古典美学的诞生和影响

17 世纪的西方文化被笛卡尔所建立的理性主义哲学统治，笛卡尔在当时是著名的数学家、物理学家、神学家，数学和物理学追求规则、秩序、逻辑、完善、合理性，神学崇拜的"偶像"为上帝，上帝从中世纪以来代表完善，它创造了这个完美的、合理的世界。这是笛卡尔思想统一于理性的基础。笛卡尔既信仰上帝，又坚持"怀疑一切"的主体尊严，提出"我思故我在"的观点，强调指出"只有不让人产生怀疑的事物才是真理"。他否定了世界上有绝对真理的存在。这造就了他理论的矛盾性，也导致了梵蒂冈教皇视他的学说为"异端"思想，被指控宣扬"自然神论"和"无神论"。但是，理性成为评判一切事物的最高标准却在17 世纪流行开来，一切都必须经过理性法庭的审判才具有"合法性"。笛卡尔的"理性至上"哲学严重压抑了西方美学诞生时期的"欲望修辞"的"合法性"，人的身体和欲望本是人的天性不可分割的部分，却被哲学家和最初的美学家荒唐地丢进了耻辱的垃圾箱。伊格尔顿指出："审美关注的是人类最粗俗的、最可触知的方面，而后笛卡尔哲学（post-Carte-

---

① ［美］梯利：《西方哲学史》（增补修订版），伍德增补，葛力译，商务印书馆 2001 年版，第 58 页。

② 同上书，第 51 页。

sian）却莫名其妙地在某种关注失误的过程中，不知怎的忽视了这一点。"① 18 世纪的德国继续着理性主义的余绪，鲍姆嘉通和康德的美学就受到了"莱布尼兹—沃尔夫"理性哲学的影响。鲍姆嘉通提出"美学是研究感性认识的完善"，"感性"包括直觉、想象、情感、欲望和无意识，当然包括人的肉体。"美学是作为肉体的话语而诞生的。在德国哲学家亚历山大·鲍姆嘉登所作的最初的系统阐述中，这个术语首先指的不是艺术，而是如古希腊的感性（aisthesis）所指出的那样，是指与更加崇高的概念思想领域相比照的人类全部知觉和感觉领域。"② 但是，在鲍姆嘉通的眼里，与逻辑和理性比较起来，感性的美学结构有些紊乱，因此，美学最终要回到理性的道路。"感性和感觉的世界绝对不可能只听任'主体'和康德轻蔑地所称的'利己主义趣味'的摆布；相反，它必须产生于高贵的理性。"③ 理性在西方长久以来占主导地位，因此它自然一直也有支配感性的权力欲望，理性要获得统治地位必须打入感性的内部，巧妙地获得控制权，恰如政治的支配权，必须将暴力转变成软性的意识形态说服力量一样。"理性必须找到直接深入感觉世界的方式，但理性这样做时又必须不危及自身的绝对力量。"④

18 世纪的德国，从社会层面来说，依然落后于法国和英国，资本主义尚不发达，农业是主要产业，农民处于被压迫和奴役的地位，封建生产关系占主导地位，贵族依然是占领社会地位的主要力量。德国知识分子既赞颂法国大革命所倡导的自由、平等、人权、发展、博爱的政治和社会理念，但同时又惧怕革命的暴力和血腥，主张纯粹德国式的、思辨式的理论方式影响社会进程，提倡在君主制框架里的渐进式的社会改良和改造。这从很大程度上反映了德国知识分子"临渊羡鱼"的观望、软弱、妥协的精神两面性。哲学方面把人的精神领域分为感性和理性，由歌德和席勒等人发动的狂飙突进运动，强调感性和精神在文化领域中的重要性。因此，处理人的感性自由和理性的约束之间的关系就成了 18 世

---

① ［英］特里·伊格尔顿：《审美意识形态》，王杰译，广西师范大学出版社 2001 年版，第 4 页。
② 同上书，第 1 页。
③ 同上书，第 3 页。
④ 同上。

纪德国政治和美学关注的焦点。也正因如此，在 18 世纪，美学的理论实际上已经蜕变成了政治的话语，理性就像国家的君王，而感性就像服从命令和调遣的普通民众，从政权稳固的角度上看，对统治者的权力越来越要求讲究策略，因为赤裸裸的暴力已经很难维护权威地位了。鲍姆嘉通表面上是在讲美学的理性，实际上是在讲政治统治的"合法性"建立。正如伊格尔顿所说："诞生于 18 世纪的陌生而全新的美学话语并不是对政治权威的挑战，但它可以解读为专制主义统治内在的意识形态困境的预兆。为了自身的目的，这种统治需要考虑'感性的'（sensible）生活，因为不理解这点，什么统治也不可能是安稳的。"① 因此，完全可以说，美学理论在 18 世纪相当于挽救德国政治危机的"济世良方"。这意味着，处理好理性和感性的关系，就是协调好统治和被统治的关系。因为 18 世纪已经是工人运动和革命浪潮风起云涌、此起彼伏的时代，"哪里有压迫，哪里就有反抗"已经成为时代潮流，靠传统的暴力专制维护统治已经很难奏效。鲍姆嘉通警示统治者："对一切低级力量的权威只属于理性本身，但这种权威必须永远不堕落成专制。这种权威应采取我们目前从葛兰西所谓之'领导权'的形式，从内部进行统治并贯穿各种观念，同时又允许各种观念在相关自律范围内尽情发展。"②

第二节　康德美学的理性主义特征

西方哲学一直以来都是以"理性"和"感性"二元对立的思维为特征，重视理性，抬高理性，贬低感性和压抑欲望。理性是高级的、神圣的、优雅的，感性是低级的、龌龊的、粗俗的。感性与身体和欲望有关，因此在那些由古希腊和中世纪延续下来"敌视身体"的理性哲学家看来，感性和欲望是低贱的、下等的、肮脏的。在中世纪，普遍认为上帝是道德的、完善的、神圣的、不可亵渎的，因此，人的欲望是低俗的、污秽的，被视为阻碍人们接近上帝的东西。可以说，"中世纪之前和中世纪的

---

① ［英］特里·伊格尔顿：《审美意识形态》，王杰译，广西师范大学出版社 2001 年版，第 3 页。

② 同上书，第 5 页。

美学，最好被理解为禁欲主义体系的重要部分，那个体系按照奥古斯丁的模式，在中世纪的神权政治中被具体化了"①。凡是与欲望有关的都是邪恶的，欲望是魔鬼身上具有的邪恶特征。人的生殖器官所产生的性欲更是邪恶的终极根源。如果说美德是上帝的赐予，那么邪恶则是魔鬼的杰作。"魔鬼创造了人的身体从腰部到脚的部分，而上帝则把上部分放到了这个基座之上。"② 中世纪是宗教神权控制的时代，为了权力的稳固，就必须编造欲望有罪、邪恶、污秽的谎言来欺骗和麻醉平民百姓。因为欲望天生就具有叛逆性、反抗性、破坏性，会对政治构成威胁。按照弗洛伊德的观点，欲望既可能是"建设性"的，也可能是"破坏性"的，他把后者叫作"死亡本能"，具有摧毁他者的力量。即使到了 18 世纪，这种对欲望的恐惧也深深植根于康德的内心，深刻地影响了他的美学思想。康德以隐蔽的方式将政治中的对抗关系转换成理性和感性的矛盾的哲学话语。康德对美的分析和定义就凸显了他灵魂深处对于美的对象带来的愉快和欲望对理性构成威胁的焦虑心态。康德的美学充满了理性和感性难以调和的矛盾，他一方面强调审美对象是激发人的愉快情感的源泉，另一方面又要将其限制在有节制的理性世界里；一方面要排除理性，另一方面强调道德；一方面要排除功利欲望对审美活动的干扰，另一方面又强调理性的重要作用。康德说："为了判别某一对象是美或不美，我们不是把〔它的〕表象凭借悟性联系于客体以求得知识，而是凭借想象力（或者想象力和悟性相结合）联系于主体和它的快感和不快感。鉴赏判断因此不是知识判断，从而不是逻辑的，而是审美的。"③ 康德在这里将人的理性、逻辑排除在审美活动之外，突出审美对象所引起的愉快心理反映特征，无疑，这是对审美活动规律的洞悉和尊重。正因为如此，康德认为审美与功利打算和利害计较无关，就像画家画出的苹果纯粹是为了观众观赏，而不是去考虑里面包含的维生素有多少，是否能够充饥的问题。所谓"利害关系"，就是与人的生活中的物质的实用性有关，从

---

① 〔加拿大〕埃克伯特·法阿斯：《美学谱系学》，阎嘉译，商务印书馆 2011 年版，第 123 页。

② 同上书，第 120 页。

③ 〔德〕康德：《判断力批判》，宗白华译，商务印书馆 1995 年版，第 39 页。

经济学的角度看就是物品"使用价值"的多少。对于审美中的利害关系，康德指出："凡是我们把它和一个对象的存在之表象（译者按：即意识到该对象是实际存在着的事物）结合起来的快感，谓之利害关系。因此，这利害感是常常同时和欲望能力有关的，——现在，如果问题是某一对象是否美，我们就不欲知道这对象的存在与否对于我们任何别人是否重要，或仅仅可能是重要，而是要知道我们在纯粹的观照（直观和反省）里面怎样地去判断它。"① 康德认为，审美是一种直觉性的鉴赏活动，如果加入了利害功利的考虑，会使审美变得不是那么纯粹，也会直接影响对审美对象的价值判断。他说："每个人必须承认，一个关于审美的判断。只要夹杂着极少的利害感在里面，就会有偏爱，而不是纯粹的欣赏判断了。人必须完全不对这事物的存在存有偏爱，而是在这方面纯然淡漠，以便在欣赏中，能够做个评判者。"② "功利"和"利害"，简单来说，涉及一个事物"善"或"不善"的概念的判断。在康德看来，善和美的事物都会给人带来快乐，但是只有美的对象给人带来的才是一种自由的快感，因为对美的事物的判断，不是一种逻辑的、概念的判断，而是一种关系到趣味和情感的判断。它激发的是人的感性的充盈，如想象、联想、直觉、情感、无意识、本能，不是关于"有用""无用"的判断。审美的判断不涉及目的。"善是依着理性通过单纯的概念使人满意的。我们称呼某一些东西对于什么好（那有用的），它只是作为工具（媒介）而给人满意；另一些东西却是本身好，它自身令人满意。在两种里面都含有一个目的的概念，这就是理性对于意欲（至少是可能的）的关系，因此是对于一个客体或一个行为的一种愉快，这也就是一种利害关系。"③ 康德用花的素描来阐释关于美是一种不涉及概念和目的的自由的快感。他说："花，自由的素描，无任何意图地相互缠绕着的、被人称作簇叶饰的纹线，它们并不意味着什么，并不依据任何一定的概念，但却令人愉快满意。对于善的愉快必须依据着关于一个事物的反省，这反省导致任何一个（不确定哪一个）概念，并且由此把它自身和那建立于感觉上面

---

① ［德］康德：《判断力批判》，宗白华译，商务印书馆 1995 年版，第 40 页。
② 同上书，第 41 页。
③ 同上书，第 43 页。

的快适区别开来。"① 这个事例说明，审美是一种纯粹的观赏行为，不涉及与快感无关的任何其他目的，只有如此，审美才配得上"自由"二字。康德认为只有人才是审美的动物，因为人才有超越物质需要、更高的、从精神上对自由的不懈追求，其他动物不具有自由意识，只能被动适应环境，无力去主动改变不利于生存的环境，而且只有满足生存本能的需要。更重要的是，人能创造一种带有快感的美的东西来减轻生命的痛苦，这个东西就是艺术——它是人类超越于动物，有效排解生存困境的一种自由的努力。康德将审美带来的愉快心理反应分为"快适""美"和"善"三种。他说："快适、美、善，这三者表示对象对于快感及不快感的三种不同的关系，在这些关系里我们可以看到其对象或表现都彼此不同。而且表示这三种愉快的各个适当名词也是各不相同的。快适，是使人快乐的；美，不过是使他满意；善，就是被他珍贵的，赞许的，这就是说，他在它里面肯定一种客观价值。快适也适用于无理性的动物。美只适用于人类，换句话说，适用于动物性的又具有理性的生灵——因为人不仅是有理性（就是说，有灵魂）的，但同时也是一种动物。善却是一般地适用一切有理性的动物，——人可以说：在这三种愉快里只有对于美的欣赏的愉快是唯一无利害关系的和自由的愉快；因为既没有官能方面的利害感，也没有理性方面的利害感来强迫我们去赞许。"② 显然，康德主张只有自由的人才审美，只有审美的人才自由。一切与现实的客观价值相联系的事物都与自由无关。快适的生理感受动物也有，但动物却没有主动追求自由的欲望。人的审美过程愉快虽然是必然的反应，但不足以将人与动物区分开来。康德这个美学判断直接构成了席勒美学思想的基础，也是黑格尔"美是自由的象征"的源头。值得注意的是，康德把"美"与"爱"联系起来思考，他认为，当审美主体面对一个美的对象时，之所以产生愉快的感受和体验是与"爱"的情感紧密相连的。因此，他指出，在由"快适""美""善"三者产生的愉快里，"愉快是与偏爱，或者惠爱，或与尊重有关系。而惠爱是唯一的自由的愉快。一个偏爱的对象或一个受理性规律驱使我们去欲求的对象，是不给我们以

---

① ［德］康德：《判断力批判》，宗白华译，商务印书馆1995年版，第44页。
② 同上书，第46页。

自由的，不让我们自己从任何方面造出一件快乐的对象来的。一切利害关系是以需要为前提，或带给我们一种需要；而它作为赞许的规定根据是不让我们对于一个对象的判断有自由的"①。这样，康德的美学就完成了它的逻辑和心理的建构：美是让人产生愉快的对象，审美主体的愉快来自于对审美客体的爱，审美客体之所以给我们带来快感，一是它具有激发和调动情感与想象，与外在功利无关的自由的形式；二是我们从审美的对象里看到背后隐藏着的"物自体"——"道德"和"上帝"。因此，他说："辩证法乃是幻想的逻辑，形而上学才是世界的智慧，形而上学乃是人类理性的顶峰。"② 他把形而上学分为"自然形而上学"和"道德形而上学"。在康德的内心里，"道德"占有突出地位，是上帝的象征，因而他提出了著名的命题："美是道德的象征"。"康德认为，宗教并不是道德的原因，而是道德的结果。道德把人和动物区别开来。然而它从何而来却是一个就像宇宙本身从何而来是一个谜一样的宇宙之谜。他在《实践理性批判》的最后几页写道：'有两种东西，我们越是经常地和不断地思索它们，它们就越是唤起一种始终新颖和日益增长的赞叹和敬畏充溢着我们的心灵，它们就是我头顶的星空和我心中的道德律。'"③ 显然，康德受中世纪神学的影响非常明显，在他的哲学和美学里，总会不忘给宗教信仰留出地盘。康德虽然在他的美学里重视"自由"两个字，但是他同时又否定"现象世界"里存在自由，只有在人的主体意志里才有自由（主体的意志就是"道德自律"），以及在主体所创造的艺术里才有真正的自由。康德认为，"自由是没有的，世界上的一切都有严格的定数。在现象界，情况却是这样。但人却有意志自由，所以自然界的定数对人是无能为力的。人在两种世界中生活。一方面，他是感性世界的现象，另一方面，他是本体，是超感性的、从属于理想的存在物。人有两种性质：经验的由环境养成的性质和本体的理性好像内在固有的性质。这两种属性之间的联系是在人的行为中实现的"④。康德美学的价值正是

---

① ［德］康德：《判断力批判》，宗白华译，商务印书馆1995年版，第46—47页。
② 程志民：《康德》，湖南教育出版社1991年版，第31页。
③ 同上书，第36页。
④ 同上书，第31页。

在于他明确告诉我们现实世界中的人是不自由的，只有在艺术和审美中才有他所界定的自由，现实就是充满功利计较的世界。康德的美学似乎是强调形式美的自由性，但是他又认为"现象界"是不能反映"本体界"的，"现象界"就是山川河流、花鸟虫鱼构成的美的世界，而真正的"本体"是隐藏在表象世界背后的创世主——上帝，是上帝赐予了这个世界的完善、道德和自由。康德把我们身处的世界分为"感性世界"和"知性世界""真实的知性世界（'本体界'）和时、空中的感性世界（'现象界'）。以前一直作为一切事物统一的最后根据的上帝，以及灵魂不朽等，不属于现象领域，而属于知性世界"。[①] 上帝是道德的化身，是完善的、理性的符号，因此完全可以说，康德的美学是为了从"知性"的层面明确上帝存在，强调绝对命令的、自律性的、无关欲望的"道德美学"。正如伊格尔顿指出："对康德来说，按道德去行动就是要摒弃欲望、兴趣和爱好，使人们的理性意志与人们可以当作普遍法则来倡导的规则等同起来。"[②]

人的行为是受意志支配的，那么，支配行为的意志有什么特点呢？在康德看来，最终决定人的行为的力量是人的善良意志，自己对自己做出的决定和选择负责，并在行为中贯穿一种责任和义务意识，这便是康德所指的人的道德。道德不是一种自我以外的"他者"力量强迫的，而是内心的自律或者说自我约束，做自己应该做的事。"康德认为，严格地说，任何行为都是受命式的，我们可以把指导人们行为的命令分为二类：第一类命令叫假言命令，第二类命令叫绝对命令。道德行为乃是绝对命令的结果。义务是道德的最牢固的支柱，是绝对命令的唯一真正的源泉。只有义务而不是任何别的动机才使行为具有道德的性质。"[③] 义务感来自于人格的形成，人格是一种"将心比心"，自己不愿做的事，不要强迫别人去做和接受；自己认为正确的，但别人并不赞同和愿意，也不能强迫他人接受自己的行为。总之，"道德"和"良心"要求每个人的行为不能

---

① 程志民：《康德》，湖南教育出版社 1991 年版，第 23 页。

② ［英］伊格尔顿：《审美意识形态》，王杰译，广西师范大学出版社 2001 年版，第 69 页。

③ 程志民：《康德》，湖南教育出版社 1991 年版，第 36 页。

对他人造成伤害。这就是孔子所说的"己所不欲，勿施于人"，同时也是邓晓芒先生所说的"己所欲，勿施于人"。人格必须是肩负起对你所钟爱的对象的自觉的责任，它也是人的本性所在，趋善避恶的"良心"才是人格的最主要的构件。可以说，义务、人格、良心、自由组成了康德意志自由的伦理道德完整谱系。提倡道德、良心、义务的最终目的，是防止人的欲望支配的个体行为导致对他人、社会、国家的损害。"只有对义务的清醒意识才能指导着有思想的人的行为。义务是指导人们行为的一个崇高而伟大的字眼！它的根源只能是人的人格。成为人格，就是成为自由的，就是在行为中实现自己的自我意识。因为人的本性就是人的自由。为了不至于使人丧失本性，人就有了良心，这是人自我监督的一种令人惊奇的机能。良心的机制排除了人的二重化的可能，时时处处都遵循道德义务，自己对自己的行为负责，这就是严格、毫无妥协的康德伦理学的精髓。"① 可以说，康德的美学既关注了审美和艺术中的绝对自由，也研究了人在现实中的"有条件限制的自由"，即相对自由的问题，但其主要的思想依然是强调理性、道德、良心、人格的重要性，以实现美学为政治服务的目的。这就意味着，社会中自由既是对主体的肯定也是对主体的否定，是对自我的限制和约束，是遵从道德律令的自由。人类的绝对自由只存在于艺术之中。

康德的美学是德国古典美学的高峰，也是西方现代性的组成部分，其初衷是为新兴的资本主义找到救世药方，以便处理好主体与客体、理性和感性、灵魂和欲望、个体与社会、建设与破坏的关系，最终解决二者之间的矛盾冲突，实现二者的和谐、统一、平衡，带有很强的政治性。他在美学中坚持对道德、上帝的敬畏，美学中贯穿的禁欲主义思想是早期资本主义节俭精神的体现，对爱、良心和义务的强调也避免了资本主义沦落为单纯的经济行为和动物性的堕落，减轻了资本家的利己、自私的本性，以及对物的贪婪，对人的冷漠、残酷，使资本主义社会的个体一定程度上保持了超越于物质世界的信仰和高尚的一面。伊格尔顿在评价美学在维护18世纪资本主义稳固地位的重要作用时说道："审美之所以在18世纪逐渐显示了它实际具有的意义，是因为这个词的词义可谓整

---

① 程志民：《康德》，湖南教育出版社1991年版，第36页。

个统治方案的概述，表达了通过感性的生活来对抽象理性进行大量的融合。首要的不是艺术，而是从内部改造人类主体的进程，以及传达主体的细腻感情的过程和传达对不是法律的法律的最微妙反应的过程。因此主体违背权力的禁令从观念上来说是不可思议的，就如觉得腐烂的气味充满魅力一样令人不可思议。知解力足以让人认识到这一点，我们的生活与非人格的法律相和谐；但在审美中，我们似乎可以忘记这一切——似乎恰恰是我们自由地制定了令自己去屈从的法律。斯宾诺莎在《论神学政治》（*Tractaus Theologico-Politicus*）中论述道，人性'不会屈从于无限的强制'，因而人们制定出来的法律必须容纳那些为它所控制的人的利益和欲望。"① 康德在美学中的所有努力归结起来就是要把道德、良知、义务、爱、上帝变成资本主义个体主动地、快乐地服从的内心法律，使政治变成植根于人性欲望、快乐要求的艺术，将资本主义的统治由暴力、野蛮变得温柔而文明。"政治和美学，品德和美之所以是高度统一的，这是因为快乐的行为是成功领导权的真正标志。"② 康德的美学统治了西方的 19 世纪，资本主义发展到 20 世纪已经发生巨大的变化，面对晚期资本主义的现实，如果我们完全停留在康德的哲学和美学思想里，就无法解释资本主义的"正当性"和"合理性"，不能去辩证地分析和研究人的本能、欲望在资本主义的市场经济和社会发展中的推动作用。

第三节　后现代：告别康德的"非功利非欲望美学"

19 世纪的尼采哲学颠覆了"从现象世界寻找本体世界"的西方形而上学，改写了由基督教和康德引领的"道德哲学"，揭示了"道德"的虚伪性和压迫性。从本质上看，道德是对身体感性欲望的规训和压制，尼采提出哲学应该从思考身体出发。与之相呼应，19 世纪末电影的出现同样构成了对康德美学的挑战，人们重新审视了康德提出的"审美与欲望无关"的观念。20 世纪弗洛伊德"本我""超我""快乐原则"和"至

---

① ［英］特里·伊格尔顿：《审美意识形态》，王杰译，广西师范大学出版社 2001 年版，第 32—33 页。

② 同上书，第 33 页。

善原则"的提出，更是使人认识到人是感性和理性、肉体和精神的结合体，肉体的需要和精神的需要组成了完整的人性。在经历了康德抵制欲望的"道德美学"长期统治和压抑之后，20世纪美学重新唤醒了身体和欲望，意识到感性欲望摆脱康德式禁欲主义、"道德崇高"禁锢的紧迫性。"在长期的压抑之后，感受和体验逐渐获得新生。法国批评家罗兰·巴特认为有必要在美学领域发动一场革命；在这场革命中，愉快和狂喜、情感和感受成为人们关注的中心，从而把文学究竟是意识形态的奴隶还是脱离意识形态的这个长期缠绕着人的问题搁置在一边。他要求我们幻想：'试想一种完全地（彻底地、根本地）建立在消费者的愉悦之上的美学（如果这个词还没有过分贬低的话），无论这个消费者是谁，他属于哪个阶层、哪个团体，也无需顾及文化或语言的尊严：这样做的结果将是不可估量的，甚至是折磨人的。'"① 在晚期资本主义阶段，激发欲望、制造快乐是经济活动和政治活动正常进行的关键。晚期资本主义已经由"生产型社会"变为"消费型社会"，购买欲决定生产能否持续进行和利润不断扩大。人们意识到，在生产和生活中融入快乐的元素，将使经济的发展如虎添翼。因此可以说，在后现代娱乐就是商品，也意味着资本。这也是晚期资本主义经济被称为"娱乐经济"的根本原因，同时也是好莱坞把电影用于赚钱的美学元素称为"商业美学""感官美学"的根本原因。我们看到，在给消费者制造快乐的资本主义理想中，美国电影扮演了十分重要的角色，无论是早期卓别林的喜剧电影，或者是为儿童带来快乐的迪士尼动画片，还是后现代的科幻、3D电影都功不可没。"美国电影工业有着一贯的目标，它是要通过大规模的制作、发行、宣传，放映电影，向付费的观众讲述娱乐的故事，从而挣钱获利。以前是这样，现在也是如此。"②

后现代美学在以电影为主的动态视觉文化的影响下，是一次向日常经验、人的身体感性、快乐要求回归的还乡之路——回到美学最初的出

---

① ［美］林赛·沃斯特：《美学权威主义批判》，昂智慧译，北京大学出版社2000年版，前言第6页。

② ［英］吉尔·布兰斯顿：《电影与文化的现代性》，闻钧等译，北京大学出版社2012年版，第13页。

发点：研究感性认识的完善，弥合理性与感性的冲突。后现代已经没有上帝、历史、崇高的东西来支撑精神世界，强调对当下的把握，强调美学对生活的改善，强调审美和艺术是对生命幸福的承诺。如果说现代艺术还是在强调艺术的自律性的基础上的"小众文化"，如立体派毕加索的绘画、达达派的超现实主义的绘画，都不是普通观众所能理解的。它在康德美学的影响，特别是在马克思的社会批判思潮的影响下，重视对晚期资本主义的丑恶，以及金钱导致的人性异化和自私、冷酷、残忍，以及"死亡本能"导致的毁灭人类的战争进行批判。因此，"否定"和"批判"经常成为现代派艺术的核心主题，法兰克福学派的主要代表是这一立场的继承者，因此他们对20世纪以电影电视为主的大众文化基本都持否定、批判的态度。但是电影电视毕竟是后现代不可阻挡的文化潮流，它契合了人性深层的欲望和快乐的要求，这是它的生命力所在。电影电视催化了后现代思潮的产生、美学的感性转向。美国的杰姆逊认为，"如果说崇高属于现代性的话，那么后现代性则是一种美的回归，不过，这里美的内涵发生了变化，美不再处于自律的状态，而是被定义为快感和满足，是沉浸在灯红酒绿的文化消费和放纵。……在当今，文化生产领域发生了深刻的变革，传统形式让位于各种综合的媒体实验，电视的普及使整个人类生活视像化，形象取代语言成为文化转型的典型标志。……在后现代社会中，美学也发现自身已转移到感知领域，并开始转向以感觉为核心的生产，追求视觉快感成为人们的基本需求"①。美学思潮在法兰克福学派对大众文化的批判声中，经过尼采、弗洛伊德、杜威、舒斯特曼等人的努力，终于回归了感性的日常生活，身体、欲望、潜意识在20世纪的美学和艺术实践中都得到了前所未有的尊重。艺术不再是像中世纪到19世纪那样表现宗教、宫廷、贵族的神圣生活和高雅的品位，绝大多数的民众、草根的日常经验、感性生活、欲望要求、最粗俗的身体冲动也成为艺术表现的内容，艺术和美学也再不是居高临下地俯瞰生活和自娱自乐、强调"自律性"的行为，而是对日常经验的美学阐释和对人类生活的改造，使我们身处的生活和环境全面艺术化、审美

---

① ［美］弗雷德里克·詹姆逊：《文化转向》，胡亚敏译，中国社会科学出版社2000年版，译者前言。

化、快乐化、幸福化。当然，现象学大师胡塞尔在这个过程中也做出了非凡的贡献。他认为，欧洲现代的文化危机就在于与生活脱离，与人的感性和肉体的脱离。伊格尔顿说："在《欧洲的科学危机》一书中，胡塞尔的目的就是要从生活世界相对而言的令人不安的模糊中拯救生活世界，并因此恢复西方人的理性——曾经令人吃惊地与其肉体的、感性的基础相割裂的理性。"①

第四节　20世纪电影与美学的感性回归

康德的美学理论带有很强的贵族、精英色彩，适应了中世纪以来整个西方把宗教、道德、理性看得至高无上的传统社会。西方18世纪和19世纪都还停留在相对神圣的贵族、精英社会里，文学、绘画、雕塑、建筑、音乐、舞蹈、戏剧占主导地位，在工业革命的影响下，虽然机械复制的印刷技术有了巨大的进步，文化在社会生活中得到了广泛的传播，但是观念上的变革和文化上的具有颠覆意义的事件并没有出现。只有到了19世纪现代意义上的"大众的崛起"和电影的诞生，一个"大众做主"的时代才真正到来。在18世纪，大众文化还带有很强的"民间"含义，与大众紧密关联。"人民"这个词语在18世纪开始流行，英国的彼得·伯克就把18世纪称作"发现人民的世纪"。伯克说道："18世纪末到19世纪初，正当传统的大众文化刚开始消失的时候，'人民'或'民众'却成了欧洲知识分子感兴趣的一个主题。工匠和农民会惊奇地发现，身穿中等阶级服装、操作中等阶级腔调的男人和女人们闯入自己的家中，却坚持说他们唱的是传统歌谣，讲的是传统故事。新术语是反映新观念兴起的最重要的标志，因此这是一个大批术语进入使用的时代，特别是在德国。"② 当时所谓的"大众文化"经常会冠上"民间"二字，例如"民间歌谣""民间童话""民间英雄传奇""民间传说"。而"民间娱

---

① ［英］特里·伊格尔顿：《审美意识形态》，王杰译，广西师范大学出版社2001年版，第6页。

② ［英］彼得·伯克：《欧洲近代早期的大众文化》，杨豫等译，上海人民出版社2005年版，第3页。

乐"和"民间戏剧"早在 1850 年就开始使用了。这里的"大众文化"与后来的机械复制、大工业生产、商品生产几乎没有关系，但是在与精英文化相对的含义已经存在。伯克指出："至于大众文化，或许最好是先使用否定的方式去下定义，把它定义为非正式的文化，即非精英的文化，也就是葛兰西所说的'从属阶级'的文化。在欧洲的近代早期，非精英指的是整整一大批或多或少可以确定的社会群体，其中数量最多的是工匠与农民。"①

19 世纪的西方是工业革命突飞猛进的时代，也是各种技术发明的时代，蒸汽机、电力、火车把西方带入了机械化、自动化、批量化生产的现代化时代，生产的效率和物质产品的丰富性大大地提升。同时，资本家对工人的剥削和压迫反而加剧了，工人成了流水线生产中麻木的机器操纵者，劳动变成了没有快乐感受的"异化劳动"。马克思的《资本论》就是在这个大工业生产的背景下诞生的，它批判了资本主义的冷漠、血腥、残酷、贪婪，导致产业工人的生活每况愈下，一个以工人阶级为代表、以"叛逆"和"革命"为特征的"大众社会"正在形成。因此，可以说 19 世纪又是一个"革命"的世纪。西班牙的思想家奥尔特加·加塞特说："事实上，我们正面临着人类命运的一场彻底变革，这场变革孕育于 19 世纪。人类的生活已经进入一个崭新的阶段，无论是在物质层面还是在社会层面，它都将焕然一新。有三项原则使这一新世界成为可能：自由民主政体、科学实验和工业制度，而后两项原则可以合并为一个词：技术。这些原则没有一项是 19 世纪的产物，它们来自于此前的两个世纪；19 世纪的成就不在于发明这些原则，而在于普及这些原则。"② 而重要的是 19 世纪末期，在技术的催生下法国诞生了电影，它像打开的潘多拉魔盒，迅速改变了世界的文化生活方式。电影的"杂耍""娱乐""游戏"的元素吸引了越来越多的人，它将一个精英统治的社会转变成了大众取得话语权的社会，促使文化由高雅向通俗转变，娱乐成了文化艺术

---

① ［英］彼得·伯克：《欧洲近代早期的大众文化》，杨豫等译，上海人民出版社 2005 年版，序言。

② ［西班牙］奥尔特加·加塞特：《大众的反叛》，刘训练等译，吉林人民出版社 2004 年版，第 50 页。

的主题，也成了推动资本主义前进的力量。与传统的绘画、雕塑、戏剧比较起来，它便宜、生动、直观、新奇，很快就受到观众的欢迎，特别是在美国快速地发展起来。"电影的出现和发展，意味着美国大众文化的兴起，充满竞争的紧张生活，增强了人们对娱乐的要求。这时人们对于传统的娱乐形式表现出某种厌倦情绪，这不仅因为其形式的陈旧，还因为传统娱乐的过分'美国化'使在人口中占相当比例的新移民们难以理解，难以接受。在这种形势下，电影正好以新奇的形式，多变的情节，易于接受的直观性，赢得了广大观众。"① 电影的诞生使艺术领域变得更加丰富多彩，人们的娱乐方式有了多样化的选择。不但如此，它还从精神和情感上塑造了全新的人群。"电影的普及，大大开阔了民众的眼界。艺术的因素已经不仅存在于绘画、舞蹈、文学、戏剧之中。电影为一般公众提供了各种养分，这对美国民众的生活方式、价值观念的改变有着潜移默化的影响。"②

　　电影是现代性文化的重要组成部分，而且推动了晚期资本主义社会向后现代社会的转型。现代性表现为对自由、民主、平等、博爱以及新事物的追求，也表现为神圣的世界向世俗的世界，理性的社会向感性、欲望的社会的转变，这在电影这个被称为"第七艺术"里都有体现。电影的魅力首先在于它对传播媒体形态的改变，传统以文字、静态视觉文化（绘画、雕塑、建筑）、声音（广播）为主的文化已经不能适应工业革命带来的喧嚣、躁动、刺激，强调速度和震惊效果的时代，电影对于这一切都能做到。电影的魅力还在于它对时间、空间的改变，在蒙太奇对镜头的重新组接之中，过去和现在甚至与未来、现实和梦境、真实与幻想（科幻）都能随意地打乱、非逻辑地拼贴，实现人们梦想的时空穿越。在这个人工制造的虚拟时空中，人的怀旧的情结（回到过去或者说回到青春时代）和精神自由得到了实现；电影改变了人类的艺术消费方式，阅读、看戏都是一次性的消费行为，而电影的复制技术使电影变成了重复消费（戏剧是现场的表演，观众若需要再看，演员必须重新表演）；电影把演员的现场表演摄制成视觉图像，这也是对传统戏剧形式的颠覆，

---

① 庄锡昌：《二十世纪的美国文化》，浙江人民出版社1993年版，第39页。
② 同上书，第39页。

戏剧的表演是现场的"真人秀"，演员的服装、表演都要顾及现场观众的道德感受和心理反应，因此戏剧不可能做到完全的身心解放和放纵的表演（如当今电影的"一脱成名"）。电影把真实的表演变为过去了的"历史"、虚拟的"在场"，它规避了人言可畏的道德审判，演员的服装可以更加暴露、性感，具有吸引力，演员的表演也可以表现潜意识里本能的东西，显得更加大胆、开放，因此电影一直以来被称为"偷窥"的艺术、"梦工厂"，这在强调道德和"超我"控制的现实生活中是不可能完全实现的自由。电影的感性、欲望、性感、快乐的尽情展现，使它很快占领了 20 世纪的艺术市场，很大程度上终结了传统艺术的统治地位。电影是众多观众一起共享的文化，早期的好莱坞电影很多属于制造的爱情神话，是对人与人之间相处的情感训练、爱和情商的培养，因此资本主义提倡的自由、民主、平等、博爱的社会政治理想得以体现。电影把文学（这个在 19 世纪占统治地位、靠文字想象表现情感的形式）从前台推向了"幕后"，成为电影剧本写作的基本功。传统的文学、绘画都属于精英文化，需要相当深厚的文化积淀才能完全接受、理解、"消化"，电影的直观性彻底改变了传统文学需要思考、分析的接受方式，"一看就懂"的特点消除了文化、世界、地区、民族的界限，成为全世界"通用的语言"，加快了文化的全球化、大众化的进程。电影的机械复制、重复消费也与晚期资本主义利润最大化，把一切变成赚钱工具的商品化生产的要求相契合。如果说古登堡发明的机械印刷术引起了传播媒体的革命，推动了现代性的进程；那么完全可以说，电影全方位改变了 20 世纪迄今的文化形态，加速了媒体表现的综合化和媒体之间"文本的互文性"嫁接、融合，推动了后现代的社会、文化和美学的转型。这次转型印证了尼采的预言——"上帝死了"，人们从神圣的被宗教、上帝、理性控制的时代走向了要求感性解放、世俗化、生活艺术化、审美化的时代。电影是作为现代性的标志性符号事件出现的，有人认为电影在当下正在走向终结和衰亡，事实上我们看到的是电影在技术的推动下，其发展的势头可以用方兴未艾来形容。电影已经渗透到其他媒体之中，如电视（经常播放电影，提高收视率）、网络（网络中的视频替代图像，网上微电影的流行），它就像现代性尚未终结一样，正以技术的优势向后现代的娱乐规范转型挺进。当今电影是我们解读现代性和后现代的文化政治、娱乐美学的基础艺术文本。英国的吉尔·布兰斯顿在其专著《电影与文化的现代性》一书中指出："本书意在运用和联系近来电影研究和政治争论中出现的一些理论，凸显电影在更为宽泛的文化现代性的形成过程中的作用，本书认为这是一种非常有价值的理解电影的方式。人们正逐渐意识到，在用唯物主义和批判性的理论来理解媒介时，'现代性'（modernity）这个概念大有用处。"① 布兰斯顿将电影与现代性的启蒙运动联系起来，分析了电影在现代性的"文化民主化"中的重要性。"从 19 世纪不间断地往前追溯到 18 世纪晚期法国和美国的政治革命所最终产生的社会、经济和文化变革，再往前可以追溯到在欧洲发端的工业革命。现代性还和那些虽然相互之间存在着矛盾差异但被统称为'启蒙运动'（the Enlightenment）的各种思想运动的理性主义诉求密切相关。从广义上来说，正在兴起的大众传媒正是这种变革的体现，这些变革所追求的是一个民主化的未来，而不是过去封建时代的稳定和遵从。与高度强调文本和真理相对性的后现代主义相比，现代性更能产生那种追求人人平等和重新分配权力的政治理想，虽然这些理想现在被认为是由各种话语建构而成的，但是它们不会退出历史舞台；这些理想经常能够产生各种各样的身份政治（identi-ty politics），而这各种身份政治又非常愉悦地瓦解了早期的各种'宏大的'解放性政治（emancipatory politics）。也许悖论的是，这些理想正是从启蒙运动非常强调的'进步''生产力'和'个人主义'这样的概念中产生的，而以上概念对推动资本主义生机勃勃地发展起着至关重要的作用。现代性这个时期在性别、种族、性和阶级方面的权力结构发生了很大的变化，应该被看作属于资本主义。"② 不仅如上所述，建立在技术基础上的现代性还使更多人有了业余的休闲时间，无论什么人，大家都可以一起去电影院分享电影这个新奇的艺术带来的幸福和快乐。它消解了身份政治所带来的人与人之间的对立、矛盾、隔阂，这无疑促进了 20 世纪的自由、平等、民主的意识增强。电影的日益通俗性不需要更多的文化素养，是绝大多数人都能一起消费的文化，这是对底层人文化权利

---

① ［英］吉尔·布兰斯顿：《电影与文化的现代性》，闻钧等译，北京大学出版社 2012 年版，导言第 3 页。

② 同上书，导言第 34 页。

的保障。这些都构成了现代性和后现代主义所提倡的消除一切等级"区隔"、实现最大程度上的社会平等理想。正如美国的杰姆逊在 20 世纪 80 年代指出的那样："后现代主义的文化已经是无所不包了，文化和工业生产及商品已经紧密地结合在一起，如电影工业，以及大批生产的录音带、录像带等等。在十九世纪，文化还被理解为只是听高雅的音乐，欣赏绘画或是看歌剧，文化仍然是逃避现实的一种方法。而到了后现代主义阶段，文化已经完全大众化了，高雅文化与通俗文化，纯文学与通俗文学的距离正在消失。商品化进入文化，意味着艺术品正在成为商品，甚至理论也成了商品；当然这并不是说那些理论家们用自己的理论来发财，而是说商品化的逻辑已经影响到人们的思维。总之，后现代主义的文化已经从过去那种特定的'文化圈层'中扩张出来，进入了人们的日常生活，成为了消费品。"① 电影的商品性也促使自身照顾大众的趣味和愿望，以获得更大的市场回报和经济效益。

---

① ［美］杰姆逊：《后现代主义与文化理论》，唐小兵译，北京大学出版社 1997 年版，第 162 页。

第八章

后现代美学与中国影视文化

在中国，影视文化的流行是 20 世纪 90 年代的重要文化镜像之一，它是中国现代性进程推进的结果，更是西方后现代主义思潮在中国"旅行"的征候。中国文化进入 20 世纪 90 年代以来，随着后现代思潮的蜂拥而至，短短的十几年间，大致经历了文化模式的四大转型：现代性文化逐渐被后现代文化所颠覆；传统的道德理性文化让位于感性欲望的快乐文化；图像文化挤占文字文化；精英文化日益被边缘化，大众文化走向时代的前台。可以这样说，图像文化的无处不在是 20 世纪 90 年代中国的一个重要表征，如：插图版的书籍取代传统的文字书籍；报纸封面的杂志化，新闻图片的大量运用；以图片为主的白领杂志；刺激消费欲望、满布街头、车身的图像广告、MTV；充斥市场的录像带；影视及影视光碟；网络上的视频节目、FLASH，构成了为人们提供快乐的主要图像消费形式和文化空间。

第一节 20 世纪 90 年代的中国影视文化

20 世纪 90 年代，中国电影出现了以张艺谋、陈凯歌等人为代表的第五代电影，实现了中国电影商业化、娱乐化的转型，并频频在国际上获大奖，而异军突起的第六代导演的电影，试图从模仿新好莱坞风格的奇观化、娱乐化、商业化的第五代电影中寻找突破口，他们放弃第五代导演所追求的宏大叙事、民族寓言、怀旧题材，张扬草根意识、平民立场，以底层关怀的精神、日常叙事的形式关注社会中的弱势群体和边缘人，取得了举世公认的成就。可以说，不论是欧美电影的全球传播，还是中国 20 世纪 90 年代的影视文化勃兴，都顺应了后现代反抗语言中心主义和逻各斯中心主义，向视觉文化和娱乐文化转型的潮流，它彻底解构和颠覆了理性文化的逻辑叙事和时间叙事，建构了感性文化的快乐叙事和空间叙事的法则。正如美国的丹尼尔·贝尔指出的："当代文化正在变成一种视觉文化。"① 贝尔同时强调，视觉文化主要是指影响人们生活、观念，以娱乐大众为宗旨的影视文化。如他所说，"视觉媒介——我这里指的是电影和电视"②。斯科特·拉什也认为后现代消费主义时代，视觉文化成为主要特征，他指出："视觉性意指体系如电影，电视及广告中的影像，可以说是消费文化的一般特征。"③ 如果说前现代和现代时期是以印刷文化和书写文本作为传播媒介传达统治阶级的政治意识形态和审美意识形态的话，那么，后现代则是以视觉文化或图像文化为首要媒介的时代，它彰显的是后现代消费主义的商业意识形态和娱乐意识形态，抛弃的是传统的道德理性主义美学，重构的是日常生活审美化的、感性欲望的身体美学，它满足了晚期资本主义制造欲望和控制欲望的目的。影视的出现彻底改写了书写文化崇尚理性、逻辑，压抑欲望、遗忘身体快乐的历史，事实证明，图像较之文字更能激发和表现人的欲望，满足人的快乐要求，而且图像在今天已变成一种统治人的意识形态，不断地"询唤"和形塑着人的精神和灵魂。英国学者伊雷特·罗戈夫就认为，后现代时期，书写文本再也不具有统治地位，图像文本将大举闯入我们的生活，主宰我们的思想，主导我们的生活，并生产意义、欲望和权利关系，规驯我们的身体和精神，建构"从身体出发"的文化政治和审美意识形态。"在当今世界，除了口传和文本之外，意义还借助于视觉来传播，图像传达信息，提供快乐和悲伤，影响风格，决定消费，并且调节权力关系。"④法国学者居伊·德波则把以广告、影视等视觉文化为主流的社会称为"景观社会"，认为这是现代生产发展、扩张的必然结果，也是现代社会

---

① ［美］丹尼尔·贝尔：《资本主义文化矛盾》，生活·读书·新知三联书店 1989 年版，第 156 页。

② 同上书，第 157 页。

③ ［英］迈克·费瑟斯通：《消费文化与后现代主义》，刘精明译，译林出版社 2000 年版，第 101 页。

④ 陶东风等主编：《文化研究》第 3 辑，天津社会科学出版社 2002 年版，第 41 页。

中的人们在紧张的竞争生活之余需要感性的刺激来释放压力的必然要求："在现代生产条件无所不在的社会中，生活本身展示为许多景象（specta-cles）的高度聚集。直接存在的一切全部转化为一个表象。""景象以它特有的形式，诸如信息和宣传资料，广告或直接的娱乐消费，成为主导的社会生活的现存模式。"① 在学界，甚至有人把"图像时代"的到来视为现代向后现代转型的征兆。斯洛文尼亚美学家阿莱斯·艾尔雅维茨指出："正是这种视觉的、'图像的'丰富，以及媒体文化的过剩，常常被看作是现代性和后现代性之间断开的分水岭的论据。"②

第二节　后现代影视文化与"娱乐至死"

影视文化在 20 世纪 90 年代的兴起是整个世界文化由理性文化向感性文化，由现代文化向后现代文化，由文字文化向视觉文化、影视文化转型的时代使然。感性文化在后现代的典型表现就是以运动着的视觉形式或者说图像形式来满足人们的快感需求、娱乐需求，无论是 19 世纪末诞生的电影，还是 20 世纪 30 年代末产生的电视都是如此。因此，完全可以说，娱乐是后现代文化的真正主人。正如美国纽约大学传媒教授尼尔·波兹曼所说："娱乐是电视上所有话语的超意识形态。不管是什么内容，也不管采取什么视角，电视上的一切都是为了给我们提供娱乐。"③ 如果说在 20 世纪以前，人们的娱乐在很大程度上依赖于静态的图像（如绘画、雕塑、摄影），那么电影的诞生使 20 世纪的人们对快乐的奢望更高。一个很重要的现象是：人们的娱乐方式转变成依靠动感的画面和声音的结合来提供，视听语言的感染力远远胜过语言文字，成为 20 世纪最有效的文化传播方式。视听语言的生动性、刺激性培养了人们新的感受世界的习惯——越来越厌烦静态的理性和逻辑的演讲，越来越喜欢通过图像来获取知识，图像挤占思想是电视的主要特点，"观看的政治"取代了

---

① 陶东风等主编：《文化研究》第 3 辑，天津社会科学出版社 2002 年版，第 60 页。

② ［洛文尼西斯］阿莱斯·艾尔雅维茨：《图像时代》，吉林人民出版社 2003 年版，第 27 页。

③ ［美］尼尔·波兹曼：《娱乐至死》，章艳译，广西师范大学出版社 2004 年版，第 114 页。

"思考的政治"，对图像的观看成为后现代人们的娱乐源泉。"电视之所以是电视，最关键的一点是要能看，这就是为什么它的名字叫'电视'的原因所在。人们看的以及想要看的是有动感的画面——成千上万的图片，稍纵即逝而斑斓夺目。正是电视本身的这种性质决定了它必须舍弃思想，来迎合人们对视觉快感的需求，来适应娱乐业的发展。"① 同时，波兹曼看到电视的娱乐意识形态正以不可阻挡之势介入社会生活的方方面面，引导和控制人们的生活方式、思维方式，乃至交往方式。"电视是我们文化中存在的、了解文化的最主要的方式。于是——这是关键之处——电视中表现的世界便成了这个世界应该如何存在的模型。娱乐不仅仅在电视上成为所有话语的象征，在电视下这种象征仍然统治着一切。就像印刷术曾经控制政治、宗教、商业、教育、法律和其他重要事务的运行方式一样，现在电视决定着一切。在法庭、教室、手术室、会议室和教堂里，甚至在飞机上，美国人不再彼此交谈，他们彼此娱乐。他们不交流思想，而是交流图像。他们争论问题不是靠观点取胜，他们靠的是中看的外表、名人效应和电视广告。电视传递出来的信息不仅仅是'世界是个大舞台'，而且是'这个舞台就在内华达州的拉斯维加斯'。"②

娱乐是后现代制造的神话，扮演着影响我们的身体和灵魂、物质生产和精神生产的重要角色，无论是在文化领域、政治领域还是经济领域和消费领域，离开了娱乐的参与，都将黯然失色。这一切都表明后现代是一个被娱乐主导、统治的时代。"娱乐业——而不是汽车制造、钢铁、金融服务业——正迅速成为新的全球经济增长的驱动轮。在美国这个娱乐和传媒产业最发达的国家，娱乐支出额位列家庭支出中的衣着、保健等类别之前（衣着 5.2%，保健 5.2%，娱乐 5.4%）。……但这还不是事情的全部。在其基本范围内——电影、电视、录像、流行音乐、观赏性体育、主题公园、电台、赌场、杂志、报纸、书籍、儿童玩具（和成人玩具一样）等等——娱乐业已经成为世界上众多地区的经济增长最快的部门，这在发展中国家是如此，在发达国家也不例外。此外，影响更为

---

① ［美］尼尔·波兹曼：《娱乐至死》，章艳译，广西师范大学出版社 2004 年版，第 120 页。

② 同上书，第 121 页。

深远的是，种种娱乐业内涵实际上正成为更广泛的消费经济各方面的重要区分特征。从旅游到超市购物、从商业银行到金融信息、从快餐到新式汽车，娱乐业成分在消费经济各个部分的渗透之广之深，足足可以与计算机化浪潮过去几十年在经济中的扩展相媲美。在种种生活决策中——在哪里买到法式煎食、如何理解与某个政治候选人与自己的关系、乘坐哪家航空公司的飞机、给自己的孩子选什么睡裤并在哪个商业街选购——娱乐正对这些我们每个人每天要做的决策产生越来越大的影响。这种人们天天都在作出的决策成千上万地累积起来，便得到了一个娱乐业扮演着主导角色的社会概貌。倘若没有娱乐内涵，在明天的市场上消费性产品将越来越没机会立足。"[1] 在这个汹涌而来的后现代娱乐浪潮中，影视文化取代了传统书写文化的地位，越来越凸显出它的重要性。

第三节　当代视觉文化的"解放政治"

从文化发展的历程上看，现代性社会崇尚以逻辑、文字为核心的书写文化，而后现代为欲望的解禁、合法大开绿灯的是视觉文化。例如，影视中暴力、色情的镜头以及充斥网络的"明星图片""美女写真集""走光图""偷拍图"，就是以图像的方式来满足后现代人们的偷窥欲及对美的渴求和性的幻想，它形成了后现代调控欲望的所谓"观看的政治"和"解放的政治"。这种现象的出现，一方面表明了我们对人性认识上的巨大进步，揭穿了现代性时期那种认为人只是一个道德和理性存在的谎言，正视人是一个有灵性、本能、情感的"肉身存在"的事实。正如国内有学者指出的："视觉观念更加注重对于视听等感官欲望的开发与满足，并进一步拉近了艺术等文化形式与人的本能欲望之间的距离，表现出对人的'肉身'的认同和尊重，总体上来说，比'语言文化'的理性模式更具人性化、人文化。"[2] 这无疑是视觉文化兴盛的原因之一。此外，视觉文化的直观性、娱乐性、平面性、空间性、相对无深度性，更适应

---

[1] ［美］米切尔·J. 沃尔夫：《娱乐经济——传媒力量优化生活》，黄光伟、邓盛华译，光明日报出版社 2001 年版，第 14—15 页。

[2] 孟建、［德］Stefan Friedrich 主编：《图像时代》，复旦大学出版社 2005 年版，第 60 页。

了后现代大众对文化的渴求，是感性文化、通俗文化、大众文化夺得文化话语权力的标志。另一方面，我们也应看到，视觉文化在推翻了西方逻各斯"话语暴政"、消解理性文化霸权的同时，建构了张扬感性的"欲望政治"和图像霸权，造成人们对图像的依赖，削弱了人们的想象能力和思考能力，使人们在快乐的沉醉和感性的狂欢中忘记了对现实的深刻反省和严肃的拷问。

后现代主义是 20 世纪中叶后出现在西方的文化思潮，从哲学上说，尼采的反理性思想为后现代的出场开辟了道路，而以德里达为首的法国后结构主义思潮是后现代的直接先驱。反本质、反整体，强调差异、多元是后现代主义的最大特征。后现代思潮影响下的文学艺术，也告别了前现代和现代那种以理性、逻辑、秩序、深度、和谐为特征的美学形式。现实主义和现代主义都是以古希腊哲学追求世界本质和规律，强调客体和主体、存在和意识、内容和形式、本质和现象、灵魂和身体的二元对立的逻各斯主义为基础的。在这种二元对立的思维模式中，前者永远被视为优先于后者，它是本体论哲学和认识论哲学预设的前提。亚里士多德的"诗比历史更真实"是客体和主体对立的产物，它强调艺术中主体的作用和价值。在亚里士多德看来，诗的真实是主体情感、愿望的真实，认为历史是对已发生的事件的客观记录和复制，诗是现实的主体的"意向性反应"，它描写"应该如此"的生活，包含主体对客体的改造和加工，是诗人理想、愿望的形式表现。因此，"艺术比现实更高、更集中、更典型、更理想、更真实"。理性和逻辑是现实主义和现代主义共同遵从的法则，二者强调艺术内容的思想性和意义的维度、历史的深度。笛卡尔的"我思故我在"把主体和思想置于认识世界的绝对的统治地位，帕斯卡尔认为人的尊严和价值在于他（她）是一棵会思考的芦苇。显然，在笛卡尔和帕斯卡尔看来，思想的意义既是世界的意义，也是主体存在的意义。寻求存在的本质和世界的意义成为文艺复兴以后哲学和艺术的最高目的。这种对艺术意义、深度、内涵的诉求，延续了两千多年。即使到了 20 世纪，无论是美国美学家苏珊·朗格的"艺术是情感的形式化"，还是英国的克莱夫·贝尔的"艺术是有意味的形式"，都仍然是亚里士多德诗学思想的延续，其共同点是强调艺术"意蕴"和"韵味"的生产，而视觉化的艺术外在形式只是一个传达主观愿望和理想的工具与奴仆。坚持这种理性传统的艺术走过了由对现实生活的典型化到变形抽象的漫长历程，成就了现实主义和现代主义艺术的辉煌。二者都强调艺术和现实的距离，艺术是对现实的"间离"和陌生化。尼采在 20 世纪的出现，宣告了以理性、意义、规律和真理为价值追求的西方传统哲学的破产。尼采的"激进政治"摧毁了主体的历史地位，宣判了主题的死亡，揭示了逻各斯主义整体、本质、真理的危机，确立了视角化的艺术形式的重要地位。"尼采攻击主体、再现、因果、真理、价值和系统等哲学概念，并用视角主义取向取代西方哲学，在这种视角主义取向中，没有事实，只有解释；没有客观真理，只有各种个人或群体的建构物。"① 之后的法国思想家福柯更是从知识和权力的关系层面去替西方文化中受到理性哲学话语霸权遮蔽和压制的感性维度辩护，他认为西方哲学有一种一以贯之的追求总体性、统一性、整体性、中心性的倾向，而常常压制总体之外的事物，这个总体或中心便是理性和道德，而感性身体的欲望常常被认为是肮脏的、下等的，通常是被文化边缘化的东西。他的哲学就是要为这些被边缘化的话语鸣不平，鼓励它们举起反抗的大旗。他向一切过去被视为神圣不可更改的绝对真理挑战，颠覆其价值和意义的权威性。"福柯强烈反对'总体话语的暴政'，呼唤'受压制知识的暴动'。"② 在前现代和现代时期，艺术总是站在现实的对立面，保持疏离现实的姿态，坚持超越现实的批判立场和"反抗政治"。而在后现代，传媒制造的仿真世界和日常生活的审美化，使艺术和现实的距离消失，艺术放下批判的武器与现实握手言欢，传统哲学制造的本质和真理的神话破灭，艺术放弃了对深度的追求，成为平面化的"零度写作"、快乐叙事和欲望叙事。在这里，宏大叙事、英雄偶像的神圣性遭到消解和"祛魅"，边缘叙事、边缘人、边缘文化、边缘话语成为艺术关注的主要对象，艺术常常成为无意义或者主体自娱自乐的文本游戏。曾经被视为不可更改的线性、连贯的历史遭到戏说、戏谑、拆解、拼贴，历史的本质遭到消解，革命、真理和崇高的传统话语成为嘲讽、颠覆、戏拟、改写的对象。后现代主

---

① ［美］道格拉斯·凯尔纳、斯蒂文·贝斯特：《后现代理论——批判性的质疑》，张志斌译，中央编译出版社 2004 年版，第 28 页。

② 同上书，第 62 页。

义对深度模式的消解，不但消解了艺术和现实的距离、"中心"与"边缘"的樊篱，打破了高雅文化和通俗文化、精英文化和大众文化之间的界限，而且确立了图像文化的领导权，使后现代成为图像消费的时代。"图像硬是挤进了社会生活的肌理之中。我们怎么看，我们吃什么，在这些地方都有图像出没，甚至在我们为账单、住房和抚养孩子操心的时候，图像也仍然和我们在一起。它们通过采用能产生震惊效果的手法、信誓旦旦的保险、性和神秘感，以及邀请观众参加一系列视像猜谜游戏，千方百计地争夺人们的注意力。广告牌上的广告总是显现出一个不受任何规范约束的图像，令人不快地强加给哪怕是最顽固的过路人。"①

第四节　当代视觉文化与后现代美学

事实上，人类文化的历史是以图像文化的形式开始的。历史告诉我们，人类的祖先就像儿童一样还没有发达的抽象思维，感受世界的方式以直观、形象思维为主，对图形的东西最感兴趣。旧石器时代末期，世界各地的岩画、洞穴壁画都是以图像的方式反映和记录人类的狩猎、生殖、巫术与宗教活动。原始的图形文字，如中国殷商甲骨文、埃及和东巴的象形文字，也是以图形来表达、交流思想观念，记录人类历史生活的。从这个意义上说，人类的历史是以图像文化开始的，只是到了后来图像逐渐抽象便形成文字，人类才进入了以语言文字为主的口传时代和印刷时代。匈牙利电影美学家巴拉兹就曾指出，在文字和印刷术出现之前，即"'古老的视觉艺术的黄金时代里'，画家完全可以画出人的形体，乃至人的精神、思想和心灵。而印刷术出现以后，人的心灵更加集中表现为文字。于是，可见的思想就这样变成了可理解的思想，视觉的文化变成了概念的文化"②。事实正是这样，文字发明以后，出现了以语言文字为传播工具的口传时代、神话时代、印刷文化时代。语言构成的书写文本是一种讲究逻辑连贯性的时间叙事，要求概念的清晰性、准确性，

---

① ［英］安吉拉·默克罗比：《后现代主义与大众文化》，田晓菲译，中央编译出版社2001年版，第28页。

② 彭吉象：《影视美学》，北京大学出版社2002年版，第139—140页。

抽象思维是它的本质特征。古希腊的文化，无论是本质论的哲学，还是神话传说都是一种逻辑叙事、时间叙事、真理追求的文本，它为西方理性主义、认识论哲学的产生奠定了基础。西方哲学是追索事物本质的形而上学，总是相信事物的表象后面和一切话语的背后有深层的本质与不变的真理。这种"深层"与"表层"、"能指"与"所指"对立统一的形而上学话语范式，建构了现代性的宏大叙事。事实上，对理性、本质的顽固偏好在柏拉图那里就已开始了。柏拉图为了维护"理念"的神圣性，一直贬抑感性、身体和欲望，在他的眼里，感性的东西离真实很远，而且妨碍对真理的探寻。在柏拉图的哲学中，"身体，及其需求、冲动、激情，首先在真理的方向上受到了严厉的谴责——它令人烦恼地妨碍真理和知识的出场，并经常导向谬误"①。直到弗洛伊德的出现，西方文化才开始真正正视人的欲望，在此之前，欲望一直受到理性的遮蔽和"现实原则""至善原则"的压抑、阉割。希伯来文化的经典文本《圣经》里，上帝对亚当、夏娃的赤身裸体，特别是对他们欲望的觉醒是厌恶、反感、痛恨的，并因此将二人逐出了伊甸园。上帝无疑是代表西方文化的理性的维度，而与羞耻相连的裸体则代表了要求感性解放的欲望。当我们审视希腊雕刻和文艺复兴的绘画时，无不感到西方文化的两大源头——希腊的感性文化和希伯来的理性文化之间的冲突、搏斗与和解，那些裸体的雕刻、绘画因为有理性（文化的父权象征）的束缚，在今天看来并不显得挑逗和淫荡，同时反映出身体、欲望温柔的"弑父冲动"和"反抗政治"，即对理性限制及其压迫的有节制的抵抗。今天的图像文化，特别是影视文化的昌盛从表面看，似乎是向原始的图像文化的回归，仔细分析起来，二者却有实质的不同。原始人的世界是一个童话的世界，没有主体和客体、认识和对象之分，还不具有抽象思维能力。在他们的世界里，一切都是直觉的、直观的、形象的，在那里，没有象征父权专制的理性和逻辑的压迫。而后现代的图像文化既是一种反抗的政治：对理性文化的颠覆，又是资本为了扩张、增值，利用图像制造审美幻象，从而激发人的消费欲望。它充满着晚期资本主义借图像文化统治世界、掠夺

①　汪民安、陈永国主编：《后身体：文化、权力和生命政治学》，吉林人民出版社 2003 年版，前言第 3 页。

世界的"后殖民"阴谋和狡计。

如前所述，从人类文化的形态上看，理性与文字、逻辑相连，代表前现代和现代性文化、欲望与图像文化相连，代表后现代文化。在前现代和现代，无论是统治者政令的传达和意识形态的传播，都是通过文件和书本的形式进行的，后现代图像时代的来临，特别是影视、网络出现后，无论是总统的竞选、就职演说，还是政治意识形态和审美意识形态的扩张，都无不依赖视觉传媒。正如英国社会学家斯科特·拉什所看到的："现代的感受性（sensibilitiy）主要是推论性的，它使言词优于意象，意识优于非意识（nonsense），意义优于非意义（non-meaning），理性优于非理性，自我优于本我，与此相反，后现代的感受性则是图像性的，它使视觉感受性优于刻板的语词感受性，使图像优于概念，感觉优于意义，直接知识模式优于间接知识模式。"① 图像时代的诞生，反映了哲学与美学的语言学转向的终结和身体转向的到来。如果说存在主义哲学家海德格尔的一只脚还停留在现代性的泥淖中，把语言视为构筑诗性世界、赋予世界意义的工具，表现出对语言的神圣崇拜和敬畏，对深度、本质、真理、价值的痴情、眷念和不懈追求，那么以索绪尔为先驱的符号学，以德里达为代表的后结构主义则摧毁了"能指"意指"所指"的固定关系，凸显了"能指"的"可塑性"和"所指"的"滑动性"。他认为，正是"能指"和"所指"之间的矛盾和分裂宣告了永恒真理的荒诞性、欺骗性，文本意义的不确定性，指出后现代一切文本只是"能指"的狂欢和游戏，彻底打破了语言表现真理和诗意的神话，颠覆了语言的统治地位，拆解了语言建构的深度模式。而利奥塔对图像文化的崇拜，则将人的身体和欲望从文字语言的暴政中解放出来，使人类从"诗意的栖居"变为"图像的栖居"，使对文本深度的痴迷变为对文本的嬉戏和对"零度写作"的膜拜。利奥塔哲学的意义，就是要为长期被遗忘的身体、欲望、快感找到"出场"的理由和栖身之所，那便是反抗理性强权对欲望的压制以及对身体的"强制性编码"，宣告逻各斯中心主义的话语危机，确立图像文化的合法性。"追随德里达对哲学的批判，利奥塔认为西方哲学是

---

① ［美］道格拉斯·凯尔纳、斯蒂文·贝斯特：《后现代理论——批判性的质疑》，张志斌译，中央编译出版社2004年版，第197页。

围绕着话语与图像、推论与感觉、说与看、阅读与感知、普遍与特殊之间的二元对立组织起来的。在上述每一种对立中，前者在传统中总是被赋予特权，而利奥塔则试图捍卫这些二元对立中被贬抑的一方。与许多符号学家提倡语言的优先性的做法相反，利奥塔赞成图像、形式和意象——亦即艺术和想象——对理论的优先性。"① 利奥塔 "反对那种认为文本与话语优先于经验、感官及图像的文本主义看法，主张感官和经验优于抽象物和概念"②。不仅如此，利奥塔还运用弗洛伊德的精神分析原理对以书写为特征的话语文本与图像文本跟欲望、理性之间的关系做了合理的辨析。他认为，"话语所遵循的是弗洛伊德所描述的'次级过程'（亦即由现实原则所支配的过程），它依照自我（ego）的规则和自我的理性程序而展开。表达话语中心的欲望受到了语言规则的构造和限制。所以，话语比欲望之图像要来得抽象、理性化，且墨守成规"③。而 "欲望在弗洛伊德所说的初级过程（受快乐原则支配的、直接的、利比多的、无意识本能过程）中，从图像中找到了直接表现的途径"④。对图像的偏爱是利奥塔的后现代 "情结" 所致，后现代就是渴望从一切传统文化的规范、压抑中挣脱出来。正如道格拉斯·凯尔纳和斯蒂文·贝斯特指出的："利奥塔试图把意象、形式和图像从理性主义和文本主义话语理论的批判和贬抑下解救出来。"⑤

第五节　资本操纵下的当代视觉文化

当前，我们进入了一个 "文化民主化" 的时代，它决定了大众文化必将取代精英文化，图像文化必将取代书写文化的霸主地位。传统的书写文化是精英文化的产物，它为理性代言，以雅致的艺术形式去传达理

---

① ［美］道格拉斯·凯尔纳、斯蒂文·贝斯特：《后现代理论——批判性的质疑》，张志斌译，中央编译出版社 2004 年版，第 195 页。

② 同上。

③ 同上书，第 196—197 页。

④ 同上书，第 196 页。

⑤ ［美］道格拉斯·凯尔纳、斯蒂文·贝斯特：《后现代理论——批判性的质疑》，张志斌译，中央编译出版社 2004 年版，第 197 页。

想、观念、意蕴，精英文化是属于少数享有文化特权的阶层的文化。与将大众拒之门外的精英文化相反，大众文化则是以满足最大多数的文化层次比较低的受众的快乐要求的文化，在今天看来，它更多的是指图像文化或视觉文化，具体地说，主要是影视艺术。正如国内学者胡亚敏指出的："当今文化生产领域发生了深刻的变革，传统形式让位于各种综合的媒体试验，电视的普及使整个人类生活视像化，形象取代语言成为文化转型的典型标志。"① 这是因为世界进入后工业的消费主义时代以后，我们的生活日益被"视觉形式殖民化"，"形象就是商品"成为现实。此外，文化的民主化需要更容易被绝大多数人接受、理解的艺术形式，而电影电视的直观性不需要逻辑推理和思考，降低了接受的难度，因此较之文字文本更容易传播和深入人心。"影视艺术以图像符号代替了文字符号，这种'肖似符号'根本不需要'能指'到'所指'的思维过程，当然也就不需要像文字那样需要通过教育才能理解。"②

　　大众传媒中的广告和影视文化制造的景观社会，"内爆"了真实和虚拟世界的界限和距离，成为引导我们生活、"询唤"后现代主体的超真实世界。而且，"视像文化已不再限于艺术领域，而成为公共领域的基本存在形态"③。如今的时装模特表演、选美比赛，铺天盖地的广告，精美的商品包装，进入拍卖市场的绘画作品，讲究视觉冲击力的白领杂志和影视艺术作品都是视像文化商业化、娱乐化、公共化的表征。同时，这也是整个"文化生产场域"顺应后现代美学"感性转向""欲望转向"的一个显著片候："在后现代社会中，美学也发现自身已转移到感知领域，并开始转向以感觉为核心的生产，追求视觉快感成为人们的基本需求。"④当然，这个时代的到来也是跨国资本向全球扩张的结果，资本缔造"景观帝国"的目的是以视觉文化去制造快乐，操纵欲望，获取巨额利润，最后将快乐兑换成大叠大叠的钞票。因而，从根本上说，"娱乐是景观的

---

　　① ［美］弗雷德里克·詹姆逊：《文化转向》，胡亚敏等译，中国社会科学出版社 2000 年版，译者前言第 5 页。

　　② 彭吉象：《影视美学》，北京大学出版社 2002 年版，第 181 页。

　　③ ［美］弗雷德里克·詹姆逊：《文化转向》，胡亚敏等译，中国社会科学出版社 2000 年版，译者前言第 6 页。

　　④ 同上。

主宰模式"①，这是因为景观社会就是"要创造一个用影像提供快乐、奢华和卓越梦想的社会"。法国的德博尔也认为，消费时代的资本主义"通过创造一个使人迷惑的影像世界和使人麻木的娱乐形式来安抚人民"②。与其说是安抚人民，还不如说是利用娱乐的诡计把人民驯导成"替快乐埋单"的欲望主体。"景观的世界是资本的世界，是商品、消费者和媒体狂热者的世界。"③ 例如，电影《泰坦尼克号》为达到镜头和票房的震撼效果，不惜花两亿多美元精心制作，而最后仅票房就取得了八亿多美元的回报。可见，在灯红酒绿、五彩缤纷的后现代都市背景中，资本、图像、影视、传媒正悄然"结盟"，向消费者发动猛烈的冲锋，从身体和灵魂两个维度进行全面的"进攻"和"占领"。同时，从电影到电视乃至网络图像世界的发展，实际上也是一个解构精英叙事、走向平民叙事的过程。比较起来，电影更加注重艺术的加工，更加注重意义的传达。电影的解读和欣赏需要一定的知识储备和艺术修养，正是这样它最初才被人们视为精英文化的成员，而电视对它的巨大冲击，迫使它不得不逐渐"祛魅"，走向平民化、大众化、商业化、娱乐化，追求视觉震撼力和观赏性，这也是美国旧好莱坞电影向新好莱坞电影转变的根本原因。电视的纪实性、互动性、及时性、娱乐性、相对无深度性，比电影更加贴近大众的文化层次和审美趣味，更能获得观众的青睐，因此可以说20世纪后半期是电影和电视进行殊死搏斗的时代，而今天这种斗争，因为20世纪90年代网络文化的全球化变得更加复杂多变。"与知识分子一直掌握着至高无上的话语权力的高雅艺术相比，天生具有平民精神、商业价值和大众传播媒介特性的影视艺术，恰恰以其'无可避免的多重性'、丰富多样的结构和魅力为广大平民观众提供参与的机会，成为彻底开放和民主的，能够产生多重意义和舆论导向的公共空间。"④

　　当然，电视也是一把双刃剑，在给我们带来无穷乐趣和福祉，拓展我们文化生存空间、意义空间和娱乐空间的同时，也给人类带来了新的

　　① ［美］斯蒂文·贝斯特、道格拉斯·科尔纳：《后现代转向》，陈刚等译，南京大学出版社2002年版，第110页。

　　② 同上。

　　③ 同上书，第115页。

　　④ 陈旭光：《当代中国影视文化研究》，北京大学出版社2004年版，第15页。

困惑，那就是我们的智慧正随着电视的降临而逐渐衰减。爱因海姆不无忧虑地指出："电视是对我们的智慧所提出的新的严峻考验。如果我们成功地掌握了这一新兴的媒介，它将为我们造福；但是它也可能让我们的心灵长眠不醒。我们一定不能忘记，在过去，正是因为不可能表达和传达直接的体验，使语言的使用成为必要，因而也强迫人们使用概念来思维。……当传播可以通过手指的一按进行时，人的嘴便沉默了，写作也停止了，心灵也会随之凋谢。"① 更为重要的是，我们还必须看到这样一个事实，影视文化在颠覆书写文化霸权的同时，正在建构唯我独尊的图像霸权，在娱乐和民主的掩护下演变成与资本合谋的控制人的身体和意识形态的工具与权力，或者说，成了阿尔都塞所指的"意识形态国家机器"的重要组成部分。它不再以暴力、专制的形式统治人，而是以"视觉说服"的非暴力的阴险方式"异化人""同化人""驯化人"。也正如德波尔在分析由图像世界构成的资本主义景观社会时所说："'景观'是一个复杂的术语，它'解释表面现象的一个重大发现并使其一体化'。在某些人的意识中，它涉及媒体和消费社会，由影像、商品以及景观消费构成。此外这个概念也涉及当代资本主义大量的制度和技术部门，涉及权力在直接控制之外所有的使个人屈从于社会控制的手段与方式，它们隐藏了资本主义权力和剥削的本质与后果。"② 斯蒂文·贝斯特和道格拉斯·科尔纳也指出，消费社会中人的欲望有被影像编码、蒙骗、控制的危险，并提醒人们影像正在转变成商品和资本，它诱惑人们沉溺于快乐的想象和幻想中，忘记了自己的真实愿望和处境："这种通过影像来界定个人的模式增加了资本的积累，迫使人们落入时尚、化妆品、流行产业等陈词滥调和控制之中。来自于景观的迷幻使主体离开他们真实、直接的情感和愿望越来越远，而离受官僚控制的消费越来越近。因此景观的世界成了令人激动、快乐和意味深长的'真实'世界，相比之下日常生活则是贬值和没有意义的。在抽象的景观社会之中，影像由此成了商品物化的最高形式：'对于这样的积累使景观成为影像而言，景观可以说是

---

① 尹鸿：《世纪转折时期的中国影视文化》，北京出版社1998年版，第180页。

② ［美］斯蒂文·贝斯特、道格拉斯·科尔纳：《后现代转向》，陈刚等译，南京大学出版社2002年版，第106页。

一种资本。'"① 因此，当我们庆祝图像时代的影视文化所带来的人生"节日化""狂欢化"和人性解放的同时，亦应该保持对资本与"图像文化"暗中勾结从而控制人、"异化"人、欺骗人的事实的高度警惕。

---

① ［美］斯蒂文·贝斯特、道格拉斯·科尔纳：《后现代转向》，陈刚等译，南京大学出版社 2002 年版，第 115 页。

第 九 章

后现代语境中的中国电影叙事

　　大众文化最重要的形式之一是电影，而在所有的艺术形式里最重要的也是电影，它的综合性、精练性，影像语言的丰富性，表现手法的多样性，技术手段的复杂性都是电视望尘莫及的。因此，列宁强调，电影是最重要的艺术。但最早的电影，人们只是把它当作无足轻重的消遣形式，"在相当长的一个时间里，它一直被当作集市上的一种'杂耍'，一种记录奇闻逸事的活动画面，或者只是一种用以拍摄和记录舞台演出的工具"①。事实上，从电影诞生到如今，它依旧在沿着最初的两大功能在发展，一是娱乐性（杂耍），二是记录性。电影的娱乐性较传统的文学更强，因此它也常常被统治阶级所收编、征用，作为有力的教化民众的工具。21 世纪，托洛茨基认为电影的文化潜能在于满足人的娱乐欲望，在他看来，娱乐是人性的普遍要求："人类欲望的本质是什么？渴望娱乐、散心、观光与欢笑，如此而已，援引较高的艺术质素，满足这些欲望，是我们有能力，而且也必须做的。甚至，我们可以把娱乐转换成为一种武器，进行集体教育，摆脱说教式的君师姿态，剔除道德感化之类的习气。"② 中国百年电影的发展历程，当然也从来没有离开过娱乐和纪实两大主题，而由于中国文化从古到今都是伦理和政治结合的文化，电影也就不可避免地具有强烈的道德政治色彩。中国电影在 20 世纪 30 年代掀起了脱离政治倾向、以娱乐为主的"软性电影"潮流，但很快就遭到了左

---

　　① 彭吉象：《影视美学》，北京大学出版社 2002 年版。
　　② ［英］阿兰·斯威伍德：《大众文化的神话》，冯建三译，生活·读书·新知三联书店2003 年版，第 7 页。

翼电影理论家的批判。如夏衍指出："淫乱、猥亵、神秘、荒诞、浪费、败坏、幻梦、狂乱，这一切将道德的颓废种植和感染到人类精神生活的所谓'软性影片'，决不能贴上一张'娱乐'和'慰安'的商标而掩饰它的毒害，相反，真正的娱乐和慰安，应该是互助的精神，团结的意识，争战的热情和胜利的呼喊！这一切是年轻的，健康的，进步的，向上的，所以也是胜利的，有未来性的！"① 在这里，政治和道德作为评价电影的唯一标准，娱乐必须在道德和政治的前提下进行。这种政治意识形态的强加和约束是中国文学很长一段时间的现象，它浸淫到电影艺术的创作中，也严重束缚了电影艺术家的思维和想象能力，限制了电影题材的表现范围，阻碍了电影事业的发展。经过"文化大革命"的政治摧残，中国内地的电影呈现出题材单调、主题狭窄、艺术形式单一雷同、人物非情感化的荒凉景象。新时期以来的中国电影打破了政治和道德的禁锢，有了飞跃式进步，经历了启蒙叙事、底层叙事，到狂欢叙事的历程。20世纪80年代中期以前的中国电影与文学一样尚局限于"启蒙叙事"的范围，虽然从"样板戏"定于一尊的文化困境中突围出来，对刚刚过去的文化专制进行了反思和批判，但这种反思和批判由于"阶级斗争"的惯性，还显得十分幼稚，没有超越政治的狭隘"视域"，仍然属于"政治修辞学"范畴。而20世纪80年代中期（以美术85'新潮为标志）到90年代的中国以更加开放的姿态面向世界，在文化艺术领域，一元化的"独白型"的意识形态已经被文化的多元对话所取代，这与后现代主义思潮全面进入中国有着紧密的关系。20世纪90年代以后的中国电影在后现代解构浪潮的冲击下，崇高、悲剧、英雄的宏大叙事被"脱冕"，平凡、喜剧、小人物的日常叙事被"加冕"。游戏、搞笑、娱乐、狂欢成为被推崇的电影叙事范式，无论是对历史的改写、戏说，还是对红色经典的拆解、反讽、拼装，都无不彰显了文化民主、政治宽容时代人们的自由性、独立性、主体性和创造性的迸发。它表明这是一个自信乐观的时代，批判怀疑的时代，艺术家既能正视现实里的苦难、荒诞，又不一味沉溺于对苦难和荒诞的咀嚼回味；艺术创造可以打破一切神圣规则的约束，否定一切经典叙事和传统叙事的合法性，标志着艺术在"去政治化"的条件

---

① 周星等：《中国电影艺术发展史教程》，北京师范大学出版社2005年版，第44页。

下向真正自由创造的回归。欣喜的是，尽管新时期以来狂欢叙事逐渐取得了市场上的优势地位，但并没有出现它独霸影坛的局面，而是与政治叙事、伦理叙事、底层叙事、狂欢叙事形成了"四分天下"的局面。需要说明的是，由于中国台湾和香港在政治形态和当代历史上与大陆（内地）迥然有别，因此没有完全进入我们的论述之列。

第一节　20世纪80年代的"启蒙叙事"

启蒙的真正意义是在西方文艺复兴时期奠定的，它包括对人的合法权利的尊重，对人性的尊重，对人的生命自由和尊严的维护，对人道主义的张扬，对政治和文化上的专制主义的拒斥。中国的启蒙应该是在"五四"运动开始的，20世纪上半期的民族战争、解放战争延误了启蒙思想在中国的光大和深化，"文化大革命"更是对启蒙理想的背叛，人道、人权、人性遭受严重践踏和摧残。如果说文艺复兴的启蒙在于从"宗教神权"的压制下解放人，那么，中国20世纪80年代的启蒙则是从"政治神权"的压制中解放人。因此有学者指出，"整个80年代是一个启蒙的年代，一些原先被刻意遮蔽的东西慢慢从混沌、模糊状态中显露出它的真实面貌，艺术家被压抑的生命冲动终于找到了宣泄的渠道"[1]。20世纪80年代的电影在"文艺政治化"的惯性和阻力中艰难地前进，艺术要求从"文化大革命""样板戏"的"独白型"的意识形态和审美标准中解放出来，表现出对形式的多元化、生动化的渴求，"迫切地需要恢复人的尊严，提高人的价值"，一句话，对艺术和人的双重解放的要求成了这个时代的"文化无意识"。第三代和第四代导演中最有代表性的莫过于谢晋，他的《天云山传奇》《芙蓉镇》都从一定程度上对"文化大革命"的"极左政治"造成的灾难和悲剧进行了反思和控诉，也表达了人性解放的要求。但这种反思仍然是比较"平面化的"隔靴搔痒，没有追问到导致"个人崇拜""封建专制政治"延续的儒家文化根源，也没有反思儒家文化塑造的人格所起到的助纣为虐的作用。当然，这种要求对那个历史语境下的导演来说过于苛刻。同时，要求用电影去反思政治，本身就

---

① 陆绍阳：《中国当代电影史——1977年以来》，北京大学出版社2004年版，第10页。

是一种错误，因为它没有彻底改变"艺术作为政治的工具和奴仆"的性质，实际上是一种新形势下的"艺术政治化"。"谢晋模式"（朱大可在批评谢晋电影时提出的概念。所谓的"谢晋模式"，就是在认同主流政治意识形态并与之妥协的前提下，将煽情技巧、伦理叙事杂糅为一体的模式）限制了谢晋艺术空间的拓展，同时也使大多数第四代导演的作品成为模仿跟风、粗制滥造的"政治风俗画"。所以，尽管20世纪80年代的电影也反映了一些悲剧，但它们千篇一律的政治话语、叙事模式导致了思考力度的缺乏，更少震撼人心的力量。因为这种悲剧还只是特定的"地缘政治"导致的灾难，并不具有普世性，从艺术上说仍然属于"为文而造情"的"应景之作"，缺乏超越时空的生命力。真正摆脱"政治叙事"，显示了这一时期创造实力的是吴贻弓的《城南旧事》，谢飞的《湘女潇潇》《本命年》《香魂女》，黄健中的《良家妇女》，黄蜀芹的《人鬼情》以及颜学恕的《野山》。它们或在诗意的氛围中对20世纪早期底层人物的生存和命运表示了深切的同情；或是以反思的态度对封建宗法文化压迫人性、窒息人性的罪恶进行毫不留情的控诉；或是以纪实性的手法对压抑环境下的"残酷青春"给予了人道主义关怀；或对封建时代女性代代延续的婚姻悲剧和复杂人性进行深入的文化思考；或是在绝望和感伤的情绪中叙述女性命运的孤独与悲凉，以及对女性在传统男权社会遭受压迫的怜悯；或以惊世骇俗的勇气涉足伦理禁区，挑战传统婚姻道德观念的极限。这种超越时代拘囿的书写，挣脱了政治的约束，抵达了历史的深度和艺术的高度。

第二节　跨代际的"底层叙事"

底层叙事在20世纪80年代初期就已开始，在贾樟柯、王超、李杨那里走向成熟。底层叙事理论上受到了意大利新现实主义的影响，即柴伐蒂利主张的表现普通人和他们的生活，不惜一切代价避免影片中出现惊人的事件和特殊的人物。1982年吴贻弓的《城南旧事》是这一理论最早的实践，它把历史带回到20世纪20年代的旧北京，镜头对准"中下层"市民生活，人物都是清一色的弱者："卖唱姑娘""疯女人""小偷""保姆"。它的价值在于将纪实艺术与真实的人生结合起来，体现出"非常珍贵的民间立场"。而标志写实主义胜利的谢飞的《本命年》，更是以残酷的事件真实记录了"边缘人物"李慧泉出狱后生活的艰难。他干过"个体"，摆服装鞋帽货摊，希望以此自食其力，渴望歌手赵雅秋的爱情，但终究是一厢情愿的"无花果"，最后在本命年里死于两个少年抢劫犯的刀下。影片以平民视角反映城市青年"不甘毁灭、与命运抗争而最终又不得不面对毁灭"的命运。王小帅的《十七岁的单车》，讲的是农村进城打工的青年郭连贵丢失了每天上班必需的自行车，最后车被小偷卖给了中学生小坚，两人为此展开了"寻车"和"夺车"的斗争，因为自行车对他们来说都是希望的符号，郭连贵用它维持生计，小坚用它在同伴和女朋友面前"炫耀车技"，获取尊重和爱情。导演以纪实的镜头表现了"小人物在大社会"中的无奈和无辜。另一部关注边缘人物的电影是张元的《过年回家》，陶兰在"谁偷了五元钱"的争执中杀死了同父异母的小琴，刑满 17 年的她，在万家团圆的春节获准回家，而她怎么也不愿意去面对已经陌生和淡忘了的家与最亲的亲人。离异后重组的家庭，矛盾不断、缺少温暖的环境导致陶兰付出了青春的惨重代价。影片的情感基调是令人窒息的，在"哀其不幸"中透露出浓浓的悲凉。而在我国香港，以关注底层人物著称的是陈果的《香港制造》，中秋，一个街头小混混，自小好勇斗狠，不务正业但豪爽义气。他的父亲很早就为一个大陆女人抛妻离子。中秋爱上了身患癌症的阿屏，为给阿屏筹钱治病，他不得不去当杀手，不料行动失败，被刺成重伤住院，出院后他发现阿屏已经离开世界，他一直照顾的弱智青年阿龙也被荣少利用去带白粉，失手被害。绝望中，中秋开始报复这个世界，最后以自杀的方式祭奠了自己凄凉无望的青春。陈果无情地揭开了香港这个表面物质繁荣背后的"精神暗疮"，表达了对"一群被放逐在历史与社会的关注之外的弱小生命"的悲悯与同情。真正将底层叙事推向高潮的是贾樟柯、王超和李杨，他们不回避现实，镜头总是聚焦于那些占人口绝大多数的社会底层人。贾樟柯影片中的小武，山西汾阳的农村青年，和小勇一起以行窃为生，小勇金盆洗手后靠香烟"贸易"和"娱乐业"发迹成为当地知名的民营企业家。结婚时却瞧不起小武这个曾经一同"打天下"的朋友，念于旧情，小武带着微薄的礼金到场恭贺小勇，却遭到冷遇。小武渴望得到歌女胡梅梅的爱情，两人的感情虽然一度升温，但最终无疾而终。他渴望家的温暖，可与家人格格不入，后来"因为不满妈妈把自己送给她的戒指给了二嫂和父母大打出手，被父亲赶出了家门"。没办法，他重操旧业，在"严打"中被抓，成了既不见容于社会，也不见容于家庭的"多余人"。此后，贾樟柯汾阳三部曲里的《站台》《任逍遥》以及《三峡好人》，仍然以他坚定的民间立场，关怀社会中小人物的生存和命运。例如，普通的文工团演员，失业的工人子弟，妓女，遭丈夫冷落的女护士和挣扎在贫困线上的矿工。2001 年王超的《安阳婴儿》以冷静粗糙的叙事述说了一个不该发生却发生了的故事。下岗工人大刚，捡回妓女遗弃街头的婴儿，为的是跟婴儿一起分享每月 200 元的抚养费。婴儿的父亲是黑社会老大，妓女得罪了他被赶出了歌厅，大刚收留了她。大刚在门前修自行车，妓女在屋内卖身挣钱，两人相濡以沫。黑社会老大患了绝症，想要回婴儿续香火，争执中被大刚打死。大刚进了监狱，妓女在"扫黄"中失去了孩子。电影以近乎凝固、毫不修饰的长镜头记录了弱势群体的艰难、困苦与无助。李杨的《盲井》（2002 年）更加震撼人心，以鲜为人知的个案揭示了经济贫困引起的人性异化、"动物化"，暴露了特定条件下，人性深处的丑恶、残忍和阴暗。为养家糊口、供孩子上学，在私人小煤窑打工的农民唐朝阳和宋金明，嫌挖煤挣钱太慢且辛苦，于是合伙在井下杀害了元姓同伴，谎称出了安全事故向矿主骗取赔偿费。16 岁的元凤鸣，为了挣学费来到小城找活干，落入了唐、宋两人手中，改名宋凤鸣，装成宋的侄子。三人在另一个小煤矿找到了挖煤的活。凤鸣好学上进、敦厚淳朴，长得也很像被杀的元姓农民，宋金明良心发现，不忍再下毒手，唐、宋二人的矛盾由此激化。一天，唐在井下瞅准机会将宋击倒，准备对凤鸣下手时，被苏醒过来的宋打晕，凤鸣跑出井外。井下放炮，唐宋的死亡真相被掩埋在矿井里。矿主给了凤鸣三万块钱，补偿了宋的一条命。导演意在警醒人们注意身边常常"视而不见"的灰暗现实，文本包含了批判、理解、宽容与同情的复杂情感。底层叙事体现了强烈的社会责任感，坚守人道主义和人文精神，将镜头对准那些容易被遗忘的角落和"边缘群体"，无疑，在当下这个"泥沙俱下"的转型时期意义是重大的。

第三节　跨世纪的"狂欢叙事"

20世纪60年代以后世界进入又一个狂欢化时代，这是古希腊酒神精神和中世纪狂欢节文化的复兴。约翰·道克尔这样描述这个时代与狂欢节文化的关系："作为一种文化模式，狂欢节至今仍深深地影响着20世纪的大众文化，好莱坞电影、通俗文学、电视、音乐中随处可见这种文化的影子：其旺盛的生命力、激情洋溢的辞藻、影响的广泛性、国际性以及抑制不住的活力和创造性可能都代表着通俗文化历史上的又一个高峰，可以与现代欧洲早期的那种狂欢节文化相媲美。"① 20世纪90年代，中国也逐渐进入一个多元、开放的全球化时代，文化的商品化、欲望化、娱乐化、狂欢化成为最重要的文化镜像。如果说文学的狂欢叙事以金庸等人的武侠小说、王朔的"痞子文学"、贾平凹的"欲望化书写"为代表，那么，电影的狂欢叙事则是以武侠电影、周星驰的"无厘头"电影、好莱坞影响下的"奇观电影"为代表。武侠融入了暴力、正义、仁慈、情感多重意义，它的除暴安良、惩恶扬善的思想，匡时济世的儒家精神，成为典型的中国传统文化符号，并率先被电影的狂欢叙事所"征用"。它不但满足了中国民众对公正、正义、秩序、人道、情感的幻想，同时对暴力的张扬也契合了西方人"攻击"本能宣泄的欲望，这无疑是它作为"民俗文化符号"走向世界的重要原因。而武侠飞檐走壁、腾云驾雾、冯虚御风、隐遁无形的传奇性，动作的表演性和运动的快节奏，也成为当今电影"场面奇观""动作奇观""速度奇观"的重要元素。从李安的《卧虎藏龙》获奥斯卡金像奖就不难看出，"中国功夫"已经作为一个西方人"想象中国"的"超级能指"登上了世界电影的舞台，而之前上演的美国《功夫熊猫》更是一个中国武侠形象被成功"挪用""移植"、拼贴的后现代主义文本。中国武侠电影的开端以1928年张石川导演的《火烧红莲寺》为标志，以后直到20世纪三四十年代"许多电影公司仍旧以利润和娱乐为主题，拍摄神怪、武侠、爱情的电影"，与当时的"进步电

---

① ［英］约翰·斯道雷：《文化理论与通俗文化导论》，杨竹山等译，南京大学出版社2001年版，第178页。

影"形成意识形态的对抗，遭到了包括"左翼文学"领导人瞿秋白的严厉批评："《火烧红莲寺》一类'影戏'充满'乌烟瘴气的封建妖魔'和'小菜场上的道德'即资产阶级'有钱买货无钱挨饿'的意识。"① 抗战爆发后，"救亡"的主题压倒了一切，电影的商业化步伐停止。新中国成立后，大陆文化的渐趋政治化导致了"文化大革命"的发生，"冷战思维"导致的对好莱坞影片的拒斥，以及苏联革命意识形态的影响，致使20 世纪 20 年代末萌芽的中国电影娱乐化、商业化苗头受到长期的压制。而在处于"政治真空"的香港，邵氏兄弟有限公司提出的"娱乐观众"的理念促进了武侠功夫片的长足发展。20 世纪 80 年代以前的香港武打片经由胡金铨、楚原、张彻、李小龙等人的发展，形成了残忍中富有情义、武打中流淌出诗意、愉快中杂糅着痛苦的"侠儒结合"的暴力美学。真正将香港功夫片推向新高度的是成龙，在他主演和导演的影片里加入了许多搞怪和爆笑的细节，这使他的影片"大多充满一种有惊无险、随机应变、出奇制胜的喜剧感和轻松感"。这一传统极大地影响了后来徐克武打片的风格。而以功夫片立足世界的吴宇森，致力于将暴力演变为诗意的传统，使人们在刀光剑影中感受到"仁爱情义"的温暖，应该说这种"刚柔相济"的文本策略是后期香港武侠片俘获观众的"独门绝技"。20 世纪 80 年代中国香港电影奇观元素、娱乐元素和人道元素的杂交拼贴，无疑对李安的《卧虎藏龙》，张艺谋的《英雄》《十面埋伏》，陈可辛的《投名状》，冯小刚的《集结号》，吴宇森的《赤壁》都产生了直接的影响。

　　如果说武侠片以"阳刚"的形式开拓了狂欢叙事的一种范式，那么周星驰主演的系列"无厘头"喜剧则以"阴柔"的形式开拓了另一种范式。"无厘头"就是言行违背正常逻辑，遵循颠倒、错位逻辑，并具有诙谐的特征的叙事方式。在"无厘头"那里，所有以往被认为是不可冒犯的东西都被恣意解构、拆解、"拼装"。在《大话西游》里，或"推倒"被意识形态固化的人物形象，以人物错位搭配造成戏谑效果，如至尊宝（孙悟空转世形象）居然和妖精白晶晶谈起了恋爱；或消解师徒之间的尊卑关系，如至尊宝因为唐僧啰唆就要杀掉他；或颠倒善恶、敌我的关系，

---

　　① 李道新：《中国电影文化史》，北京大学出版社 2005 年版，第 117 页。

如尊宝居然和牛魔大王合伙吃唐僧肉。叙事在违背逻辑和常理中给人喜剧感和荒诞感。《大话西游》的另一个重要特征是拼贴手法的运用，它杂糅了"武侠""搞笑""言情""黑帮"招揽观众的叙事元素，形成滑稽模仿、多重意义的"马赛克文本"，以适应不同观众的审美趣味。周星驰"改写经典文学"创造的搞笑文本直接催生了内地"红色经典改编""戏说历史"和胡戈《一个馒头引发的血案》的诞生。前者因为触犯"政治禁忌"，拿严肃的"革命""政治"、历史、英雄"开涮"而被"黄牌"罚下，后者也因为触怒当红导演而"惹火烧身"。抛开意识形态的考虑和所谓"侵权"纠纷来看，它们在艺术上的革命意义是不可低估的，实质上，它暴露出的是后现代和现代、艺术与政治、艺术与商业、正剧与喜剧、创新与守成之间的矛盾。"武侠""大话""改编""戏说""恶搞"都是后现代狂欢文化的表征，同时也是一场"文化政治"的表演，它们坚持"翻转逻辑"、颠覆哲学、贬低化的语法修辞，一切规范、秩序、神圣、严肃、崇高、权威、经典的东西都被破坏、脱冕、肢解和反讽。它的深层涉及官方与民间、"庙堂"与江湖、高雅与通俗、精英与大众、秩序与自由之间文化权力的博弈、斗争。在这场斗争中，文化符号的高尚与卑下、"上"与"下"的等级关系被推翻，是一次"文化地形学"的改写，"对崇高的东西的降格和贬谪，在怪诞现实主义中绝不只有形式上的、相对的性质。'上'和'下'在这里具有绝对的和严格的地形学意义"①。巴赫金认为怪诞现实主义的实质就是狂欢化，它通过贬低化、物质化、世俗化、肉体化来获得诙谐的效果。"不仅狭隘的戏仿体作品，而且怪诞现实主义所有其他形式都具有贬低化、世俗化和肉体化的特点，诙谐历来都与物质肉体下部相联系，它构成怪诞现实主义的一切形式。诙谐就是贬低化、物质化。"②

第四节 后现代电影的"奇观叙事"

改革开放40年来，中国电影形成了启蒙叙事、底层叙事和狂欢叙事

① ［俄］巴赫金：《拉伯雷研究》，李兆林、夏忠宪等译，河北教育出版社1998年版，第25页。

② 同上。

的三大主要特征。而狂欢叙事日益取得"影像霸权",这是文化转型的结果。如果说 20 世纪 80 年代的中国还是启蒙和理性文化占主导地位,那么 90 年代则逐渐以消费主义和后现代主义的身体文化、欲望文化占据主导地位。消费主义助长人的欲望,后现代主义主张叛逆和颠覆传统及一切规则。启蒙文化是现代性文化,追求事物的真实和本质,强调"所指";狂欢文化属于后现代文化,追求欲望和颠覆的快感,强调"能指"。法国的博德里亚把后现代社会的主要特征归纳为"拟象","拟象意味着我们时代的社会秩序的革命性转型,实在与表征、客体与符号、能指与所指、客观实在与技术干预的结果之间的界限已经模糊不清。或者说,只有能指是具体的,而所指则是任意的、武断的。符号远离意义,在一个无本源、无根基、无所指的循环系统中只和自身进行交换,文化文本成为能指的聚集,影像、视听满足的是感觉欲望的瞬时快感"[①]。如果说启蒙时代的电影注重的是人物、故事、情节、意义,那么后现代电影则强调奇观的制造,注重色彩、构图、场面、动作、身体、速度、音响的视听效果。"奇观夸大了因观看而带来的快感。它对那些可见之物夸大其辞,吹捧、凸显那些浮面的表象,并拒绝意义和深度。"[②] 因此可以说,奇观化电影顺应了后现代大多数观众的心理要求,人们看电影的主要目的不再是为了去听讲故事,寻找意义,而是为了获得快感体验。正如博德里亚所看到的,在后现代,真实与虚拟的界限消失了,"能指"与"所指"的区分已不具有任何意义,现实正在变成符号的世界,人们沉湎于"能指"的狂欢而放逐"所指"的深度。居伊·德波把后现代社会叫作"奇观社会",在斯蒂文·贝斯特和道格拉斯·凯尔纳看来,"奇观指称媒介与消费社会,这种社会围绕着形象、商品和奇观的消费而构成"[③]。

　　中国电影的狂欢叙事在成龙、徐克、李安、张艺谋、冯小刚、陈可辛、吴宇森、周星驰等人手中成熟,形成了足以抗衡好莱坞大片的力量,引领中国电影产业化的潮流。可喜的是,中国电影正在从单一的主流叙

　　① 杨剑锋:《从〈大话西游〉看网络时代的符号消费》,中国论文下载中心。
　　② [美] 约翰·菲斯克:《理解大众文化》,王晓珏、宋伟杰译,中央编译出版社 2001 年版,第 102 页。
　　③ 周宪编著:《文化研究关键词》,北京师范大学出版社 2007 年版,第 363 页。

事走向主流叙事与伦理叙事、底层叙事、狂欢叙事相结合的多元化道路。2007 年的中国电影就足以说明这一点，从类型上划分，《色戒》《集结号》隶属于主流意识形态的政治叙事；《图雅的婚事》《投名状》则属于民间的伦理叙事；而《落叶归根》《姨妈的后现代生活》《苹果》《太阳照常升起》则属于带有后现代特征的狂欢叙事。当然，从"场面奇观""动作奇观"来看，《投名状》《集结号》也可说是狂欢叙事。而《落叶归根》则是滑稽模仿的喜剧形式"包装"的底层叙事和伦理叙事。狂欢叙事的独领风骚，也是康德的现代性自由主义美学被弗洛伊德、巴赫金和罗兰·巴特的后现代快感美学、欲望美学取代的结果。"对康德来说，感官的快感是'暴政'式的，只有在审美的沉思中，人才可能获得自由。"① 与康德截然相反，弗洛伊德、巴赫金和罗兰·巴特都把感官快感看作人性的自然要求的表现。按照弗洛伊德的精神分析理论，狂欢叙事反映了后现代"本我"的快乐原则战胜"自我"和"超我"的现实原则和至善原则，它强调攻击、破坏、身体、爱欲的呈现，是感性挣脱理性束缚、身体挣脱精神束缚的游戏，渴望自由的要求。而在罗兰·巴特看来，后现代文本会产生两种快感形式：快乐和狂喜（极乐）。他认为两种快感与社会之间结成了不同的关系，"如果说狂喜产生的是躲避社会秩序的快感，那么快乐却是与社会达成关联的快感。快乐更是一种日常的快感，而狂喜则更联系着特殊的、狂欢的时刻"②。事实正是这样，电影的狂欢叙事之所以受到普遍欢迎，在于它把紧张的日常时间变成了轻松、愉快、刺激的狂欢节日，这是人性深处对自由的要求，它是影像所煽动的对规则、秩序、限制、等级的"符号学暴动"。巴赫金也认为狂欢与人的解放密切相连，体现了人的乌托邦幻想。"狂欢节建构了一个在'官方'世界之外的第二个世界与第二种生活，一个没有地位差别或森严社会等级的世界。狂欢节弹冠相庆的是暂时的解放，即从占统治地位的真理与既定的秩序中脱身的解放，它标志着对所有的等级地位、一切特权、规范以及禁律的悬置。"它的功能乃是解放，是允许一种创造性的、游戏

---

① ［美］约翰·菲斯克：《理解大众文化》，王晓珏、宋伟杰译，中央编译出版社 2001 年版，第 64 页。

② 同上书，第 66 页。

式的自由，"是尊崇富于创造的自由……是从流行的世界观中解放出来，也是从习惯与既定的真理、从陈词滥调、从所有无聊单调的与普遍接受的事物当中解放出来"①。这也许是狂欢叙事在后现代文化里成为"当红明星""人气偶像"的真正原因。

---

① ［美］约翰·菲斯克：《理解大众文化》，王晓珏、宋伟杰译，中央编译出版社 2001 年版，第 99 页。

第 十 章

网络时代的文化"大众化"
和"民主化"

　　20 世纪 90 年代末期进入中国的网络文化是继电影电视后又一个多媒体形式的大众文化。它大大地拓展了人们精神生活空间，彻底改变了我们的生活方式、交往方式甚至是经济活动方式。可以说，网络文化是有史以来对我们影响最深广的大众传媒，它极大地促进了政治民主和文化民主的进程。网络的民主主要表现在它毫无歧视和限制，平等地向所有愿意亲近它的人开放，即"大众性、互动性、共享性"。尽管如此，我们认为，与其他媒体比较起来，网络最重要的还是它是一个史无前例的大众共享的文化和政治民主、自由的空间，随意表达自我的空间，无障碍交往的虚拟空间，是本能、情感、欲望无须化装、无须戴着面具去真实表演的舞台，它让人们暂时摆脱了"带着镣铐跳舞"的命运。它改变和拓展了人们参与政治的形式和空间，促进了民主政治的完善。

第一节　网络文化与后现代的关系

　　在至今所有的媒体中，网络是一个最具开放性的公共文化空间。在这里，任何人，真正不分等级、身份、地位、年龄、性别，没有任何门槛，不需要任何手续和程序都可自由出入、参与进去并陶醉其中。传统的文化是属于少数精英和贵族的文化，下层人是被过滤掉、拒之门外的，传统文化的高雅性也自然使它成为有教养、受过良好教育的人才能共享的空间，而互联网降低了文化的要求，即使是文盲，也可在网上去溜达、冲浪、游戏，找到与自己相适应的打发时间的消遣娱乐方式，如浏览图片、玩游戏、听音乐、看网上电影。它真正做到了把文化享受、文化消费的权利归还给绝大多数的普通人。传统的传媒文化是封闭性的，受众处在被动的地位，受到媒体文化生产者的控制，所接受的文化娱乐内容是固定的，是按照传媒制作者的意志和意图制作完成的，受众意志、思想没有表达的渠道，更没有亲身参与、操控、互动的空间，属于单向性、中心性、垄断性、权威性的传播。法国的罗兰·巴尔特按照读者的参与程度将文学分为两种。"一种是赋予读者一种角色，一种功能，让他能够对文本进行发挥并做出贡献；另一种文本却使读者无事可做或成为多余物，'只一点点自由，要么接受文本，要么拒绝文本'，因而把读者降为资产阶级世界的合适的软弱无力的象征，对作为生产者的作者来说，他只是被动的消费者。"他把前一种文本称为"可写的文本"，后一种称为"可读的文本"。"对于可读的文本（通常是现实主义传统的文本），我们只能以屈从的态度阅读它，除了消费文本的固定意义，它不涉及读者的真正参与。一个可读的文本可以按照大家熟悉的传统和期望而很容易得到理解，因而文本呈现非常牢固的封闭状态。从能指到所指过程是清晰的，是众所周知的，确定的和必须如此的。相反，可写的文本（通常是现代主义的文学文本）则挑战读者去从各种可能性的开放游戏中自己生产意义。它要求我们自觉地阅读它，'参与'并意识到写作和阅读的相互关系，因而也给予我们合作、共同著述的乐趣（甚至在最强烈的时刻，给予性爱的快乐）。"① 如果说传统的媒体文化是"可读的文本"，那么网络文化则是"可写的文本"。人的主动性、创造性在这里得到了充分的发挥，人们可以参与其中，与网络文本进行互动交流，可以对网络文本进行及时修改，或者重写，或者批评。因此，可以说，网络传播是双向的，作者中心和读者中心都已经不复存在，顺应了后现代对权威、等级、中心颠覆的潮流。"在传统媒体中，传播的权力主要集中于传播者，读者或观（听）众只能处于被动的接受地位。而在互联网中，读者随时可以对新闻和其他传播信息进行反馈评论。"②

① 陶东风主编：《大众文化教程》，广西师范大学出版社2008年版，第222页。
② 同上。

　　网络与"文化民主"的关系还表现在网络文学的发表上。传统的文学发表和书籍出版都要经过编辑和出版社的严格遴选和审查才能完成，那些非文学专业的一般民众要表达自己的思想，实现文学的梦想是非常困难的，而网络空间为人们提供了这样一个民主自由的天地，在这里人们想说就说，想写就写，简化了写作到发表的漫长、艰难、烦琐的过程，写作就是发表，不需要看任何人的脸色，不需要复杂的审批、审查、编辑、出版流程，你可以署名发表，也可以匿名发表，网络言论的发表体现了后现代"怎么都行"的自由和潇洒。在这里，所有人都是文学家、思想家，而"文学性"和"思想性"不再是衡量发表的唯一尺度。这里有一个神圣而又至高无上的原则，那就是它尊重每个人表达思想、情感、愿望的平等合法权利及自由。它使文学真正回到了民间，回到了大众。"网络发表的极端自由使文学真正有了再次回归民间的希望，它意味着与传统发表方式的彻底分裂，意味着网络发表渠道对所有网民开放。即使在大众文化盛行的时代，传统的印刷文学作品及其作者也还在某种程度上保持着自己的某种特权地位。他们是被拣选的人，而在网络时代，这种特权被剥夺了。任何人都可以在网上发表自己的作品以供人阅读，网络写作是一种自由的、开放式的话语狂欢活动。没有作者身份的限制，也不论学历高低，只要是在网络上，你就可以'任意涂鸦'，网络写手们可以在网上自由地进行'在线交锋'，制造'火焰战争'。网友们在创作或欣赏网络文学时，如果没有灵感萌发，可以'自由灌水'，即可以自由地点评作品。网络使原本产生于民间的文学重新回归民间，网络文学因而是一种真正的大众的文学。"① 在这里，真正实现了"我的地盘我做主"，每个人不但是自己的主人，无须听从他人的指挥，而且更是这个地盘的君主，可以主宰这方世界。在这里，每个人的思想，无论是粗俗的或高雅的、轻松搞笑的或严肃教化的、平民的和贵族的，欢乐的或感伤的，都具有同等的地位，同样有面世的机会。网络是虚拟的空间，人们在现实生活中最隐秘的欲望，最肮脏的想法，最卑鄙、最残忍的恶念，都可以实现，因为事实上它并不对他人和社会构成实质性的威胁与危害。

---

　　① 陶东风主编：《大众文化教程》，广西师范大学出版社2008年版，第222页。

第二节　网络与人类的"身心狂欢"

自由是人的本质，人生的最高境界也是自由的境界。然而，在现实中，在维护社会秩序的呼求下，规则无处不在，道德的规则、法律的规则、社会的规则、文化的规则伴随着人的一生，敢于冒犯规则的人，追求绝对自由的人必然被社会视为"异端"，会付出惨重的代价，这便是卢梭曾说的"人生而是自由的，但无往不在枷锁之中"。因而，审美、艺术、梦才在人生中具有特别的重要性，因为在这里，人最大限度地摆脱了规则的束缚、监控和规训，可以让精神和欲望放纵，让身体和灵魂"天马行空"。正是这样，庄子才把"乘天地之正，御六气之变，以游无穷者"，把"乘云气，御飞龙，以游四海之外"者当作自由的象征——人生的逍遥境界。也正因为如此，尼采才说，审美是人的形而上的冲动，只有作为审美的现象，人才有存在的充分理由。席勒才把人的游戏活动看作像自由一样重要，认为在感性冲动与理性冲动之间的桥梁是审美的游戏冲动，这座桥梁引领世人走向自由的殿堂。"康德和席勒把艺术的自由、无功利与游戏紧密联系到了一起。在他们那里，游戏与劳动是相对立的。劳动是为了实用的功利目的而进行的活动，它的动力来源于人的匮乏。而游戏正好相反，它的动力来源于人的精力过剩，它只是为了自身的目的而存在，即为了游戏而游戏。康德把自由看作是艺术的精髓，正是在这一点上，游戏与艺术是相通的。而席勒更把游戏所表现出来的自由看作是人的本质特征，他的名言是'只有当人充分是人的时候，他才游戏；只有当人游戏的时候，他才完全是人'。康德把笑、诙谐、游戏和艺术看作是有相通之处的东西，因为它们都标志着活动的自由和生命力的畅通。"①

20世纪兴起的网络拓展了人们精神自由的空间，在网上，你可以足不出户，"走遍天下"，"卧游山水"；你可以畅游知识的海洋，得到你想得到的信息、资料；你可以和众多的陌生的异性或者同性谈情说爱。在网络的虚拟世界里，你可以把自己变成强盗、恶魔、杀人不眨眼的刽子

---

① 陶东风主编：《大众文化教程》，广西师范大学出版社2008年版，第220页。

手，你不会遇到道德和文化的审判，也不会遭受法律的制裁，人性的光明面和阴暗面都得到了率真的不用掩饰的表现。在这里，你的身份不是现实社会中的成员，只是卸掉了面具、毫无顾忌、真实表演自我的演员。因为这是一个超越现实世界的虚拟的时空，一个类似于艺术和梦的世界。这里只有"本我"、欲望、快乐的原则，没有"超我"的管制、教化和训斥。正如国内一些学者指出的："由于网络的匿名性，网民在此反倒能够打消日常生活的种种顾忌，把被现实压抑的本真欲望表达出来，这使网络文学的狂欢深深地打上了欲望的痕迹。"① 在这里，一切文化的等级秩序被拆除，无高下、贵贱、高雅和粗俗之分，网络把虚拟世界变成了没有文明、等级、权力压制的狂欢世界，一个颠覆权威的"渎神的节日"。在这里，每一个人都以真实的身体和灵魂交流对话，没有中心与边缘的区隔。"我们正在创造一个所有人都可以自由进入的新世界，不会由于种族、经济实力、军事力量或者出生地的不同而产生任何特权或偏见。在这个独立的电脑网络空间中，任何人在任何地点都可以自由地表达其观点，无论这种观点多么的奇异，都不必受到压制而被迫保持沉默或一致。"② "如果说网络是狂欢节的广场，那么在广场上上演的正是包括文学在内的一切原本崇高的东西的一次'加冕'与'脱冕'仪式。因为狂欢节广场本来就是一个消解崇高、颠覆神性、蔑视权威的'渎圣'的世界。传统文学的道德承担与审美标准都失去作用，网络文学变成了一种游戏、休闲方式和宣泄的途径。它使普通网民的欲望表达公开登台，雅俗高低倒置，到处是怪诞、嘲弄、调侃、滑稽、贫嘴与假正经，在笑声中完成了文学的脱冕礼。"③

　　网络文化同影视文化一样彰显和强调人的感性欲望与快乐的要求，体现了后现代主义的价值观，是对西方传统的理性道德文化的反叛，也意味着人们对虚假的理性哲学的反思，和对生命哲学的尊重，具有身体政治和文化政治的双重价值。丹尼尔·贝尔在1980年就看到"后现代主义是现代主义中代表欲望、本能与享乐的一种反规范倾向，它无情地将

---

① 陶东风主编：《大众文化教程》，广西师范大学出版社 2008 年版，第 220 页。
② 南帆：《双重视阈——当代电子文化分析》，江苏人民出版社 2001 年版，第 155 页。
③ 陶东风主编：《大众文化教程》，广西师范大学出版社 2008 年版，第 222 页。

现代主义的逻辑冲泻到千里之外，加剧着社会的结构性紧张与恶化"①。贝尔所谓的现代性逻辑就是理性、秩序的逻辑，压抑人的欲望的逻辑。显然在这里，我们读出的是他对后现代主义的深深焦虑和恐慌。英国的迈克·费瑟斯通也指出，后现代文化对身体欲望的强调已经成为不可阻挡的潮流，他把这种趋势看作西方美学的又一次整体转型，这种新的美学就是身体美学。"后现代主义发展了一种感官审美，一种强调对初级过程的直接沉浸和非反思性的身体美学。"② 这里的初级过程就是人的感官欲望、本能。它说明，后现代推崇的不是思考，而是直觉；喜欢的不是对痛苦的咀嚼，而是对快乐的拥抱；喜欢的不是悲剧性的精神受难，而是喜剧性的身体狂欢。英国的新马克思主义美学家伊格尔顿也看到了西方美学在后现代的身体转向，或者说向美学的身体向度的回归。在他看来，美学一开始就是关于身体的，而不是精神的。他指责笛卡尔把美学的注意力从身体的视角转向了精神。他说，"美学是作为身体（原译为肉体，我们认为译成身体更准确）的话语而诞生的。审美关注的是人类最粗俗的、最可触知的方面，而后笛卡儿哲学（post—Cartesian）却莫名其妙地在某种关注失误中，不知怎的忽视了这一点。因此，审美是朴素唯物主义的首次冲动——这种冲动是身体对理论专制的长期而无言的反叛的结果"③。网络空间里大量的美女明星写真集、视频转播节目、Flash，以及网友之间的视频聊天都可视为后现代反抗理性控制的身体美学的表现。完全可以这样说，后现代向世界敞亮了长期被传统文化遮蔽的身体维度。"对身体的重要性的重新发现已经成为新近的激进思想所取得的最可宝贵的成就之一。"④ 如果说电影电视的诞生和普及是一次对身体的感性维度和理性维度的全面的"考古式的发掘"，不论是美的还是丑的，真的还是假的，善的还是恶的，爱的还是恨的，温柔的还是粗暴的，温和的还是暴力的，快乐的还是悲伤的，都得到了一视同仁的展示，那么，

① ［英］迈克·费瑟斯通：《消费文化与后现代主义》，刘精明译，译林出版社2000年版，第12页。
② 同上书，第179页。
③ ［英］特里·伊格尔顿：《审美意识形态》，王杰、傅德根、麦永雄译，柏敬泽校，广西师范大学出版社2001年版，第1页。
④ 同上书，导言第7页。

网络则是对那些引起我们痛感的东西的严格审查和过滤，只保留那些让我们身体快乐狂欢的成分，体现了后现代快乐至上的哲学。"在当下的网络的特定气氛中，快乐是网络文学的作者与读者追求的最高目标，所有会给他们带来痛苦的因素都要被剔除，所有令他们感到沉重和压抑的东西都要被排斥。"① 这正是不断追求新奇事物、追求新奇感觉、追求生命狂欢的后现代青年沉溺于网络的根本原因，同时也是网络这种新型的传媒权力控制的变异所需要的审美形式。这种审美形式既可能给人们带来解放和无穷的快乐，也可能被权力机器所利用，以便更好地从身体的控制开始，最后占领人的灵魂。伊格尔顿认为审美具有双重效应：一方面，审美是一种解放，主体是通过感觉冲动和同情——而不是外在的法律——联系在一起，欲望和法律、道德和知识以及个体和总体之间的关系无不得到了改善；另一方面，这种内在化的压抑可能将某种统治更深地植入被征服者的身体之中。换句话说，审美提醒人们正视身体的存在；同时又试图驯服身体和感性、本能，塑造一个内在化压抑、服从自我和超我的主体。按照这种解释，审美是一种危险的游戏，它在解放中唤醒的身体非常可能挣脱预设的观念之链而放纵暴烈的冲动。"如果说审美是危险的、模糊的，这是因为肉体中存在反抗权力的事物，而权力又规定着审美。"资本主义对大众文化的开发利用，正是看到了审美影响的多面性，因此伊格尔顿说："统治性的社会秩序所渴望的正是这种主体性，最能引起恐惧的也是这种主体性。"②

第三节　网络与后现代的"文化民主"

民主政治起源于西方的古希腊时代，人们习惯于把古希腊的民主政治称为广场政治，其特点是民众的自由集会，广泛参与，它代表了多数人的意志，具有开放性、透明性、协商性。古希腊人把一个民间赶集、会友的广场打理成一个交换意见、关注政治、评价政治、建立良性政治、

---

① 陶东风主编：《大众文化教程》，广西师范大学出版社2008年版，第223页。

② ［英］特里·伊格尔顿：《审美意识形态》，王杰、傅德根、麦永雄译，柏敬泽校，广西师范大学出版社2001年版，第17页。

消除野蛮的权力争夺和卑鄙的政治倾轧的政治广场，在这里歧见达成共识，消灭了纷争，彰显了他们求大同存小异、包容、妥协的智慧。西方的民主政治一直沿袭了这些优秀的传统。"雅典的广场（agora）不但是一个进行商品交易的市场，它还是一个市民们碰面、交谈、说闲话、评价他人的地方。市民们在广场的讨论中发展出一种理性精神、协商精神、自我治理的信心、政治参与感、共同体的认同感。"① 政治民主与文化民主的一致性在于保障每个人享有的合法权利问题。政治关注的是每个公民都有平等参与政治活动的权利，监督权力运行、防止权力滥用的权利，享有思想和言论自由的权利的问题。民主社会的核心问题之一是政治自由，而政治自由的保障是必须有一个健全的、富有政治参与激情的市民社会。"政治自由的关键在于存在一个积极主动的市民社会。作为国家权力的对立物，市民社会可以起到限制国家权力的作用。"② 在西方文化中，关于人的正当权利的思考莫过于康德了。"在人的权利方面，康德的任务是要为政治自由和平等奠定一个无条件的道德基础，或者说，是要启发人们意识到自己的权利。告诉他们立法的自由是主体服从的唯一基础，以便使他们获得自由解放。"③ 康德继承了卢梭关于人类平等自由的理想，提出了"道德的至上性要求一切人的平等价值；道德和承认人的权利实质上是一致的"④。

　　20 世纪互联网的出现不但彻底改变了传媒的形式和影响力，更重要的是改变了西方的政治参与形式。尽管我们看到互联网最初是在二战以后两个超级大国冷战思维、政治意识形态对抗的产物，其目的是服务于军事的安全，但后来的实践证明，其传播的广泛性、快速性，网民平等的参与性和互动性，突出贡献表现在满足人们的民主要求上。这是因为它为人们建立了一个与政治对话和参与政治讨论的更加便捷的公共空间（或者叫公共领域）。"由于技术越来越简单，价格越来越便宜，接入障碍也会越来越小，互联网的用户数量在人口中的比例越来越大。在这种背

---

① 陶东风主编：《大众文化教程》，广西师范大学出版社 2008 年版，第 225 页。

② 同上书，第 226 页。

③ ［美］列奥·施特劳斯、约瑟夫·克罗波西主编：《政治哲学史》，李天然等译，河北人民出版社 1993 年版，第 695 页。

④ 同上书，第 696 页。

景下，互联网与政治，互联网与公共领域和民主的关系已经变成非常现
实的问题。"① 后现代的政治是对话的政治而不是革命式的暴力政治，民
主是权力机器与民众之间协商的民主，公共领域的存在为后现代的民主
政治提供了民众的基础、交流对话的间接渠道和消除暴力对抗的"安全
阀"。当今学界普遍认为，公共领域是现代社会的产物，是民主政治的必
然要求："公共领域和私人领域是一种在现代文化中，将自己、一生和家
庭的'封闭'世界，以及工作、政治、大众传播媒介和社会上各种制式
事物的'开放'空间之间，分离开来的描述方式。近来的大众传播研究
认为，必须保留一个公共领域让所有人都能利用，这是现代的、参与的、
民主的生活中的关键要素。"② 要求建立公共领域也是工业社会发展的结
果，特别是 19 世纪以来公众社会兴起、民主社会趋于完善的结果。在公
共领域里，每个公民都以平等的身份会聚在一起讨论共同关心的社会、
政治、文化问题，每一个人的话语都会得到同等的尊重，不存在话语之
间的压制和霸权。"公共领域通常是与文明社会观点相联系的一个概念，
它表明一个民主国家不单由公民和国家构成，也不仅仅由国家制度构成。
它展示了常人可以进行讨论、评价或展现的论坛。公共领域常与人人都
可以进入其间的'空间'概念相联系。在那里，他们以平等的法律地位
见面——因此每个人的意见分量相等。"③ 在 19 世纪，城市的咖啡馆成为
公众聚会的地方，参与政治和社会集体活动的地方，人们在那里阅读报
纸、杂志，讨论上面的文章，关注社会、政治、文化问题。而且，咖啡
馆还肩负了复杂的社会功能。"咖啡馆不仅成为自由的文化讨论的民主空
间（参见曼海姆的著作），而且还是礼仪的场所，洁净的话语环境全然不
同于其他低等场所和'怪异模样'的酒馆。咖啡馆以生产性的闲暇取代
了'无聊的'寻欢作乐的消费。咖啡馆是有别于大众文化的高雅而有序
的场所，而人们越来越倾向于一种否定的观点来看待大众文化。"④ 从这
里可以看出，早期的公共领域不是对所有阶层开放的，具有很强的"排

① 陶东风主编：《大众文化教程》，广西师范大学出版社 2008 年版，第 223 页。
② 周宪编著：《文化研究关键词》，北京师范大学出版社 2007 年版，第 303 页。
③ 同上书，第 304 页。
④ 同上书，第 306 页。

他"性，参与的人群只局限于有修养的贵族、中产阶级、男人或者知识分子，一般的民众以及妇女是没有权利进入的。

哈贝马斯把实行民主政治的国家称为"公共权力机关"，它是多数人意志的体现，有别于专制社会只代表少数人的利益，它担负着为全体公民谋幸福的使命。因此，为了保证它的公正、正义，保证民众的自由、平等权利的实现，国家权力机关必须接受公众舆论的监督。正如尼克·史蒂文森指出的："公共领域的目的，是让民众有能力对公共领域本身和国家的诸项实践进行批判性的思考。"① 这一理想只有在传媒高度发展，影响力极大增强，并成为公众喉舌的民主社会才有可能充分实现。而传统媒体封闭的、单向的、中心式的传播方式是无法建立一个人人参与的公共领域的。传统媒体片面的商业利益追求，政治集团对其的利用控制，都使它远离了公共领域性质。"商业化的大众传媒把人们变成了信息和娱乐的消费者，而不是一个互动的民主进程中的参与者。媒体还受到利益集团和政党的广泛影响，成为后者追逐利益的重要手段。这些还与传统大众媒体另一个重要特征有关，权力存在于发送信息的媒体一方，而读者是被动的，不能在媒体上自由、及时发表自己的看法。所以可以说，传统媒体的商业化，与政治集团的联系，以及权力的严重不均衡窒息了公共领域的活力。"②

20世纪诞生的网络最大限度地为建立公共领域提供了平台。它的快速传播、无障碍的民众参与形成了巨大的受众覆盖面和公众影响力。更重要的是，网络在很大程度上摆脱了权力的控制。"技术不仅打破了警察和司法部门这类国家机器的权威，还提供了另一种信息传输的渠道。"这就是网络超越政府的控制自由报道的方式。"网络将营造一个新的'公共领域'，这里没有政府和大集团利益的干涉，所有的公民都将平等地参与讨论。"③ 面对网络时代的来临，西方的一些政治集团也无不为民主社会的前景感到欢欣鼓舞，赞美之词溢于言表："英国公党认为，'知识越来

① 周宪编著：《文化研究关键词》，北京师范大学出版社2007年版，第310页。
② 陶东风主编：《大众文化教程》，广西师范大学出版社2008年版，第227页。
③ ［英］戴维·冈特利特主编：《网络研究——数字化时代媒介研究的重新定向》，彭兰等译，新华出版社2004年版，第275、273页。

越成为力量的源泉。在这样的世界里，技术既可以使个体更有力量，使个体得到解放，还能加强人们与政府的联系'。它的发言人说：'电子革命向普通民众提供了不断获取信息和表达意见的渠道，从而大大提高了英国民主的效率。'"① 确实是这样，网络不但是民众参与政治的空间，而且民众还经常在这里对国家和权力机关的行为决策进行言论监督与影响。例如，一个重要的案件审判和宣判的结果在网上出来后，网民会在报道的消息下面各抒己见，有赞成的，也有批评的。一个国家和政府的重大决策出台后，网民也有权提出善意的建议和批评，以至最终影响决策的科学性、合理性，甚至促使政府在重大决策前进行民意调查、测验和科学论证，以杜绝因决策失误带来的重大损失，无疑具有推动社会进步的作用。

网络也改变人们参与政治的方式。人们可以在网上组织起来共同反对社会不公、国家压制、性别歧视，甚至是虐待妇女的事件。"印度的非政府组织为反对一个落后地区对妇女的虐待事件，诸如强奸、陪葬、拷打等开展了积极的斗争，他们的活动引起腐败的当地政府的镇压（当地政权由印度教右翼党掌握），政府以捏造的刑事案件为借口，逮捕了该组织的领导者。为了反击，该组织成员立即通过网络联络了国际人权组织和妇女组织在印度、南非、欧洲和北美的机构。这引发了一场规模巨大的请愿活动。在几周之内，传真、信件像雪片一样飞向国际人权委员会、拉贾斯坦邦（发生案件的地方）和印度政府。因为网络斗争，当地政府不得不重新调查了那些捏造的案件。几个月之后，其中五个案件的指控就被撤销了。"②

网络的出现也使"远程民主"成为了可能。人们可以通过网络查看政府文件，了解各参选组织，通过电子邮件或者网上聊天参与讨论，可在网上论坛表达政治意愿，参与政府决策，甚至是在网上投票选举自己喜欢的政治偶像。"目前，人们更看好利用电子邮件组互动地展开讨论，而并非电子投票。人们通过讨论，形成合意，或就某政治问题达成一致，

---

① ［英］戴维·冈特利特主编：《网络研究——数字化时代媒介研究的重新定向》，彭兰等译，新华出版社 2004 年版，第 275、273 页。

② 同上书，第 257 页。

从而使选民参与到决策过程中来，而目前选民的意见只能通过他们选出的代表来表达。甚至有人称，这种新型论坛将代替目前过时的市政大厅和工会会议。关于论坛的作用，有两种不同的意见：一种较极端的观点认为：电子技术如此便宜，因此几乎每一个提议都可以运用投票方式；一种比较普遍的观点认为：保留代仪民主体制，代表们通过网络可更精确地了解选举者的意见。"①

第四节　后现代制造的"网络民主幻象"

但是如果我们认为有了网络的存在，就可以高枕无忧，文明的民主政治会自然形成，权力的压迫会自动退出历史舞台，也是不切实际的幻想。事实上，只要有国家机器的存在，有政治的存在，就会有权力压制的存在，更加人性和文明的政治需要人类的共同努力。网络既可以是为人类的自由民主盗火的普罗米修斯，也可以是为权力助纣为虐的撒旦。现在，网络本身就已经是一个强大的权力，而权力和金钱从来就有暗中勾结的恶习，不仅如此，权力还有窥探个人隐私以达到控制个人目的的卑劣的一面。"从媒体的历史看，权力与金钱控制新媒体的胜算总是更大的。政治权力与金钱已经把过去出现的新媒体都有效地控制住了。"② 因此，瑞恩高德提醒我们："作为工具的互联网如果被不适当地运用可能会变成暴政的机器，人们将会生活在'全景式监狱'一样的社会里。人们通过电缆把信息带回了家，但自己的个人信息也可以因此泄露，每个人都将生活在匿名的监视者目光之下。"③ 显然，把一个自由、民主、平等、公正、正义的理想社会的梦想完全寄托在网络上是不现实的。它只是一个虚拟的民主空间，只有促进民主建设和改善民主制度的可能，要让可能变成现实需要坚持不懈的踏实的制度建设。"因此，下面的观点是有缺陷的，即网络天生就是一种民主的技术，或者更谨慎地说，网络可推动

① ［英］戴维·冈特利特主编：《网络研究——数字化时代媒介研究的重新定向》，彭兰等译，新华出版社 2004 年版，第 277 页。

② 陶东风主编：《大众文化教程》，广西师范大学出版社 2008 年版，第 228 页。

③ 同上书，第 229 页。

民主的发展。这是解决旧政治问题的技术决定论。信息社会引发了诸多讨论，而技术民主论试图指出一条通向和平、平等未来的坦途。但是，如果我们相信它，就意味着相信仅仅语言和观念就能带来彻底的变化。如果事实真的如此，网络和其他少数广播技术就是我们需要的一切。但仅靠知识分子的活动无法改变现存的民主的不平等性。'反资本主义'集会以及它之前的很多例子表明，只有当人们走上街头时，真正的权力机构（在本例中是国家、司法部门和大商业集团）才会受到挑战。网络如同电话、传真、摄像机、印刷机一样，可推动民主的发展，任何组织都会获益于它。网络能加速组织的传播速度，在一定程度上促进协商，也因此会吸引更多人参与政治活动。但是网络仍被少数相对的特权阶层控制着，这些人目前已经是政治活动的积极参与者。因此网络是否能吸引更多新人参与还是个未知数。从创造一个更民主的社会来说，政治活动不仅仅意味着信息和观点的交换，也不仅仅是组织那些积极分子，从这个角度而言，对于建造一个更民主、更多人参与的社会而言，网络作用看来并不是很大。"①

---

① ［英］戴维·冈特利特主编：《网络研究——数字化时代媒介研究的重新定向》，彭兰等译，新华出版社 2004 年版，第 282 页。

第十一章

"微时代"的后现代美学征候

当前,我们已经进入一个以网络和手机为载体,以微博、微信、微电影为主要传播媒介和娱乐工具的"微时代"。"微时代"标志工业时代的终结,后工业时代、信息时代的来临。世界文化从现代向后现代转型,哲学由"形而上学"追问形成的"本质""真理"遭到了怀疑,"整体性""同一性""统一性""中心性""大叙事"业已瓦解和过时,而"碎片"、差异、"他性"、多元、边缘、"小叙事"受到越来越多的关注。哲学文化和艺术由关注普遍、群体、崇高、理性、生产,转向关注特殊、个体、平凡、欲望、消费。美与艺术的传统观念不再具有权威性和永恒性,美学也不再是艺术哲学的体系性演绎,而是"日常生活审美化"的"艺术工程学"。社会由精英控制的世界转变成平民主导的大众的世界,精英知识分子不再是文化与审美的"立法者",而只是"后革命时代"的文化和审美经验的"阐释者"。传统的整体的世界及其空间和时间,甚至历史被电子化媒体:摄影、电影、电视离散、分割、瓦解成不连续的非完整的"碎片化"的世界。在"微时代",每个微不足道的"碎片""原子化个体"的价值和诉求都得到了最大限度的尊重和满足。它呼应了宏观政治的潮流,从微观的"文化政治"的改善来促使社会告别等级、权力、压迫的世界,走向比现代性所建构的世界更加开放、包容、自由、平等、民主、解放的世界。

"微时代"是"万物崩散,中心难再维系","多神世界"代替了"一神世界","众神狂欢"取代"一神独舞",乃至于神殿倒塌、世俗流行的后现代主义时代。后现代不是现代性的断裂和终结,而是现代性的延伸,恰如哈贝马斯指出的那样,后现代是未完成的现代性工程。它继承了文艺复兴开启的现代性对神灵、偶像崇拜拒绝的传统。当神灵失控，心灵和肉体解放成为现实的时候，后现代的人们表现出"怎么都行"的玩世不恭的姿态。后现代与现代性一样展现了对变化、新奇事物的强烈渴求，它以反叛、革命的形式来表现出对固有的文化和社会结构的不满。在后现代主义看来，古希腊以来西方哲学建构的哲学、美学、文化的系统性、整体性、秩序性、中心性的架构业已溃散，后现代正在指向文化破碎与象征等级坍塌的趋势。它更为关注的是差异、多元、边缘、碎片化的日常生活。文化的去中心化、复杂多元成为时代的地标。因此可以说，"微时代"也是利奥塔所说的"向总体性宣战"的后现代全面来临的征兆。它在文化上体现的是曾经的神圣、崇高、英雄时代的终结，是对传统的本质、理性、革命、真理等"大叙事"的告别。从艺术上看，"微时代"倡扬美学的民主化，抵制德国古典美学为代表的"美学权威主义"的武断判断，瓦解高雅与通俗、生活与艺术、真实与虚拟、原本与摹本、崇高与卑贱、悲剧与喜剧的等级结构，反对以纯粹、单一的模仿原则去反映现实的传统现实主义，强调反映现实的多种途径与多种手段，崇尚以仿真、"类像"的形式去精确复制现实生活的"超美学"；以"戏仿"和"恶搞"去"颠覆""改写"经典与神圣。由西方现代性及其技术革命孵化出来的摄影和电影将传统的整一的世界不断分割和幻化成了"碎片化"的世界，"蒙太奇"这个"视觉的切割刀"将整个表象世界揉碎和重组成了"马赛克式"的世界，于是，"碎片化"成为后现代人们的时代境遇和"超现实"幻象。"微时代"的美学认为，历史和现实都是以"碎片"的形式与我们相遇，"一切都是碎片"，甚至"我们也是碎片"，唯有碎片、"原子化的个体"构成整体、通向整体、组成社会，唯有转瞬即逝的"碎片化场景"与文化记忆才能反映生活的真实、艺术的真实，尽管它实际上"谋杀"了真实。"微时代"否定现象后面有真实、短暂后面是永恒、幻象后面有真理，信奉"万物皆流"的观念，相信一切坚固的东西都将烟消云散。如果说波德莱尔信仰的现代性"一半是短暂"，稍纵即逝，"一半是永恒"，万古如斯，那么后现代则坚决地否定了现代性所认为的永恒存在的可能性。因此，在后现代，真理成为抽掉基础的帕特农神庙的"多力克立柱"，失去栖居之所的丧家之犬。"微时代"满大街行走着"走马观花"的审美浪荡者、时尚追捧者。他们是一群蔑视规则、把玩马赛克拼贴游戏的孩子，历史、传统、现实的材料在他们手中拆解、混搭、重组、拼接，历史、文化、美学在他们手里成了被不断拆散又不断"叠合"的魔方。"微时代"的文化和艺术抵抗"革命""道德""政治""精神""超我"等"崇高叙事""宏伟叙事"的专制、压迫，呼吁回归感性，解放身体和欲望，倡导从日常生活的细枝末节去映射人性、社会、文化、历史、权力、政治。"微时代"的美学不再是脱离生活的理论游戏，美学的目的不是为了追求系统的知识、建构严谨精致的体系，而是从思想上对时代的把握，原来高居天庭的美学下凡人间，脱离生活现实的美学成为日常生活的守护者和设计师，解决"日常生活实践"的具体美学原则的运用成为"微时代"主要的目标和任务。正是这种美学的转向，使王尔德、沃尔夫冈·韦尔施到费瑟斯通"美学世俗化"的玄想变成了消费时代的客观实在，"生活艺术化"即"日常生活审美化"的期盼从此不再是神话和传说。"微时代"是一个"政治与美学""艺术与政治"融化了僵硬边界的时代，"美学的话语"即是"政治的话语"，"政治的话语"即是"艺术的话语"。美学和艺术促进政治的完善，政治为艺术和美学的发展创造更加宽容和自由的空间。"微时代"的哲学家坚持"民主优先于哲学""民主优先于美学"，坚信人人生而平等，平等不只意味政治和经济的平等，也必然包含文化权利的平等。"微时代"将一个贵族、精英统治的时代引领到一个平民大众做主的时代，它关怀弱势底层，尊重草根梦想。"微时代"的后现代美学破坏一切扼杀人的创造性的规矩、教条、律令、权威，打破一切僵化的等级、权力界限，为人性的解放、社会的民主、艺术的自由与繁荣开拓了新的世界，准备了新的土壤。它标志着人类对自己创造的文化与世界永不餍足的自我救赎的另一次旅程的开端。

第一节　现代性的"碎片化美学"

20 世纪以前的世界文明以前现代的农业文明和现代的工业文明混合为特征，表现出文化、哲学与美学对统一性、同一性、整体性的酷爱。18 世纪 60 年代至 19 世纪中期英国人将世界带进了以蒸汽机为代表的工业文明时代，规模化、高效率的机器生产代替了手工劳动生产，超越农业文明的生产力带动了大量乡村人口进入城市，促进了都市的发展；19世纪下半叶到 20 世纪初世界进入电气时代，进一步推动了工业化和城市化进程，这一变化随后在信息革命和资讯革命中推向高潮。因此，加拿大的大卫·莱昂指出："现代性关乎从 16 世纪中期以来发生的许多层面上的一切大规模变迁，农业工人被从土地上赶到流动的工业城市则宣告了这个变迁的开始。它质疑所有的传统行为方式，用自己建立在科学、经济增长、民主或法治的权威取代了传统的权威。它使个体无所适从：如果身份在传统社会是赐予的话，那么它在现代性中是建构的。它以理性的名义征服世界；稳定和社会秩序需要在新的基础上建立。"① 工业革命不但改变了世界的生产方式，也彻底改变了人类的生活方式，引起了观念上的革命。工业革命带来的最显著的变化是打破了传统的封闭、僵化、凝固的生活方式，"日新月异"成为日常生活和观念世界的特征。破坏旧的一切，建构新的世界，成为这一时代的标志，我们称之为现代性。当然，现代性依然有很多不同的定义。19 世纪著名的社会学家马克斯·韦伯认为现代性并不与传统的社会与文化决裂，而只是在此基础上的拓展与变化。他指出，现代社会的交流方式有了新的显著特点，它表现出合理性与不合理性之间的错综复杂的关系。"这种现代社会交流并非简单地归结为对于过去传统的'拒斥'，而是意味着进入一个持久的、骚动的新世界。现代社会从本质上说是不稳定的，必须面对难以控制的张力，经历革命和反革命的骚乱。这是一个祛魅的世界，即与寻求魔幻的方式求得解救彻底决裂。"② 随着现代性向纵深的发展，20 世纪对现代性问题的研究成为世界性的显学之一，引起了学者的广泛兴趣和积极探索。按照伯曼的说法，"所谓现代性，就是发现我们自己身处一种环境之中，这种环境允许我们去历险，去获得权力、快乐和成长，去改变我们自己和世界，但与此同时它又摧毁我们拥有的一切，摧毁我们所知的一切，摧毁我们所表现出来的一切。现代的环境和经验直接跨越了一切地理的和民族的、阶级的和国籍的、宗教的和意识形态的界限；在这个意义上，

---

① [加] 大卫·莱昂：《后现代性》，郭为桂译，吉林人民出版社 2004 年版，第 37—38 页。

② [希腊] 米歇尔·瓦卡卢利斯：《后现代资本主义——社会学批判纲要》，贺慧玲等译，社会科学文献出版社 2012 年版，第 11 页。

可以说现代性把全人类都统一到了一起。但这是一个含有悖论的统一，一个不统一的统一：它将我们所有的人都倒进了一个不断崩溃与更新、斗争与冲突、模棱两可与痛苦的大漩涡。所谓现代性，也就是成为世界的一部分，在这个世界中，用马克思的话说，'一切坚固的东西都烟消云散了'"①。伯曼揭示了现代性追新猎奇、开拓冒险、推陈出新的精神以及对全球化进程中的作用和它自我矛盾之处。齐格蒙特·鲍曼将工业革命以来的现代性命名为"流动的现代性"，"流动"要求突破传统、打破疆界、"破旧立新"。在鲍曼看来，传统就像定型化的"固体"，阻碍社会变革，现代性就像流动的"液体"和"飘荡"的气体，轻灵自由，要求蜕变，追求新奇，正是现代性流动的"液体性质"和"气体性质"改变着这个世界。事实上，据鲍曼的观点，现代性"瓦解传统"的这一诉求，马克思在他的《共产党宣言》中就进行了论述。马克思指出，现代资本主义的特征是"一切坚固的东西都烟消云散了"，在否定永恒不变的真理神话的同时，它代表的是人类史无前例的浮士德式的自信和生气勃勃的精神。鲍曼从传统与现代、保守与变革的角度对现代社会做了深入的分析："社会按它的习惯方式止步不前，社会的风格过于死气沉沉，而要转变和重塑社会目标，又会遭到过多抵制，一旦我们回想起'瓦解传统'这一著名的生造词语，我们的理由就会更加充分。现实应该从自己的历史的'死亡之手'（dead hand）中解放出来。而且这种解放，只有通过瓦解传统（这也就是说，要破坏那些持续了较长时间的、貌似时间推移或不受时间流逝影响的任何东西）的方式才能实现，这一点是决定性的因素。在这一意义上说，如果说'精神'是现代的，那精神确实是现代的。这种目的和意图反过来要求'亵渎神明'：那就是否认和放弃过去，而且首要的是否认'传统'——即现在仍然保留下来的过去的积淀和残余；因而，这也要求粉碎那些允许传统抵制'液化'（即抵制对传统的消解和变革——译者注）进程、对传统起保护作用的信仰和忠诚。"② 鲍曼

① ［美］马歇尔·伯曼：《一切坚固的东西都烟消云散了——现代性体验》，徐大建等译，商务印书馆2004年版，第15页。

② ［英］齐格蒙特·鲍曼：《流动的现代性》，欧阳景根译，上海三联书店2002年版，前言第4页。

甚至把这样的过程比喻为与世界的宗教的世俗化一样的过程。在这个"渎神的节日"里，人们乐于从事的活动就是"亵渎神明"。这个"神明"便是我们曾经视为天经地义、永远不可改变的传统。他说："我们要瓦解的第一种传统和要'亵渎'的第一个'神明'是传统忠诚，是束缚人们手脚、阻碍人们前进和约束人们进取心的习俗性的权利和义务。人们要迫切地着手建构新秩序（确切地说，是新的传统），就必须摆脱旧秩序加压在新秩序创建者身上的枷锁和负担。'瓦解'传统意味着首要的任务是，摆脱挡在人们通往效益性计算道路面前的障碍——即毫不相干的义务和责任。"① 当然，鲍曼在这里强调的是传统对资本主义工具理性的滋长的阻碍，赞同现代性，就得扫清资本增值道路上的绊脚石。同时，不可否认，注重计算、效益正是现代资本主义的特征，它促进了世界物质文明的进步，为后现代主义的诞生创造了条件。鲍曼以"流动现代性"来形容当代资本主义社会"求新求变"、勇于探险、富于拓荒精神、不可阻挡的特征，因此流动现代性具有"可塑性"。相对应的传统社会则是"固体"的、静止的、作茧自缚的、故步自封的。在他看来，"固体是一次定型，并且一劳永逸"。"固体"成为老化迂腐传统的符号象征。

在西方，意识到现代性的流动性、易变性的还有法国诗人波德莱尔，他给现代性的定义是："现代性，是过渡的、短暂易逝的、偶然的，是艺术的一半，它的另一半是永恒和不变。"波德莱尔的定义指出了现代性在时间上的特点是不连续的、零散的，由此在空间和事物的印象上也可能是非统一的、非总体的、不完整的、"碎片化"的，它根源于工业文明带来的时间的飞逝感和都市的快节奏，其结果是生活变成了倏忽而逝的零散的表象。现代性同时还不可避免地带有前现代的特征，即长久不变的特征。波德莱尔的时间意识怀疑、否定了传统的连续性、进步性的历史意识，这启发了后来的理论家对现代性的研究，它预示了以解构传统观念为特征的后现代思潮的必然到来。"现代性概念中，'新奇'的过渡性与时间意识的重大变化——尤其是对单线进步观的挑战——经常联系在一起，使得现代性研究能够成为'对未知领域的一个勘察，伴生着突如

---

① ［英］齐格蒙特·鲍曼：《流动的现代性》，欧阳景根译，上海三联书店 2002 年版，前言第 5 页。

其来、令人震惊的对抗风险'（哈贝马斯）。一个可能的启示，是将社会和社会关系看作处在流动状态中，处在运转中，处在永恒的运动中。"①这一点康德和罗森茨威格已经意识到。在 18 世纪，康德就认为，"我们生活于其中的世界除了表象之外没有其他的现实存在"。而罗森茨威格也指出，"在表象之外没有现实存在……世界的本质就是表象，大量的和不确定的表象"②。现代性导致了坚固的人生根基和据点的丧失，人们在现代社会感受到的与自己疏离、陌生的异乡感和不安全感。滕尼斯认为，现代社会"只是一个过渡的、表面性的现象，人们走进它，好像走入一个异乡"，同时这种"新奇"注定要消亡。的确，现代性社会的"新奇"与魅力之处也恰恰表现在它的不稳定的特征，它不可能永远停留在历史的某一时刻，而是永远处在躁动不安和打破现状之中。齐美尔这样描绘了现代性的形象："生活川流不息，无所阻遏；它的永不休止的韵律对抗着任何特定形式的固有聚留物。"③ 与此相应的，处在现代性社会的人们不再相信事物是永恒的，也不再敝帚自珍地保留所拥有的一切，他们坚信世界在破坏中得以重建、获得新生。他们是旧时代的拆除者，高举铁锤，开着推土机去向传统开战，捣毁一切陈旧的事物，他们是新时代披荆斩棘的开路先锋。瓦尔特·本雅明指出，在这些破坏者眼中，"没有什么恒常之物。但恰恰因为如此，他在任何地方都能发现道路。在别人因墙壁或山脉而阻隔的地方，他却看到了一条道路。但是因为他处处看到路，他也就不得不处处清除这条道路上的障碍……他将存在的事物化为瓦砾，并不总是为了瓦砾本身，而是为了那条穿过瓦砾的道路"④。波德莱尔认为现代性依赖于城市的发展，城市是时尚的诞生地，时尚构成了波德莱尔所说的现代性的"短暂易逝"的一面，时尚的这种"走马灯"式的美又使现代性显得神秘莫测，当然时尚也体现了一种经得起时间淘

---

① ［英］戴维·弗里斯比：《现代性的碎片》，卢晖临等译，商务印书馆 2003 年版，第 19 页。

② ［美］林赛·沃斯特：《美学权威主义批判》，昂智慧译，北京大学出版社 2000 年版，第 169 页。

③ ［英］戴维·弗里斯比：《现代性的碎片》，卢晖临等译，商务印书馆 2003 年版，导言第 4 页。

④ 同上。

洗的永恒的美。"如果说，这种无从捉摸的现代性不只是存在于'大城市的景致'（危险的人群、'壮丽的景观及环境'）中，那么它置身于何处呢？波德莱尔强调它存在于时尚的稍纵即逝的美中，'一种对完美的嗜好，漂浮在自然生活在人类大脑中所积累的一切粗俗、平庸、邪恶的东西之上'，'一种为不安的心灵所永远渴望的完美'。事实上，时尚保留了'自己时代的道德和审美的感受'。艺术家又一次面临一个任务，即'从时尚中提取任何可能包含着历史诗意的元素，从过渡中抽出永恒'。"① 而城市里体现了现代精神的主体是那些"浪荡子"，浪荡子是天生的艺术家，他们对时尚的美表现出执着的爱和忠诚。在弗里斯比看来，对现代性具有独特感受和体验并进行过田野研究的是齐美尔、克拉考尔和本雅明，是他们发现和揭示了资本主义巨变带来的社会和历史存在的新的方式。弗里斯比这样评价了三人："他们的中心关怀是表现为过渡、飞逝和任意的时间、空间和因果性这三者的不连续性的体验——这种体验存在于社会关系的直接性中，包括我们的社会和物质环境之间的关系，以及我们与过去的关系。"② 现代社会不再是一个静止、凝固、连续的社会形态，它逐渐兑现了当年波德莱尔的预言："现代社会性具有永久变动的势头，其特征是内部断裂和多重破碎，这就使得保持历史连续性的方向成问题。现代性具有这一特征：那就是现代性的不确定性、无法控制的动力、空间移动性及时间速率。一言以蔽之，即走向'综合性的混乱'。"③ 现代性对"变化"的孜孜以求，为而后的后现代思潮打开了大门。

第二节　后现代美学对"总体性"的拒绝

法国的让－弗朗索瓦·利奥塔指出，后现代是西方科学危机和叙事危机的综合征。他说："我将后现代定义为针对元叙事的怀疑态度。这种不信任态度无疑是科学进步的产物，而科学进步反过来预设了怀疑。与

---

① ［英］戴维·弗里斯比：《现代性的碎片》，卢晖临等译，商务印书馆2003年版，第26页。

② 同上书，导言第8页。

③ ［希腊］米歇尔·瓦卡卢利斯：《后现代资本主义——社会学批判纲要》，贺慧玲等译，社会科学文献出版社2012年版，第13—14页。

合法化叙事构造瓦解的趋势相呼应，目前最突出的危机正发生在思辨哲学领域，以及向来依赖于它的大学研究部门。叙事功能正在失去它的运转部件，包括它伟岸的英雄角色，巨大的险情，壮阔的航程及远大的目标。它逐渐消散在各种叙事语言因素的迷乱星云里。"① 以原子能、人工智能、信息技术、空间技术、基因工程为主导的第三次产业革命将人类推向了后现代社会，后现代社会流行的关键词是后现代主义和后现代性，后现代主义像现代性那样是对过去的文化和传统的决裂与批判为主旨的，它以激进的态度，消除一切边界，告别宏大叙事，否定总体性、整体性、本质主义、绝对真理为显著特征。伊格尔顿指出："后现代主义一词通常是指一种当代文化形式，而术语后现代性暗指一个特殊时期。后现代性是一种思想风格，它怀疑关于真理、理性、同一性和客观性的经典概念，怀疑关于普遍进步和解放的观念，怀疑单一体系，大叙事或者解释的最终根据。与这些启蒙主义规范相对立，它把世界看作是偶然的、没有根据的、多样的、易变的和不确定的，是一系列分离的文化或者释义，这些文化或者释义孕育了对于真理、历史和规范的客观性，天性的规定性和身份的一致性的一定程度的怀疑。"② 伊格尔顿认为，启蒙现代性制造的确定的文化规范会出乎意料地悖逆初衷，走向自由的反面，形成对人性压制的极权主义。因此，在他看来，后现代在文化上是对一切凝固的、僵死的、号称绝对正确的东西的否定，也是对历史的连续性的拒斥，它表现出对"差异"和"他者"的宽容，其文化形态表现为断裂性、碎片化、游牧性。后现代主义者是离开以"确定性"、稳定性的"家"和集体主义精神的孤独的漂泊者、游牧者、朝圣者，他们宁可奔向荒漠，永远在路上寻找不确定的目标，也不相信"耳听为虚"的神话和谎言，即便是政治的说辞甚至宣誓，坚信"从来就没有什么救世主"，要创造人类的幸福全靠我们自己。他们过着像风一样的日子，自由代表他们的人生宣言。在哲学上，彰显出对启蒙叙事的理性和真理的核心关怀的质疑，"后现代思想的典型特征是小心避开绝对价值、坚实的认识论基础、总体政治眼光、关于历史的宏大理论和'封闭的'概念体系。它是怀疑论的、

---

① 王岳川、尚水主编：《后现代主义文化与美学》，北京大学出版社1992年版，第26页。
② ［英］特里·伊格尔顿：《后现代主义的幻象》，华明译，商务印书馆2000年版，前言。

开放的，相对主义的和多元论的，赞美分裂而不是协调，破碎而不是整体，异质而不是单一。它把自我看作是多面的，流动的，临时的和没有任何实质性整一的。后现代主义的倡导者把这一切看作是对于大一统的政治信条和专制权力的激进批判"①。如果说 18 世纪的启蒙现代性是对主体地位的确立，即康德提出的"人为自然立法"，认定人类社会将以理性为指南，沿着线性、连续、进步的方向发展，那么 19 世纪尼采以来到 20 世纪，则是宣布作为"理性符号"的上帝、主体死亡的时代。在欧洲（特别是法国）和北美，"后现代被认为是我们正要起步去探求的东西，它意味着现代性的瓦解和消亡"。也因为如此，费瑟斯通将后现代主义总结为对现代性的全面反叛，"它是一场运动，从强调整体、系统和统一的宏大叙事的普遍主义抱负，转向强调地方性知识、碎片、融合、'他者性'与'差异'"②。这一哲学的转变导致的结果是"主体的去中心化，主体的认同感和传记般的连续性被碎片以及符号、感觉、'多重精神强度'的表面性展示所取代"③。费瑟斯通借用詹明信的"多重精神强度"来"图绘"后现代的文化境遇和个人的精神生态，它的意指是"在破碎的符号与影像的轰炸下，个人的认同感垮掉了，因为这些符号将过去现在与将来之间所有的连续感统统抹掉，并打倒了所有相信生活是一项有意义的事业的目的论信仰"④。后现代的"主体"不再是具有逻辑性的"理智的主体"，而是精神分裂症一样的"幻想的主体"，"能指"和"所指"的界限无法区分，他们甚至将"能指"当成"所指"，"所指"混淆为"能指"，剩下的只是漂浮的"能指"、意义延宕的"能指"，以及经验的片段，本质和意义在后现代主义看来不过是人为编造的谎言和叙事的策略。如果说现代性是对意义、价值、真理的建构，那么后现代则是对它们的拆解，这无疑形成了后现代全新的观念形态，一种摒弃目的论的美学观念。"与生活是一项有意义的事业观念相反，我们现在的观念

---

① ［英］特里·伊格尔顿：《后现代主义的幻象》，华明译，商务印书馆 2000 年版，"致中国读者"。

② ［英］迈克·费瑟斯通：《消解文化——全球化、后现代主义与认同》，杨渝东译，北京大学出版社 2009 年版，第 61 页。

③ 同上书，第 62 页。

④ 同上。

是，个人的主要引导方向是一种美学式的，就像精神分裂者一样，他/她无法将众多能指串联起来，必须把注意力放在专门的断裂的经验或影像上，而这些经验或影像给人以强烈的、刻不容缓的感觉，并排斥更大范围的目的论思考。"① 这种后现代美学是传统的现代性美学的延伸，赫曼·巴就描绘了现代性社会与传统社会的不同特征："有一样东西将现代性与既往的一切区分开来，并赋予其独特的性格：意识到无休止飞行的万物处在永恒生成和消失的状态之中。"② 而在 19 世纪，有后现代鼻祖之称的尼采也敏锐地预言了后现代的特征："所有的基础，都疯狂而轻率地分崩离析，消溶于一种持续的演变之中，永不停歇地流逝；现代人，这个宇宙之网的节点上的庞大十字蜘蛛，不知疲倦地将一切现成的事物都拆解开来，化为历史——这，或许会让道学家、艺术家、宗教家甚至政治家，感到忧心忡忡、惊慌沮丧；而我们，这次却可以开心不已。"③ 在这样的后现代世界里，人们似乎什么也抓不住，世事如烟，人生如梦的虚幻现在代替了真实的现在，后现代宗教瓦解，圣训失效，人们无拘无束，轻视一切规则，自由放任，过着行色匆匆的生活，不但那些传统的道德家们表现出对后现代末日般的焦虑，连尼采这个试图冲破旧世界的激进哲学家也感受到了对这个世界的惶恐不安，显示了他思想中安于现状、封闭保守的一面。他这样评论后现代社会："那无处不见的奔波，越来越快的节奏，一切沉思和质朴的终结，他几乎会认为他所目睹的是文化被彻底毁灭，连根拔起的征兆。宗教的潮水已退，留下的是沼泽和水塘。国与国之间势不两立，恨不得食肉寝皮。人们毫无节制，盲目按照自由放任的原则来从事科学研究，粉碎并瓦解了一切坚定的信仰。文化阶层和国家卷入可耻的货币经济。世界从来没有这样世俗化，这么缺乏爱与善……一切都在为渐进的野蛮鸣锣开道，就连当代的科学和艺术也在同流合污。文化人蜕变为文化的头号敌人，因为他想虚伪地否认那流

---

① ［英］迈克·费瑟斯通：《消解文化——全球化、后现代主义与认同》，杨渝东译，北京大学出版社 2009 年版，第 62 页。

② ［英］戴维·弗里斯比：《现代性的碎片》，卢晖临等译，商务印书馆 2003 年版，导言第 17 页。

③ 同上。

行疾病的存在，阻扰医生的行动。"① 尼采认为后现代的文学正在堕落，因为"生活不再以总体性的形式存在"，堕落在文学中表现为"字词跳跃于句子之外而独立，句子取代并掩盖了段落的意思，段落以牺牲全篇为代价获得生命——总体不再是总体性"。② 文学的这种自身堕落的疾病像瘟疫一样传染到社会，它是对秩序的破坏，对政治权利的诉求，对大叙事和整体性的拒绝，它呈现出这样的图景："无时无刻的原子的无序状态，意志的瓦解，用冠冕堂皇的语汇来表达'个体的自由'——扩大为一种政治理论，'人人都有平等的权利'。生活，平等的活力，退回到最小形态的生活的振动和茂盛，耗尽了生命的残余。到处是麻痹、无趣、迟钝或者敌意和混乱……整体不再存在；它是复合的、蓄意的、巧饰的，一个赝品。"③ 尼采在这里表达了对"整体性"时代的怀念和对"碎片化"时代的忧虑，以及对西方近代的民主政治的否定，充分暴露了他思想中一只脚依然还踏在传统的船上的一面。尼采的怀疑主义哲学是革命性的，那就是它宣告了现代性曾经让我们对理念、上帝、真理成了一个巨大的谎言，我们不再相信任何未经检验和正式的东西。"无论如何，尼采'上帝死了'的断言，意味着我们再也无法确信任何事情了。道德是谎言、真理乃虚幻。虚无主义的，没有幻象或矫饰的、充满激情、狂欢的生活，这种放荡的（dionysian）选择，就是剩下的一切。故而真理和谬误之间没有任何差别；它仅仅是错觉。"④

齐美尔是研究现代性问题的另一位著名的专家，有人赞誉他"具备了那些同代人无法匹敌的捕捉现代性基本体验的能力"，称他为"唯一名副其实的哲学家，真实表达这个时代碎片化的精神"。克拉考尔更是认为齐美尔堪称"详细描绘了这个世界的碎片化图画的大师"。他的《社会学》获得了同行的高度评价，认为"现代性在此找到了一个动态的表达：存在之破碎、离心趋势的总体性，连同个体因素的任意性被揭示出来。

---

① 转引自［英］戴维·弗里斯比《现代性的碎片》，卢晖临等译，商务印书馆2003年版，第41—42页。

② 同上书，第45页。

③ 同上。

④ ［加］大卫·莱昂：《后现代性》，郭为桂译，吉林人民出版社2004年版，第16页。

相反，同心的原则，永恒的因素则无法得到"①。工业化、都市化产生的高速度、快节奏的生活让现代和后现代生活变得如旋转的万花筒般光怪陆离、纷繁复杂，人们表现出一切都不确定也不完整的焦虑，每个人仿佛掉进了由无数偶然碎片组成的"都市迷宫"，有一种找不到方向的迷惘感。齐美尔是给这个世界精确素描的画家，他不像卢卡奇那样强调现实的"总体性"的绝对重要性，但也不认为我们可以完全置"总体性"问题于脑后，在他看来总体性是可以理解的，与卢卡奇从"总体性"出发不同的是，齐美尔认为，"总体性不是一个抽象的假定"，我们从特定的个别现象和问题入手，可以接近它。齐美尔深信，"生活的细节、表象，是有可能与它的最深奥、最本质的运动联系起来的"，我们从生活的细枝末节中就能发现其意义的总体性的可能性。从这一点可以看出，齐美尔试图通过现代社会的"碎片化"景观来把握现实的本质的、"总体性"特征。因此，对碎片化的生活的研究就成为齐美尔社会学的任务和目标，他的生命哲学主张"生命的每一个瞬间都是生命的总体性"，在他的社会学文本中始终漂浮着"偶然性碎片""看似肤浅的社会现象、快照以及无数的晕影"。"碎片"之所以在齐美尔眼里非常重要，是因为在他看来，"碎片化"的日常生活经验体现了时代的本质特征，每一块碎片都是通向世界意义的路标。正如弗里斯比所说："如果我们承认，齐美尔在阐述他的社会理论中采用了一种审美角度，那么以社会碎片作为出发点的理由就很明显了，因为偶然性碎片不再只是碎片：'惟一的包含着'典型的，飞逝的碎片就是'本质'。在本体论意义上，不存在一个让研究者排列此重彼轻的碎片的等级。每一个碎片、每一个社会快照，自身都包含着昭示'整个世界的总体意义的可能性。表面的碎片能为社会现实的根本方面提供答案。"② 齐美尔像尼采那样将艺术的价值抬到很高的地位，"齐美尔认为我们生活中的一些碎片，以及（更为特别地说）一些理解方式，更能够把握总体性，这一点应该很明显了。我们业已了解，对齐美尔而

---

① 转引自［英］戴维·弗里斯比《现代性的碎片》，卢晖临等译，商务印书馆 2003 年版，第 53 页。

② 同上书，第 77 页。

言，艺术形成了一个由现实的偶然性碎片中产生的'独立的总体性'"①。显然，审美与艺术在齐美尔这里肩负了将个体和社会总体性连接起来、融合在一起的黏合剂。个体和总体在他那里并不是应该完全对立的，不可协调的，他只是反对用总体性代替个体性、压制个体性。他"主张个体和作为一个整体的社会之间的互动，构成了一个只有通过审美才可以理解的总体性"。他在《货币哲学》一书中指出："全体的总体性……与个体的总体性永远处在冲突之中。这一斗争的美学表达形式尤其令人难忘，因为美丽的魅力总是嵌藏在全体（a whole）中，不管它是具有直接的独特性，还是具有如碎片一样、由幻想补足的独特性。艺术的根本意义在于它能够形成一个独立的主体，一个从现实的偶然碎片中产生的自足的缩影，它和该现实之间有着千丝万缕的联系。"②

第三节 新媒体时代的"碎片化美学"

如果说农业文明的艺术形式是文学——一种"前现代"延续下来的缓慢的叙事方式，强调的是时间的连续性和现实的总体性，那么，工业文明和都市文明产生的现代性社会与后现代社会的艺术形式就是绘画、摄影、电影、电视、网络。摄影以固定的镜框切割世界的总体，截取转瞬即逝的生活片段将其进行定格，它打破了表象世界的完整性，开启了现代性的碎片化历程。因而，"摄影所呈现的现实世界，是一片支离破碎、没有秩序的混沌"，它是对时间之流的垂直截断，对空间的强行局部占领。"对记忆来说，摄影似乎是'由零星的碎片组成的混合体'。摄影拍到的是人的总体性的碎片，而他们的'终极图像'是……他们自己的历史'。这样一来，'人的照片所掩盖的是他们的历史，如同被埋在积雪底下'。"③ 而20世纪早期的现代主义绘画也加速了现代性碎片化时代的到来，例如，将梦幻形式化的超现实主义就以"赞赏破碎的美学"表现

---

① ［英］戴维·弗里斯比：《现代性的碎片》，卢晖临等译，商务印书馆2003年版，第68页。

② 同上书，第66页。

③ 同上书，第205页。

"怪诞的形式"、意外的排列，主张异质性元素的拼贴、混搭，无意识梦境的复现，展现非凡的心理体验、世俗的日常生活为特征。"超现实主义使用的是拼贴技术，剪切之后拼接在一起，还让切痕清晰可见，并不混合成一种统一的表述。它力图动摇艺术家/科学家/叙事者的权威，以及具有天资的特殊人物的神话，他们会为我们重新唤起关于现实更加一般的知识。声调单一充满自信的独白，让路给了嘈杂的多音合奏。同样有意思的是，在 19 世纪 30 年代后期经常出入社会学学院的本雅明，就曾专注于自己规模巨大的拱廊街，这是在超现实主义激情的鼓动下，对 19 世纪中叶在巴黎兴起的大众文化和消费梦幻的一种阐释。"① 不但超现实主义如此，而且立体主义的大师毕加索以破坏人体的完整形象的方式，创造了一种全新的、"碎片化"的观察世界的视点，挑战当时人们对绘画的认知极限，被世人视为疯子。毕加索的创造性在于结束了古希腊以来"艺术模仿现实"的美学原则，开启了以怪诞、新奇、陌生为特征的艺术时代。现代主义绘画与诞生在 19 世纪末期的电影同步前进，相互渗透、相互影响，尔后，整个 20 世纪电影这个由机械运动技术发展起来的"流动的美学"形式逐渐取代了绘画和摄影的"静止的美学"形式，在复制真实和谋杀真实的胶着中制造了另一种以娱乐为主的奇幻的美学形式。电影这种新兴的传媒方式改变了整个世界的文化形态，它的特征是艺术家借用蒙太奇的方式，打破了现象世界的完整性，随意重组世界的时间和空间以及场景，它属于正宗的"碎片美学"典范。以电影的视角来观察现代社会的莫过于克拉考尔，电影既是工业文明的产物，也是都市文明的载体。都市光怪陆离的生活犹如梦幻，"城市的体验是由碎片式符号（原文翻译为'记号'，国内很多译者习惯将'sign'翻译为记号，笔者认为翻译为'符号'更为恰当）组成的迷宫"。夜晚的灯光、橱窗广告、时尚街区、昼夜狂欢的娱乐场所营造出城市暧昧、沉醉、迷离的生活，人们在感性放纵中似乎得到了更大的自由，然而狂欢过后往往是绝望的寂寞、孤独的无奈，因此人们又常常逃避这种自由。美国人道主义哲学家弗罗姆指出了现代社会的人们这种两难处境："摆脱了既保护人又限制

---

① ［英］迈克·费瑟斯通：《消解文化——全球化、后现代主义与认同》，杨渝东译，北京大学出版社 2009 年版，第 195 页。

人的前个人主义社会的枷锁的现代人，并没有获得能使他的个人自我得以实现，即他的智力、感情和感官方面的潜力得以发挥这一意义上的积极自由。自由给人带来了独立和理性，但同时又使人陷于孤独、充满焦虑、软弱无力。这种孤独是人所难以接受的。摆在人面前的道路只有两条：一是逃避自由不堪忍受的负担，重新去屈从、依赖他人；二是进一步去争取建立在尊重个性、把人置于至高无上地位这一基础上的积极自由。"① 电影无疑更适合表现都市文明中个体这种孤独无援、漂泊无依的生存体验。克拉考尔认为电影的本质就是从日常生活中去发现世界的奇异性。人性在晚期资本主义现代社会的迷宫中被挤压、分裂成碎片，散落一地，行色匆匆的人们不愿意注意这些碎片，甚至故意绕开它们，而"克拉考尔所要寻求的，正是这些被遗忘的、失去的、遭受压制的人性痕迹。这些散失的经验的碎片，并不是唾手可得的。只有通过不断的搜寻，将那些破碎的拼合起来，它们才会重现原貌"② 也许是受弗洛伊德把艺术与梦境结合起来思考的影响，拜泽在评论克拉考尔的电影理论时，也将电影比作梦境一样的人生的另一个现实，人生经验的记忆碎片在电影里复现、拼贴、组装成为一个虚幻的现实，借以满足人的潜在欲望和对理想的期待。在现代社会中，"人性的各种组合和零碎记忆，都表明有出现另一种现实的可能性。电影在超越'自然要素之间的关系'上，也是如此。就其'总是将碎片拼合到一起并推断出完全不同的结构'而言，电影已在这样做了。尽管插图杂志中的意象再现显得杂乱无章，电影与肢解的自然所玩的这种游戏，还是使人记起了'那个梦想，在梦中，日常生活的碎片总是那么让人困惑'。因此，电影构成了一种对现象的潜在的美学解救方式"③。本雅明像齐美尔、克拉考尔一样怀着对"碎片"世界的好奇和兴趣踏上了对现代性探索的道路，他的目光对准了巴黎的拱廊街和这个街上迷失的游荡者。在那里，他能对 19 世纪的梦幻现代性进行考古发掘，找到复原现代性的"文物碎片"。"在巴黎中心矗立的拱廊

---

① ［美］埃里希·弗罗姆：《逃避自由》，陈学明译，中国工人出版社 1987 年版，第 11 页。

② ［英］戴维·弗里斯比：《现代性的碎片》，卢晖临等译，商务印书馆 2003 年版，第 179 页。

③ 同上书，第 208 页。

街，即使灵韵，实乃 19 世纪梦幻世界的主要门槛。它的入口却是一个通向觉醒梦幻的门槛。其他入口，如地铁站和火车站的入口都具有同样的特征。"① 本雅明对现代性的研究试图通过个别和细节达到对整体的理解，通过碎片去剖析总体性的特征。因此，他关怀的是日常空间，如拱廊街、现实的都市迷宫、城市和地下世界，从这些地理出发，"去恢复和拯救另一个实在的踪迹和征兆"。"这种发掘会揭示经验的原始层面，也会在其他迷宫开辟一条路，可以说人类意识、人类记忆的道路。各种原始森林的痕迹的内涵终将重见光日。"② 本雅明认为文化是碎片，因为它是由不连续的记忆组成，而历史无疑也是由无数的事件的碎片、文化的碎片、个体的碎片堆积而成。正是这样我们在本雅明关于历史的田野考察中发现，他常常"将蒙太奇原则带入历史"，"从最小的、正是时尚的结构元素里面，建构出大结构"，"在小的个别时点的分析中，探索总体事件的结晶"。③ 本雅明的社会研究可以说属于基于"微小"的视野出发做出的微观研究，而不是枯燥的理论演绎，其材料来自于鲜活的现实，甚至是不被常人注意的现实。和波德莱尔一样，"浪荡子"也是本雅明在现代性研究中的聚焦点，"浪荡子"是"时尚美学"的"铁杆粉丝"，快乐至上，与美同在共舞是"浪荡子"追求的生活目标。浪荡子在本雅明眼里，"即使烦腻，除了永久地追逐快乐之外，别无他事"，他们拥有大量金钱和时间，"除了在自己身上培植美的观念，别无所求"。正因为如此，本雅明称赞他们是天生的艺术家。

很多思想家认为，启蒙现代性在带来世界进步的同时，也带来世界的忧郁，现代性加速了都市化的进程，然而"'启蒙运动所倡导的永恒理性自我'，在'物质主义和资本主义时代'日益'原子化'。正是物质主义和资本主义，'逐步地剥去（现实）的内容'，并'最终导致了当今时代的混乱'"④。它的直接后果是"世界作为紧密联系的统一体被打破，剩下的只有个体的碎片。"克拉考尔不同于同时代的其他社会学家的地方

① ［英］戴维·弗里斯比：《现代性的碎片》，卢晖临等译，商务印书馆 2003 年版，第 282 页。

② 同上书，第 283 页。

③ 同上书，第 288 页。

④ 同上书，第 152 页。

在于，"除了揭开都市生活（主要是在柏林和巴黎）的迷宫，它还追随齐美尔，领悟那些显现了现代性奥秘的'偶然生成的现实碎片'"①。必须强调的是，现代社会的"碎片化"来自于现代性的自我矛盾性和否定性，工业文明促进了生产力和物质的进步，现代性的理性、整体性也得以形成，自由、平等、博爱、民主、法制成为人类社会共同的愿景。然而，科技文明、权威人格、英雄崇拜滋生了战争狂人、独裁者。20世纪两次世界大战的铁蹄踏破了现代性关于进步的神话，也粉碎了现代性的理性和整体性的梦想，极权主义、法西斯主义横行世界，人类个体的尊严和权利无法保障，世界被绝望的情绪所控制。这无疑是对人类一直以来追求科技理性、工具理性，以探求真理为最高目的，最终有可能导致自身毁灭的结果的尖锐而有力的嘲讽。"像19世纪那样对于不可遏制的进步的欣羡之情以及对于现代性的几乎无一例外的愚妄自信已经离我们远去了。在科学和哲学中，在探求知识之时，对于确定性和尽善尽美所怀有的那种不加置疑的信念，一如先前我们对于宗教和政治权威的信仰，现在幼稚得不可救药。……对大多数人而言，人类生活和道德所具有的宗教性内涵及其重要性不再是合法化、力量和目标的充足源泉。"②

如果说电影标志现代性时代的艺术从绘画、摄影达到了另一个顶峰，实现了用蒙太奇对现实的碎片化处理，那么电视则是后现代的真正传媒。将后现代与电视联系起来的博德里亚认为，"我们生活在一个符号与影像流动的无深度的文化中，在里面'电视即世界'，我们所能做的一切就是以一种美学化的幻觉看着无穷无尽的符号之流，也无法诉诸于道德的评判"③。电视兼有新闻、资讯、娱乐的功能，与电影一样同样是视觉传媒，但电视五彩缤纷的多元性栏目使它有别于电影的单一性主题和总体性内容，从形式上更加趋于碎片化，不断插播的广告，截断了电视"连续性"的内容，打断了观众对电视的"整体性"观看感受。文化一经电视的转

---

① ［英］戴维·弗里斯比：《现代性的碎片》，卢晖临等译，商务印书馆2003年版，第144页。

② ［美］劳伦斯·E.卡洪：《现代性的困境》，王志宏译，商务印书馆2008年版，序言第1—2页。

③ ［英］迈克·费瑟斯通：《消解文化——全球化、后现代主义与认同》，杨渝东译，北京大学出版社2009年版，第62页。

换就失去了它的中心性，也没有了连贯性与整体性，它带来的是彻底的文化破碎感和错位感。"现实被分裂为影像的观念在后现代话语中很流行。在鲍德里亚的超现实世界里，生命消融到电视里去了。……很难说一个电视广告影像充斥的世界，不是一个碎片化的世界。"①"网络"与发达、高速的洲际交通一道将广袤的世界"压缩"成地球村的同时，也将世界转变成了以孤独的个体为特征的世界，每个人从群体的世界、依附他人的世界逃离出来，在赛博空间这个私密、封闭、自主的世界里完成自由的想象、权利的诉求、暴力的宣泄、情欲的舞蹈、精神的历险以及文化的冲浪。它将世界从电影、电视所建构的在屏幕前大家分享的"众乐乐"的世界变成了与世隔绝的"孤独的狂欢""独乐乐"的世界。科技与人文的联姻，使技术朝着满足每个原子化个体的精神、娱乐的要求以及综合方向发展，电影电视是这样，微博、微信、微电影也无不如此。"微电影"消解了院线电影的权威地位，降低了电影传播的准入门槛，每个人都成为导演的梦想成为了现实。"微时代"预示更加快速、便捷、高效、自由、民主、人性化的个体交往方式、公共文化空间正在形成。西方政治所倡导的个体主义精神在新媒体的世界里得到了真正的体现。

西方社会的发展事实上是"个体主义思想"一次又一次冲破传统的阻力，争得个体自身合法权利的历程。埃利·阿莱维在《哲学激进主义的发展》一书中指出："事实上，在整个现代欧洲，个人早已表现出他的自主意识。每个人都在要求得到所有其他人的尊重，认为其他人都是自己的同伴或同侪；社会好像是——大概越来越像是——产生于构成了社会的个人的自觉意志。个人主义学说的出现和成功本身就足以表明，在西方社会，个人主义是一种真正的哲学。个人主义是罗马法和基督教伦理的共同特征。正是个人主义，使得在其他方面大相径庭的卢梭、康德和边沁的哲学之间具有了相似性。甚至今天仍然可以认为，不管是作为一种解释社会事实的方法，还是作为一种实践的学说，个人主义都能够决定改革者的行动方向。"②（译者在该书翻译为"个人主义"，笔者认为

---

① ［加］大卫·莱昂：《后现代性》，郭为桂译，吉林人民出版社 2004 年版，第 83 页。
② ［英］史蒂文·卢克斯：《个人主义》，阎克文译，江苏人民出版社 2001 年版，前言。

翻译为"个体主义"更为恰当）然而，这种萌生于古罗马时代的"个体主义"思潮长期以来却遭受了西方传统保守势力的抵制和批评，一直到法国启蒙运动以前依旧如此。"19 世纪初期的保守思想，事实上都一致谴责诉诸个人的理性、利益和权利，正如伯克所说：'个人浮光掠影，来去匆匆；但国家是稳固的。'法国大革命证明了这样一种思想，高扬个人有害于国家的稳定，会把国家瓦解成'一片混乱的、反社会的，不文明的、互不相干的基本要素'。保守的思想家，尤其是在法国和德国，都像伯克那样蔑视'个人'的'私人理性'，怕国家本身在几代人当中土崩瓦解，碎成个体性尘埃和粉末，最后在空中随风飘散，也像他们那样断定社会要求经常地反对人们的倾向，控制他们的意志，支配他们的激情。"① 面对汹涌而来的政治民主化、争取个人权利的世界潮流，19 世纪许多的保守思想家，表现出坚决抵制的立场。例如，法国天主教复旧派思想代表约瑟夫·德·梅斯特表现出对时代的忧虑："社会秩序已经'病入膏肓'，因为欧洲的自由太多，信仰不足；权威普遍衰落，'个人的意见'却在惊人地增长。"② 他主张"集体主义"的社会观念，认为"社会是上帝给予的和天赋的"，"他希望个人的心灵消融在民族的心灵之中，'正如一条汇入海洋的河流，仍然存在于水的整体之中，但已经无名无姓，没有了独特的实在'"。③ 虽然他已经意识到"集体主义"会导致湮没个体利益、忽视个体地位和尊严的严重后果，但为了维护社会的整体秩序，却违背了知识分子的良知，对此缄口不言，更不用说提出质疑和批判。因此在那个时代，"人仅仅为社会而存在，社会仅仅为了自身而教育人"就成了保守思想家的共识。但是历史的潮流终究是不可阻挡的，20 世纪的科技、政治、文化以及媒体都在朝着尊重个体权利、要求和地位的方向发展。在我们看来，"个体主义"的政治学属于"细胞社会学"，并不必然导致社会肌体的解体，它强调组成社会的每个"细胞"（个体）的健康，最后达到社会和政治的合理与健康，二者并不对立乃至对抗。"个体"与社会

---

① 转引自［英］史蒂文·卢克斯《个人主义》，阎克文译，江苏人民出版社 2001 年版，第 2 页。

② 同上。

③ 同上书，第 3 页。

相互依存，唇亡齿寒，只有个体的利益、权利有了充分的保障，才可能最大限度地调动和激发每个人参与社会建设的能量，促进社会的完善和快速发展。

现代性形成的工业社会是生产为主导的社会，而后现代产生的后工业时代是消费为主导的社会，它导致了后现代消费主义的流行。丹尼尔·贝尔在分析资本主义文化矛盾时认为，在消费社会，古希腊的阿波罗神的规制原则与酒神狄奥尼索斯的活力、性和体验原则发生了激烈冲突，冲突的结果是滋生了一种新型的享乐主义。"人们醉生梦死，放纵地生活——人们非常不负责任地生活：人们恰恰将这叫作'自由'。"（尼采语）"可以肯定，后现代与这样一种社会密切联系，其中消费生活方式和大众消费支配了所有社会成员：只要他们醒着。"[1] 人们陷入无法自拔的陷阱：因为有欲望而需要消费，消费不断刺激人的欲望，欲壑难填的人类永远有无尽的欲望，资本主义依靠欲望的刺激来扩大消费，保证生产的可持续性，于是现代社会的每个人都成了资本主义生产链条的必然的一环，资本主义的生产与消费都不是人的本质和发展前景的展现，而只是它的反面。"资本主义的经济活动一切都是为了赚钱，为了获得物质利益，即以自身为目的，在资本主义制度下，人的天职就是为资本主义的经济发展做出贡献，就是集聚资本。当然，所有这一切并不是为了实现人的幸福和拯救，而只是为了经济利益本身。个人就像大机器中一个齿轮一样，其重要性决定于他的资本的多寡，资本多的就成为一个重要的齿轮，资本少的就无足轻重了，但不管怎样，人总是一个服务于他自身之外的目标的齿轮。"[2] 资本主义的消费文化也与社会的"碎片化"紧密相关，在现代大都市，"一切都是破碎的，异质的，分散的，多元的，并且，都受制于消费选择"[3]。消费社会的碎片化特征是很多文化研究者达成的共识。博德里亚认为，"消费社会文化被认为是碎片化的符号与形象漂浮不定的大杂烩，它带来了没完没了的符号游戏，破坏了经年不衰的

----

[1]　[加]大卫·莱昂：《后现代性》，郭为桂译，吉林人民出版社2004年版，第100页。

[2]　[美]埃里希·弗罗姆：《逃避自由》，陈学明译，中国工人出版社1987年版，第149页。

[3]　[加]大卫·莱昂：《后现代性》，郭为桂译，吉林人民出版社2004年版，第107页。

象征意义和文化秩序的基础"。"消费文化的这种关键特征——文化的碎片化和过度生产——也经常被认为是后现代主义的核心特征。"① 费瑟斯通不但认为消费社会导致了后现代的"碎片化"、非历史化，也导致了美学走向寻常百姓的生活——按照美的原则来设计生活的普遍现象。消费文化"破碎为一连串永恒的现在，这意味着一种历史感的消失与终结。组织破碎文化的无力感也被认为无法将符号与影像链接成一种富于意义的叙事而导致日常生活的美学化。反过来，符号与影像的持续不断之流和稀奇古怪的混杂，比如音乐电视，被认为产生了单独的、承载了强烈情感的经验"②。后现代的美学放逐了对深度意义的追寻，变成了更加强调装饰性、让生活更亮丽的形式美学。如果说它并没有放弃对内容的要求，那么后现代美学的内容则表现为回归到司汤达所说的"美是对幸福的承诺"的轨道上。美就是主体快乐的呈现，这种快乐既有肉体的也有精神的，二者没有等级之分。对肉体的快乐追求也逐渐得到了道学家的默许和宽容。美学或艺术消除了与日常生活之间的距离感，不再存在等级之间的隔膜，也没有了它们像传统那样高高在上的优越感。这一进程开始于 20 世纪中期以后，与后现代思潮同步。"在 20 世纪 60 年代，这样一种破碎的、无深度的文化在艺术和知识界主张变调的时候，经历了一个大幅度的转变，从对贫困的大众文化长期的道德义愤和谴责转向支持和拥抱流行大众文化的美学。此外，这种艺术运动还批评了将突出的人造品和文本接受为美术馆、博物馆和研究院中的经典并加以制度化的高度现代主义的艺术生产与再生产体系。艺术现在被认为处处可见：在城市的街道上、在大众文化的碎屑中。艺术存于广告，广告也存于艺术。"③ 后现代的都市景观、闲暇的消费文化构成了消费社会的文本，这些景观包括城市的主题公园、旅游景点（迪士尼乐园是其中的典范）、购物中心、郊外步行街、现代博物馆、城市内贵族化的区域和港区住宅以及电视。这些文本无疑也聚合成了后现代的经验："符号影像

---

① ［英］迈克·费瑟斯通：《消解文化——全球化、后现代主义与认同》，杨渝东译，北京大学出版社 2009 年版，第 105—106 页。

② 同上书，第 106 页。

③ 同上。

漫无目的的混战、风格的折中、符号游戏、规则的混淆、缺乏深度、混杂、模仿、高度写实、及时性、虚幻与古怪价值的杂烩、强烈的情感承载、艺术与日常生活之间边界的瓦解、形象凌驾于语言、戏谑地陶醉于无意识的过程而反对有意识的客观评价、历史现实感和传统现实感的丢失以及主体的去中心化等等。"① 后现代美学实质上成了以多元的形式去充分挖掘对象的"展示价值",表现梦幻、奇特、怪诞品质的景观美学,完全有别于黑格尔、康德以来的理论美学,也有别于强调艺术的"膜拜价值"的现代主义美学。

20世纪消费文化的审美化趋势同样受到了德国美学家沃尔夫冈·韦尔施的关注。他与费瑟斯通相似,用"日常生活审美化"来标识这个时代的特征,即美学已经摆脱黑格尔所说的主要研究对象是艺术,美学在当代的重要性不再仅仅表现在对艺术进行规律性的总结,而是超越艺术的场域渗透到日常生活的各个方面,成为改善生活质量、促进社会经济发展的助推器。韦尔施指出:"毫无疑问,当前我们正经历着一场美学的勃兴。它从个人风格、都市规划和经济一直延伸到理论。现实中,越来越多的要素正在披上美学的外衣,现实作为一个整体,也愈益被我们视为一种美学的建构。"② 这是一场由黑格尔的"美是理念的感性显现"到"艺术即经验""美是对生活的改造"的深刻的美学变革。美学不再是束之高阁的展品,也不是只供专家学者建构理论体系的文字游戏,或者仅仅与艺术相关的"艺术哲学",而是改善人性、改善生活的"工程美学",具有实践品格和功利价值的"伦理美学",世界成了一个审美经验和体验的领域。韦尔施以美学在社会中的广泛运用,特别以都市的美学化实践论述了这一转变。"审美化最明显地见之于都市空间之中。过去的几年里,城市空间中的几乎一切都在整容翻新,购物场所被装点得格调不凡,时髦又充满生气。这股潮流长久以来不仅改变了城市的中心,而且影响了市郊和乡野。差不多每一块铺路石、所有的门户把手和所有的公共场

① 〔英〕迈克·费瑟斯通:《消解文化——全球化、后现代主义与认同》,杨渝东译,北京大学出版社2009年版,第107页。

② 〔德〕沃尔夫冈·韦尔施:《重构美学》,陆扬等译,上海译文出版社2002年版,第4页。

所，都没有逃过这场审美化的大勃兴。甚至生态很大程度上也成了美化的一门分支学科。事实上，倘若发达的西方社会真能随心所欲、心想事成的话，他们会把都市的、工业的和自然的环境整个儿改造成一个超级的审美世界。"① 但是，韦尔施最多算是后现代美学的预言家，而不是同情者、赞美者，他怀念和赞赏的是现代性的崇高美学。他说："审美化意味着用审美因素装扮现实，用审美眼光来给现实裹上一层糖衣。……没那个古老的梦想，那个通过引入美学来改善生活和现实的梦想，似乎又让人记上心头。但是，我们不能忽略这个事实，这就是迄今为止我们只是从艺术之中抽取了最肤浅的成分，然后用一种粗滥的形式把它表征出来。美的整体充其量变成了漂亮，崇高降格成了滑稽。""在表面的审美化中，一统天下的是最肤浅的审美价值：不计目的的快感、娱乐和享受。"②

20世纪的后现代美学在18世纪由康德、黑格尔等人为代表的德国古典美学的基础上发生了革故鼎新的变化。这一变化是由工业革命带来的都市化、传媒电子化催生的，如电影、电视、网络等大众文化引起的变革。美学从"旧时王谢堂前燕，飞入寻常百姓家"，从贵族、精英把玩的物品走向民众的日常生活，成为一种真正的"生活美学"。从哲学上说，这是一场对传统西方"二元对立"的哲学思维的解构，这一思维的最高成果是德国古典哲学及其衍生出来的美学。"主体"曾经在这一过程中获得了"人为自然立法"的至尊地位，但这个"主体"长期以来依然是被道德、理性、超我、绝对命令等禁欲主义枷锁控制的。哲学被"本质主义"、整体主义所统治，而排斥差异性、多元性和个体性，所以利奥塔把后现代的哲学和美学特征总结为"整体的瓦解"。他说："只要把整体的瓦解还看作为是失落，那么人们还处在现代。只有人们把这种告别看作为是一种积极的现象，人们就过渡到后现代。"③"整体性"或者说"总体"的哲学会导致思维领域的独断、专横，后现代脱

---

① ［德］沃尔夫冈·韦尔施：《重构美学》，陆扬等译，上海译文出版社2002年版，第4—5页。

② 同上书，第6页。

③ ［德］沃尔夫冈·韦尔施：《我们的后现代的现代》，洪天富译，商务印书馆2004年版，第266页。

胎于现代，而扬弃了现代性的弊端。这个弊端就是："现代为极权化提供了丰富的直观教具。现代一方面向多元化推进，但另一方面又总倾向于恢复极权化（Retotalisierung）——恢复意识形态、审美和政治领域的极权化。"① 而后现代的出发点就是反对一切要求统一的极权主义，主张差异和多元，在利奥塔看来，"最后的统一只有通过镇压和极权主义才能达到。异质性不仅具有历史的合法性，而且具有结构的合法性。告别统一意味着告别统治和强制"②。告别"统一性"就只是告别过去那种强调总体性，忽视差异性、多元性；强调整体性，忽视个别性；强调精神、灵魂，忽视身体、欲望；强调集体主义，忽视个体权利的乌托邦时代。"后现代告别了近代的现代的基本要求：统一的梦想。这些统一的梦想从普遍的数学模式的构想经过世界史哲学的规划一直达到社会乌托邦的全球计划。后现代的彻底多元性与这些统一的限制一刀两断，因为它们指望一种整体，而这种整体毕竟只会兑现为极权主义。"③ 因此，20 世纪的很多由极权主义泛滥导致的悲剧都可追溯到"整体性"哲学和"总体性"哲学，这种哲学以强制的方式要求思想的统一，信奉绝对正确的东西，而且常常通过残酷非人道主义的手段来实现这一目的。"人们只有通过使某一部分极权化才能'实现'整体，这也就是说，通过粗暴地消除其他的选择，通过引人注目的排除。人们只有通过违反自己的逻辑、违反自己的论证、违反自己的推求，才能实现整体。恐怖是通向整体的惟一有效的道路。……恐怖也已经表现在话语的层面上，而不一定首先表现在政治的层面上。"④ 后现代主义认为，"现代的一律化是难以忍受的"。博德里亚指出，当代的不幸在于所有的差异正在消失，取代它们的是千篇一律。

现代美学的奠基人是康德，康德把道德形成的秩序看作现代性的必然结果，因此他尊崇心中的绝对命令——道德自律。这是一种排斥人的肉体欲望、源自于古希腊的崇高的美学。美学在康德那里成为"把魔鬼

① ［德］沃尔夫冈·韦尔施：《我们的后现代的现代》，洪天富译，商务印书馆 2004 年版，第 276 页。

② 同上书，第 57 页。

③ 同上书，第 10 页。

④ 同上书，第 94 页。

关进瓶子里这一积极行动的帮手"，这个魔鬼就是人的肉体欲望。而西方的文化传统已经为这样的观念的诞生做好了充分的准备。"西方传统对于有关肉体的一切，诸如情感和感受，最多只抱有一种爱恨交织的态度。精神控制住肉体，从而形成所谓和谐的整体，这被认为是美学愉悦的最高形式。"① 康德虽然强调美学有两种形态："纯粹的美"（自由的形式美）和"依存的美"，但他最终强调的是依赖于道德的"依存的美"，崇高的美超越了形式的限制，是不可用形式表现出来的，需要想象去把握它，因此在康德的美学中，"形式的美"被降格为次要的东西，欲望的美被无情地清除掉了，他关于美的定义是："美是使人愉快的不涉及功利欲望的自由形式。"林赛·沃斯特从历史的角度揭示了康德美学的思想来源，"许多世纪以来，西方人都在进行一种精神锻炼，一种脑力增氧健身法，以使自己为了通往天堂的阶梯而牺牲和逃避尘世。这个阶梯的第一步就是修炼出一种内在精神，一种抵制尘世事物的内在和谐，苏格拉底谴责写作、路德谴责优秀作品。信仰高于一切，而且精神始终优越于肉体"②。康德的美学就是服从道德这个至高法则的美学，他甚至将上帝视为完善的道德的化身。在他心中，"上帝已经被变成了一种难以捉摸的道德变体，在不断追寻一种未知的和难以达到的目标的道德努力之中具体化了。他已经成了'世界无限的、难以接近的统治者'"③。从本质上说，康德的美学起源于同样厌恶欲望的柏拉图的"理念"美学，继承的是中世纪的"神学"美学。后现代是对这种禁欲主义式的崇高美学的消解。利奥塔对此做了论述："现代美学是一种崇高的美学，尽管它也是一种怀旧的美学。它使不可表现的东西仅作为失却了的内容而实现出来；但是形式，由于其可辨的一致性，却继续出现在读者和观众面前，作为对他们的欣慰和愉悦。然而，这些情感却未形成真正的崇高的情操，因为那种情操只存在于快感和痛感的内在结合之中：理性应当超出所有的表象，

---

① ［美］林赛·沃斯特：《美学权威主义批判》，昂智慧译，北京大学出版社 2000 年版，第 162 页。

② 同上书，第 163 页。

③ ［加拿大］埃克伯特·法阿斯：《美学谱系学》，阎嘉译，商务印书馆 2011 年版，第 259 页。

想象或敏感不应等同于概念。"① 如果说现代美学是"内容重于形式的"美学，那么后现代美学则是在强调形式的重要性、多元性的基础上反对将美学和艺术的某一方面强调到霸权的地步，以抵制美学权威主义的专断和暴力。现代美学是"整体性"大于"特殊性"的美学，伦理高于形式的美学。在戴维·哈维看来，后现代美学是碎片化的、美学取代伦理的。这里的美学应该理解为形式的多样化。"后现代理论理论基调是放弃现代性长期的野心：事实上就是放弃对统一性、普遍性和综合性的诉求。"② "现代知识向来具有统一的形式，而这种统一所依靠的是大的元叙事。"在康德那里要建构的是以道德作为结构主体的"大的元叙事"，康德的美学作为一种权威话语一直统治到 20 世纪的后现代主义出现之前。正因为如此，杜威才批评了西方文化这种故步自封的惰性："迄今为止，哲学的动力一直是保守的；它一直站在悠闲阶级一边，赞成稳定而反对变化。哲学一直千方百计地赋予永恒不变以威望。"他说道："'欧洲古典哲学的主题'一直是使形而上学'取代习惯而成为较高道德和社会价值的源泉和维护者'。"③

发端于法国的后现代主义却兴盛于美国，有其历史的根基和思想的渊源。19 世纪 70 年代流行于美国的实用主义就具有颠覆传统对知识和真理的观念。皮尔斯主张"任何一个有用的思想都必须解释得具体而合理，都应能够使人们充分理解它的含义和范围"，他否认思想的普适性，指出了思想的有效性问题；詹姆斯在皮尔斯的基础上，主张"真理的相对性"，世界没有普遍的真理，真理并不凭借科学研究的各种判断，而是依靠个人经验的习惯；杜威受达尔文生物进化理论的影响，否认进化有固定的方向以及进步是必然的思想，同时也否定曾经影响过他的黑格尔的"绝对精神"。杜威坚信："必然性只有一个，那就是变化，永不终止的进

①　王岳川、尚水主编：《后现代主义美学》，北京大学出版社 1992 年版，第 52 页。

②　[英]迈克·费瑟斯通：《消解文化——全球化、后现代主义与认同》，杨渝东译，北京大学出版社 2009 年版，第 111 页。

③　[美]理查德·罗蒂：《后形而上学希望》，张国清译，上海译文出版社 2003 年版，第 10 页。

化，永不终止的暂时性。"① 杜威的思想对传统的观念是摧毁性的，在那个时代，知识或文化的普遍主义理念、绝对主义理念比以往任何时候都遭到更强烈的质疑。杜威的实用主义哲学最终是为美国的民主政治服务的，"杜威在民主中发现了一个使变化为人类服务的大机会。民主本身是一个开放的体系，它具有弹性，抵抗关闭，有接受性。具有民主思想的人们都广泛追求'实用性'，都能随时接受新事物，并努力使生活尽可能多地增添新内容。如果人们注意改进对人的理性运用，如果人们更加坚定地忠诚于民主的中心伦理理想，那么一切变化是可以由理性来引导的。从理论上说，变化可以是'进步的'"②。实用主义为后现代主义在美国的后来居上做了很好的思想铺垫。后现代思想具有很鲜明的"文化政治"意图，他试图从改善"微观政治"出发，达到完善"宏观政治"的目的。在后现代，科技、政治、传媒文化，都在突破固有的边界，瓦解知识、哲学的极权、永恒、总体的性质，从关注抽象的本质的"大"叙事转到关注日常生活改善的"小"叙事，从关注空洞的整体到关注具体的个体，从精英的文学到视觉性的大众文化，无不显示了文化、哲学的转变与民主政治的关联。电子传媒的时代将世界带入一个民主的时代，微博、微信、微电影、网络是这个彰显个体价值时代的表征，它们正在通过"碎片化"的时代印象拼接多元、差异的"大时代"图景，以此关注小人物的生存处境、命运，表达对社会、政治、文化、生活、情感的焦虑、诉求和渴望。

---

① ［美］查尔斯·博哲斯：《美国思想渊源——西方思想与美国观念的形成》，符鸿令等译，山西人民出版社1988年版，第207页。

② ［美］查尔斯·博哲斯：《美国思想渊源——西方思想与美国观念的形成》，符鸿令等译，山西人民出版社1988年版，第208页。

第十二章

后现代"微信传播"与
当代青年文化景观

"微信"已经成为近年来最受当代青年追捧的网络空间,它借助便捷的智能手机、平板电脑和传统的网络文化,很大程度上,以不可阻挡之势取代了电影、电视、腾讯QQ的功能,对其生存发展构成了严重威胁。微信契合了这个"快节奏""碎片化"时代,以简短的语言、高清的图片、微视频、海量的信息组成了一个反映日常生活的"微缩景观",以快捷的方式实现了网友之间的即时交流、沟通、互动,以及共享生活、文化、情感、审美、政治的体验和经验,建构了网友心灵寄托的精神家园。"微信"已经成为"文化全球化"的重要组成部分,它消解了传统社会、文化中的等级观念,极大地缓解了"个体"与"社会"、"交往"与"独处"的矛盾,促进青年一代形成团结、互助、民主、平等、友爱、分享、包容的观念,有助于形成"健康的人格"和"健全的社会",也有助于消除文化差异之间的隔阂、矛盾、冲突。在这个"公共领域""虚拟世界"里,不存在"话语霸权",也没有对错的纠缠,"差异""歧见""他者"得到谅解、尊重、宽容,从某种意义上说,必将有助于实现"世界大同"的理想。在后现代,国与国之间,人与人之间不再是处于"老死不相往来"的孤岛,只有互相依赖、互相取暖、互惠共存,用爱冰释前嫌、消除隔阂、消灭利益争斗和战争,人类才有幸福和未来。

微信是后现代高科技条件下电子媒体发展的产物,在当今已经成为"80后""90后""00后"获取信息、社会交往、娱乐消遣的平台,成为日益受到重视的"个体主义"时代观察青年成长、生活方式、交往方式、话语表达模式、心理情感状态的窗口。19世纪工业革命以来，无论是交通、通信、信息的传播都在以惊人的速度加快，生活的节奏也随着工业化、都市化、商业化的进程以及竞争日益激烈的社会而加快。微信是当今后现代的产物，在这个时代，前现代的整一、连续、封闭的三维时间和空间变成了碎片化、非线性、开放、多维的空间和时间，因此瞬间性、流动性、非稳定性构成了后现代的特征。微信满足了快节奏时代信息需要快速、自由流动、广泛传播的要求，它建构了一个"集体文化认同"的想象空间，青年在这里找到"家园"的感觉——一个让人获得归属感的虚拟的空间。它适应变迁的时代与历史，以"碎片化"的文化形式进行传播，在依托传统的文字语言表达方式的基础上，更突出了后现代的多媒体传播的特征、修辞方式、话语规则，并以语言文字、图像、视频、音乐的整合为媒介建构了一个年青一代互动交流、交往、分享文化、情感、生活观念和审美观念的现实与体制之外的世界。微信是电子传媒创造出来的"虚拟世界""社会的微缩景观"，它具有"真实"与"虚幻"、"在场"与"不在场"的双重属性。正因为它具有"虚拟性""隐匿性""私密性"，使它像以往的QQ聊天那样，人们卸下日常的伪装面具，交流和交往显得自由、自在，而大量的图片和视频、音频的同时传播，让交流变得更加真切、轻松、惬意，具有单纯的文字、语言、图片传播所不具有的"现场感""存在感"和审美趣味。它也表现了后现代作为社会性/个体性、理性/感性、交往性/独立性结合体的青年一代的矛盾性（如朋友圈和私聊，道德的规训与欲望的僭越）。微信借助便携式的智能手机在全世界坐拥了几亿受众，其跨界传播、即时互动的参与形式赢得了青年一代的广泛认同，使它成为当今全球化时代不同种族、不同肤色、不同地域的青年聚会的"地球村"、共享信息的"文化Party"。在这个赛博空间里，表征的是后现代所张扬的自由、民主、平等、博爱的"文化政治"，以及获得受众礼赞、同意的"认同的政治"。微信里的文化信息既保留了本土文化特色，又具有世界文化相互融合的特征，在很大程度上，它可能最终将决定人类未来的文化走向，这个走向也将最终决定我们能否实现"环球同此凉热"的愿景。总之，微信是"图绘"了这个"去除一切边界"的后现代的文化、审美、政治的生活镜像。本书将从以下几个方面考察微信的重要特征以及带给我们这个时代的文化变迁：一是视觉文化为主的多媒体、碎片化传播方式；二是对日常生活的关怀取代宏大叙事；三是幽默搞笑的话语表达消解严肃的话语模式；四是"微时代"的"身体关怀"与审美现象；五是微信与后现代的文化共享及"认同政治"。

第一节　视觉文化为主的"碎片化"传播

人类经历了声音口传、图像、语言文字相对单一的传播方式到以视听为主的多媒体融合传播方式的历史跃迁历程。在文字发明之前，人类像动物一样用简单的声音、肢体语言和眼神进行信息交流和沟通，以原始的稚拙岩画来记载生命繁衍的活动、生产活动、宗教活动、战争活动；文字在原始绘画的基础上诞生以后，我们逐渐步入了文学、美术、音乐、舞蹈传递情感、思想的时代。古登堡在活字印刷基础上的印刷术发明使文化复制变得更加便捷，工业文明推进了机械印刷术的诞生，从此人类进入"机械复制时代"。文化产品的重复消费变成了现实，文化信息的传播更加高效、广泛，文化开始走向民间，大众文化慢慢进入历史的视野，精英文化逐渐式微。电影在19世纪末期产生后彻底改变了人类的传播方式、文化形态。如果说"机械复制"技术催生了大众文化时代的到来，结束了文化由少数贵族、精英垄断的时代，那么电影与绘画、摄影、音乐、音响一道将人类的文化传播带到了视觉和听觉文化占主导地位的时代，终结了文学语言占统治地位的前现代社会和现代社会。从远古到现代，虽然也有岩画、彩陶、象形文字、绘画、舞蹈、雕塑、戏剧等视觉文化，但它们属于相对静止的文化形式，对时间和空间的改变是有限的，时间在绝大多数传统艺术里是凝固的，空间是二维的、相对固定的。电影带来的视觉图像的节奏和速度的改变、镜头的角度变化、焦距的变换、蒙太奇制造的非逻辑的时空穿越感，使我们对生活现实有了前所未有的新奇感知和审美体验。人类告别了"静观的美学"迎来了"震惊美学""新奇美学"的时代。电影的蒙太奇美学的完善与20世纪的先锋派绘画是同步前进的，印象派对色彩的主观性、多样性强调，给人带来了丰富的视觉感受；立体主义、达达主义、超现实主义相继出现的对强调真实的照相式认知方式改变和形式上的多维"视觉革命"潮流促进了电影蒙太奇美学的不断成熟。电影的蒙太奇将完整的视觉叙事画面、场景、空间打乱，进行分割、重组，改变了线性的、逻辑的叙事顺序，使完整、封闭的视觉画面变成了碎片化、开放、自由穿越的画面，完成了对物理时空的"意志支配"和文化的"碎片化处理"。它契合了日常生活的线性运行过程经常被偶然事件、潜意识"垂直截断"的特点，因此可以说，电影蒙太奇是 20 世纪的"造梦大师"，电影是对"梦"的学习和模仿，"梦"的场景经常表现为具有穿越性的非逻辑、非线性的记忆碎片、文化碎片、生活碎片的拼贴。电影蒙太奇出现给 20 世纪的先锋派绘画以强有力的启示，其标志是"拼贴"的手法在现代派艺术中广泛使用。"拼贴"是对逻辑的反叛，它将风马牛不相及的事物"拉郎配"似的"混搭"在一起，在看似简单的"误置"行为中创造出新奇的感觉。"拼贴艺术（或者蒙太奇）为超现实主义关注日常生活提供了操作范式。超现实主义艺术把各自毫不相干的元素（伞、缝纫机等等）并置在一起时，就产生了把日常'去熟悉化'的行为。如果日常生活就是连续不断地有跌落到可见度水平以下的危险的东西，那么，拼贴艺术实践就允许日常重新变得虎虎有生气了，因为这种实践通过把日常转移到一个令人莫名惊诧的语境中，把它放在异乎寻常的组合中，而使司空见惯的东西变得耳目一新了。"① 蒙太奇实现了对平淡无奇、枯燥单调的日常生活的"陌生化"加工，并在这个过程中建构了美学意义上的"有意味的形式"。电视在 20 世纪三四十年代继电影后的出现进一步改变了人类的传播模式，将电影的相对"封闭性""完成性""单一性"表意模式转变成"开放性""多元性""互动性""参与性"、具有现场感的模式，因此可以说，电视较电影更具有后现代的"游牧性""民主化"特点。电影在经济不发达的时代还属于少数人分享的文化，对艺术深度和人生哲理的强调使其传播范围相对狭小，带有前现代和现代远离普通民众的"贵族化"文化倾向，对电影技术上的高要求，使其制作周期较长，影响了传播的"及时性"，而电视是可以快速摄录、制作、播放的媒体。"影视文化"改变了"个体性消费"的传统文化模式，此前的印刷文化（书籍、刊物和报纸）是

---

① ［英］本·海默尔：《日常生活与文化理论导论》，王志宏译，商务印书馆 2008 年版，第 79 页。

"独乐乐""个体性消费"的文化，而电影的宽银幕和影院的宽敞空间为众多人一起共享文化创造了条件，它带有 19 世纪"为多数人服务"的政治民主特点（当然，这也是歌剧、舞剧、音乐会的特点，但它们不具备电影的多元文化、艺术形式综合在一起的特点，唯一的优势是演员的近距离表演使其具有较强的真实感、现场感）；电视文化对每个家庭受众的兼顾，对不同社会阶层、不同性别、不同年龄段人群兴趣的关注及栏目的多样性、信息的多元性、受众的互动参与的设计，电视不需要特殊的观看空间，一家人不出门就可以随意、随时观看，甚至可以将好看的节目录制下来重新播放，使它比电影更具有最大限度地满足"个体化要求"的后现代"民主政治"特点。20 世纪传媒的惊人变革莫过于 20 世纪 90 年代电脑的普及以及随之而来的网络文化，互联网的"解域化"（去疆界、跨国界）信息传播特点在电视的基础上扩大了受众的覆盖面，进一步加快了传播的时效性、广泛性，它使发生在世界任何一个角落的重大新闻几分钟后就可以传遍全球。互联网对信息的相对自由传播突破了体制化管制的封锁，实现了全球信息的"无疆界"传播和共享。它与"跨国经济"一道将世界带进了全面全球化时代。互联网信息集中了传统媒体传播的所有内容，承载了新闻传播、娱乐文化（图像、音乐、电影、电视剧）传播、信息咨询、广告服务的功能，实现了文化的多元性。相对于电视娱乐选秀节目播放前排练预演的互动参与性，互联网的 QQ 聊天、博客、微博、微信，使人与人的互动、参与、交流更加及时。智能手机在完成传统通信功能的基础上，全方位地接管了网络媒体的功能，与电影和电视一样，电脑、智能手机离不开对图片和视频的依赖。而近期的"映客直播""花椒直播""淘宝直播"都在经济利益的驱动下，借助视觉文化，以"虚拟的亲密接触"、互动、交往方式，将个人"真人秀"推向了新的高潮，也实现了每个人既是导演，又是多才多艺的演员、明星的梦想。传统的印刷媒体是静态的平面媒体，虽然会大量使用图片，但不具备电影、电视、网络中视觉文化动感的"刺激性""新奇性"，这决定了印刷媒体、语言文字文化必将被具有综合性，满足多样化、人性化需求的网络媒体淘汰的命运。如果说印刷媒体乃至于绘画、雕塑、舞蹈、建筑、音乐、戏剧属于"前现代"和"现代性"时期的文化，那么电影、电视、电脑和智能手机的网络传媒则是后现代文化的代表，后者助长了后现代的"动态视觉文化"霸权，人类进入了一个被运动的图像"殖民"的时代。这便是当代文化理论认为的：人类在这个电子媒体统治的时代正在遭受一个"全球图像空间的冲击力"。"图像流和图像空间的全球化正从根本上改变空间性和人们对空间地域的观念"，理查德·卡尼说，在后现代，"图像占据着至高无上的地位，这是一个'图像文明'，这里'现实成了图像暗淡的倒影'……几乎无法区分现实和虚幻。"卡尼指出，由于"自相诋毁的图像无所不在，这些图像在镜子般无限制的映射下互相模仿，所以心理世界和物质世界一样成为整个图像业的殖民地"①。微信视觉文化以图片、时间较短的视频，如"微电影""美拍""秒拍""自拍"的微视频为主，它迅速捕捉生活中转瞬即逝的视觉碎片和记忆碎片，将其作为创作的原材料。在后现代，大量的微视频像琐碎的日常生活碎片和记忆的收集箱，也是"微信群体"展现参差不齐的艺术才华的天地，甚至有的网友在微信上转发的"以小见大"的"微电影"在国际上曾多次获奖，其艺术价值大大超过了那些在院线上演的"又臭又长的"大电影。微信的图片和"微视频"展现的多是个人生活的短暂、瞬时记录，它可能是一次"说走就走的旅行"，异域风光风情的展示、日常的交友生活场景、"生日 Party"、集体的文艺活动、个体郁闷时的酒吧买醉、高兴时的 K 歌情景等等。当前被很多""90"后青年热烈追捧的"小咖秀"，也是微信视觉文化的重要部分。这种以幽默的方式将导演、演员一体化的文化，凸显了当代青年的一种积极乐观、展示自我美好一面的生活态度。微信的视觉文化显示了这是一个以"视觉形象"，特别是"美的形象"引起受众注意、欣赏、崇拜的时代，秀出自我，彰显个性，制造快乐，是微信视觉文化的主要目的。在后现代，形象和视觉文化，甚至"碎片化"的视觉形象既是信息也是商品，这些视觉文化能否提供快乐，而不是要求包含"真实""真理"成为后现代视觉文化获得网民青睐的主要特征，它也是区别于现代性强调"道德""理性""整体性"的主要地方，因为从根本上说，后现代是"快乐至上"的观念战胜了清教徒式的禁欲主义的时代。按照博德里亚尔的观点，后现代是"仿像"代

---

①　[英] 戴维·莫利、凯文·罗宾斯：《认同的空间：全球媒介、电子世界景观与文化边界》，司艳译，南京大学出版社 2001 年版，第 50 页。

替"真实"的时代,真实已经死亡。在后现代,具有"仿像"性质的"影像世界"正在取代我们以前所谓的"真实世界","影像不再能让人想象现实,因为它就是现实。影像也不再能让人幻想实在的东西,因为它就是其虚拟的实在"①。后现代消除了这样的顾虑:"人们会很困难地在一个破碎的环境中生存。"大家再也不会担心如果面临的事物缺乏一致性和整体性,我们便体会到疏离感、焦虑和沮丧。无数性质不同、大小不一的文化、生活、记忆的碎片,组成了后现代"多元""差异"、丰富多彩的世界。就像每个星球在宇宙无垠时空中都不过是一个微不足道的碎片一样,每个"个体"在后现代也不过是一粒不起眼的尘埃,而这粒尘埃终将和其他"微粒"一起绽放出自己的光芒。韦伯斯特说:"后现代视角因差异性而繁盛,它同样因碎片化的文化而百花齐放。"② 社会和文化的"整体性""统一性""同一性"瓦解形成的"碎片化"是后现代标志性的时代境遇,人们也习惯了这个"碎片化"的时代境遇。现代性是对"秩序性"和"完整性"的维护,后现代是对"差异化"和"碎片化"事物的欢迎与拥抱。"完整性"依赖"权威"和强制性的"专横"维护,"个体化""多样性""碎片化"是摆脱"家长式"要求大家庭的权威和监管的结果。现代性是对真理的坚信不疑,后现代是对绝对真理观念的彻底怀疑。这种怀疑和否定,构成了文化自我更新、永葆青春活力的动力。现代性对理性的崇拜和道德的强调,注定了它对娱乐的强迫性的限制。后现代对感性解放的诠释决定了它是"快乐崇拜"的文化,代表了对人性中固有的游戏、娱乐、幸福追求的尊重。"很长时间以来,文化监护者(cultural custodians)擅自告诉人们他们应该阅读什么,看什么和听什么(当他们偏离了所指定的著作和判断时,他们至少会感到一丝内疚)。在这种道德监管之后隐藏着的是一种现代主义的忧虑,认为碎片化是有害无益的。后现代反对这种观点,弃绝了对'真实的意义'的寻求,认为人们可以享受并且正在享受这种碎片化,并没有因为相互冲突的讯息和价值观而烦恼。这样造成的结果是赏心悦目、欢乐庆典的多样来源,

---

① [法]让·博德里亚尔:《完美的罪行》,王为民译,商务印书馆2000年版,第8页。

② [英]弗兰克·韦伯斯特:《信息社会理论》,曹晋等译,北京大学出版社2011年版,第309页。

无需任何意义：霓虹灯、法式烹饪、麦当劳、亚洲食品、比才（Bizet）、麦当娜（Madonna）、威尔第（Verdi）以及弗朗兹·斐迪南德（Franz Ferdinand），混杂的快乐来源备受青睐。"① 一切都在昭示着这样一个历史的必然：一个"复调""狂欢"、充满活力的后现代世界正在取代单调、枯燥、沉闷的前现代性和现代性的世界。

第二节 "日常生活叙事"取代"宏大叙事"

后现代是对现代性的反思。18、19 世纪人类还在为建立一个公正、自由、平等、博爱的理性秩序而革命，我们的日常生活被这些崇高而宏大的叙事所"控制""规范""格式化"。在现代性时期，无论是科学、哲学、文学和艺术都试图用"启蒙"和"革命"的方式来改造人类社会和意识形态，所关注的问题几乎都与"个体"的日常生活无关。人们相信理性和道德会带领人类走出蒙昧、黑暗，朝着不可阻挡的光明和幸福迈进。但是事实证明，来自阴魂不散的封建专制思想"遗传"的极权主义压迫（如希特勒的法西斯主义制造的"奥斯维辛集中营"、斯大林制造的"古拉格群岛"），为了私利、权力的野蛮争斗，以及理性的规则依然在剥夺人类的自由，阻挡社会的进步，人类关于美好的理想愿景依然是可望而不可即的海市蜃楼。特别是 20 世纪两次世界的大战屠杀几千万生灵的罪恶，彻底泯灭了人类关于理性和幸福的诗意幻想。人们开始怀疑理性，它并不是人的唯一特点，在理性之外，人的内心深处还有残忍的"破坏性本能"。而过度张扬理性也导致了经济运行理性化、社会管理理性化、情感表达理性化，使社会变得越来越科层化、等级化、官僚化、工具化，这一切再一次将人类推向了绝望的边缘。法兰克福学派认为，西方的启蒙理性的结果是加剧了野蛮和专制；德国社会学家韦伯将启蒙现代性称为"自由的铁笼"，认为铸就这个铁笼的材料是"法理权威"（legal-rational），它带给人们的是表面解放，实质加剧了对人的控制和压迫。"人们的思想及行为不再受到专制君主即暴君独裁专断地使用和滥用

---

① ［英］弗兰克·韦伯斯特：《信息社会理论》，曹晋等译，北京大学出版社 2011 年版，第 309—310 页。

权力的限制以及管制，而是受制于对规则与程序的体制化应用。这种统治的典型形式是阶层制（bureaucracy）。这个词的确切含义是：'通过运用规则来控制'，并且韦伯相信这种控制类型就是现代性的特点。据此看来，现代文化首先还是一种理性的和阶层制的文化。"① 经历了文艺复兴和启蒙运动的洗礼后，人类社会依然行进在"奴役之路"上，世界普遍被"启蒙"所带来的悲观结局所笼罩。20世纪的政治哲学家哈耶克说道："在我们竭尽全力自觉地根据一些崇高的理想缔造我们的未来时，我们却在实际上不知不觉地创造出与我们一直为之奋斗的东西截然相反的结果，人们还想像得出比这更大的悲剧吗？"②

现代性不但在社会和政治中重新形成了等级、支配和压迫的权力关系，而且在艺术和科学领域同样如此。在19世纪之前，神圣的宗教控制着人们的思想，19世纪以后艺术逐渐取代了宗教的神圣地位，文化和艺术的世俗化、大众化进程加快。但自古以来崇尚神圣的"文化惯性"依然存在。霍克海默曾经指出，"自19世纪初，'艺术'在本质上被视为几乎是'神圣的'并且高于普通和世俗的社会活动。在某种意义上，至少在社会精英阶层，'艺术'逐渐取代了上帝，因为贮存审美和道德的价值观看起来要比承担粗俗地追逐金钱的风险——这一资本主义社会的主流特点——要高尚许多"③。19世纪英国的阿诺德是捍卫文化艺术精英性质、等级秩序的代表，"高雅文化"成为他心中崇拜的新的"文化偶像"。英国的雷蒙·威廉斯尖锐地指出了他的"文化保守主义"的缺点："阿诺德将'高雅文化'定义为高于世俗生活，反映了'艺术'这一新的社会领域的建立，感觉上是远离于人类日常事务。艺术与艺术家的世界被视为与'日常生活'（ordinary、living）并无联系，并且要优越于日常生活。"④ 至此，在欧美世界，高雅与通俗、艺术与日常生活之间形成了不

---

① ［英］戴维·英格利斯：《文化与日常生活》，张秋月等译，中央编译出版社2010年版，第51页。

② ［英］弗雷德里希·奥古斯特·哈耶克：《通往奴役之路》，王明毅等译，中国社会科学出版社1997年版，第13页。

③ ［英］戴维·英格利斯：《文化与日常生活》，张秋月等译，中央编译出版社2010年版，第117页。

④ 同上书，第118页。

可逾越的鸿沟，人们一直认为前者优于后者，高于后者，而后者是低下的、卑微的，甚至人文科学研究也轻视与每个普通人的日常生活有关的领域。这种文化趋势很大程度上阻挡着世界政治和文化"民主化"的进程。正如一些西方学者所指出的："在社会中，政治和社会秩序基本上是建立在对人的类型所做的'高尚'或'低级'的区分基础之上的，在知识或审美情趣的'高尚'或'低俗'的对象之间也做出类似的区分。"①显然，这是传统的等级观念导致的"后遗症"，它巩固了社会和文化中的压迫关系。布尔迪厄也曾经指出，"在'高雅'和'低俗'文化之间所做的区分是建立在阶级之间、支配与被支配之间、统治与被统治之间，被定义为'文雅'的人与被定义为'粗俗'的那些人之间的区分基础之上的"②。不但哲学与日常生活如此疏远，现代性时期的艺术在形式上的刻意求新，追求与现实的"间离"效应、"陌生化"效果，现实主义美学所提出的"艺术来源于生活而高于生活"，都是对日常生活"去粗取精"的强行改造，以便营造一种艺术高高在上的优越感，彰显自己远离普通民众的"贵族""精英"品位。无疑，这是与现代民主政治提倡的自由、平等的观念格格不入的。正是在这种鄙视大众、冷漠大众、令人沮丧的现代性语境下，20世纪整个人文科学发起了"向日常生活回归"的倡议。法国思想家亨利·列斐伏尔在他的《日常生活批判》中将哲学脱离日常生活的缺陷视为资本主义"异化"的现象，提出改造哲学的主张，其实质是改造哲学对日常生活的拒斥，反转哲学对日常生活的偏见，使日常生活成为哲学思考的对象，传统哲学与日常生活中人相互外在，无关于人的日常需要、本性、情感、行为和所拥有物，因而使人完全茫然。日常生活之所以成为哲学的对象恰恰是因为它是非哲学的。他说，当哲学宣称自身是独立于非哲学并且是完全自足的，哲学就是自相矛盾的和自我毁灭的。

与这种"回归日常生活"的思潮相呼应的是，一些思想家主张进行"日常生活的革命"（或叫日常生活批判），匈牙利思想家阿格妮丝·赫勒

---

① ［英］戴维·英格利斯：《文化与日常生活》，张秋月等译，中央编译出版社2010年版，第124页。

② 同上。

认为，个体因为自身的利益往往是利己自私的，甚至是"排他"的，这会导致社会结构的分裂和崩溃。"人总是带着一系列给定的特质、能力和才能进入世界之中，他最为关切的是他直接共同体中的生存，他对自己世界的理解和建立往往是以他的自我为中心，他特别注重培养那些有助于他在给定环境中生存的特性与素质。特性可以包括特殊的禀赋、排他主义观点、动机和情感。而个性则代表了类（类本质）的发展，代表了类的价值，它反映了同类本质建立起自觉关系，并以这一自觉关系为基础来安排自己日常生活中的存在状态。"[①]　赫勒看到了"个体"与"社会"（类）之间存在的矛盾，特别重视"个体"对"社会"的重要性。她把日常生活看作"个体再生产要素"的集合，个体的再生产一方面不断再生产出个人自身，另一方面构成社会再生产的基础。只有最大程度上减少个体身上的自私自利的排他主义因素，社会才能稳定和谐。她把日常生活看作改造个体的起点，而改造个体是完善社会的基础。赫勒反对完全基于排他主义性（特性）而活动的个人，将其称为"排他主义个人"，是分裂、破坏社会的力量，"把体现了类本质的发展的个人称之为个体。日常生活批判（即日常生活人道化）的任务正在于培养自由自觉的个体"[②]。"社会的变革离不开人自身的改变，离不开每个人日常生活的人道主义的、民主的和社会主义方向上的改变。她认为，社会变革无法仅仅在宏观尺度上得以实现，人自身的改变，人的态度改变无论如何都是一切变革的内在组成部分。"[③]　赫勒受其老师卢卡奇"整体哲学"的影响，强调社会整体发展的重要性，主张个体的利益必须服从整体的利益、社会的利益，乃至于人类的共同利益。这就是她所抱定的目标：实现"日常生活的人道化"。"赫勒认为，日常生活批判的目的就在于通过自由自觉的个体的形成而把日常生活建立为'为我们存在'。……一言以蔽之，日常生活的人道化就是要'使所有人都把自己的日常生活变成为他们自己的存在，并且把地球变成所有人的真正家园'。"[④]　在媒介领域，20

---

① ［匈］阿格妮丝·赫勒：《日常生活》，重庆出版社1990年版，中译者序言。
② 同上。
③ 同上。
④ 同上。

世纪中叶以前的电影在很大程度上是脱离受众的，其内容是被艺术家精选、加工、提炼、"编码"过的生活，过度强调文艺性、思想性，其受众局限在精英阶层、业内人士。电视虽然较电影更具有真实性，强调对生活的原样记录，追求现场感，但电视的内容，无论是新闻还是综艺、娱乐节目都是经过了审查、挑选、剪辑、后期加工、排练、预演，并不是原汁原味的生活本身。20世纪中期以后，互联网的产生打破了上流社会、精英阶层对文化和信息的垄断与封锁，也彻底瓦解了文化艺术上的等级制度。"网民"这个隐匿了阶层、地位、种族、性别、身份的个体在赛博空间实现了想象中的平等。网络空间成为人人共享文化资源、生活经历、情感生活，表达对社会和政治关怀的"迪士尼乐园"。如果说电影、电视、网站、博客、微博上的内容还需要一定的专业资质和"文化资本"才能介入，那么今天微信的内容几乎涵盖了日常生活的方方面面，如衣、食、住、行、娱乐、旅游、休闲、体育、艺术、政治、微商广告、"段子"发布、新闻、寻人启事等，人们生活世界里存在的东西无所不有。在微信的世界里，消弭了"神圣与世俗""崇高与卑微""高雅与低俗""艺术与日常生活""精英与平民"的一切高低、贵贱的界限，"个体性"和"社会性"在这里达到了最大程度的"兼容"，微信的内容既包括每个人的琐碎生活，也涉及"个体"一时心境的起伏变化。网友既关心社会政治的变化、国家大事、民族命运，也关注世界发展的进程。它业已成为社会、文化、艺术、政治、经济、媒体、个体生存的一个"微型世界"，成为我们全面了解青年这个群体世界的有效窗口。

关于日常生活的重要性，西方一些社会学家早已注意到观察日常生活可以"以小见大"，起到对社会"窥一斑而见全豹"的作用。西方著名社会学家齐美尔就曾指出，即使是最为普通、不起眼的生活形态，也是对更为普遍的社会和文化秩序的表达。如果我们忽视对这个世界的关注，就意味着对青年一代生活的隔膜无知，也意味着对世界的未来、文化的未来一无所知。"如果我们想要全面理解日常生活，超越将其视为空洞无聊与微不足道的行为的集合观点，我们就必须理解更广阔的社会与社会结构是如何使得日常生活适合不同类型的人群的。反之，如果我们没能理解在日常生活里，不同群体的人们处在什么状态的话，我们就不能够理解一个社会，或者它的某一特定部分是如何运作的。"① 每一个时代的日常生活都是那个时代的文化、政治、经济、传媒所塑造的社会形态的表征，现代性是福特式生产方式，是流水线、机械化、大工业生产主导的时代，沉闷、单调、无聊构成了这个按部就班时代的征候。"现代性之中的'日常生活'的基本特征是它的整齐划一，它的沉闷无聊等等，也许它的特征相同而又最为常见的东西是流水线。"② 现代性社会采取的是相对静止、单调的文化传播方式，是文字和文学占据支配地位的时代，它与工业生产的"重复""统一""机械性"一道加剧了现代性生活的枯燥和无聊。后现代是信息时代，信息的流动是"快速的""碎片化的""游牧性质的"（去疆界）。后现代的传播媒体以"混搭"的方式综合了文字、声音、图像、视频，以代替现代性的单纯的文字文本，以求取得多元、动态、刺激的效果，从而满足人性对多样化的精神、情感、审美的追求。这也是后现代美学朝综合性、丰富性、日常性、开放性发展的必然趋势。

第三节　幽默的"话语修辞"及"话语模式"

现代性时期是夹杂了阶级、斗争、革命、牺牲、崇高、悲剧等严肃话题的时代，人类还在为争取生存权利和一些基本的自由权利而努力。无论是官方还是民间的话语表达都被统一的、规范的、严肃的、单调的模式控制着，而传统的媒体报纸、广播都是在体制的约束、监管下进行操作，被统一的意识形态话语编码后进行发布的，媒体从业者的"主体性""个体性"在很大程度上被"规训""限制"，这些特点加固了社会的僵化和传媒话语的"同一化""刻板化"。后现代网络媒体一定程度上冲破了体制的约束，媒体的操作流程、话语的个体性、主体性、自由度得到了拓展，信息的多元、差异传播得到了加强。传统社会的结构、文

---

① ［英］戴维·英格利斯：《文化与日常生活》，张秋月等译，中央编译出版社 2010 年版，第 5 页。

② ［英］本·海默尔：《日常生活与文化理论导论》，王志宏译，商务印书馆 2008 年版，第 12 页。

化和传媒呈"树枝状"，所有的树枝最后"统一""汇聚"到线状的根部（"枝叶"服从"根"的命令，吸收阳光、空气，并和"根"吸收的水、有机物、无机物一起制造养料，以保证树的茂盛和再生）。它保证了组织结构的系统性和文化信息发布、传播的"统一性"、"完整性"。后现代对文化的多元性和差异性的强调，使传统统一的社会结构分裂、肢解，网络的多媒体特征、信息的自由流动促进了社会的开放，话语的权力机制、垄断现象一定程度上被打破，不同文化形式、话语表达方式都在一定限度内获得了正当性、合理性。传统社会的人们被束缚在土地、机器中，进行单调无趣的劳作；后现代在工业革命基础上的技术进步，解放了生产力，人们有了宽松、自由的环境，更多的休闲娱乐时间，有了更多、更方便的接触媒体文化的机会。传统的封建、官僚、等级制文化形成了宫廷与民间、官方与民众、高雅与通俗、严肃与欢笑、悲剧与喜剧、灵魂与肉体之间的对立和对抗，而且植根于人性深处的对自由、欲望、快乐的要求受到了限制。后现代的传媒，如电影电视，特别是网络最大程度上消除了上述社会结构和文化形态之间的矛盾对立，为人类追求自由、快乐、幸福的梦想提供了较以往任何时代不可比拟的条件。应该说，这是人类文化史上的一次精神"返乡"——向"强调人生快乐的重要性"的古希腊文化的回归。"希腊人对一切与生活有关的事情，都充满理想与热情，青春被视为特别宝贵的财富，青年人的欢乐，是世间最大的欢乐。他们渴望美与爱情，因为生命的欢乐首先就意味着美与爱情。诗人们认为这是最富有理想色彩的。希腊人将健康视为无价之宝，没有健康，幸福也就不复存在，而幸福是生活的唯一目的。梭伦声称，人生的快乐是值得追求的。"① 在中世纪，宗教神权的"严肃性""刻板性""神圣性"，使文化形成了官方的和民间的分野，官方的文化是正统的、刻板的、严肃的、压抑的、禁欲主义的；民间文化是喜剧的、野性的、狂欢的、享乐主义的。文艺复兴在一定程度上为人的感性解放、快乐地生活提供了社会和文化的宽松环境。17 世纪的斯宾诺莎从理论上抵制中世纪的禁欲主义思想，论证了快乐人生的重要性，认为快乐是幸福的源泉，幸福与

---

① ［英］伯高·帕特里奇：《狂欢史：从古希腊到二十世纪》，刘心勇、杨东霞译，上海人民出版社 2014 年版，第 1 页。

快乐紧密相连，对于培养人与他人相爱的情感，协调人与人的关系，都具有积极的价值。"斯宾诺莎认为，快乐与幸福是一种蓬勃的活力状态，这种活力推动我们去理解我们的同胞，去同他们结合成一体。快乐来自建设性生活经验，以及将我们同世界结合起来的爱和理性的力量。"① 当然，我们不得不承认，从文艺复兴运动到 20 世纪的前半期文化虽然在很大程度上摆脱了宗教文化的压抑、控制，但文学统治的世界依然是理性占上风，人的感性欲望受到禁锢。文学支配的世界，其情感是节制的，美学上崇尚的是悲剧和崇高的叙事，尽管从古希腊开始，历史上也有喜剧和梅尼普讽刺、滑稽模仿等文学形式的出现，但总体上说文学的历史是压抑的历史、悲剧叙事的历史，因此利奥塔才将现代性美学称为崇高的美学。绘画和雕塑试图冲破这种禁欲主义的阻碍，但依然是半途而废。摄影基础上演变而来的电影在人的感性欲望的解放之路上，向前大大地跨越了一步。电影使身体和欲望的动态展示变成了可能。成为一代一代青年人拥趸的对象。电影彻底改变了人们保守的观念，使理性的人变成了理性和感性不可分割的人。即便如此，电影无疑仍然是体制化的产物，人的解放依然受到一定的限制。计算机网络出现以后的信息时代，不但使人在行为上有了更多的自由，而且在话语方式上也获得了更多的自由。即网络文化带给人的解放在很大程度上表现为话语的解放，它以文字、声音、图片、视频多媒体的"文本范式"告别了文学那种文字的单调性，传播的枯燥、说教性质，也摆脱了悲剧和崇高统治文学艺术的时代，戏仿、搞笑、自嘲、讽刺、反逻辑、反正统、错位搭配、滑稽模仿等喜剧形式成为网络空间新的叙事方式和表达模式。喜剧带给人的是欢笑、快乐，在后现代的大众看来，快乐就是幸福，它也意味着解放，解除了一本正经的严肃性带来的压迫感。后现代反感人文科学和艺术领域里的一切"权威叙事"，否认事物只有唯一正确的结论，认为它们是滋生意识形态专断、极权主义的土壤，是阻碍解放、进步的撒旦。所以，后现代不但拒绝真理的"唯一性"，也拒绝文化的"同一性""统一性"。"后现代主义非常强调差异性——诠释、生活方式和价值观上的差异，此与抛弃真实性的信仰有所关联。例如，后现代观点鼓励人们拒绝精英主义（elit-

---

① ［美］弗洛姆：《健全的社会》，孙恺祥译，贵州人民出版社 1994 年版，第 162 页。

isms），这种精英主义主张教授孩子们一种统一的、丰富的'共同文化'（common culture）或者一种文学的'伟大传统'。所有此类主张都被拒绝接受，因为它们涉及太多的意识形态，包含了太多的关于某个特定群体施加权力的例子。……共同文化通常是排他性的权力表现，并且是强加于我们这个社会的许多群体之上的权力压制。"① 在后现代，谁都不是"立法者"，而只是"诠释者"，冲破等级、权威、社会刻板体制、单一文化、统一话语的约束成为时代的主张，倡导多元、宽容异见，渴求将生活和文化变成节日般的嬉戏和狂欢。因此，我们看到像"解放"这种曾经流行的现代性话语并没有失效，它构成了后现代叙事的有机成分。"解放性的言论充斥后现代。因为后现代的核心就是反对任何形式的'专制'（tyranny），这些专制力量试图为人们的生活制定一种'正确'的标准；后现代文化反对此类'专制'，它是通过多样性、狂欢（canivalesque）以及无限的差异性而繁荣昌盛。"②

　　在后现代语境下，"快乐"成为后现代文化和媒体受众崇拜的新的"图腾"。后现代不再重视对意义的固执追问，而是将快乐视为生命存在的意义和价值，在文化经济中，将文化变成商品，将商品变成通向快乐的中介，将快乐变成商品，是后现代文化和经济的主要特点。总之，所有的文化活动都是从快乐出发，最终回归快乐的活动。这就是人们把后现代的经济称为"娱乐经济""体验经济"的原因。在后现代，娱乐成为了商品，审美文化就是商品，它们都是可以兑换成货币的资本。如果一个商品既给人提供了实用价值的满足，同时又具有让人快乐的审美价值，这个商品自然就会热销。典型的事例就是旅游景点，它不但涉及交通、吃住等接待能力给游客提供的方便、舒适和满意度，而且最生死攸关的是自然风景和人文内涵是否能给不同的游客带来身心的快乐和满足，达到了这些要求。它毫无疑问会成为人们趋之若鹜的热门景区，取得巨大的经济效益。费瑟斯通曾以看电影为例，将现代主义和后现代主义时代的人们之间做了这样的区分："现代主义的狂热者们担忧'电影的意义是

　　① ［英］弗兰克·韦伯斯特：《信息社会理论》，曹晋等译，北京大学出版社 2011 年版，第 309 页。
　　② 同上书，第 302 页。

什么’；后现代主义的子民放弃了如此久远的渴望，而满足于在体验的多重快感中陶醉。类似地，后现代旅行者们非常了解他们得到的并不是一种真实的体验；他们鄙视那些销售‘真实的’饰品的精品店，那些在海滩上晃荡的拉拢寻求性事者的皮条客，那些位于偏远角落却声称提供最新的录像带、流行音乐和饮料的舞厅的虚伪。旅行者完全了解这一切都只是一场游戏，但他们依然满足于在假期去旅行，参与造就安排有序的事件，因为他们在假期所期望的是‘快乐时光’‘快乐’。他们不关心‘意义何在，也不关心这些食物、人和环境是否真实’。”① 因为，在后现代，“仿真的世界”代替了“真实世界”，“原本”与“摹本”之间的区别几乎消失，真实已经消亡，一切都是在商品的交换价值驱动和消费主义引领下对“真实”的“复制”和“模仿”。在对真实的质疑中，后现代的人们义无反顾地追求的是对生活的“差异”“多元”的“复合型体验”，对一般观众来说，看电影更多的不是思考艺术的内容和形式之间的关系，以及文艺性和商业性的结合，而是被看作体验五味杂存的生命活动，享受快乐的身体体验。“与我们一样，普通人同样清楚地意识到，发现‘真实的意义’是一种无法实现的梦想。他们同样意识到每一个情景都会产生多重的意义，意识到对真实的寻求简直就是痴人说梦。因此人们不会急于找到最近电影的真实意义：他们会满足于享受它所提供的一切——有趣、无聊、娱乐、从家务事中逃离、向伴侣求爱的一个机会、晚间外出、讨论的话题……”② 法国的博德里亚（有人翻译为鲍德里亚、波德里亚）也以铺天盖地的广告为例，说明后现代所有的文化信息，具备快乐元素的重要性，后现代的广告就像五彩缤纷的风景那样让人迷醉，快乐才是它强大的生命力所在。“鲍德里亚声称人们喜欢广告，但他们并不是因为广告试图传递的任何信息而去喜欢广告的，当然也不是因为它们可能会被广告说服在看过之后便去购买某种产品，他们喜欢广告只是因为广告能够带来快乐。广告‘犹如景观且令人陶醉’。”③ 当然，网络

---

① ［英］弗兰克·韦伯斯特：《信息社会理论》，曹晋等译，北京大学出版社 2011 年版，第 308 页。

② 同上。

③ 同上书，第 318 页。

文化的喜剧风格无疑是文学、电影、电视为其做了前期铺垫。西方有悠久的喜剧历史，如古希腊的喜剧、酒神文化以及从古希腊延续到现代的狂欢节文化，卓别林的喜剧表演、伍迪艾伦的喜剧电影等影响构成了它的"前历史"。在中国，则有文学史上的喜剧、民间的马戏、杂耍、相声艺术等。当代文学里以反讽、幽默著称的王小波、王朔小说，图像世界里的恶搞、漫画，刘镇伟导演、周星驰表演的"无厘头电影"《大话西游》，戏谑、恶搞陈凯歌《无极》的胡戈等都构成了网络文化喜剧化的"前文本"。"搞笑"成为改革开放的20世纪80年代以来的一股不可阻挡的叙事潮流，它冲刷了中华民族"苦大仇深"、什么都一本正经的历史，消解了"对抗""革命""斗争"的历史带来的严肃刻板，以及尖酸刻薄的嘲讽、辱骂、"大批判"型的叙事范式，将文学艺术带向了"快乐至上""娱乐至死"的喜剧时代。传统的电影追求故事的完整性、曲折性，拖沓冗长的故事情节、滔滔不绝的对话、不厌其烦的台词形成现代电影的文本（如旧好莱坞电影）。后现代电影在突出蒙太奇效果的基础上尊重日常生活的"流动性""偶然性""碎片性"，因此故事情节的"完整性""曲折性"不再显得非常重要，同时后现代电影追求故事的"复调性""零散性""交叉性""跳跃性""时空的穿越性""结尾的开放性""视听语言的新奇性"、震撼性，台词简短、对白幽默搞笑是其典型特征。20世纪90年代以来，网络空间最早的微型"喜剧"话语形式是搞笑的手机短信，它萌生于嘲讽腐败的"当代民谣"和"民间黄段子"。"民谣"以顺口溜、讽刺的语言方式针砭、调侃部分官员的腐败、堕落行为，如"吸烟基本靠送，喝酒基本靠贡，工资基本不动，老婆基本不用"。"黄段子"是在"民谣"基础上的升华，它与后现代的"肉体叙事""下半身写作"一道，用"性经验"的柔性话语撕破了部分官僚的伪善面具，把"民谣"的尖锐讽刺"软化处理"成对腐败、官僚等丑恶现象的消解。"搞笑短信"这些经常被排斥在"高大上"的文学杂志以外的"微型叙事"，形成了对"颂歌式"政治叙事的反感、悖逆和抵抗。赵勇先生将手机短信的这种叙事模式概括为"去政治化"。在这里，"娱乐道德观"和"性话语"结盟成具有解构功能的"文化政治"。手机"搞笑短信"并不是"政治冷漠症"的表现，恰恰是对政治领域不良现象的温和讽刺和"脱冕""降格"化处理，这种"恶搞的话语"实际上是部分人的政治行为对民众伤害的结果，导致民众对那些"挂羊头卖狗肉"的"官痞"们的厌恶。"官痞"不良行为带来的连锁反应摧毁了执政党的生存根基（广大的人民群众）和"合法性"基础（共产党是"以民为本"的政治），严重的恶果会使政治演变成与民众无关的"自娱自乐"，没有民众参与的政治也就变成了"空洞的政治"，从根本上宣告了政治自身的枯萎、死亡。当前的"微信"延续了上述网络话语的形式，穿越于网络世界的段子手以反逻辑的语法、错位搭配的方式、"抖包袱"的结尾制造出乎意料的笑话。而在视觉领域，"小咖秀"表演者将原来的配音与极不相称的表演者搭配起来。如将年轻貌美女生的表演与土了吧唧的赵本山的配音"混搭"，收到的是因"错位逻辑"产生的幽默搞笑的效果。这些段子和"小咖秀"已经没有明确的政治内涵和目的，但具有"无目的的目的性"，它的终极目的无非就是搞笑和快乐。"段子"是对所有"宏大意识形态话语"的逃离，无论是社会的、政治的、道德的、美学的都与之无关，它回归普通人的日常生活，关心的是怎样在平淡无奇的日子中"制造乐子"，"快乐"成为超脱滚滚红尘、带有游戏性质的"草根政治"。这种"找乐"哲学的盛行，强有力地说明人的本质是追寻快乐的，而这种快乐在现实中却成了"稀有元素"。今天，年青一代以"幽默""搞笑""故意犯错"为特点的网络语言已经取代了过去那种"中规中矩""严肃""刻板"，强调"绝对正确"的传统语言规范，它预示着一个时代的结束，另一个在"破坏中创造"的时代到来。

第四节　后现代"身体关怀"下的"审美强迫症"

"微时代"是宏大叙事主导地位终结的时代，而微型叙事、关注日常生活成为时代的标记，这也是系统的哲学美学研究逐渐退潮、"日常生活美学"日益爆红的时代征候。自18世纪鲍姆嘉通提出"美学"概念以后，东西方关于美学的本质研究、美感研究、审美经验研究在20世纪中叶似乎就已彻底完成，此后的美学已面临学术话语和范式的危机。而中国的美学研究从20世纪50年代的关于美的本质讨论到80年代的美学热潮，虽然形成了几大流派，但最终随同理想主义、激进政治沉寂于80年代末期。90年代的"经济话语"完全窒息了美学热潮。80年代的美学热潮、理想主义、人文精神话语在今天看来也是在全球化消费主义盛行到来前的德国古典美学，特别是康德美学的"回光返照"而已。不可否认的是，虽然美学大潮已然成为往事，但迄今为止，美学的影响依然像幽灵一样游荡于日常生活之中，显示出"野火烧不尽，春风吹又生"的野草般的生命力。美的问题已不再是学者玄想、研究的课题，而是渗透到了社会、经济、文化中，成为日常生活意识形态的组成部分。"微时代"比任何时候都更关注客观对象带给人的直观审美感受，家庭和餐馆的华丽装修、城市和环境的规划设计、工业产品的设计包装、地产商对环境美的利用、人才市场对五官、身材、形象的要求，可以说，今天我们的衣、食、住、行的方方面面都打上了"审美意识形态"的烙印。"美"已经成为一种"生产力""商品""资本""秒杀能力"，它构成了后现代"景观社会"最显耀的"奇观"。法国的居伊·德波认为，在后现代，资本家正在把金融资本转变为可以赚取超额利润、爆发性增值的影像世界，即他所说的"景观社会"。他指出，在这个时代，"资本变成一个影像，当积累达到如此程度时，景观也就是资本"①。"景观"的本质是"美"，换言之，"美"已经成为后现代一道史无前例的亮丽景观。"美"让人在人造的景观幻觉中找到了生命的快乐幸福的感觉，它把哲学家所说的"美是对幸福的承诺"兑现为现实，也是对尼采提出的"人只有作为审美的现象才有存在下去的理由"观点的证明。人们沉溺于"景观世界"，实质上是在"消费美"，"景观"制造了幻觉的美。"真正的消费者变成了幻想的消费者。商品是这一物质化的幻想，景观是它的普遍表达。"② 在这里，"景观—美—幻觉—商品—消费"组成了后现代"从生产到消费"的完整链条。媒体在这一新的"景观时代"更是推波助澜，时尚杂志靓丽的封面女郎、广告、电影、电视、互联网将我们这个时代引领到注重形式美（对好看、漂亮、光鲜的关注）的时代，如书籍强调吸引眼球的个性化装帧，广告运用特技制造出的炫彩效果，电影、电视剧注重"美女—帅哥"搭配，日常生活中美容、美发、美甲、人体彩绘（它们已经成为非常重要的造型艺术）的走俏。互联网对界面的美学效果的强调，

---

① ［法］居伊·德波：《景观社会》，王昭凤译，南京大学出版社2006年版，第10页。
② 同上书，第16页。

对图片、视频与文字的美学关系的协调，都在显示这个时代"美"业已成为"君临天下"的霸主。

这是一个建构"身体美学"的时代。"身体美学"关心的是个体的快乐和幸福的问题，截然不同于传统的哲学美学总是脱离个体的日常生活，与人的幸福和快乐无关。美国当代美学家舒斯特曼指出："如果哲学注重对幸福和更好生活的追求，那么涉及作为我们愉快的场所和中介的身体美学，显然应该得到更多的哲学关注。"① 不仅如此，舒斯特曼还对"身体美学"的含义和涉及的行为实践做了具体说明："身体美学致力于对一个人的身体——作为感官—审美欣赏（aisthesis）和创造性的自我塑造场所——经验和作用进行批判的、改善的研究。因此，它也致力于构成身体关怀或可能改善身体的知识、话语、实践以及身体训练。"② 事实上，20 世纪 90 年代，随着市场经济的发展，在我国内地就形成了吸引眼球的"美女经济""注意力经济"的潮流。国内的一些传媒人士在 21 世纪初就指出："'眼球经济'或'注意力经济'就是近几年广泛流行的新名词，意指通过传媒手段，借助'视觉美学'，特别是女性的身体外貌，吸引公众的关注、强化公众的记忆，从而产生经济学方面的价值效应。'眼球经济'是消费主义时代'身体美学'和资本家'商业促销实践'的结合。'眼球经济'的前台主角却是那些千姿百态、青春靓丽的美女。她们无处不在、魅力诱人的身影进入我们的经济生活，掀起阵阵热浪。不管你愿不愿意，美女经济已经成为了我们日常生活的一部分，提升了时尚社会的繁荣指数。"③ 不但经济如此，媒体和企业（包括广告）也经常把美女作为"撑门面"，提高点击率、关注度，刺激大众胃口，扩大消费的"开胃菜""招牌菜"，如网络从多年前开始一直延续到今天的"写真集""美女图"，以及经常出现的"选美""选秀"时装模特比赛。经济利益的驱动，媒体对人气的饥渴，电影电视对票房、收视率的急切期盼，都促使当今社会变成了"离开美女就不能活"的时代。更有甚者，社会中

---

① ［美］理查德·舒斯特曼：《生活即审美：审美经验和生活艺术》，彭锋等译，北京大学出版社 2007 年版，第 188 页。

② 同上书，第 186 页。

③ 许宏、鲁田：《美女经济报告》，作家出版社 2002 年版，第 1 页。

一些人在车身上打上这样的标语："招手即停，只限美女。"一句话，"美女""美的外表"已经成为我们这个时代无法抵挡的诱惑，它严肃地宣告：这是一个颠覆传统、"外表美"压倒"内在美"的时代，一个"崇拜颜值""我美我存在"，"靠颜值吃饭"胜过"靠才华吃饭"的时代。正如国内著名学者殷国明指出的，"女性诱惑已经成为一种时代文化的镜像，将会引导我们进入一个新的文化领域，领略人性在大众流行文化中的升降沉浮，思考人类文明的未来"①。她用 20 世纪 90 年代的大众传媒和流行文化的事实来说明"女性诱惑"的势不可当的必然趋势。在她看来，流行文化正是看准了女性身体是"美"与"性感"结合产生的"致命诱惑"，资本家以此来获取经济价值，所有的商业行为，娱乐、服务产业都在借助女性身体占领经济制高点。她说："其实大众流行文化就是与人的生命存在和本能需要密切相关的一种文化，它所依据的就是人们的本能欲望，而且用欲望的满足及其形式来构造和编织人类的文化形态。在现代社会中，人们已经无法逃避女性诱惑的追逐，从网络上数不胜数的美眉、电视屏幕上的'超级女声'，到搔首弄姿的封面女郎以及未必货真价实的美女作家，令人眼花缭乱，不断撩拨着人们的欲望，催人奋进。"② 殷国明梳理、考察了人类从中世纪的基督教禁欲主义对身体的严格管制和约束的历史，也征引了人类在物质匮乏时代对本能欲望的"有意识"和"无意识"压制的历史，提出身体的"原点"就是"文化的原点"，女性诱惑是向"文化原点"的复归，是标志着人的本能继文艺复兴之后的又一次解放。正是当下张扬感性解放文化的语境下，"身体美"已经成为每个青年对身体焦虑的原因。面对这个"以貌取人""过度包装"的时代，"80 后""90 后""00 后"的年青一代将身体当作特别关注的焦点，再也按捺不住对身体的"美学加工"，因为它关系到未来的命运——职业生涯、社会地位、个人的爱情、婚姻、家庭问题。正因为如此，美容、化妆、减肥、抽脂、纤腰成为了时尚和潮流，隆鼻、丰胸、割双眼皮、磨颧骨等"整容"手术成为我们这个"美女经济"时代改变命运的幻想。2013 年由林爱华执导的《整容日记》更是用事实说明了"爱美"

---

① 殷国明：《女性诱惑与大众流行文化》，华东师范大学出版社 2008 年版，第 1 页。
② 同上书，第 10 页。

"变美"已是事关个人的前途命运的大事。明星明里暗里地整容，也进一步催生了青年女性"乌鸦变凤凰""化腐朽为神奇"的梦想。范冰冰最近几年在电影电视上的走红，也成为当下很多女青年"审美复制"的标本，她的"锥子脸"大有成为不可颠覆的"审美范本""审美标准"的趋势。很明显，这扭曲的现象潜藏着令人担忧的"审美危机"：一个多样化组成的美的世界即将被某些统一的"审美范式"所取代，新的"审美霸权""审美专制"正在悄然孕育、滋生。因此，最近一段时间出现了这样的社会和媒体中的景观：不但在生活中，"整容"在改变很多青年的外观，甚至在微信上我们看到大量的"修图软件"的运用，"美图秀秀""美颜相机""美拍""P图软件"的流行，其目的是"修正"身体的缺陷和矫正不美的部分，使之更加完善、完美，如对皮肤的"美白"，对面部瑕疵的掩盖、眼睑的扩大、眉毛的加长、双眼皮的"制造"、脸型的重塑，一切都在符合当代审美标准以及男人观看的需要。在媒体上以美的外表"秀出自我"，或以"撒娇""卖萌"（电影《撒娇女人最好命》应时而生，"娇"和"萌"都是当代青年女性"美"的特点）引起关注，增加网络点击率也是当下青年所热衷的。更有甚者，最近在青年女性中流行的"激萌"（英文 faceu）软件更将"卖萌""撒娇""装怪"融为一体。无疑，"身体的美"使当代青年变得更加"阳光"，对未来更加乐观，充满自信，生活得更加快乐、幸福。这是一段时间以来"整容""高烧不退"的根本原因之一。据统计，近年来中国内地去韩国"整容"的青年不断地在递增，有的为了重新获得"身体资本"，甚至付出了生命的代价。后现代对"身体美"的追求热情不减，东西方皆然。正如美国学者舒斯特曼所指出："在我们的新媒体时代，一个最让人吃惊的自相矛盾现象是对身体的突出关注。当长途通讯使身体的在场变得不再必要的时候，当媒体的身体构造和整形的电子人手术挑战真实身体的存在的时候，我们的文化却越来越重视肉体，对肉体的顶礼膜拜，而这在过去是给予了其他受尊崇的神秘事物的。"① 在一个凸显女权主义的时代，令我们感到有些不幸的是，我们似乎依然处在"女为悦己者容"的古代社会。如果说古

---

① ［美］理查德·舒斯特曼：《生活即审美：审美经验和生活艺术》，彭锋等译，北京大学出版社 2007 年版，第 184 页。

代还保留了对来自父母遗传的身体发肤的尊重，"爱美"仅仅停留在着装、化妆的强调上，那么今天的"整容时代"对"身体的关怀"彻底颠覆了传统儒家文化"孝"的观念。从身体的角度来说，"孝"就是对父母身体形象的"薪火相传"，儿女的身体来自于父母身体的"复制"，以满足上辈对"身体不朽"的原始愿望。正是这样，才有孟子的"不孝有三，无后为大"的观念。在古人看来，后代的身体也是宗族香火的直接延续。而当今的"整容"风潮是子女对父母遗传的身体"不满"和"背叛"。从"个体权利"和"女性主义"的立场看，"整容"和"文身"一样似乎是对身体的"个体权利"的诉求，自由支配自己的身体突破了儒家伦理的制约，彰显了"我的地盘我做主"的"个体主义"立场和主张，所有行为包括对身体的处置，不再受制于他人的意志，甚至不惜忤逆父母的愿望。当然，"整容"的行为，在表面的自由、解放的假象遮蔽之下，更多凸显的是"一切都成为商品"，女性依然受控制和被压迫的后现代主义表征。更为悲哀的是，在男女平等观念广泛传播世界、日渐深入人心的当代，我们还深陷于男权社会的泥淖之中，女性在这个"眼球经济时代"仍然没有摆脱"被看""被消费"（被观赏，成为视觉消费品）的商品地位，这一切并不意味着女性的真正解放。但是在这个"媒体化生存"的时代，我们的身体，特别是女性的身体、明星的身体已经不可避免地被市场经济所"征用"，"身体"是人气偶像的载体，成为"个体"成功的符号——实现自我价值的标识，身体成为一个价值不菲的"商品符号"（歌星、影星、体育明星、著名主持人的身体），成为资本家获取超额利润的工具（如电视台的选美、选秀，时装模特表演，美女明星在广告中的大量出现，甚至"粉丝电影"等都可做如是观）。在后现代，对快乐、成功、幸福的渴求是以往任何时代无法比拟的，伴随而来的一个显见的事实是："媒体通过广告系统地表明愉悦、成功和幸福只属于某些人种的身材苗条、漂亮的年轻人。"① 后现代是识破宗教禁欲主义诡计、重视欲望和快乐的时代，而事实上对快乐的追求一直以来都是人类的本能要求，也是奋斗的目标，只是我们长期受到了宗教和理性哲学的诓骗，养成了

---

① ［美］理查德·舒斯特曼：《生活即审美：审美经验和生活艺术》，彭锋等译，北京大学出版社 2007 年版，第 201 页。

对它的虚伪逃避和厌弃。在今天看来，这是一种历史的荒谬，是哲学文化对人"异化"的结果。正如哲学家尼采所指出的，"哲学的非肉欲性是迄今为止人类最荒谬的蠢话"。而舒斯特曼指出，我们今天已经进入一个观念更新的时代，它带来的是对身体的重新认识和重视。"也许享乐主义总是一直同我们在一起，但在这个世俗的后现代时期，它变得更为直言不讳了，'拥有快乐'似乎通常意味着一个人的最高职责之一。身体不仅是快乐的丰富源泉，还是协调所有情感的中介；因此身体转向构成了我们文化的美学转向的一部分。身体意识和功能方面的改善，甚至可以使普通的身体经验变得更为愉悦。亚历山大（Alexander）认为，这种新的'来自于生活的普通的和有用活动的愉悦'，可以提供足够的满足，以便把我们从'对特殊快乐和刺激中的不适当的有害的需要'以及从为了其自身的那种有疑问的对快乐的追求中解放出来。"① 当然，像殷国明那样将女性视为人的本能诱惑，或者像舒斯特曼那样将快乐视为"美学的身体转向"的根本动力都还没有触及当代青年对身体特别关注、焦虑、渴望对其美化的根本原因。笔者认为，当下的"身体美学"正日渐暴露出它"雅努斯神"的两面：一方面，女性的"身体美学"将这个世界改变得更加光彩照人，增强了女性的竞争力、自信心、幸福感；另一方面，我们看到，晚期资本主义形成的消费主义潮流，将一切变成商品，一切变成金钱的符号，"美的身体"可以兑换成货币，有钱就意味成功、幸福、快乐的观念泛滥，"金钱拜物教"统治了整个社会才是当下对"身体美"关注的终极原因。它导致了一个假象，即女性的身体在这个时代似乎是压倒男性世界的一个解放的象征。其实，它从根本上遮蔽了一个女性重新坠入被压迫深渊的真相，即女性的身体被商品社会、金钱社会、男权世界变本加厉地征用、奴役、压榨的真相。

第五节　"微信"与"文化共享"及"认同政治"

后现代社会以信息的生产、消费和快速传播著称，所以又被一些学

---

① ［美］理查德·舒斯特曼：《生活即审美：审美经验和生活艺术》，彭锋等译，北京大学出版社 2007 年版，第 217 页。

者称为信息社会。以工业文明为特点的现代社会虽然在农业文明的基础上有了更宽广的信息传播渠道和交往空间，但人类的自由度并没有因此得到充分的拓展。如平面媒体——报刊的出现，通过记者对信息的收集、报社的出版、发行，扩大了人们及时掌握重要事件和新闻发生的时间、地点、结果，扩展了人们感知世界和认识世界的广度；电报、电话"压缩"了人们交往的时间、空间，排遣了"人隔千里"的孤独与寂寞；广播的诞生为信息的及时传播提供了"范本"，因此加拿大传媒学者麦克卢汉把媒体称为"人体的延伸"。但传统媒体并没有给人们带来信息广度和深度上的预期效果。后现代社会比现代社会有了更强烈的对媒体的依赖性，这是因为后现代带来了两种结果：一方面，经济、文化的"跨国旅行"，网络空间和高速交通工具（美国波音飞机、法国空中客车）将地球缩小成了日趋统一的"村庄"，国与国之间的界限逐渐被销蚀，文化与文化之间不断融合、消除障碍，经济与经济之间更加相互依存、优势互补，即如诸多学者预言的：世界正在走向全面全球化；另一方面，世界的危机并没有终结，文化、宗教、传统、种族、性别、阶层之间的差别依然存在，"地球村"里人与人、国与国的矛盾、隔阂、摩擦并未消除，相互毁灭的战争幽灵仍然在游荡。在这样的历史境遇中，世界文化之间的交往、对话、沟通、包容显得愈益重要，新媒体提供了这样的平台。加之后现代由于媒体的发达，都市的竞争和快节奏的生活，使"个体性"问题变得更加突出，人们变得愈益相互独立、封闭，且愈益孤独，成为大卫·理斯曼所说的"孤独的人群"。这些"孤独的人群"正如美国人本主义心理学家弗洛姆先生所指出的，其特征为：既渴望自由（需要孤独），同时又逃避与世隔绝的绝对自由（害怕孤独，渴望与人交往）。大卫·理斯曼将这种人格称为"他人导向型"人格，在社会中，这种人缺乏安全感。"他人导向的人渴望被人爱胜于渴望获得尊严，他不想愚弄、压抑和迷惑他人，而是力图与他人建立友谊。他不想被人看作是势利眼的人，想与他人交流情感。"① 事实上，人类总是生活在个体和群体、他人与自我、自由与限制、独处与交往的社会关系之中，也不可避免地在这种处

---

① ［美］大卫·理斯曼等：《孤独的人群》，王崑、朱虹译，南京大学出版社 2002 年版，第 8 页。

境中做出自己恰当的抉择：一则在独处中思考人生哲理，二则在交往中共享生活的悲欢和文化的信息。同时更为明显的是，后现代社会中的人还有渴望情感互动，参与共建社会、政治、文化的愿望。孤独包含个体脱离依附于群体的独立，但独立从来都不是单纯的自我封闭。主张个体独立的美国思想家爱默生就指出："独立——一个人相对于社会、传统、习俗的独立，恰恰是为了与传统更好地沟通，与他人更好地相处，而不是为了做一个自命清高、与世隔绝的隐士。"① 20 世纪的媒体技术不断地更新，将原来的狭窄传播变成更加广泛的传播，它不断地吐故纳新，淘汰传统的传播方式、文化艺术模式。从电影电视的发展，我们就可以看到这种端倪："电影技术大大地削弱了戏剧的势力，它的巨大的复制能力基本上克服了信息的接受者（观众）与发送者之间的空间和时间距离，第一次使'窄播'变成了'广播'。而电视又大大削弱了电影的势力，进一步克服了信息发送者与信息接收者的时空距离，把'广播'模式推向了极端。"② 戏剧是舞台表演，具有真实感和现场感的优势，正是这个优势要求戏剧的下一次也必须是现场表演，它不可能像电影和电视那样是摄制下来，长期保存。电影和电视制作完成后甚至可以无数次"复制"，重复播放，将观看戏剧的"一次性消费"形式变成了影视作品的无数次重复消费。而且，观众可以在多地、同时观看影视作品，所以戏剧相对于电影电视是窄播的。现代传媒在"政治民主"和"文化民主"的压力之下，照顾了绝大多数受众的广泛需求，为其提供了更大的自由和方便，但却往往忽视了每个"个体受众"的自由。就像吉尔德所说的，"广播"和"窄播"与公共汽车、火车和私人汽车、出租车一样，公共汽车和火车是"广播"，满足了众多人的需要和出行的自由，而忽视了每个人的具体需要和出行的自由以及要到达的目的地，私家车和出租车是"窄播"，只有它们才会将每个人送到最终的目的地。

现代性社会和媒体虽然提供了交往和分享的可能，但却没有给人们提供互动和参与的条件，如广播和电影都还具有"单向传播""强行灌输

---

① 吴伯凡：《孤独的狂欢——数字时代的交往》，中国人民大学出版社 1998 年版，第 55 页。

② 同上书，第 192 页。

意识形态"的特点。电视除了信息共享之外，它的电视娱乐节目在一定程度上扩大了媒体受众的参与度。在西方，媒体实质上是"宏观政治"以外的"微观政治"，在"民主政治"的观念里，民众的"参与"和"互动"是其必要的条件，正因为这样，才有选民参与的选举和民众到现场捧场的政治演讲。民主政治就像一台游戏机，它凝聚了许多民众参与其中，每个个体在里面找到了作为真正的主人去支配机器和游戏的快感，以及一种自我实现的成就感。所以，对于青少年来说，电子游戏就比那些缺乏"参与""互动"环节的电视节目具有更强的吸引力，这也是互联网文化在当下直接威胁到电视的生存的根本原因之一。"电子游戏机是一种简单的电脑，与真正的电脑操作相比，玩电子游戏机是简单得不能再简单的操作，然而电子游戏与电视节目毕竟有一个根本的不同：前者是交互性的、在内容上富有可塑性的娱乐，而后者是单向性的娱乐。电子游戏机赋予人以很大的主动性、参与性，调动起人的各种反应能力，显示出每一个人在智力上感觉能力的高下，而不是使人们在智力上和感觉上'吃大锅饭'，就像人们在看电视时的那种情形。"① 网络媒体彻底瓦解了媒体和世界的封闭、隔离之墙，为后现代人群的交往、互动提供了前所未有的机遇。后现代，每个人都处在网络化生存的环境之中，我们再也无法回到古代那种"鸡犬之声相闻，老死不相往来"的社会。今天离开了网络我们就有与世隔绝的感受，正像网络广告所说的那样："世界上最遥远的距离不是生与死的距离，而是没有了网络。"媒体的变化日新月异，相互的竞争也十分惨烈，转瞬之间就可能面临生死危机。曼纽尔·卡斯特指出："如果你不置身于网络之中，你就无法在'网络社会'中扮演一个完整的角色。而且，在大众传播体制中，电视就是典型的媒介（把集中式生产的产品传送给一个同质化的受众），而计算机网络预示着大众传播体制的终结，因为它允许互动，并且使互动个性化。所以，最重要的影响是'进入网络'（being networked）的问题。如果一个人置身网络，他就能够接触到信息，但凡他需要，他就可以在任何时间与任

①　吴伯凡：《孤独的狂欢——数字时代的交往》，中国人民大学出版社 1998 年版，第 162 页。

何人发生互动。"① 21 世纪以来，在交往、社会沟通、民意传达存在一定障碍，信道阻塞不畅的条件下，具有一定自闭倾向的人们抵抗压抑的选择之一就是逃离到一个"超现实"的网络空间。因此，我们看到，互联网催生的新媒体：QQ、博客、微博、微信不断适应"民主社会"的需要，开拓了"宏观政治"以外的"第三空间"——"文化民主"的赛博空间。在这个隐匿的"虚拟空间"里，由于信息的超时空、超距离及时传播，国与国之间的"防火墙""隔离带"逐渐被突破，地理意义上的空间区分和阻隔不复存在，民族身份、宗教差别、种族界限、心理障碍渐渐冰释。在这里，私人的隐秘情感、对政治生态的关切、对公共事务的关心得到了真实、自由、坦诚的表达，以及人群间的"文化认同""信仰认同"得以达成共识。在 QQ、博客、微博的空间里，人们进行着隐身的虚拟交际、情感交流、思想碰撞、观念沟通。正如一些学者所言："互联网提供了这样一种潜能，把分散于世界各地和不同文化场所的各个个体虚拟地聚拢到一起，互联网自身必须被看作是一个'文化语境'——也就是说，是一个共同信仰和共享实践为基础的联盟形成的新场所。"② 特别值得注意的是，近年来互联网的新宠——微信更像一个"信息超市"和"虚拟社区"，年轻人在这个"文化资源集散地"分享着从不同世界涌流而来的形形色色的信息。它包罗万象：政治的、社会的、经济的、世界的、本土的、文化的、商业的、日常世俗生活的、神圣宗教的、严肃的、诙谐的、平凡的、崇高的、科学的、人文的、艺术的、学术的、民间的、视觉的、听觉的、文字的、图像的、高雅的、通俗的、旅游的、美食的、精英的、大众的，古代文化和现当代文化应有尽有，它们没有高下、等级的区分。这是一个信息"拼贴""复制"的世界，带有后现代文化生产的典型特征，原创者"隐形"在"匿名"的远处，微信像快递公司一样，快递员将信息的成品迅速送到消费者手中。微信的空间成了名副其实的中转、展示和兜售信息的橱窗。这里，有悲欢离合、五味杂陈的人生感受，也有

---

① ［英］弗兰克·韦伯斯特：《信息社会理论》，曹晋等译，北京大学出版社 2011 年版，第 133 页。

② ［英］安迪·班尼特、基思·哈恩—哈里斯编：《亚文化之后：对于当代青年亚文化的批判研究》，中国青年政治学院青年文化译介小组译，中国青年出版社 2012 年版，第 195 页。

对国家、民族未来的拳拳之心，和对当下发生的文化及社会事件的观点表达。无疑，它是世界的缩影，也是日常生活的微观镜像，年轻人在这里寻觅到了精神家园，也满足了自己摆脱约束的解放想象。它必将成为考察社会生活和研究青年亚文化的"田野调查"基地。"在这个空间中，年轻人从他们的日常生活中的社会经济和文化约束中解放出来，以跨地域的交流的青年文化话语为基础，自由自在地结成新的联盟。"① 在这里，不是占有而是分享，人们可以保留自己的立场，也可以点赞他人的观点，更多的是对他人"异见"的尊重、包容，而不是单纯的排斥、批判、打压。

　　按照哈贝马斯的观点，互联网和微信，从政治学意义上说是一个"民主""法制社会"的"公共领域"。"信息是公共领域的核心"，它在很大程度上满足了平民百姓的知情权，也可以说互联网信息的开放和真实的传播是现代国家"政治生态"的晴雨表。哈贝马斯指出："如果公众获得的信息有所缺失，民主进程本身将会遭受破坏。" 主张"政治民主化"的人们认为，"公共领域就是信息在民主社会中的担当模式"，"在公共领域中，人们可以获知事实、洞明世事、宁静致远，深思拷问，于是能够理性应对时局，避免冒失非礼的行动"。② 哈贝马斯所提出的"公共领域"的理论是基于 20 世纪中期以后的晚期资本主义社会公共领域的急剧萎缩、衰败事实，力图复兴"公共领域"，以促进"健全的法治社会"形成，防止资本主义的"再封建化"。资本主义的改革派认为，"政治生活理应接受更多的公众的监督"，"公共领域"是有效的权力监督机制。"公共领域"又是个人权利、意见表达的保障，在哈贝马斯之前，阿多尔诺就意识到晚期资本主义社会呈现出对个人权力褫夺的倾向："资本主义胜利了，个人的自主权从根本上被剥夺殆尽，批判思考的能力极度萎缩，在一个跨国媒介巨头和广告文化盛行的时代，公共领域已荡然无存。"③而"批判"和"文化的自我反思"恰恰是改造现实、完善社会、改良政治的重要途径之一。

――――――――――

　　① ［英］安迪·班尼特、基思·哈恩—哈里斯编：《亚文化之后：对于当代青年亚文化的批判研究》，中国青年政治学院青年文化译介小组译，中国青年出版社 2012 年版，第 195 页。

　　② ［英］弗兰克·韦伯斯特：《信息社会理论》，曹晋等译，北京大学出版社 2011 年版，第 209 页。

　　③ 同上。

　　人类社会是由"个体"组成的社会，因此在西方，哲学很早就在探讨"个体"与"社会"的关系。"个体"是组成"社会"的最小单元，个体与社会因为目的、利益不一致会产生矛盾，社会要求个体服从整体的秩序和规则，个体要求社会赋予更多的自由和满足其正当利益的要求，因此常常会因为欲望得不到满足而叛逆和冲撞社会。如果不合理地解决这些矛盾，将危及社会的稳定和安全，这也是东西方哲人经常思考社会问题的出发点。以"个体"为原点思考社会，形成了西方哲学和政治哲学；从"社会""集体"的角度出发思考社会，则形成了中国的儒家思想。古希腊孕育了"个体主义"思想。"人们普遍认为，从柏拉图和亚里斯多德到希腊化时期的这个过渡中，哲学思想出现了中断（一个大缺口）——个体主义的突然出现。城邦曾被柏拉图和亚里斯多德认为是自足的，而现在被视为自足的是个体。这个个体或被视作事实，或被伊壁鸠鲁派、犬儒派、斯多葛派视为理想。显而易见，希腊化思想的第一步是抛弃社会世界。"① 古希腊哲学是探讨理性的哲学，理性关系到事物的秩序和规则，社会的理性简单来说涉及"个体"和"社会"、"特殊性"和"普遍性"的关系。"希腊化的大师们为自己搜集了前苏格拉底因素，继承了诡辩派和在古典时期被湮没的其他思想学派，不仅如此，哲学活动，一代思想家对理性的不断探讨，这本身就孕育了个体主义，因为如果说理性在原则上具有普遍性，那么它在实践中却是通过具体人来体现的，而且在一切事情上居于首位，这至少是不言自明的。"② 早期的基督教也思考了"个体性"和"集体性"的问题，它将"个体"捆绑在耶稣这个象征权威的神圣符号之中，形成"想象的集体"，以便从这个"虚拟的集体"中获得安全感。如保罗就认为，所有的信徒是通过耶稣联系起来成为一个团结协作的集体。当然，这个集体要稳固还需要建构针对"个体诉求"的意识形态，或赋予正当的权利，或允诺尘世和天国的幸福。基督教也像古希腊哲学家一样强调人人平等，因为不平等的经济和社会地位会导致压迫和剥夺的社会不公，而政治的要义在于营造"公平"

---

　　① ［法］路易·迪蒙：《论个体主义：人类学视野中的现代意识形态》，桂裕芳译，译林出版社2014年版，第24页。

　　② 同上书，第26页。

和"正义"的社会环境。"基督和保罗教导说，基督徒是'与上帝相关联的个体'，特勒尔奇说'绝对个体主义与绝对普遍主义'，个体灵魂从与上帝的父子关系中得到永恒价值，在此基础上建立了人类的兄弟关系。因为基督徒相聚在基督身上，他们是基督的四肢。"① 这是一种精神的安慰，一种宗教意识形态建构起来的"想象关系"，一剂能安抚灵魂的"强心针"，尽管现实是否这样也许还得打上问号。在古希腊，"斯多葛派和其他人宣布作为理智动物的人是平等的。基督徒的平等也许植根更深，植根于人的内心，这也是一种出世的品质。圣保罗说：'没有犹太人或希腊人……奴隶或自由人……男人或女人，因为你们大家在耶稣基督身上是一个人'"②。事实上，基督教表面主张每个人都是独立的、自由的、平等的，认为"在上帝眼中谁也不是奴隶，谁也不是主人……我们都是……上帝的孩子"③。而事实上，基督教的个体自由、独立、平等是受制于耶稣、上帝和教会的自由、独立、平等。更重要的是，基督教更主张人是社会性的动物，它在文化上是制造和维护等级观念的一种宗教，甚至将等级观念视为社会正义的象征。"我们知道奥古斯丁和大多数古希腊人和罗马人一样，认为人是社会动物。他本人在社会中就十分合群。此外，他对等级概念也毫不陌生。在他那里灵魂和肉体的等级十分明显，肉体具有被奥里格尼斯所忽视的价值与尊严。我们通过灵魂与上帝相通，因此有一个从属链，从上帝到灵魂，从灵魂到肉体。奥古斯丁在论及与国家相连的正义时，这样写道：'人若不服侍上帝，他身上能存在多少正义呢？因为灵魂若不服侍上帝，它就不能根据正义来指挥肉体，人的理性也无法控制灵魂中的邪恶因素。'"④ 基督教的源头可以追溯到柏拉图，柏拉图的思想是重视灵魂、轻视肉体的，而且具有根深蒂固的等级观念。他把"理想国"中的人分为"治国者""武士""劳动者"三个等级，三者分别代表"智慧""勇敢""欲望"，"治国者"是德高望重的哲学家，在理想国中是最高一级，"劳动者"代表"欲望"，是最低级的。而在身

---

① ［法］路易·迪蒙：《论个体主义：人类学视野中的现代意识形态》，桂裕芳译，译林出版社2014年版，第27页。

② 同上书，第34页。

③ 同上。

④ 同上书，第39页。

体层面，则是灵魂高于肉体。这种等级观念后来蔓延在西方文化和社会的很多方面，甚至可以说，是晚期资本主义科层制文化的源头。

文艺复兴运动以后，人的自由、平等、感性解放有了很大的飞跃，人类社会摆脱了宗教神权对人的控制，很大程度上获得了自由。马克斯·韦伯将这个过程称为"世俗化"。人逐渐摆脱了对神、上帝、耶稣的依附，成为自己做主的人，"个人主义"精神得到了伸张和倡导。英国政治哲学家哈耶克指出："由基督教与古典哲学提供基本原则的个人主义，在文艺复兴时代第一次得到充分发展，此后逐渐成长和发展为我们所了解的西方文明。这种个人主义的基本特征，就是把个人当作人来尊重；就是在他自己的范围内承认他的看法和趣味是至高无上的。"[1]经历启蒙运动洗礼的世界文明在人的自由解放和个体主义精神的道路上更上了一层楼。在我们看来，社会和政治的进步也表现在关注"个体"与"社会"的关系问题，最终保证"个体的权利"不被社会和集体所完全代替，甚至剥夺。媒体促进了传统社会向现代文明的迈进，现代媒体的孕育发展，都适应了整个世界由野蛮走向文明，由封建专制走向现代民主社会的进程。无论是现代性媒体还是后现代媒体的发展都在朝着协调"个体"（人性的自由要求）与"社会"（集体生活的秩序要求）的关系方向发展，目的是解除"社会"对"个体"的压抑，也避免"极端的个人主义"的出现。路易·迪蒙指出："'个体主义''原子主义''现世主义'等词常常被用来表明现代社会与传统型社会的区别。将种姓社会与现代西方社会对比已是老生常谈。一方面的重点是自由和平等，另一方面的重点是相互依赖与等级。"[2] 在迪蒙看来，越来越强调"个体主义"的重要性是现代社会的特征，对"个体的合法权利"是否尊重与满足，已成为评价现代政治优劣的标准。"在古代（以及某些现代）的理论中，（社会及）政治整体居首位，而在现代理论中，个体人的权利居首位并决定良好的政治体制的性质。"[3] 机械复制技术产

① ［英］弗雷德里希·奥古斯特·哈耶克：《通往奴役之路》，王明毅等译，中国社会科学出版社1997年版，第21页。

② ［法］路易·迪蒙：《论个体主义：人类学视野中的现代意识形态》，桂裕芳译，译林出版社2014年版，第56页。

③ 同上书，第57页。

生以后的印刷媒体满足了每个读者对文化信息了解的需要。而电影主要是满足人的娱乐需要和审美需要，电视和网络文化更朝着满足个体咨询、娱乐、服务的要求和"互动参与"的方向发展，电脑则是以"个性化服务"为特征的更为后现代的传媒，从接收方式来说是如此，从内容的包罗万象来看也无不如此。有人把网上"冲浪"叫作"孤独的狂欢"，"微信"这种以"朋友圈""信息和资源共享"为特点的媒体我们也可以把它视为"众乐乐"的"集体狂欢"。"朋友圈"就像社会生活中的一个"社区"，其网友就是这个"社区"的居民。大家在这里分享苦乐、共同进步。在这里，"个体"依托社区生存发展，社区的发展也依靠"单个居民"的进步。威廉·詹姆斯曾说过："没有个人的推动，社区就不会发展；而没有社区的支持，个人的推动作用也会逐渐丧失。"在微信这样的"社区"里，每个成员的意见都具有合理性，会得到尊重，但不会强加于别人头上，也不可能强加于他人。在这里，没有要求"统一"的"强制性服从"，它是一个观点多元化、求同存异的天地；也是一个需要他人认同的世界，每个网民发布的讯息只有获得他人的赞同才能得到回应和点赞。正是这样，网络媒体才真正称得上代表自由、民主、平等的现代社会的媒体。"许多人坚持认为，大众媒介应当表现观点的多元化，其原因是他们认为民主制度具有一定的规范意义。大多数关于民主的定义是与下面的观念相关联的，那就是，权力是授予人民的，而不是社会精英或官僚机构的。总的来说，民主社会都希望有实行集体决策比独裁统治好的共识。多种不同的论点可能都为这种共识提供了依据，比如，民主制度能够潜在地包容差异，培养团结的关系，接受自由和平等的原则。这些论点更可能使人们认识到保持传播渠道通畅的必要性，从而有可能建立民主意愿形成的程序。这些观念可能会相互产生碰撞、被效率的标准所取代或因忽视而实际上被废弃。尽管有这些障碍，有实质意义的人的价值观念仍可被调动起来促进民主。"①

　　人是需要依赖群体生存的社会性动物，但人又是需要私人空间进行有意义的活动的孤独的动物。电脑文化满足了人性既需要独处也需要共

---

① ［英］尼克·史蒂文森：《媒介的转型：全球化、道德和伦理》，顾宜凡等译，北京大学出版社2006年版，第10页。

处的要求。这也是网络文化在后现代受到网民独宠的根本原因。人既有回归社会，从中获得归属感的需要，也有逃离社会、远离尘世喧嚣和纷争，以求心灵安宁的需要。把独处纯粹看作"自闭症"和"反叛社会"，显然并不完全恰当。我们应该基于人性的根本原因来思考这样的问题，"融入人群"和"与世独立"事实上是人类独有的生存方式。"独处和共处是人皆有之的两种习性，当人处于两种状态之一种时，另一种状态常常对于他形成诱惑。与人共处的状态是在先的，基本的，反社会状态总是后发性的，迫不得已的。身在江湖和绿林中的人总有一种向社会归化的冲动，一种或明或暗的被招安的愿望。所以反社会状态对社会形成一种威胁，社会状态也对反社会状态具有一种瓦解力。"① 独处有时候可能更代表人类超越群体的一种需要，以便臻达更理性的生存方式。"浪迹人群的交际花式，大众情人式的交往方式是永远无法导致相知相契的。为了获得真正的交往，我们必须从人群中抽身出来，与孤独为伴，与自己为伴。"② 19 世纪的爱默生把美国的人生哲学叫作"自我依靠"，"自我依靠"意味着两种"独立精神"：一是主张美国人要摆脱欧洲文化的影响；二是主张"个体"应该从"群体"中独立出来，而不是完全依附他人，这就是他所谓的"自我依靠"。爱默生的思想受到 17 世纪英国思想家洛克的影响，洛克主张"个人优先于社会"，坚持人是自由、平等、独立的个人主义思想。当然，爱默生又不同于"极端个人主义"者，他认为个人是独立的，同时又是不能离开社会的。"在每一个人的'自我'（self，即'小我'）之外，存在着一个共同的'自我'（Self，即'大我'）。关于'小我'与'大我'的关系，爱默生有一个生动的比喻——'小我'是海（sea），'大我'是洋（ocean）。"③ 地球上的大小河流汇聚成海，而海构成了洋。显然，没有河流就不会有大海，没有大海也不可能有所谓的海洋，就像每一个"个体"组成了整个社会和世界一样。实际上，在人性深处都有西方政治哲学所触及的"自由主义"和"社群主义"的两

---

① 吴伯凡：《孤独的狂欢——数字时代的交往》，中国人民大学出版社 1998 年版，第 78 页。

② 同上书，第 59 页。

③ 同上书，第 56 页。

种胚芽。20 世纪以桑戴尔、麦金泰尔等人为代表的"新集体主义"否定了洛克的"个体主义"思想，提出了"社会先于个人"的主张，认为"个人"和"自我"最终是由所在的群体决定的。社群主义认为，"人生来是社会的人，深受自身社会习俗和传统的影响。对任何个人来说有重要意义的东西多半都是他们的出身和社会背景的产物。因此人绝不是生来自由和独立的，人甚至可能是不平等的"①。从某种程度上说，美国发明的电脑和网络文化正是西方"个人主义"政治哲学与高科技共同发展的成果，它的一切都是"从个人出发到满足群体需要"的思路设计的。更重要的是，网络文化满足了个人对信息文化的丰富性和多样化的要求，特别是满足了个人参与和互动的要求，而不是用"普遍性"和"集体性"的要求代替个人化的要求。从政治上满足绝大多数人的要求，行为上服务于绝大多数人，显然是"政治民主"的题中应有之义。在传媒活动中参与和互动环节的设计，同样是"文化民主"的要求。电脑的民主意义在于从满足"个体"的要求出发，进行技术设计和不断完善。其目标是使网络成为全民共享、祛除垄断、独占特权的"文化空间""公共空间"。"在'自我依靠'精神的驱使下，黑客打破了主机型电脑在技术和信息上的垄断，制造了一种'自我依靠'的电脑——个人电脑。另一方面，这批技术上的顶尖高手在自我依靠的基础上与他人交往、沟通的愿望驱使他们把垄断性的 ARPAR 网改造成为一个民主的、平民化的交往工具——Internet，开辟了赛博空间这一现代文明的新大陆。爱默生发布的美国文化的独立宣言也是赛博空间的独立宣言，'自我依靠'精神也就是赛博空间这块土地上的'典型追求'。"②

从经济的角度上看，网络文化信息的生产也是现代性时期的"机械化""批量化""规格化"的"福特式生产"转向"个性化""定制化""弹性化""多元化"的"后福特式生产"的标志。当然主要还是因为日益增长的"个人化"和"差异化"的消费需求促使了这一经济上的转型。

---

① ［英］乔纳森·沃尔夫：《政治哲学导论》，王涛等译，吉林出版集团有限责任公司 2009 年版，第 183 页。

② 吴伯凡：《孤独的狂欢——数字时代的交往》，中国人民大学出版社 1998 年版，第 64 页。

它告别了电影、电视对信息的"统一化""模式化""规格化""批量化""复制化"的生产模式，避免了大家看同一个电视台的节目、看同一部电影，也避免了影视观众被动地接受信息，而无法"参与""互动"的缺点。"与批量生产、批量销售的福特主义时代相比，现代的电子科技允许工厂提供更多元化的产品。此外，消费者排斥福特主义产品的统一模式，寻求多样化的产品，来表达他们个性化的生活风格和倾向。多亏了信息和传播模式，在后福特主义的新纪元，以消费者为导向的产品越来越多，消费者的需求得到最起码的满足。"① 可以说，网络文化的诞生为晚期资本主义挽救自身所面临的危机提供了强有力的帮助，在一个"上帝死了""信仰崩溃"、权威不复存在、理性成为谎言、人们失去安全感和精神家园的时代，靠什么来重新形成强大的社会凝聚力，重新使"个体"与"社会"达到新的契合和统一，以完成一个"健全社会"的建构是很多思想家殚精竭虑的问题。

第六节　微信交往与后现代"健全人格"建构

美国人本主义心理学家弗洛姆为西方当代社会提供了一个化解个体与群体危机的参考答案："建立一个共享工作、共享经验、共同管理的工作公社，实行'人本主义的公有制社会主义'。他提出，'关键不在于财产权这个法律问题，也不在共享利润的问题，而是共享工作、共享经验的问题。'"② 弗洛姆认为，人类从猿进化成人以后，就失去了与自然界那种"天人合一"的原始联系，于是迫切需要建立全新的人与人、人与自然的联系，以获得生存的安全感，从原始社会到中世纪时代，人依靠神、上帝、宗教信念、神话传说来获得精神上的安全感，而到了现代社会，科技文明将神和宗教渐渐逐出了人类生活，人重新成为精神流浪者，没有了信仰的精神支撑。人们服从外在权威，即心中幻想出的神、偶像。弗洛姆反对对偶像和权威的崇拜，相信只有植根于基督教信仰里的理性

---

① ［英］弗兰克·韦伯斯特：《信息社会理论》，曹晋等译，北京大学出版社 2011 年版，第 102 页。

② ［美］弗洛姆：《健全的社会》，孙恺祥译，贵州人民出版社 1994 年版，中译者序。

和爱，才是拯救人类自身的力量。他说："现代人摆脱了中世纪的束缚，却没有能够自由地在理性与爱的基础上营造一种有意义的生活，于是，他便想以顺从领袖、民族或国家的方式，以寻求新的安全感。"① 然而，就像法兰克福学派所批评的，在"启蒙理性"基础上建立起来的现代社会，反而导致了20世纪的法西斯主义、极权主义的盛行，并没有给人带来这样的安全世界，而是变本加厉地对"个体"形成了新的压迫和恐怖。这样的社会在弗洛姆看来需要彻底的变革，同时认为社会是一个完整的系统，企图就社会结构的某一方面进行一劳永逸的革命都于事无补，必须进行全面的变革。"只有当经济、社会政治以及文化领域同时发生变革之时，社会才会进步。任何局限于一个领域的进步，都会危及全面。"② 弗洛姆的目标是通过培养"健全的人格"来达到社会的全面进步，为此他不但提出了"健全社会"的理念，也提出了"健全社会"需要人的精神健康作为基础的观点。他对"精神健康"的人定义是："精神健康的人是富于建设精神、没有异化的人；他与世界友爱地联系着，用理性客观地把握现实；他体验到自己是一个独一无二的个别实体，与此同时，又感到同他人联系在一起；他不屈从非理性的权威，而乐于接受良心和理性的合理权威；只要活上一天，他就不停地诞生，并且把生命的赠礼当成最宝贵的机会。"③ 美国的另一位社会学家大卫·理斯曼对人类的未来充满乐观的展望，这种信心来自于世界"政治文明"的共识达成、社会组织结构的不断优化和技术的进步带来的全球化。自启蒙运动以来，自由、民主、平等、博爱在不断成为全世界接受的政治理念，国与国之间的经济依赖性在不断增强，技术支撑的传播媒介正在冲破所有的民族、国家、阶级、宗教、文化、习俗形成的"想象共同体"的疆界和障碍，以增进人类社会的相互沟通、理解、友好，最后建成团结、协作、互惠互利、同舟共济的世界。大卫·理斯曼坚持"全球化"的最后完成是消除"地域文化"的差异，而不是对"本土文化"的固执和坚守，"全球化"就是要拆除隔离和抵制外来文化这个"他者"的文化

---

① ［美］弗洛姆：《健全的社会》，孙恺祥译，贵州人民出版社1994年版，中译者序。
② 同上书，作者前言。
③ 同上。

栅栏，达到不同文化的包容和融合。他说："我们再次强调，世界上尚存的最重要的动力不是各种独特的习俗、文化和信仰。如果事实果真如此，我们就可以抛弃民族性格，那时，将有很多的文化特性供选择，使人避免只选择一种而不顾及其余。同时，随着人类各民族环境的日益接近，许多文化特性也将变得更为相似。从而，特殊国家的独特文化特性便会日益失其锋芒，人与人之间的差异将会跨越国界。"① 《孤独的人群》是大卫·理斯曼撰写于 20 世纪四五十年代的专著，此时后现代文化还没有形成独领风骚的气候，网络文化也还没有出现。他根据美国的政治、经济、文化、传媒的现状，以及对美国的个人生活经验的观察，对世界的未来做了大胆的预测，而这一预言似乎在今天正逐步变为现实："全球化"和"世界大同"的理想正在形成，尽管人类的矛盾冲突并未完全终结。在我们看来，永远也不可能存在消除一切矛盾的世界。大卫·理斯曼说："我们曾经指出，整个世界将走向大同，无论民族还是地区的狭隘观念注定要消亡。也许现存的各地区的差异暂时还不能消除，但将来的世界一定是个大同的世界。阶级、宗教、民族的分界消失，并不像许多怀旧的人们相信的那样，必然意味着整个世界是在个人生活风格发展的意义上走向大同。本国与外国差异的消失会令旅游者大失所望，这说明尚未得以很好研究的人类气质、兴趣和好奇心的差异可能取代过去的地理位置或地理环境之差异。……从人类未来发展的前景看，各个民族、各个国家的相互联系和合作终有一天要取代乡土气息，这是历史发展的必然。"② 当然，对"全球化"的预言并不始于大卫·理斯曼，马克思在《共产党宣言》中就早已做过类似的推断。当前"全球化"和"本土化"的矛盾依然存在，有人认为"全球化"并不可能完全消灭"本土文化"，其理由在于文化是"多样性"的并存，因此，"全球化"会与"本土化"永远共存下去。但我们确实看到，世界文化之间的矛盾、隔膜在很大程度上是因为"地域文化"的"个性差异"带来的冲突引起。我们相信这种冲突的化解最终将有赖于具有

---

① ［美］大卫大卫·里斯曼：《孤独的人群》，王崑等译，南京大学出版社 2002 年版，第 15 页。

② 同上书，序言第 35 页。

"全球眼光""全球胸怀"和"全球伦理"精神的"公共领域"的建设。在我们看来，近两年来向全球蔓延的"微信"就是电子技术构造出的这样一个共享信息、文化、生活和情感经验的"公社""虚拟社区""想象共同体""公共领域"。将"个体与社会"的关系纳入设计理念的"微信"培养了人们互敬互爱、团结协作的精神，大家在这里共享文化、人生、艺术、情感经验，也渐渐形成尊重和包容"异见""他者"和"差异"的立场，这无疑将有助于"世界大同"理想的实现。

结　束　语

　　大众文化是 20 世纪出现的一个很重要的文化现象，当然这个现象不是孤立于社会、政治、经济、哲学文化的现象，它是一次重大的历史文化转折的表征。政治日益民主化、自由化的潮流伴随的文化民主化、大众化要求；卫星电视和网络的"去疆界"传播带来的"时空压缩""地球村"的出现；哲学的后现代转向打破了绝对真理的神话，使世界文化朝着追求差异、多元、对话，颠覆理性、道德、中心、话语霸权、精英文化、宏大叙事的方向发展；跨国经济、市场经济潮流的全面展开，生产型社会向消费型社会的转变带来的广告文化的兴起，注意力经济和体验经济带来的经济娱乐化；都市化、时尚化、生活的艺术化潮流催生的日常生活审美化潮流；书写时代、印刷传媒的衰落，电子传媒的发展，影视产业的繁荣促进的读图时代、景观社会的形成，互联网对人的生活空间、交往空间、娱乐空间、情感空间、参与政治的空间的拓展，这一切都是 20 世纪大众文化快速生长发育的沃土。大众文化以身体、快感、欲望、娱乐为主题的狂欢，敞亮了被传统理性、道德、宗教文化遮蔽和遗忘的人的感性要求。它标志着这是整个世界继文艺复兴时代、启蒙时代以来的又一次社会历史的伟大飞跃。如果从长期的社会、政治、文化对人的压制来看，更可以说这是人性的又一次解放。

　　大众文化在 20 世纪的兴起也是文化民主化的必然结果。按照美国文化研究学者弗雷德里克·杰姆逊的观点，大众文化消解了传统精英文化的四重深度模式，即现象与本质、意识与无意识、确定性与非确定性、能指与所指之间的主从关系。正是这四重关系确立了西方形而上学的深度模式，也正是这种特点决定了传统文化的高雅性、精英性和脱离绝大多数民众的特点。传统精英文化的价值表现在意义的生产，对艺术的理解就是对意义的解读。而后现代主义的大众文化在杰姆逊看来与意义的生产无关，意义由于能指的断裂成为漂浮的所指，后现代的文本就是博得人们欢心的能指游戏。"意义产生于能指到所指间的运动，我们通常所说的所指——一个词一句话的意义或概念内容——现在倒该看成意义效果，就像由能指相互间的关系的投射和产生的意义的客体的海市蜃楼。当那种关系崩溃时，当示意链的联系突然断裂时，我们就进入精神分裂，其形式是一堆清晰但毫无关联的能指组成的碎片。"① 因此，大众文化的显著特点是平面化和无深度性，它背离了传统文化艺术的深奥的特点，更加能够被普通的观众所接受（消费），促进了文化民主化的进程。正如杰姆逊所说："在 19 世纪，文化还被理解为只是听高雅的音乐，欣赏绘画或是看歌剧，文化仍然是逃避现实的一种方法，而到了后现代主义阶段，文化已经完全大众化了，高雅文化和通俗文化，纯文学和通俗文学的距离正在消失。商品化进入文化意味着艺术品正成为商品，甚至理论也成了商品；当然并不是说那些理论家用自己的理论来发财，而是说商品化的逻辑已经影响到人们的思维。总之后现代主义的文化已经从过去那种特定的'文化圈层'中扩张出来，进入了人们的日常生活，成为消费品。"② 无疑，后现代大众文化的商业化、通俗性，也是晚期资本主义的生产方式，即机械复制和资本追求高额利润所决定的，它无形中打破了少数特权阶层对文化的垄断，实现了文化的大众化。如果说现实主义和现代主义所强调的是意义的生产以及艺术的"陌生化"效果，强调艺术与现实的距离，那么后现代大众文化则是强调快乐和欲望的生产，使艺术走下神圣的神坛，走下高雅的殿堂，回到大地，回到民间，回到通俗。后现代的大众文化，"从艺术的价值内涵来看，一切意义、价值都被消解，深度模式消失，走向平面化。现实主义作品中对社会的倾向性的看法，现代主义作品中充满着焦虑和不安，包含着对自我的捍卫。这些作品的内部都有深层内涵。而后现代主义作品则把一切平面化了"③。大

---

① 转引自冯宪光《"西方马克思主义"美学研究》，重庆出版社 1997 年版，第 488 页。
② 同上书，第 491 页。
③ 同上书，第 489 页。

众文化使世界告别了文字和印刷占统治地位的时代，它不断制造灯红酒绿、海市蜃楼的视觉奇观和审美幻象，在这里仿像代替了真实，图像代替了商品，人们的心灵被影视、广告以及夜晚诡秘的诱人的霓红虹制造的景观社会所震撼、所麻醉、所分裂。后现代现实变成了艺术，生活变成了审美，这一切形成了法国思想家居伊·德波所说的"景观社会"，使人们进入如醉如梦的境界。"20世纪的电子技术终于奉献了与梦境最为相似的形式——影像。影像不仅是梦幻，它同时还是商品；这意味着影像造梦产业的形成，意味着人们可以自由地购买甚至预订欲望之梦。的确，只有20世纪才可能为技术、心理学、美学、经济提供一个如此大规模合作的平台。"① 大众文化是景观的世界，而且是比现代性社会更盛大、更迷人、更震撼人的内心世界的审美世界，因为它满足了人们深层欲望，使人们告别了理性和道德的欺骗性和面具性，大众文化也因此成为生命赤裸、纵情狂欢的舞台。"电影曾经被称之为'梦工厂'，电视致力于将这种梦植入寻常的日子。如同精神分析学的'析梦'对于梦的机制所揭示的那样，电影或者电视同样是利用种种'压缩'或者'转移'的象征性意象表达隐匿于无意识中的欲望——只不过这种'压缩'或者'转移'更多地参考了传统的美学形式。"②

大众文化这种美国的"时尚病"向全球扩散，人们由惊恐、怀疑、诅咒、批判到适应、接受、沉醉，大众文化一步一步地战胜了精英文化，实现了对绝大多数人的精神占领和"文化殖民"。人们在快乐和享受中忘掉尘世的烦恼和理性的压抑，忘掉了时间的流逝，不知"今夕何夕"，它带给人们的是一次身体的解放，感性的解放，审美的沉醉。"身体范畴以及快感、欲望、力比多、无意识均包含了对于理性主义的反叛，解除理性主义的压抑无疑是许多理论家的战略目标。在这些理论家看来，工业文明，机械、商品社会并没有为身体制造真正的快乐；数额巨大的物质财富和发达的社会体系仿佛与身体日益脱节了。身体必须为一些遥不可及的渺茫远景从事种种苦役。"③ 大众文化的狂欢性、快乐性，正是适应

---

① 南帆：《双重视阈——当代电子文化分析》，江苏人民出版社2001年版，第80页。
② 同上书，第79页。
③ 同上书，第184页。

了资本主义大规模工业生产机械的冷冰冰的模式下人们需要轻松的要求。实际上，大众文化在美国也不是一直都是人们的宠物，也一度引起过怀疑和恐慌，一如杰姆逊所说："美国社会，作为一个充满形象的社会，是一个使人们感到现实缺乏的社会，在那里一切都是文本。现在人们感到的不是过去那种可怕的孤独和焦虑，而是一种没有根、浮于表面的感觉，没有真实感。这种感觉可以变得很恐怖，但也可以很舒适。"① 当然，杰姆逊描述的是美国人早期对大众文化的反应，而不是如今对大众文化趋之若鹜的美国。同时，从这里我们看到，杰姆逊对大众文化仍然怀着深深的现代性焦虑，流露出智者的痛苦。

从对大众文化的认识联系到对晚期资本主义社会的认识，我们不应该还停留在马克思主义思想产生的年代的立场来看待晚期资本主义。事实上，经过长期的工人与资本家的斗争，资本主义制度在晚期进行了自身调整，再不像早期那样残忍和血腥地压迫民众，随着生产力的发展，物质的丰富，资本主义社会民众的福利得到了很大程度上的保障，工人与资本家的矛盾、对抗也没有以前那么激烈，革命的要求也没有从前强烈了。正如阿兰·斯威伍德所说："资本主义经济模式、科学技艺以及资本主义之下的文化，绝非如阿多诺与霍克海默所说，已然或即将沉沦至'野蛮之境、无意义之域'，并且也绝不是滑落到了无可挽回的地步；与此相反，资本主义所带来的经济成就与丰富的文化内涵及繁复性，已经臻至史无前例的顶峰。既然资本主义的经济毫无'最后的危机'可言，资本主义的文化同样没有最后的危机之可能。实情绝非如此：资本主义的生产模式，适巧强化而不是摧毁了市民社会（civil society）。"② 按照政治理论家的观点，市民社会的形成是资本主义民主政治的群众基础，也正是这样，斯威伍德才认为"资本主义的文化并不是一个极权体系，它的支配形式并非由上而下。韵味（原文翻译成'氛围'，我们认为不确切）是烟消云散了，高雅文化可以机械而大量生产了，以日常用语作为文艺对社会现实的描写是当今的趋势，这些是实话，但它们是文化民主

① 冯宪光：《"西方马克思主义"美学研究》，重庆出版社1997年版，第489页。

② ［英］阿兰·斯威伍德：《大众文化的神话》，冯建三译，生活·读书·新知三联书店2003年版，第4—5页。

化的潜在因子，不是文化衰退或停滞的征兆"①。

文化的世界和政治的世界一样，从来都不是风平浪静的，大众文化的世界更是如此。大众文化不但是产生快感、意义的场域，更是一个争夺文化权力、符号斗争的世界。在这里，有随着精英文化历史地位衰落的知识分子在指责、在呐喊、在控诉，但朝着人性化发展的历史不会理会这一切，不会就此止步，历史只能以民主、进步、开放、解放、审美以及人的幸福和快乐要求为尺度。尽管大众文化可能不是完美的天使，也会与权力、资本、欲望结成作恶的撒旦，但大众文化整体上说是顺应历史发展、人的解放要求、幸福快乐要求的。因此，在后现代大众文化成为不可阻挡潮流的现阶段，保持清醒怀疑和批判的头脑固然重要，但更重要的是保持包容、开放、客观的态度去对待一切大众文化，历史地、立体地去审视和对待大众文化，放弃西方文化界那些少数精英知识分子坚持的启蒙理性立场、"精英统治论"立场。因为这种保守的、"贵族化"立场会让我们丧失全面观照事物的视野和能力，成为"见树不见林"的文化短视者。西方的大众文化理论家常常指责大众文化会导致文化的个性丧失，全球文化走向"趋同化"的道路，事实上，正是由于大众文化的丰富性、多样性、叛逆性在消解文化的统一性、同一性、专断性、权威性，使文化成为五彩缤纷，琳琅满目，满足不同阶层、不同地域人群需求的"文化超市"。从哲学上说，大众文化是"生成性的"，"生成是一个运动过程。生成不是由事物状态决定的，并不'根植于'确定的事物状态之中"②。同时，它又是"游牧性的"，在不断变换自己的面目，不断拓展自己的生存空间，冲破限制自由的栅栏。它接纳异质性元素，反感统一性趋向，追求个性、反对共性，追求自由、反对独裁。它是一个游牧的符号系统，"真正的游牧符号系统（nomadic sign system）是对抗指意符号系统，这些指意符号系统包括希伯来文化的独裁主义，以及像国家机器（state machine）这样的统治机器。游牧就是生成。游牧的目的

---

① ［英］阿兰·斯威伍德：《大众文化的神话》，冯建三译，生活·读书·新知三联书店2003年版，第172页。

② 陈永国编译：《游牧思想——吉尔·德勒兹、费利克斯·瓜塔里读本》，吉林人民出版社2003年版，前言第7页。

就是为了摆脱严格的符号限制。游牧思想是一种反思想（anti—thought）。反对理性，推崇多元"①。

不仅如此，大众文化的生机还来自于它的"块茎"性质，它具有发达的多元生长网络，生长成"去疆界"的辐射扩张趋势。它"没有固定的生长取向，而只有一个多产的、无序的、多样化的生长系统。'块茎'基于关系，把各种各样的碎片聚拢起来，'块茎'基于异质性，把各种各样的领域、平面、维度、功能、效果、目标和目的归总起来；'块茎'基于繁殖，但不是共性的繁殖（原文有误），不是'一'的繁殖，也不是同一性的重复，而是真正的多产过程"②。我们认为只有从这样的角度去解读大众文化才是对大众文化（通俗文化）哲学性质的深刻理解，而西方的传统文化精英们对大众文化的看法却是十分狭隘片面的。正如多米尼克·斯特里纳蒂指出的："精英统治论者倾向于忽视通俗文化的范围和多样性，以及它内部的张力和矛盾。它通常认为，大众文化必然地和不可避免地是同质的、标准化的。在对美国的论题提出的批判中，我已试图揭示很难把通俗文化看成是同质的或者标准化的。它提供了多样性和差异。因此这个问题有两个独立的组成部分。第一，通俗文化是形形色色的，因为它可以被社会中各种不同的群体作多种多样的利用和解释。第二，通俗文化本身应该被看成是一系列多种多样的、变化风格、文本、意象和表现，它们可以在一系列不同的媒介中找到。倘若通俗文化有可能根据其风格、文本、意象和表现内部以及其间的矛盾张力来说明原因，有可能根据其产品和媒介之间、它们的受众之间的矛盾和张力来说明原因，那么就很难看出可以根据大众文化理论家们的同质性与标准化的尺度来理解它。"③毫无疑问，这是我们应该坚持的对大众文化的包容、客观、多元的立场和审视态度。

---

① 陈永国编译：《游牧思想——吉尔·德勒兹、费利克斯·瓜塔里读本》，吉林人民出版社 2003 年版，前言第 14 页。

② 同上书，前言第 8 页。

③ ［英］多米尼克·斯特里纳蒂：《通俗文化理论导论》，阎嘉译，商务印书馆 2001 年版，第 48 页。

参考文献

一 国内参考文献

陈刚：《大众文化与当代乌托邦》，作家出版社 1996 年版。

陈旭光：《当代中国影视文化研究》，北京大学出版社 2004 年版。

陈永国编译：《游牧思想——吉尔·德勒兹 费利克斯·瓜塔里读本》，吉林人民出版社 2003 年版。

程志民：《康德》，湖南教育出版社 1991 年版。

戴锦华：《隐形书写——90 年代中国文化研究》，江苏人民出版社 1999 年版。

樊美筠：《俗的滥觞》，河南人民出版社 2000 年版。

冯俊科：《西方幸福论》，吉林人民出版社 1992 年版。

冯宪光：《"西方马克思主义"美学研究》，重庆出版社 1997 年版。

郭玉生：《悲剧美学：历史考察与当代阐释》，社会科学文献出版社 2006 年版。

金慧敏、薛晓源主编：《评说"超人"》，社会科学文献出版社 2001 年版。

金元浦、陶东风：《阐释中国的焦虑——转型时代的文化解读》，中国国际广播出版社 1999 年版。

李道新：《中国电影文化史》，北京大学出版社 2005 年版。

李庆：《中国文化中人的观念》，学林出版社 1996 年版。

陆绍阳：《中国当代电影史——1977 年以来》，北京大学出版社 2004 年版。

陆扬：《大众文化理论》（修订版），复旦大学出版社 2008 年版。

陆扬、王毅：《文化研究导论》，复旦大学出版社 2006 年版。

孟繁华：《众神狂欢——世纪之交的中国文化现象》，中央编译出版社
　2001 年版。

孟建、［德］Stefan Friedrich 主编：《图像时代》，复旦大学出版社 2005
　年版。

南帆：《双重视阈——当代电子文化分析》，江苏人民出版社 2001 年版。

欧力同、张伟：《法兰克福学派研究》，重庆出版社 1990 年版。

彭吉象：《影视美学》，北京大学出版社 2002 年版。

（宋）程颢、程颐：《二程集》，中华书局 1981 年版。

（宋）朱熹：《四书章句集注》，中华书局 1983 年版。

（宋）朱熹：《朱子语类》，中华书局 1999 年版。

陶东风等主编：《文化研究》第 3 辑，天津社会科学出版社 2002 年版。

陶东风主编：《大众文化教程》，广西师范大学出版社 2008 年版。

汪民安、陈永国编：《尼采的幽灵——西方后现代语境中的尼采》，社会
　科学文献出版社 2001 年版。

汪民安、陈永国、马海良主编：《后现代性的哲学话语——从福柯到赛义
　德》，浙江人民出版社 2001 年版。

汪民安、陈永国主编：《后身体文化、权力和生命政治学》，吉林人民出
　版社 2003 年版。

汪民安：《尼采与身体》，北京大学出版社 2008 年版。

汪民安：《身体、空间与后现代》，江苏人民出版社 2006 年版。

汪民安：《现代性》，广西师范大学出版社 2005 年版。

汪民安主编：《文化研究关键词》，江苏人民出版社 2007 年版。

王蒙：《躲避崇高》，《读者》1993 年第 1 期。

王晓升：《为个性自由而斗争——法兰克福学派社会历史理论述评》，社
　会科学文献出版社 2009 年版。

王岳川、尚水主编：《后现代主义文化与美学》，北京大学出版社 1992
　年版。

吴伯凡：《孤独的狂欢——数字时代的交往》，中国人民大学出版社 1998
　年版。

夏忠宪：《巴赫金狂欢化诗学研究——俄国形式主义研究》，北京师范大
　学出版社 2000 年版。

肖万源、徐远和主编：《中国古代人学思想概要》，东方出版社 1994 年版。

许宏、鲁田：《美女经济报告》，作家出版社 2002 年版。

杨大春：《文本的世界》，中国社会科学出版社 1998 年版。

杨剑锋：《从〈大话西游〉看网络时代的符号消费》，中国论文下载中心。

杨小滨：《否定的美学——法兰克福学派的文艺理论和文化批判》，上海三联书店 1999 年版。

殷国明：《女性诱惑与大众流行文化》，华东师范大学出版社 2008 年版。

尹鸿：《悲剧意识与悲剧艺术》，安徽教育出版社 1992 年版。

尹鸿：《世纪转折时期的中国影视文化》，北京出版社 1998 年版。

于弗：《文学与娱乐》，《文艺评论》2007 年第 5 期。

余虹主编：《问题》（第 3 辑），中国人民大学出版社 2005 年版。

张华主编：《伯明翰文化学派领军人物述评》，山东大学出版社 2008 年版。

张首映：《西方二十世纪文论史》，北京大学出版社 1999 年版。

张志伟主编：《西方哲学史》，中国人民大学出版社 2002 年版。

赵一凡主编：《西方文论关键词》，外语教学与研究出版社 2006 年版。

赵勇：《整合与颠覆：大众文化的辩证法——法兰克福学派的大众文化理论》，北京大学出版社 2005 年版。

周宪编著：《文化研究关键词》，北京师范大学出版社 2007 年版。

周宪：《20 世纪西方美学》，南京大学出版社 1997 年版。

周宪：《中国当代审美文化研究》，北京大学出版社 1997 年版。

周宪主编：《世纪之交的文化景观》，上海远东出版社 1998 年版。

周星等：《影视艺术史》，广西师范大学出版社 2005 年版。

周星等：《中国电影艺术发展史教程》，北京师范大学出版社 2005 年版。

朱国华：《权力的文化逻辑》，上海三联书店 2004 年版。

庄锡昌：《二十世纪的美国文化》，浙江人民出版社 1993 年版。

二　国外参考文献

［奥地利］西格蒙德·弗洛伊德：《文明及其缺憾》，傅雅芳等译，安徽文艺出版社 1987 年版。

［澳］约翰·多克：《后现代主义与大众文化》，吴松江、张天飞译，辽宁教育出版社 2001 年版。

［德］阿多尔诺：《否定的辩证法》，张峰译，重庆出版社 1993 年版。

［德］阿梅龙等主编：《法兰克福学派在中国》，社会科学文献出版社 2011 年版。

［德］E. 策勒尔：《古希腊哲学史纲》，翁绍军译，山东人民出版社 2007 年版。

［德］霍克海默、阿多尔诺：《启蒙辩证法》，渠敬东、曹卫东译，上海人民出版社 2003 年版。

［德］康德：《判断力批判》，宗白华译，商务印书馆 1995 年版。

［德］马克斯·霍克海默：《批判理论》，李小兵译，重庆出版社 1989 年版。

［德］马克斯·霍克海默、特奥多·威·阿多尔诺：《启蒙辩证法》，洪佩郁、蔺月峰译，重庆出版社 1990 年版。

［德］尼采：《悲剧的诞生》，周国平译，生活·读书·新知三联书店 1988 年版。

［德］文德尔班：《哲学史教程》（上卷），罗达仁译，商务印书馆 1987 年版。

［德］沃尔夫冈·韦尔施：《我们的后现代的现代》，洪天富译，商务印书馆 2004 年版。

［德］沃尔夫冈·韦尔施：《重构美学》，陆扬等译，上海译文出版社 2002 年版。

［俄］巴赫金：《拉伯雷研究》，河北教育出版社 1998 年版。

［俄］巴赫金：《陀思妥耶夫斯基诗学问题》，白春仁、顾亚玲译，生活·读书·新知三联书店 1988 年版。

［法］布罗代尔：《十五至十八世纪的物质文明、经济与资本主义》，顾良等译，生活·读书·新知三联书店 2002 年版。

［法］布罗代尔：《资本主义的动力》，扬起译，生活·读书·新知三联书店 1997 年版。

［法］古斯塔夫·勒庞：《乌合之众——大众心理研究》，冯克利译，中央编译出版社 2005 年版。

［法］吉尔·德勒兹：《尼采与哲学》，周颖、刘玉宇译，社会科学文献出版社 2001 年版。

［法］居伊·德波：《景观社会》，王昭凤译，南京大学出版社 2006 年版。

［法］路易·迪蒙：《论个体主义：人类学视野中的现代意识形态》，桂裕芳译，译林出版社 2014 年版。

［法］米歇尔·昂弗莱：《享乐的艺术：论享乐唯物主义》，刘汉全译，生活·读书·新知三联书店 2003 年版。

［法］米歇尔·德·塞托：《日常生活实践》，方琳琳、黄春柳译，南京大学出版社 2009 年版。

［法］莫里亚克编：《帕斯卡尔（文选）》，尘若、何怀宏译，生活·读书·新知三联书店 1991 年版。

［法］乔治·维加埃罗主编：《身体的历史》（第一卷），张竝等译，华东师范大学出版社 2013 年版。

［法］让·波德里亚：《消费社会》，刘成富、全志钢译，南京大学出版社 2001 年版。

［法］让·博德里亚尔：《完美的罪行》，王为民译，商务印书馆 2000 年版。

［法］塞奇·莫斯科维奇：《群氓的时代》，许列民等译，江苏人民出版社 2003 年版。

［古希腊］柏拉图：《斐多》，杨绛译，辽宁人民出版社 2000 年版。

［加］大卫·莱昂：《后现代性》，郭为桂译，吉林人民出版社 2004 年版。

［加］埃克伯特·法阿斯：《美学谱系学》，阎嘉译，商务印书馆 2011 年版。

［美］埃里希·弗罗姆：《逃避自由》，陈学明译，中国工人出版社 1987 年版。

［美］查尔斯·博哲斯：《美国思想渊源——西方思想与美国观念的形成》，符鸿令等译，山西人民出版社 1988 年版。

［美］大卫·理斯曼等：《孤独的人群》，王崑、朱虹译，南京大学出版社 2002 年版。

［美］戴维·斯沃茨：《文化与权力——布尔迪厄的社会学》，陶东风译，上海译文出版社 2006 年版。

［美］丹尼尔·贝尔：《资本主义文化矛盾》，赵一凡译，生活·读书·新知三联书店 1989 年版。

［美］道格拉斯·凯尔纳：《媒体文化——介于现代与后现代之间的文化研究、认同与政治》，丁宁译，商务印书馆 2004 年版。

［美］道格拉斯·凯尔纳斯蒂文·贝斯特：《后现代理论——批判性的质疑》，张志斌译，中央编译出版社 2004 年版。

［美］弗雷德里克·詹姆逊：《文化转向》，胡亚敏译，中国社会科学出版社 2000 年版。

［美］弗洛姆：《健全的社会》，孙恺祥译，贵州人民出版社 1994 年版。

［美］赫伯特·马尔库塞：《单面人》，左晓斯等译，湖南人民出版社 1988 年版。

［美］赫伯特·马尔库塞：《单向度的人——发达工业社会的意识形态研究》，刘继译，上海译文出版社 1989 年版。

［美］杰姆逊：《后现代主义与文化理论》，唐小兵译，北京大学出版社 1997 年版。

［美］拉塞尔·雅各比：《乌托邦之死：冷漠时代的政治与文化》，姚建彬译，新星出版社 2007 年版。

［美］劳伦斯·E. 卡洪：《现代性的困境》，王志宏译，商务印书馆 2008 年版。

［美］理查德·罗蒂：《后形而上学希望》，张国清译，上海译文出版社 2003 年版。

［美］理查德·舒斯特曼：《生活即审美——审美经验和生活艺术》，彭锋等译，北京大学出版社 2007 年版。

［美］理查德·舒斯特曼：《实用主义美学》，彭锋译，商务印书馆 2002 年版。

［美］理查德·舒斯特曼：《哲学实践》，彭锋译，北京大学出版社 2002 年版。

［美］利奥·洛文塔尔：《文学、通俗文化和社会》，甘锋译，中国人民大学出版社 2012 年版。

［美］列奥·施特劳斯约瑟夫·克罗波西主编：《政治哲学史》，李天然等译，河北人民出版社 1993 年版。

［美］林赛·沃斯特：《美学权威主义批判》，昂智慧译，北京大学出版社
　　2000年版。

［美］罗伯特·皮平：《作为哲学问题的现代主义——论对欧洲高雅文化
　　的不满》，阎嘉译，商务印书馆2007年版。

［美］马尔库塞：《审美之维》，李小兵译，生活·读书·新知三联书店
　　1989年版。

［美］马歇尔·伯曼：《一切坚固的东西都烟消云散了——现代性体验》，
　　徐大建等译，商务印书馆2004年版。

［美］米切尔·J. 沃尔夫：《娱乐经济——传媒力量优化生活》，黄光伟、
　　邓盛华译，光明日报出版社2001年版。

［美］尼尔·波兹曼：《娱乐至死》，章艳译，广西师范大学出版社2004
　　年版。

［美］诺埃尔·卡洛尔：《大众艺术哲学论纲》，严忠志译，商务印书馆
　　2010年版。

［美］斯蒂芬·贝斯特、道格纳斯·科尔纳：《后现代转向》，陈刚等译，
　　南京大学出版社2002年版。

［美］泰勒·考恩：《商业文化礼赞》，严忠志译，商务印书馆2005年版。

［美］梯利：《西方哲学史》（增补修订版），葛力译，商务印书馆1995
　　年版。

［美］约翰·杜威：《艺术即经验》，高建平译，商务印书馆2010年版。

［美］约翰·菲斯克：《解读大众文化》，杨全强译，南京大学出版社
　　2001年版。

［美］约翰·菲斯克：《理解大众文化》，王晓珏、宋伟杰译，中央编译出
　　版社2001年版。

［美］詹姆逊：《现代性、后现代性和全球化》，载王逢振主编《詹姆逊
　　文集》（第4卷），中国人民大学出版社2004年版。

［斯洛文尼亚］阿莱斯·艾尔雅维茨：《图像时代》，吉林人民出版社
　　2003年版。

［斯洛文尼亚］斯拉沃热·齐泽克：《快感大转移》，江苏人民出版社
　　2004年版。

［西班牙］奥尔特加·加塞特：《大众的反叛》，刘训练等译，吉林人民出

版社 2004 年版。

［希腊］米歇尔·瓦卡卢利斯：《后现代资本主义——社会学批判纲要》，贺慧玲等译，社会科学文献出版社 2012 年版。

［意］中共中央编译局编选：《葛兰西文选》（1916—1935），毛韵泽等译，人民出版社 1992 年版。

［英］阿兰·斯威伍德《大众文化的神话》，冯建三译，生活·读书·新知三联书店 2003 年版。

［英］阿兰·斯威伍德：《文化理论与现代性问题》，黄世权、桂琳译，中国人民大学出版社 2013 年版。

［英］阿雷恩·鲍尔德温等：《文化研究导论》，陶东风等译，高等教育出版社 2004 年版。

［英］安德鲁·古德温加里·惠内尔编著：《电视的真相》，魏礼庆、王丽丽译，中央编译出版社 2001 年版。

［英］安迪·班尼特、基思·哈恩—哈里斯编：《亚文化之后：对于当代青年亚文化的批判研究》，中国青年政治学院青年文化译介小组译，中国青年出版社 2012 年版。

［英］安吉拉·默克罗比：《后现代主义与大众文化》，田晓菲译，中央编译出版社 2001 年版。

［英］本·海默尔：《日常生活与文化理论导论》，王志宏译，商务印书馆 2008 年版。

［英］彼得·伯克：《欧洲近代早期的大众文化》，杨豫等译，上海人民出版社 2005 年版。

［英］伯高·帕特里奇：《狂欢史：从古希腊到二十世纪》，刘心勇、杨东霞译，上海人民出版社 2014 年版。

［英］布赖恩·特纳：《身体与社会》，马海良、赵国新译，春风文艺出版社 2000 年版。

［英］大卫·麦克奎恩：《理解电视》，苗棣等译，华夏出版社 2003 年版。

［英］戴维·弗里斯比：《现代性的碎片》，卢晖临等译，商务印书馆 2003 年版。

［英］戴维·冈特利特主编：《网络研究——数字化时代媒介研究的重新定向》，彭兰等译，新华出版社 2004 年版。

［英］戴维·罗宾逊：《尼采与后现代主义》，程炼译，北京大学出版社
　　2005 年版。

［英］戴维·莫利、凯文·罗宾斯：《认同的空间：全球媒介、电子世界
　　景观与文化边界》，司艳译，南京大学出版社 2001 年版。

［英］戴维·英格利斯：《文化与日常生活》，张秋月等译，中央编译出版
　　社 2010 年版。

［英］多米尼克·斯特里纳蒂：《通俗文化理论导论》，阎嘉译，商务印书
　　馆 2001 年版。

［英］弗兰克·韦伯斯特：《信息社会理论》，曹晋等译，北京大学出版社
　　2011 年版。

［英］弗雷德里希·奥古斯特·哈耶克：《通往奴役之路》，王明毅等译，
　　中国社会科学出版社 1997 年版。

［英］吉尔·布兰斯顿：《电影与文化的现代性》，闻钧、韩金鹏译，北京
　　大学出版社 2012 年版。

［英］雷蒙·威廉斯：《关键词：文化与社会的词汇》，刘建基译，生活·
　　读书·新知三联书店 2005 年版。

［英］李·斯平克斯：《导读尼采》，丁岩译，重庆大学出版社 2014 年版。

［英］罗宾·乔治·科林伍德：《艺术原理》，王至元等译，中国社会科学
　　出版社 1985 年版。

［英］马修·阿诺德：《文化与无政府状态》，韩敏中译，生活·读书·新
　　知三联书店 2008 年版。

［英］迈克·费瑟斯通：《消费文化与后现代主义》，刘精明译，译林出版
　　社 2000 年版。

［英］迈克·费瑟斯通：《消解文化——全球化、后现代主义与认同》，杨
　　渝东译，北京大学出版社 2009 年版。

［英］尼克·史蒂文森：《媒介的转型：全球化、道德和伦理》，顾宜凡等
　　译，北京大学出版社 2006 年版。

［英］齐格蒙特·鲍曼：《流动的现代性》，欧阳景根译，上海三联书店
　　2002 年版。

［英］乔纳森·沃尔夫：《政治哲学导论》，王涛等译，吉林出版集团有限
　　责任公司 2009 年版。

［英］史蒂文·卢克斯：《个人主义》，阎克文译，江苏人民出版社 2001 年版。

［英］特里·伊格尔顿：《后现代主义的幻象》，华明译，商务印书馆 2000 年版。

［英］特里·伊格尔顿：《审美意识形态》，王杰等译，广西师范大学出版社 2001 年版。

［英］约翰·斯道雷：《斯道雷：记忆与欲望的耦合——英国文化研究中的文化与权力》，徐德林译，广西师范大学出版社 2007 年版。

［英］约翰·斯道雷：《文化理论与通俗文化导论》（第二版），杨竹山等译，南京大学出版社 2001 年版。

后　记

　　本书是作者在四川大学博士生导师冯宪光先生指导下完成的博士论文基础上，经过修改、增删、补充完成。冯先生待人宽厚，学术研究踏实、认真、严谨，对学生既严格，也宽容，从不要求学生完全遵从他的学术研究路数，而是充分尊重学生的知识积累、前期成果，以及一直以来的研究方向、学术趣味。更为重要的是，先生从不故步自封，死守某种陈旧的观念，反对接受新的东西；而是以敏锐的学术眼光，站在当代学术前沿，不断更新自己的知识结构，将最具前瞻性、时代性、生命力的学术理论传授给每一届学生。因此，在本专著即将出版之际，首先要感谢冯宪光先生的培养。在此，也特别感谢四川省社会科学院"建院60周年学术精品出版资助项目"基金的资助。

王小平

2018 年 8 月